1894
일본조선침략

1894
일본조선침략

All rights reserved.
All the contents in this book are protected by copyright law.
Unlawful use and copy of these are strictly prohibited.
Any of questions regarding above matter, need to contact 나녹那碌.

이 책에 수록된 모든 콘텐츠는 저작권법에 의해 보호받는 저작물이므로 무단전재와 무단복제를 금합니다.
나녹那碌 (nanoky@naver.com)으로 문의하기 바랍니다.

펴낸 곳 | 나녹那碌
펴낸이 | 형난옥
지은이 | 박해순
편집 | 김보미
디자인 | 김용아
초판 1쇄 발행 | 2019년 2월 28일
초판 개정증보판 발행 | 2022년 9월 30일
등록일 | 제 300-2009-69호 2009. 06. 12
주소 | 서울시 종로구 평창 21길 60번지
전화 | 02- 395- 1598 팩스 | 02- 391- 1598

ISBN 979-11-91406-18-4   (93910)

though
1894
일본조선침략

박해순 지음

나녹
那碌

머리말
징검다리

2002년 어느 날 오빠가 헌책방에서 아우 책 같다며 내게로 옮겨다 준 고서. 『잡고(雜考)』 9권 가운데 한 권이었다. 화척고라는 제목의 조선의 갓바치 등을 다룬 것으로, 번역 초보 시절부터 조선 인식에 대한 의문을 갖게 하는 책이었다. 이 책을 쓴 인물은 시인이고 조선지명 연구가로 알려진 아유카이 후사노신(鮎貝房之進, 1864~1946)이었다. 책 내용보다 지은이가 몹시 궁금해졌다.

그 이후로 생업인 번역을 하면서 틈틈이 1893년 조선으로 건너와 1945년까지 조선 땅에서 살다간 조선어의 달인으로 불렸던 아유카이 후사노신을 연구해 보겠다는 마음이 일었다. 한 걸음 뗄 적마다 나타나는 의문의 꼬리들. 자꾸만 생겨나는 궁금증과 나의 무지는 차츰 무모함으로 바뀌어갔다. 책을 읽지 않는 동안에도 머릿속은 온통 그에 대한 상상으로 꽉차 있었다. 역사는 상상의 산물이 아니라지만 상상할 수밖에 없었다. 그 시대를 살지 않은 내가 도저히 이해할 수 없는 사건과 행위를 '그도 사람인데 사람의 생각 안에 있겠지'하며 먼저 상상하고 문헌과 자료를 통해 확인하는 일이 반복되었다.

2013년 느닷없이 문 하나가 열렸다. 책을 보면 꼬박 밤을 새울 때가 많았다. 1월1일 새해 첫날이었다. '아유카이 후사노신은 단순한 문화 연구자가 아니었어. 일본의 조선 지배의 문을 열고 지배를 공고히 하게 한 자!' 내 일기장에 남겨진 흔적, 깨어 있던 그 꼭두새벽이 지금도 생생하다. 내 생각이 맞았어! 그의 실체를 파악하는 시간은 길었다.

그는 일어학교, 조선왕비살륙, 경부철도 부설, 문화재, 조선의 역사, 고려청자, 다기(茶器), 조선의 고서 등 가는 곳마다 모습을 드러냈다. 한 인물의 삶 속에 일제 강점기 전체가 들어 있었다. 그런 인물이 조선으로 건너온 초기인 1893년 무렵에는 행적이 드러나지 않았다. 1894년에 어떤 일을 하고 있었을까 궁금했으나 드러나지 않았다. 그런데 1895년 조선왕비살륙 때 가담 혐의가 있었고, 민간인 자격으로 조선의 탁지부와 광산에서 석탄 판매권을 획득한 기록이 보였다. 한편 의친왕궁 고문이라는 직책, 고려청자의 매입, 뛰어난 유물 감정 등 조선의 문화와 유물과 깊이 연관되어 있었다.

아유카이 후사노신은 한나 아렌트(Hannah Arendt, 1906~1975)가 『예루살렘의 아이히만』에서 쓴 '악의 평범성'이라는 단어를 떠올리게 하는 인물이었다. 인간의 탈을 쓰고 어찌 그런 일을 저지를 수 있을까. 그런 의문의 대명사로 자주 논의되는 인물이 유대인 학살전범인 아돌프 아이히만(Adolf Eichmann, 1906~1962)이다. 문득 일본의 역사학자 이시모다 쇼(石母田正, 1912~1986)가 쓴 「근대사학사의 필요에 대하여」(『역사평론』150호)라는 글에서 아유카이 후사노신이 매우 잔혹한 방법으로 조선의 왕비를 살륙한 사건에 참여했다는 것을 알고, 일본인끼리의 정적(政敵)에게도 결코 하지 못할 잔혹한 행위를 한 데 대해 언급한 것과 오버랩되었다. 이시모다는 개인 사학자의 어두운 면을 드러내고자 함이 아니라 시대 현상에 대한 이해가 필요하다고 이야기하고 있으나, 그것은 일종의 면죄부를 주는 것이다. 한나 아렌트는 말했다. 전체주의적 상황에서 무력함(powerlessness)은 존재하지만, 절대적으로 무력한 상황에서도 행동할 수 있는 방법이 있음을 인식할 필요가 있다고. 철저히 실행한 사람과 아무 짓도 하지 않은 사람을 시대 상황이 그러했다고 일반화하게 되면 진짜 죄인을 감싸는 짓일 뿐이라고.

그를 좇아가면서 문서를 뒤지고 자료를 찾다가 1894년 일본의 조선 무력침략을 만나게 되었다. 그는 단순한 조선연구가가 아니라 철저히 조선을 침몰시키고 일본을 살려낸 인물로 이해되어 나의 한일근대사 읽기를 촉구했다.

한 권의 번역이 끝나면 연관 있음직한 다른 책을 사들이고, 국회도서관으로, 국립중앙도서관으로 시간 날 때마다 드나들었다. 복사하고 그렇게 구해온 문서가 쌓여갔다. 그러나 삶이 주는 무게, 게으름, 주변에 산적한 일에 파묻혀 짧게는 1개월, 길게는 6개월 책에서 멀어졌다 가까워지기를 반복했다.

해외전쟁사 번역 프로젝트 일을 하다 러일전쟁과 태평양전쟁 관련 자료를 보게 되었다. 복사본이고 손으로 쓴 전쟁일지이고 휘갈겨 써서 알아보기 힘든 문서가 대부분이었다. 해당 문서를 뒤지다가 일본의 국립공문서관 아시아역사자료센터에서 전쟁 관련 자료를 찾는 방법을 알게 되었다. 그 뒤부터 시간 날 때마다 그 사이트를 들락거리며 원하는 자료를 만날 수 있었다.

25년 넘게 번역 일에 파묻혀 살았으니 이제 남은 생은 새로운 사명을 위해 살고 싶어졌다. 남편과 아이들에게 이제는 돈벌이로 하는 번역에 집중하기보다는 책을 쓰겠다고 통보했다. 그 뒤 나의 역사읽기는 속도가 붙기 시작했다. 그러나 의문이 꼬리에 꼬리를 물어서 도저히 글이 써지지 않는 나날이 이어졌다. 조금씩 실마리가 풀리는가 싶다가도 막히고, 막히면 다시 자료를 찾고 읽기를 반복했다.

어떤 때는 고종께도 떼를 썼다. "당신은 억울하지 않습니까. 제게 자료 좀 보내주세요. 실마리를 주세요."

그러다 어느 날 갑자기 하늘이 문을 열어준 것처럼 수많은 자료가 쏟아져 들어왔다. 일본 국회도서관 자료들이었다. 잠이 오지 않았다. 아니 잠을 쫓아야 했다. 몇 개월을 그렇게 책상에 붙어 있었다.

잠깐 눈을 붙이고 컴퓨터를 열어 문서 하나를 펼치면 필요한 자료가 하나씩 배달되어 들어왔다. 그렇게 해서 이 책을 엮을 수 있었다. 일본이 남긴, 그들의 공적자료로 우리의 역사를 바로잡을 열쇠를 찾아보겠다는 마음이었다. 집중하고 집중했다. 일본어를 읽을 줄 안다는 것, 오랜 번역 경험, 스승이신 고 심우성(沈雨晟, 1934~2018) 선생님께 배운 끈기는 큰 도움이 되었다.

지난 역사를 통해 오늘의 역사를 미래로 이어주는 징검다리 하나 놓고 가자. 나의 역사읽기와 글쓰기는 그 일을 향한 행군이었다. 이제는 생각만 하면 보고 싶은 자료가 내게로 걸어올 때가 있다. 고맙고 신기하다.

이 일을 하면서 인간의 야만성과 상관관계, 애국과 매국, 선택의 기로에서 무엇을 버리고, 무엇을 취할 것인가에 대한 고민은 나날이 늘어갔다. 수수께끼처럼 표현된 수많은 기록의 퍼즐을 짜맞추고, 낡은 영상을 되돌려 수천 번 다시보기를 한다. 혹시 놓쳐버린, 미처 생각지 못했던 것들을 찾아, 그때 그 인물을 따라 걷고 걸으며 그렇게 작업을 이어간다. 한때 누군가에게 무척 유리했으나 누군가에게 무척 불리한 기록으로 치부되어 감추어진 기록을 영원히 방치할 수는 없다. 역사의 진실 찾기는 현재진행형이어야 한다.

이 책을 쓰기 위해 본 모든 자료는 수기로 작성되어 있거나 고어체이며 문법도 정확지 않아 시간도 턱없이 걸렸다. 보기만 해도 머리를 지끈지끈하게 하는 군사기록, 외교문서라 지루하기 짝이 없었다. 그런 한계 상황 속에서지만 오류를 줄이기 위해 고혈을 짜냈으나 걸러지지 않은 부족함에 대해서는 아낌없는 질타를 바란다.

이 책을 엮으면서 여러분의 도움을 받았다. 지루하고 어법이 맞지 않는 글쓰기까지 살펴 꼼꼼히 읽고 힘을 실어준 민족문제연구소의 국제법학자 조시현 선생님께 감사드린다. 한결같은 마음으로 격려와 사랑을 듬뿍 안겨주는 남편, 필요한 책과 자료를 부탁만 하면 도서관에서 대출해 주는 딸 연이, 건강하게 국방의 의무를 다하고 돌아와 우리 가족의 든든한 버팀목이 되어주고 있는 아들 진환에게 제때 밥도 잘 챙겨주지 못하는 부족한 아내였고 엄마였지만 고맙고 사랑한다는 말을 전한다. 책과 자료, 그림 작업 등 시작부터 함께 해준 두 분 오빠 박해정과 박해진, 흔쾌히 출판을 결정해준 나녹의 형난옥 대표, 몇 번이나 뒤집기를 반복해도 예쁘게 디자인을 해준 김용아 씨에게도 고마움을 전한다.

2019년 2월
박해순

일러두기

1. 현재 통용되고 있는 한국사 용어인 '동학농민전쟁'을 일어원문의 표현 그대로 옮겨 '동학당의 난' '동학난'이라 했다.
2. 조선의 서울, 한양의 용어는 원문 그대로 '경성'으로 표기했다.
3. 이 책의 날짜는 일본의 기록을 읽어주는 입장이므로 대부분 양력을 기재했다. 1894년 조선은 음력을 쓰고 있었다. 청일전쟁이 끝나고 1895년 음력 11월17일 역제를 양력으로 바꾸어 1896년 1월 1일부터 채용되었으므로 이후 양력과 음력을 함께 기록했다.
4. 책 내용 속 배이름 뒤의 '마루'라는 표현은 '○○호'를 의미한다. 예를 들어 '와가노우라마루'는 '와가노우라호'

차례

머리말 4
일러두기 8
침략일지 12

서론 16

제1부 1894년 6월, 조선 무력침략

1장 염탐·첩보
　　1. 조선 염탐 : 뱃길, 도로, 쌀 창고, 병력 상황 39
　　2. 첩보 속의 침략 경로 : 7시간 안에 경성 공략 지도 작성 46

2장 참모본부, 혼성여단 편성
　　1. 혼성여단, 1894년 5월31일 출병 확정 56
　　2. 참모본부 첩보원, 밀명으로 움직이다 58
　　3. 혼성여단 파병과 배치 계획 61
　　4. 일본, 대원군을 떠보다 67
　　5. 출병의 핑계와 청국 군대의 축출 70

3장 '특전사' 육전대, 무력 침략의 선봉
　　1. 조선출병, 치밀하게 준비하다 75
　　2. 오토리 게이스케, 무력 침략의 거간꾼 79
　　3. 육전대, 경성을 장악하다 85
　　4. 일본정부, 언론에 재갈을 물리다 95

4장 혼성여단, 침략 준비 완료
　　1. 대본영, 일본 황궁 안에 차린 전쟁 실행 기구 100
　　2. 일본정부, 해상수송을 위한 민간의 선박 차출 101
　　3. 즉각 파병 가능한 제5사단 편성 107
　　4. 제5사단 편성의 실체 109

5장 혼성여단 선발대에 무너진 조선
　　1. 혼성여단 선발대, 남산 무력 장악 128
　　2. 혼성여단, 경성 무력 점령 138

6장 혼성여단, 거듭되는 침략

1. 혼성여단 제11연대 경성과 인천에 군 진지 확보   147
2. 일본 군사외교관, 강대국과의 분란 최소화   155
3. 혼성여단 제21연대 속속 들어오다   158
4. 인천상륙 뒤 군대 재배치   165
5. 통신과 급보를 위한 전신선 가설   170

제2부 1894년 7월, 조선을 장악하다

1장 일본, 무력으로 국정 장악

1. 일본의 조선 지배를 위한 위장된 개혁   177
2. 일본에 야합한 조선인   190

2장 조선왕궁 점령 계획

1. 조선왕궁 점령 계획 보류   194
2. 교활한 조선공사 오토리 게이스케   201

3장 조선왕 생포작전

1. 계획된 조선왕궁 침입   221
2. 1894년 7월 23일, 조선왕궁 점령   231
3. 황량한 조선왕궁, 인적 끊긴 거리   256
4. 텅 빈 고종의 밥상   257
5. 일본 참모본부의 특명, "조선에서 해결하라, 모든 것을……"   261

제3부 조선 침략의 선봉에 선 두 인물

1장 동아시아 침략 구상 : 가와카미 소로쿠

1. 기밀을 끝까지 사수하라   275
2. 가와카미 소로쿠, 일본군의 역사를 바꾸다   280
3. 가와카미 소로쿠의 은밀한 첩보활동   282
4. 민간인을 위장한 첩보요원   284
5. 1894년 일본군의 편제 현황   288

2장 자나 깨나 조선 지배 : 오카모토 류노스케

1. 조선의 저승사자   298
2. 일류군인에서 대륙의 낭인까지   306

제4부 조선 침략의 구실

1장 신의 선물, 동학농민전쟁
1. '동학당의 난' 315
2. 헛발질한 조선과 청국 318

2장 김옥균과 박영효
1. 김옥균의 죽음, 철저히 활용하다 325
2. 박영효의 두 얼굴 339

제5부 일본의 오랜 꿈, 조선 침략

1장 씨앗을 뿌린 자
1. 사토 노부히로, 제국을 꿈꾸다 350
2. 요시다 쇼인, 조선 침략의 정신적 지주 355

2장 뿌리를 뻗은 자
1. 사다 하쿠보, 정한론 362
2. 후쿠자와 유키치, 전쟁 선동 368
3. 오카쿠라 텐신, 조선은 일본 땅 373

주 378
그림출처 393
참고문헌 396
찾아보기 401

침략일지

일본 육전대와 혼성여단 파병을 중심으로

일자	사건
5월 30일(음4/26)	일본 참모본부 조선 파병 결정
5월 31일(음4/27)	·총리관저 회의에서 일본이 원병을 보낼 수 있음을 조선정부에 알려 두자는 의견 나옴 ·동학농민군 전주 함락 ·은밀하게 여단 파병 결정
6월 01일(음4/28)	·참모총장, 육해군에 군대파병 명령 내려보냄 ·데라우치 마사타케에게 해상 수송, 운수, 군수징발 업무 전담
6월 02일(음4/29)	·임시각의에서 의회해산 결정 ·각의에서 출병 결정. 일본병력 파병의 명분은 공사관, 영사관, 거류민 보호 ·6월 2일 밤, 무쓰 무네미쓰, 외무차관 하야시 타다스, 참모차장 가와카미 소로쿠가 외무대신의 관저에서 조선파병에 관한 군사적, 외교적 책략을 협의, 1개 사단 병력 파병에서 혼성여단 파병으로 결정
6월 03일(음4/30)	해군소좌 이노우에 토시오가 와타나베 타카지로 통역관과 대원군을 만나 면담
6월 04일(음5/01)	·가와카미 소로쿠와 일본우선회사 부사장 곤도 렌페이 비밀회담 민간선박 징발 ·북경주재 대리공사 고무라 쥬타로가 청국이 조선으로 군대 파병한 사실에 대해 전보 ·휴가 중인 오토리 게이스케 조선공사 5일 외무성 출두
6월 05일(음5/02)	·대본영 설치, 육해군에 출사 명령, 해군 쿠레진수부(吳鎭守府), 육군 제5사단을 선발부대로 결정 ·전략적으로 기밀유지를 위해 참모본부 내에 대본영 설치(선발대가 조선에 도착하자마자 대본영 궁성 안에 설치) ·오토리 게이스케 조선공사 외무성 밀명 받고 조선으로 출발 ·해군대신 스기무라 후카시에게 전보. "오토리 공사 야에야마함으로 오늘 파병 예정. 가급적 많은 육전대(특수부대)를 편성할 것. 1894년 6월 5일 오후 8시 55분 출발. 소총부대 2 소대, 사관 5명, 하사·병사 99명 출장 예정"
6월 06일(음5/03)	·선발대 제5사단 보병 11연대 제1대대(대대장 이치노헤 효에), 와가노우라마루에 승선 인천으로 선발 결정 ·군무국장이 제5사단에 보병탄약 320발들이 탄약상자 2,024개 보냄(육군성 송달 송을제 1032호 6월 6일), 6월 7일 출발하는 오우미마루에 탑재
6월 07일(음5/04)	·조선정부 스기무라 후카시를 통해 일본군 출병소식에 엄중 항의 ·일본 육군성령 제9호 발포 신문잡지 원고검열, 군용 선박, 군용기차, 인원 등 기재 금지
6월 08일(음5/05)	·선발대 인원 1,024명, 말 7마리, 식량과 말 양식 13일분 탑재(오후 9시 50분부터 이튿날 오전 6시) ·청국 병력 1,000명 아산 도착
6월 09일(음5/06)	·오토리 공사 오후 3시경 야에야마호로 인천항 도착 ·일본에서 혼성여단 선발대 오전 10시 15분 출발 ·『지지신포』 6월 9일자, 조선 기사 보도 금지. 청일 양국 출병 통지

일자	사건
6월10일(음5/07)	·육전대 정예요원 488명 편성. 30명 구현산(현, 인천가족공원)에 남겨둠 ·오토리 게이스케 조선공사, 일본 해군 육전대와 함께 경성에 진입함 ·인천에서 새벽 4시, 소총부대 오토리 공사 호위 육로, 포병부대 수로를 통해 경성으로 출발 ·포병부대 4시55분 용산 상륙, 소총부대 오후 6시45분 공사관 도착 ·민영준 일본공사관에 조회해 일본군의 철병 요구 ·전주화약 체결로 동학농민전쟁 종결
6월11일(음5/08)	·제11연대 제1차 후속부대 오후 6시 우지나항에서 인천항으로 출발
6월12일(음5/09)	·혼성여단 선발대 오후 2시25분 인천항 도착(보병 1개 대대 1,000여 명, 공병 1소대 50명) 외 참모, 후쿠시마 야스마사 중좌, 우에하라 유사쿠 소좌 등 군사외교 담당관도 함께 들어옴 ·6월12일 제5사단 사령부 사단장 노즈 미치쓰라가 육군대신 오야마 이와오에게 혼성여단 직원표, 편제표 제출
6월13일(음5/10)	·이치노헤 효에 선발대 새벽 경성으로 출발, 경성 공사관에 도착해 육전대와 교대 ·선발대 파병을 마치고 곧바로 6월13일 충원소집과 인부를 모집하고 제2차 병력 파병 서두름 ·1등서기관 스기무라 후카시 조선의 내정개혁 제안
6월14일(음5/11)	·제2차 보병21연대 제8중대 병력 255명의 우지나항 출발
6월15일(음5/12)	·제11연대 후속부대 15, 16일 인천항 도착. (제1차 수송 병력 수 4,248명, 말 248마리) ·제21연대 보병 제21연대 제2대대 780명, 말 5마리 우지나항 출발
6월16일(음5/13)	·제11연대 병력, 말 육지 상륙 완료 ·무쓰 무네미쓰 외무대신 도쿄주재 청국공사에게 청국과 함께 조선의 내정개혁 실행하자고 제의
6월17일(음5/14)	·혼성여단 제1차 수송이 완료되는 6월17일 이후 외교 강경 노선으로 전환 ·혼성여단 4,000여 명이 넘는 병력이 경성과 인천 간의 요충지 확보
6월18일(음5/15)	·혼성여단 여단장 경성으로 들어가 오토리 공사와 만나 일본 병력의 경성 입성에 관해 논의
6월19일(음5/16)	·인천영사 노세 타츠고로(能勢辰五郎)가 오토리 공사에게 탐문보고서 보냄. 청국인 대부분이 본국으로 돌아가고 있는 상황 보고
6월20일(음5/17)	·『지지신포』 6월20일자에 오토리 공사와 육전대가 경성에 진입한 기사 게재
6월21일(음5/18)	·일본 청국에 청일양국 협동으로 조선 내정개혁 제안 ·무쓰 무네미쓰 외무대신, 오토리 공사에게 경성과 일본 간 왕복전신 끊길 우려 있으므로 전신 수리 복구 하달 ·참모총장, 오시마 여단장에게 "일본병력은 숙영지와 관련해 물의를 일으키지 말고 거류지 바깥에서 숙영하도록 힘쓸 것"을 훈령
6월22일(음5/19)	·일본 청국에 제1차 절교서 전달 ·일본정부 단독으로 조선 개혁 단행하기로 내각에서 결정

일자	사건
6월 23일(음5/20)	·오토리 게이스케 조선공사 인천, 부산 등의 영사들에게 청일군대 충돌 가능성을 알리고 외국인에게 찬성을 얻으라는 취지서 보냄 ·해군성 군무국원 해군소좌 사이토 마코토는 해군대신의 훈령을 은밀하게 전달하라는 명령을 받고 조선으로 출장. 외무성의 가토 마스오, 육군성의 아오키 노부즈미, 스미노에마루에 동승
6월 24일(음5/21)	·제21연대 나머지 병력 스미노에마루 이하 8척 탑승 우지나항 출발 ·6월 24일 혼성여단 조선출병이 완료된 시점에서 대본영 히로시마로 옮겨 장기전 대비 건의
6월 25일(음5/22)	·사이토 마코토, 무쓰레지마(六連島)에서 스미노에마루에서 하선하여 나니와 함으로 옮겨 타고 해군대신의 명령서 전달
6월 26일(음5/23)	·오토리 공사 6월 26일 조선국왕 알현 내정개혁의 필요성 건의, 6월 29일까지 확답 요구 ·대본영 제5사단장 노즈 미치쓰라에게 전선가설 부대 파견 전보로 훈령 ·공병소좌 요시미 아키라(吉見輝), 바바 마사오(馬場正雄)를 각각 제1지대, 제2지대 사령관으로 임명해 조선 파병
6월 27일(음5/24)	·제2차 수송 제21연대 병력 수 4,010, 말 203마리 인천항 도착 ·외무대신의 비밀훈령을 휴대한 가토 마스오 서기관 경성 도착. "개전의 구실 만들라."고 오토리 공사에게 훈령
6월 28일(음5/25)	·혼성여단 병력 인천 상륙 마침 ·해군성 군무국원 해군소좌 사이토 마코토, 야에야마(八重山) 함장과 만나 상황이 급변했을 때 경성과 인천의 신속한 통신을 위해 오시마 혼성여단장과 비상통신방법과 왕궁 포위에 대해 협의
6월 29일(음5/26)	·혼성여단 병력 용산, 만리창 숙영지로 들어옴 ·일본의 제1차, 2차 혼성여단 병력 경성 부근에 집중. 조선왕궁 점령 계획
6월 30일(음5/27)	·여단병력으로 왕궁 포위 전보를 혼성여단장에게 알렸다가 조선정부가 "독립이라 답했다."며 병력 진격 철회 ·혼성여단 이치노헤 소좌, 북한산으로 첩보병을 파견해 조선왕의 피난 상황을 확인
7월초 후지이 시게타(藤井茂太, 1860~1945) 참모본부 명령으로 경성·부산 사이의 병요지리, 병참선로 정찰(7월 13일 부산 출발 8월 14일 일본 도착해서 정찰 보고)	
7월 03일(음6/01)	·공문조회로 5개조 개혁방안 조선정부에 제출, 조사위원 설치 요구 ·일본공사관에서 하루라도 빨리 전쟁을 촉구하기 위해 후쿠시마 중좌, 모토노 참사관을 본국으로 귀국시킴 ·후지이 시게타 조선의 경성·부산 간 병요지리, 병참선로 가설 위한 조선정찰 조사자로 파견
7월 04일(음6/02)	·후쿠자와 유키치 『지지신포』에 '병력을 이용할 필요' 사설 발표
7월 06일(음6/04)	·제4사단 군악대 47명 용산 도착
7월 10일(음6/08)	·「조선 내정개혁 권고가 거절될 때 일본의 힘으로 집행해야 할 수단에 대한 건」(특명전권공사 오토리 게이스케가 외무대신 무쓰 무네미쓰에게 보낸 기밀 제122호, 7월 17일 접수)

일자	사건
7월11일(음6/09)	·북경에서 영국의 중재 결렬
7월12일(음6/10)	·조선의 오토리 공사에게 "독단으로 처리할 것." 은밀히 훈령
7월13일(음6/11)	·외무성 참사관 모토노 이치로, 후쿠시마 중좌 조선으로 출발
7월19일(음6/17)	·오토리 공사, 조선정부에 회답하기 어려운 요구로 22일까지 확답 요구 ·조선으로 온 후쿠시마 중좌가 용산에 들러 대본영의 의중을 여단장에게 전달. "청국이 향후 만일 병력을 증가해서 보내면 독단으로 일을 처리할 것." ·공사관에서 동양평화를 위해 청일 간의 개전이 불가피함에 대해 기술한 선전문 200통 조선관료와 유명 인사에게 배포
7월20일(음6/18)	·오후 1시 모토노 참사관이 오토리 공사의 명령을 갖고 용산으로 옴. 7월22일까지 조선 정부의 회답이 없으면 왕궁 점령할 것을 구두로 전함 ·혼성여단 7월20일자 보고서 내용은 "모든 요구를 거절하는 것으로 판단하고 단호하게 조치하기로 결정함". 대본영은 "느닷없이 조선왕성을 에워싸는 책략으로 나설 것"을 권고
7월21일(음6/19)	·오토리 공사, 오시마 여단장이 협의하여 1개 대대 병력으로 위협이 아닌 여단 병력으로 진격하기로 결정 ·남산 화성대에서 오토리 공사의 연회가 열림. 일본 공사관원, 조선 관료들 다수 참가 ·혼성여단 제21연대 연대장 다케다 히데노부가 「조선왕궁에 대한 위협적 운동계획」의 구체적 작전계획 세움
7월22일(음6/20)	·혼성여단 오전 비밀회의에서 각 부대장에게 왕궁점령 계획 하달 ·밤부터 운현궁의 대원군 감시 ·혼성여단, 오후 6시 제2호 전보를 대본영으로 보냄. "공사의 요구에 따라 내일 23일 왕궁을 포위함. 개전은 피할 수 없음."
7월23일(음6/21)	·오전 0시 30분 오토리 공사, 혼성여단 여단장에게 전보 "계획대로 실행하라." ·오전 2시 30분부터 각 부대 계획대로 조선왕궁 침입 개시 ·「조선왕궁에 대한 위협적 운동계획」 실시, 조선왕궁 포위, 침탈 ·조선의 국왕과 왕비 생포
7월24일(음6/22)	·후쿠자와 유키치 7월24일자 『지지신포』에 사설 '지나, 조선 양국에 즉시 개전해야 한다' 발표
7월25일(음6/23)	·대원군, 일본 오토리 공사에게 청국병 철병을 촉구하는 공문서 교부 · 풍도해전 ·풍도 앞바다에서 청국 증원군을 태운 고승호를 일본 군함이 포격해 격침시킴
7월28일(음6/26)	·경성과 인천에 주둔해 있던 혼성여단이 남쪽으로 진격해 성환의 청국 군대 습격(성환전투)
7월29일(음6/27)	·혼성여단, 청국 군대가 주둔해 있는 아산 점령(아산전투)
8월01일(음7/01)	·청일 양국 선전포고

서론
극비에 붙인 일본의 조선침략
- 1894년, 조선은 지옥이었다.

왜 1894년 6월인가

이 책은 일본이 조선을 무력 침략한 1894년 6월의 기록이다. 일본이 청국과 전쟁을 하기 전인 6월, 조선을 무력으로 점령했다. 청일전쟁에 주안을 두지 않고, 묻혀버린 조선에만 초점을 두었다. 1894년 일본의 본격적인 해외침략의 선봉에 섰던 인물이 남긴 기록을 토대로 날짜와 시간을 따라가 보면 확연하다.

청일전쟁의 기점인 7월23일(음력 6월20일) 조선왕궁을 점령했다고 알려져 있다. 일본의 조선왕궁 침탈은 1894년 국제분쟁의 가장 중심에 선 사건이었다. 그런데도 우리 역사에 기록된 서술만으로는 진실에 가까이 갈 수 없었다. 조선 무력침략은 철두철미 일본 정부가 입안하고, 계획하고, 실행했다. 침략의 명백한 근거와 발자취, 흔적은 우리의 문헌기록보다 일본인, 일본정부, 일본 참모본부가 기록으로 남긴 문헌자료 곳곳에 인두불처럼 깊게 새겨져 있다.

1894년 6월의 무력침략은 일본군에 의한 동학농민군의 철저하고 무자비한 토벌과 몰살로 이어졌고, 1895년 '을미사변' 즉 일본 참모본부 기록에 남아 있는 '조선왕비살륙'과 맞닿아 있다. 이 침략은 러일전쟁 직후의 을사늑약까지 예고하고 있다.

일본은 조선 무력침략을 극비에 붙이고 은폐, 왜곡하며 철저히 조선을 농락하고 유린했다. 1894년 6월 조선은 일본에 무력 점령을 당했다. 이후 조선민중의 항일투쟁과 삼국간섭으로 보호국화하지는 않았으나 이권을 잠식한 일본은 조선의 근대화 의지마저 꺾어 놓았다. 일본은 조선정부의 무기력한 힘까지도 더욱 무력화하며 정치, 경제의 침탈을 가속화했다. 일본이 자랑스럽게 남긴 기록, 청일전쟁이 일어나기 바로 직전에 조선에서 어떤 변란이 일어났는지 그들이 기록하고 남긴 문헌에서 본대로 읽어내려 했다. 우리는 무엇을 농락당하고 유린당했는지, 간교한 친일세력이 고종을 허수아비로 만든 뒤 무슨 짓을 했고 어떤 이익을 챙겼는지를 확인하려 했다. 일본이 자랑하며 은밀히 감춰놓은 조선침략의 기록, 조선이 무기력하게 당했던 1894년의 기록을 찾아 살피고 이때를 철저히 파헤쳐 지금이라도 따져야 할 것은 따지고, 준비할 것은 준비해야 한다. 메이지시대 때 했던 자세 그 이상을 능가하지 않으면 일본을 극복하지 못한다.

오늘도 일본은 '메이지 시대의 성공과 영광'을 찬미하고 있다. 일본인이 그리워하며 돌아가고 싶어하는 메이지는 저들이 대륙정복을 꿈꾸며 그곳으로 질주하던 시대였다. 메이지 시대 조선 땅을 밟은 일본인은 누구나 임진왜란 당시 선봉에 서서 시작과 끝을 이끌며 주역으로 활약했던 고니시 유키나가(小西行長, 1558(?)~1600)²이고 싶어했다. 철저히 전략을 세워 들어온 일본은 강력한 군대와 교활한 외교로 중무장하고 있었고, 그들의 조선 무력침략은 청일전쟁에 매몰되어 버렸다. 무력침략과 식민지 지배에 대해 반성하지 않는 일본은 또다시 전쟁 가능한 국가가 되기 위한 헌법 개정을 오늘날에도 지속적으로 시도하고 있다.

1868년 일본은 왕정복고 세력에 의한 혁명의 성공으로 도쿠가와 막부를 타도하고 천황 중심의 근대국가 메이지정권을 수립했다. 봉건체제를 해체하고 강력한 중앙집권화를 추진하는 과정에서 자본주의 발전이 미약했던 메이지정부는 유신 직후부터 조선 침략을 말하고 있었다. 일본 국내의 사회개혁을 위한 민중봉기의 위협과 정치적 현안에 대한 대처를 해외 침략정책으로 일관했다. 1872년부터 1879년에 걸쳐 이루어진 류큐[琉球]왕국의 병합, 그 사이에 일어난 1873년 정한론 정변, 1874년 대만출병, 1875년 강화도조약, 1894년 조선 무력침략과 청일전쟁, 1895년 조선의 왕비살륙, 1904년 러일전쟁 등을 거치면서 류큐왕국, 대만, 조선이 병합되었다. 뒤를 이어 일본은 동아시아 제국을 구축해 여러 나라를 세력권 안에 넣는 전쟁을 이어갔다.

쓰시마를 매개로 일본과 통교하고 있던 조선 정권은 내우외환 속에서 일본의 야욕을 제대로 꿰뚫어 보지 못했고 외교, 국제질서에 무지하여 일본에 무력침략을 당했다. 그 뒤 조선은 정치, 경제, 문화의 각 분야에서 일본에 침탈당했고 결국 국권을 상실했다. 조선이 국권을 상실하기까지의 우리 역사교육은, 우리가 알고 있는 역사는 외세에 제대로 대처하지 못한 조선, 대한제국의 무능만을 부각했다. 일본이 아시아를 넘어 세계의 중심에 서려는 야욕을 갖고 움직였던 행보와 은폐하고 왜곡하면서도 침략의 역사를 자랑한 기록을 찾아내 바로잡는 데 집중하지 않았다.

끝없이 되살아나는 정한론(征韓論)

일본은 메이지 초기, 아니 그 이전부터 꾸준히 조선을 공격하고 토벌해 일본의 지배 아래에 두어야 한다고 해 왔다. 정치적으로는 서구 열강의 압력과 내부의 혼란을 타개하기 위한 방법으로, 사상적으로는 조선에 대한 뿌리 깊은 멸시관이 존재해 조선과의 외교적 갈등 없이도 자연스럽게 정한론이 논의되었다.

1823년 사토 노부히로(佐藤信淵, 1769~1850)는 『우내혼동비책』[2]이라는 책에서 일본의 세계정복에 대한 꿈과 조선 공략에 대해 자세히 다루고 있다. 그의 사상을 계승한 대표적인 인물이 조슈번의 정한론자로 널리 알려진 요시다 쇼인(吉田松陰, 1830~1859)이다. 그는 조선침탈과 대동아공영론을 주장했고, 메이지 일본 정부의 제국주의 형성에 크게 영향을 미쳤다. 도쿠가와 막부 말기 1861년 러시아 군함이 쓰시마에 개항을 요구하며 쓰시마 처리문제가 중요 현안으로 떠올랐을 때 쓰시마의 원조운동이 정한론의 형태로 나타났다.

메이지유신 뒤 새로운 정권의 확립기에 '유신의 3걸'로 불리며 절대 권력을 장악했던 기도 다카요시(木戸孝允, 1833~1877)는 정권의 중추에서 정한론을 주창했다. 그가 쓴 1868년 12월14일자 일기에는 당시 의정관으로 있던 이와쿠라 도모미(岩倉具視, 1825~1883)에게 조선 공격에 대해 건의한 내용이 담겨 있다. "신속히 천하의 방향을 하나로 정하고 사절을 조선에 파견해 그 무례를 묻고, 그들이 만약 불복할 때는 죄를 묻고 그 땅을 공격해 크게 신주(神州, 신의 나라 즉 일본)의 위엄을 신장하기 바란다."[3]

메이지 초기 이미 일본 수뇌부 내에서는 평시에 무슨 일이 일어나지도 않았는데도 조선 침략을 이야기하고 있었다. 메이지 정권 초기 조선과의 국교 교섭에 관여했던 사다 하쿠보(佐田白茅, 1833~1907)는 일본 정부에 정한건백서(征韓建白書)를 제출, 외무성판임으로 출사한 뒤 지속적으로 정한론을 주장했다. 메이지정권 초기부터 서계(書契, 일본과 내왕한 공식 외교문서) 수리를 둘러싼 문제로 대두된 정한론은 1870년 전반기 이미 조선을 무력 침공해야 한다는 쪽으로 여론이 확산되고 있었다. 조선이 서계 즉 일본의 국서 수취를 거부한 것은 일본에 대한 모욕이므로 무력으로 공격해야 한다는 것이 요지였다.

사이고 다카모리(西鄕隆盛, 1827~1877)의 조선사절 파견문제가 발단이 되어 1873년 10월 발생한 '정한론정변'은 일본 정국을 흔들어 놓았고 정권이 분열되었다. 메이지유신의 영웅이며 사쓰마 출신인 사이고 다카모리는 정계에서 물러났으나 그의 정한론은 일본 해군과 육군에 계승되었다. 일본정부는 '정한론정변' 뒤 전국 각지에서 일어난 반정부인사들과 정한파를 중심으로 한 불평사족의 불만에 대한 출구를 대외침략에서 찾아냈다. 1874년 대만출병을 강행했는데 류큐왕국의 어민이 해상에서 표류하다 대만인에게 살해된 사건에 대한 보복이라는 명분으로 군사행동을 정당화했다.

1875년 9월 강화도에서 벌어진 운양호사건은 일본 군함으로 조선을 위협하며 무력을 행사한 적극적인 침략행위였다. 이는 일본의 계획적인 사실 은폐와 역사 위조와도 맞닿아 있다. 도쿠토미 이치로(德富猪一郞)는 『공작 야마가타 아리토모전(公爵山県有朋傳)』의 「공(公)과 강화만사건」에서 "조선 문제는 1873년 사이고 다카모리의 조선 사절 파견이 결렬(정한론정변)되자 내각 총사퇴로 해결되지 못하고 중지되었다. 그러나 해군성 안에 사이고파에 속하는 사쓰마 출신 군인으로 정한론을 주장하며 시기를 기다려 조선 문제를 해결하고자 계획한 자가 있었다. 해군대보(海軍大輔) 가와무라 스미요시(川村純義, 1836~1904)가 그중 한 사람이다. 1875년 조선 근해에서 이루어진 운양호 함장 이노우에 요시카(井上良馨, 1845~1929) 해군소좌의 해군연습은 가와무라와의 묵계 하에 계획된 시위운동이었다."[4]고 기록하고 있다.

운양호 함장 이노우에 요시카가 사건 직후 작성한 최초의 보고서(1875년 9월 29일자)[5]와 다시 작성한「메이지8년(1875) 10월8일자 보고서」는 '조선해 측량을 위한 행위'를 '먹을 물을 찾고' 있을 때 총격을 당했다는 기록으로 바꾸어 일본 정부가 조작하고 위조했다. 이노우에 요시카 본인도『해군일화집(海軍逸話集)』[6]에서「강화도사건의 진상」에 대해 밝히고 있다. "나가사키로 돌아가 이 사건을 전보로 보냈더니 정부 관료들이 크게 놀라며 상당히 떠들썩했다. 바로 도쿄로 불러들였다. 해군대신이 각별히 편지를 보내왔으므로 도쿄로 들어가기 전에 은밀히 요코하마로 갔더니, 이번 일로 크게 곤혹을 치르고 있었다. 도대체 육지에서 3해리 바깥이라면 공해인데 그 이내 특히 강안에 들어가 2일이나 있었다고 한다면 타국 영해에 들어가 전쟁을 벌인 것이 되며, 국제공법상 용납할 수 없는 일이라는 논의가 있었다."는 내용이다. 이 기록에서 일본 정부와 해군성은 운양호 함장의 행동이 국제공법상 용납할 수 없는 행위임을 인식하고 있었다. 이에 일본 정부는 국제법을 잘 모르는 조선 측이 불법으로 공격해 왔다고 고쳐 구미 각국에 통보했다.

1885년 유럽·러시아와 극동 러시아간을 연결하는 시베리아 철도 부설계획이 발표된 뒤, 시베리아 철도의 완공이 일본에 위협이 될 것이라는 인식이 확산되고 있었다. 메이지 초기, 정부의 무력적 기반을 다지고 군사력을 장악한 야마가타 아리토모(山縣有朋, 1838~1922)는 일관되게 조선침략을 계획하고 실천한 인물이다. 1890년 12월16일 총리대신으로 의회에서 시정방침에 대해 연설할 때 일본을 보호하기 위한 이익선을 조선으로 못 박으며 군비 확장을 주장했다. 그가 제시한 1893년 10월의「군비의견서」는 시베리아 철도가 완공된 뒤 러시아의 동북아 진출을 예상하며 반드시 조선을 일본의 세력권 안에 넣어야만 일본에 위협이 되지 않는다는 조선침략 노선을 기본으로 삼았다.

1894년 6월 조선을 침략해 무력으로 점령한 상태에서 체결한 '한일잠정합동조관'(1894년 8월20일)은 일본의 군사전략에 중점을 둔 것이었다. 경부·경인철도 건설, 군용전선 개설, 통상항 개항이 그것이다. 이후 청일전쟁에서 승리를 거둔 일본은 '이익선'의 세력범위를 만주로 확대하며 조선의 지배권 확립에 박차를 가했다.

일본의 역사 진실 감추기

일본은 1894년 6월 '조선 무력침략'을 철저히 금기의 영역으로 묶어버렸다. 드러나서는 안 되는 일에 대해 조선왕실을 겁박해 무력으로 침묵을 강요했다. 일본국민에게는 추한 것은 감추고, 행위 당사자들은 은밀히 자랑하며 즐겼다. 조선 침략의 첫걸음부터 진실을 삭제하고, 왜곡했다. 조선의 역사 한 부분이 기록에서 사라졌다. 일본은 침략행위를 정당화하기 위해 자기들에게 어울리는 기록은 살을 덧붙여 미화하고, 부끄러운 행위는 감추는 일에 진력했다.

일본 육군성 참모본부 관계문서 「메이지35년(1902) 5월 기(起) 부장회의 제1호 비(秘)」에 수록된 '일청전사 제1, 제2편 진달(進達)에 관해 부장회의에서 한 마디 하다'[7]는 일본의 역사 진실 감추기를 노골적으로 보여준다. "1. 기성의 제1종 초안은 기탄없이 사실의 진상을 그대로 적어 육군용 병가(兵家)의 연구자료로 제공한다. 아울러 군사(軍事) 소양이 없고 동양의 지형 사정에 정통하지 못한 자에게 전쟁의 경과를 이해시키는 것을 으뜸으로 한다. **2. 한성(漢城, 경성)을 포위해 조선 정부를 힘으로 협박한 전말을 상세하게 서술하는 것이 불후의 통쾌한 일이라고 생각한다.** 아군이 아산의 텅 빈 진지로 진격한 사적을 기록하는 등 은근히 용병의 난잡함을 서술하고, 부산 상륙과 전진계획에 대한 동요를 서술해 은근슬쩍 출병한 장수의 무모함을 풍자하는 경우가 많은 것은 본래 다소 뒷사람에게 경계하도록 하기 위함이라 할지라도, 내각과 대본영 모두 똑같이 천황의 예지를 받드는 기관으로서 준조절충(樽俎折衝, 외교상의 담판)⁸하여 성의(聖意)를 달성할 수 없을 때 비로소 무력에 호소한 경우다. 개전 전에 있었던 내부의 이견을 서술하게 되면 사람들로 하여금 원수(元首, 천황)의 문무를 통일하는 대권을 의심하게 만든다. 특히 선전조칙에 모순될 염려가 있다."고 기록하고 있다.

일본의 전쟁사 편찬의 시작은 주로 군사 관계자들이 썼다. 이때가 제1기에 해당한다. 제2기는 청일전쟁(1894.8.1.~1895.5.8.) 뒤 참모차장 가와카미 소로쿠가 『메이지 이십칠팔년 일청전사』 편찬에 착수했으나 완성하지 못한 채 죽었다. 가와카미의 사후 참모본부 내에서 조슈번을 중심으로 한 군벌의 영향이 강해졌다. 도조 히데노리(東條英教, 1855~1913)를 비롯한 가와카미 문하의 인물이 잇따라 경질되었다. 이후가 일본의 공간전사 편찬의 제3기에 해당한다. 1902년부터 1914년까지 오시마 켄이치(大島健一, 1858~1947)가 등장해 공간 청일전사, 공간 러일전사 편찬에 관여했다.

1904년 2월 일러전사 편찬 규정인 '일러전사편찬강령'[참모본부, 「日露戰史編纂綱領」(明治39年) 방위연구소도서관 소장]을 정해 편찬 작업이 이루어졌다. 일러전사편찬강령 6항에 해당하는 다음 내용은 역사기록에서 기밀에 해당하는 사항이 삭제되고 사건이 은폐되었음을 말해주고 있다. "6. 편찬사업을 2기로 나누어 제1기에는 사고(史稿)를 편찬하고, 제2기에는 전사(戰史)를 수정한다. 사고는 전사의 초안이 된다. 정확하게 사실의 진상을 서술하여 전사의 체제를 갖추도록 하고, 사고를 완성한 다음에는 제2기 작업으로 이행한다. 그 전체에서 분합증산[分合增刪, 나누고 합치고 더하고 삭제]하고 기밀사항을 삭제함으로써 본래의 전사를 수정하여 이를 공식 간행하는 것으로 한다." 이에 따라 비판적인 서술에 대한 제약이 강화되고, 군의 위신을 유지하는 편찬이 우선시되어 작전·전투경과 서술이 주를 이루었다.⁹

1915년 이후 전사 편찬 제4기에 이르러 비밀전사를 주체로 편찬되기 시작했다. 이 책의 본문에 수록된 1924년 일본 육군대학교 제3학년 전공교재인 『일청전사강의적요록(日淸戰史講義摘要錄)』이 바로 이 제1종 초안에 해당하며, 육군용 병가의 연구자료에 해당하는 문서다. 다니 히사오(谷壽夫, 1882~1947)가 쓴 이 강의록은 청일전쟁이 일어나기 직전 시기에 조선을 무력점령하기 위해 일본정부와 참모본부가 일본군 출병을 어떻게 준비하고 진행했는지에 대해 기탄없이 실제 상황을 그대로 적고 있다.

일본에게 1894년 6월 조선 무력침략은 오랜 숙원을 푼 기쁜 일이지만 불법행위임은 감춰야 했다. '한일잠정합동조관'에 "본년 7월23일 왕궁 근처에서 일어난 양국군의 우연한 충돌사건은 피차 모두 깊이 캐지 않기로 정할 것"을 넣어 무력으로 입막음했다. 일본인의 의식 속에는 그들이 한반도에서 한 무슨 행위건 약탈과 은폐, 위조 행위가 당연하다는 생각이 밑바닥에 깔려 있었다. 거짓말도 자꾸 하면 반복이 되고, 몰랐다고 없었던 일이 되지 않는다. 알고 한 행위도 죄지만 무지함도 죄가 된다.

일본의 조선 침략과 관련된 기록을 좇아가다 보면 조선의 자주권도 그들의 무력침략의 전말도 사실에 근거해 정확히 밝히지 않은 가운데 서술된 기록을 거듭 만나게 된다. 기록과 소문, 사실과 일설의 경계가 모호해져 하나의 사실을 입증하기 위해 여러 기록을 교차해서 보지 않으면 실체에 접근하지 못할 경우가 많다. 국가 간에 오간 공식 외교문서, 일본의 육군성·해군성과 참모본부의 보고서, 훈령서, 해당 당사자가 남긴 기록, 연구자의 기록을 한 광주리에 넣어 퍼즐을 맞추다 보면 실체가 본모습을 드러낼 때도 있다. 이 책을 쓰며 '사실의 진상을 바로 써 병가의 연구자료로 제공되고 있는' 제1종 사료를 비롯해 그들이 당시 남겨놓은 기록에서 의문을 풀 단초를 찾을 수 있었다.

조선 무력침략 무렵의 일본 기록은 모두 승리를 찬미하고 있다. 이를 토대로 일본의 오래된 숙원이던 조선을 지배하는 발판을 마련해서다. 조선이 청나라에 원병을 요청하자마자 일본은 조선 출병을 결정하고 청의 병력보다 많은 병력으로 혼성여단을 편성해 조선으로 치고 들어왔다. 오토리 게이스케 조선 공사와 해군의 특수요원으로 선발된 육전대의 경성 진입, 혼성여단의 선발대가 빠르게 조선의 수도와 인천의 전략적 요충지를 차지하며 조선은 고립무원이 되었다. 이로써 조선은 실제적인 일본의 무력점령 아래 멸망의 길을 걷게 되었다. 호머 헐버트(Homer B. Hulbert, 1863~1949)도 『대한제국멸망사』에서 '1894년을 조선멸망의 시작'이라고 썼다.

호시탐탐 조선을 지배하고자 준비하며 기회를 노리던 일본정부와 일본 참모본부, 군부, 일본인은 전광석화처럼 치고 들어와 조선의 수도를 무력 점령했다. 조선의 혼란을 틈타 청나라에서 원병으로 보낸 병력보다 더 많은 병력으로 조선을 손아귀에 넣고 조선의 왕과 왕비를 포로로 삼고 위협한 나라, 1895년 또다시 경복궁을 침범해 조선의 왕비를 능멸하고 살육을 자행한 나라가 '문명'의 나라임을 내세웠던 메이지 일본이었다.

힘없고 가난한 백성이 자신만의 배를 불리는 관리와 정치인들에 반발하여 목소리를 내고 있을 때 일본은 그 틈을 타 조선을 침략해 들어왔다. 그 부당함을 뻔히 알면서 교활한 수법으로 조선정부를 속이고, 힘으로 억눌렀다. 이때 일본에 부역한 자들이 누구인가. 이들은 진정으로 잘라내야 할 친일 부역자들이다. 나라를 팔아먹고, 백성을 개돼지보다 못한 지옥으로 이끌고 간 자들이 골수 친일 부역자다. 일본은 여전히 부끄러움도 모르고 사죄도 없다. 그들을 도와 나라를 팔고, 백성의 고혈을 짜내 배를 불렸던 자들의 후손이 버젓이 지금도 권력과 돈을 쥐고 한반도에 굳건히 자리잡고 있는 한 일본은 죽었다 다시 살아나도 사죄도, 반성도 하지 않을 것이다. 그들의 사죄와 반성은 한국 내의 각성이 우선해야 가능하고, 더욱 철저하게 일본의 겉과 속을 파헤치는 일과 연구가 개인의 영역을 벗어나 이어져야 한다. 그러할 때 그들의 침략의 꿈도 영원히 사라질 것이다.

각 장에서 쓴 자료와 내용을 간략하게 정리했다.

제1부, 1장-염탐·첩보에서는 일본 해군성 자료 「쓰쿠바함의 조선국 첩보 보고서」(1894년)에 수록된 내용에 대해 살폈다. 1893년 12월 일본이 조선의

정보와 첩보 수집을 위해 연습함 쓰쿠바와 경비함 오시마를 조선 인천항으로 파견했다. 이때 조선에 들어와 1894년 3월말까지 첩보활동을 기록으로 남긴 것이 이 보고서다. 쓰쿠바함의 해군대원들이 조사한 조선국에 관한 군사정찰 보고, 첩보활동 내용이 담겨 있다. 경성과 인천 사이를 오가는 선박, 뱃길, 육로, 경성 부근의 쌀 창고 위치, 조선의 병력 상황, 조선인의 생활 습관 등 일본 해군성에 보고된 것에 대해 다루었다.

특히 이 때 작성된 첩보 내용 중 「인천·경성 간 도로시찰 보고」는 인천에서 경성에 이르는 육로와 수로의 상황, 빠른 길, 숭례문을 넘어 한양도성으로 들어가는 방법까지 얼마나 구체적으로 서술되어 있는지를 살폈다. 7시간이면 경성 공략이 가능한 지도가 작성되어 그해 6월 일본의 조선 무력침략에 적극 활용되었음을 확인했다.

2장-참모본부, 혼성여단 편성에서는 다니 히사오가 육군대학교에서 1924년 제3학년 전공과목 강의교재로 사용한 『일청전사강의적요록』을 토대로 일본 정부와 참모본부에서 논의한 혼성여단의 조선 출병 계획, 준비과정, 관련 인물에 대해 다루었다.

이 자료는 일본의 전사편찬 제4기에 해당하는 1915년 이후 비밀전사(秘密戰史) 편찬에 중점을 두었던 시기에 쓰였다. 일본 방위성 방위연구소에서는 이 자료를 후일의 군사전략 연구에 이바지하는 것을 목적으로 제공하고 있다고 밝히고 있다. 일본방위연구소 전사부 제2전사 연구실장인 쓰카모토 다카히코(塚本隆彦)는 참모본부 제4부가 육군대학교 전사교관(戰史教官)인 다니 히사오의 강의적요록 제1권을 기초로 「일러전쟁에서 우리 제국의 개전 준비 진상」을 편집했다고 쓰고 있다.[10] 기초로 활용한 자료가 『일청전사강의적요록』이다. 원제목은 「청일전쟁에서 우리 제국의 개전 준비 실정(實情)」이다. 참모본부에서 중요 기밀자료로 특별 관리하며 오랫동안 공개하지 않은 자료다. 본서는 미공개 기밀자료로 일반인이 쉽게 접하기 어려웠던 이 책을 찾아내 이를 토대로 집필했다.

6월5일 대본영이 설치되기 이전 5월31일에 혼성여단의 출병이 확정되었다. 이 무렵 참모본부에서 활동하고 있던 첩보원의 배치 일람표, 당시 대본영에 편제된 참모본부 요원과 그들의 활동이 무엇인지도 살폈다.

혼성여단 참모로 임명된 보병소좌 나가오카 가이시(長岡外史)는 조선으로 떠나기 전 참모본부로부터 "상륙, 가교(架橋, 한강)를 위해 각 지역에서 운송하고 있는 선박조사서, 일본에서 갖고 가야 할 자료"를 건네받았다. 이때 받은 자료에는 앞서 다룬 조선국 첩보 보고서가 포함되어 있다.

해군성 자료인 『정청해전사』에 기록된 이노우에 토시오(井上敏夫) 해군소좌와 대원군과의 만남, 그에 대한 보고 내용에 대해 간략하게 살폈다. 이는 일본이 대원군을 끌어내기 위해 지속적으로 접근했음을 엿보게 해준다.

3장—'특전사' 육전대, 무력침략의 선봉에서는 1894년 일본이 얼마나 철저하게 조선침탈을 준비했는지 기록을 그대로 따라갔다. 일본 방위성 방위연구소에 있는 육군성의 청일전쟁 자료 가운데에는 「명령훈령, 1894년 6월~1895년 6월」의 6월1일자 '육해군에 명령하달'이라는 훈령은 발 빠르게 전쟁으로 향해가는 일본의 첫걸음이 일찍 시작되었음을 말해준다. 6월2일 외무대신 무쓰 무네미쓰, 외무차관 하야시 타다스, 참모차장 가와카미 소로쿠는 외상의 관저에서 조선파병에 관한 군사적, 외교적 책략을 협의했다. 이때 "일본 필승을 위해 병력 6천~7천의 1개 사단 파병 계획을 변경해서 혼성여단을 파병"하기로 했다. 이 장에서는 이 세 사람이 남긴 기록을 교차하여 살펴보았다. 어떤 수단과 방법을 써서라도 조선을 장악할 작전계획을 세운 정황에 대해 다루었다.

일본이 대본영을 설치하고 혼성여단을 파병하기 전에 조선국 특명전권공사 오토리 게이스케를 특파하여 육전대와 함께 경성을 장악하기까지의 전말, 육전대의 실체, 연합해군 육전대의 편제에 대해 그들의 기록을 통해 살펴보았다.

일본 상비함대 사령관 이토 유코(伊東祐亨)가 대본영의 명령을 받고 오토리 게이스케 공사와 경성으로 침투할 육전대를 어떻게 편제하고 구성했는지에 대

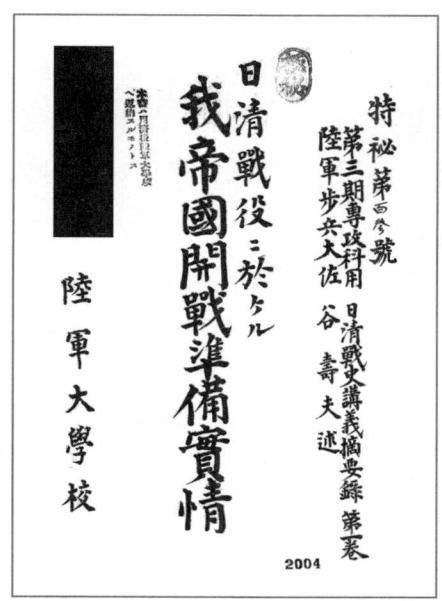 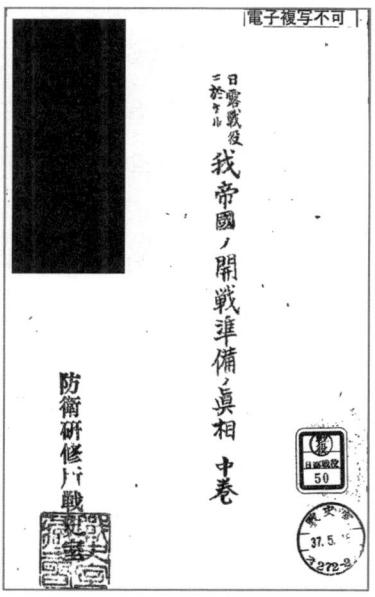

다니 히사오가 쓴 「청일전쟁에서 우리 제국의 개전 준비 실정(實情)」과 「일러전쟁에서 우리 제국의 개전 준비 진상(眞相)」

해서도 다루었다. 그는 인천에 정박 중인 일본의 군함 마쓰시마를 비롯해 치요다, 야에야마, 야마토, 아카기, 치쿠시 6함에서 특별히 뛰어난 요원을 선발해 1개 대대를 편성했다. 연합육전대는 총지휘관 겸 대대장으로 마쓰시마(松島)함의 부장인 해군소좌 무코야마 신키치(向山慎吉, 1856~1910), 함대참모로 해군대위 시마무라 하야오(嶋村速雄, 1858~1923), 대대참모로 마쓰시마함의 포술장(砲術長)인 해군대위 이노우에 다모쓰(井上保) 등으로 구성되었다.

이때 인천항으로 들어온 일본 6개 전함에서 특별히 선발한 육전대원과 함께 경성에 침입한 오토리 게이스케 공사의 목적이 무엇이었는지 그들이 남긴 기록은 많은 것을 증명하고 있다.

4장-혼성여단, 침략 준비 완료에서는 혼성여단의 조선 출병과 병력 수, 해상수송 상황 등은 일본군 최고 통수기관인 대본영의 군사전략으로 가장 기밀을 요하는 일이었다. 기밀을 위해 대본영 사무실을 참모본부 안에 두었다가 곧이어 황궁 안으로 옮긴 상황에 대해 먼저 살폈다. 참모차장 가와카미 소로쿠가 혼성여단 병력을 빠르게 조선으로 파병하기 위해 해상수송을 위한 선박을 준비한 일에 대해서도 다루었다.

조선 출병 결정과 동시에 참모본부 제1국장에서 운수통신장관으로 임명된 육군대좌 데라우치 마사타케는 여단 병력의 해상수송 계획을 실천에 옮겼다. 참모차장 가와카미 소로쿠는 당시 빠른 선박이 가장 많은 일본우선회사(日本郵船會社)와 교섭해 혼성여단 병력의 해상수송을 위한 민간선박을 차출했다.

조선으로 보낼 병력으로 제5사단이 결정된 이유에 대해 『일청전사강의적요록』은 "신속하게 해외로 파병이 가능하며 일본 국방 방위에 영향을 미치지 않는 제5사단을 선택했다."고 전하고 있다. 아울러 조선으로 출병하는 혼성여단의 직원표, 편제표를 통해 어떻게 구성되어 있는지도 살폈다.

5장-혼성여단 선발대에 무너진 조선에서는 일본방위성 방위연구소에 소장된 「혼성제9여단 제5사단보고」, '혼성여단 참모보고 제1호'와 『이치노헤 장군(一戶將軍)』을 토대로 삼아, 기선 제압을 위해 혼성여단이 완성되기를 기다리지 않고 선발대가 출발하는 당시 상황에 대해 다루었다.

보병 제11연대 제1대대와 공병1소대 대원을 합친 인원 1,024명, 말 7마리, 13일간의 군량을 실은 선발대가 일본우선회사에서 차출한 기선 10척 가운데 하나인 와카노우라마루를 타고 6월9일 오전 10시15분 히로시마의 우지나항을 출발하던 당시의 모습, 도쿄에서 특파된 나가오카 가이시 참모를 비롯해 군사외교를 담당할 후쿠시마 야스마사 중좌, 우에하라 유사쿠 소좌, 무라키 소좌가 선발대의 대대장을 맡은 이치노헤 효에와 조선으로 오는 배 안에서 나눈 이야기 등에 대해서도 살펴보았다.

6월12일 인천항으로 들어온 선발대가 6월13일 새벽 4시에 인천을 출발, 그날로 경성에 들어오는 과정을 상세하게 다루었다. 이치노헤 효에가 직접 쓴 보고서 '보고, 6월16일 오전9시 경성 대대본부에서'에 수록된 내용과 지도는 이미 조선의 수도가 점령되었음을 말해준다. 일본의 육지측량부에서 촬영한 『일청전쟁 사진첩(日淸戰爭寫眞帖)』에 실린 혼성여단의 인천항 포병 상륙, 인천공원숙영지, 만리창본부와 숙영지에 대한 사진을 찾아 실었다.

일본의 조선 무력침략의 목적이 무엇이었는지 『일청전사강의적요록』은 다음과 같이 명확하게 밝히고 있다. "대본영이 병력을 조선에 파병한 깊은 뜻은 단순히 우리 공사관, 거류민 보호에만 있는 것이 아니었다. 말할 것도 없이 반드시 청국에 대한 세력 균형을 함축하고 있었다. 그 이면에는 전략적 준비가 잠재되어 있었다." 1894년 당시 쓴 기록을 씨실과 날실처럼 서로 교차해서 읽으며 혼성여단의 선발대, 제11연대 후속부대 출발과 경성과 인천 무력점거까지를 밀도 있게 조명했다.

6장–혼성여단, 거듭되는 침략에서는 혼성여단 선발대 파병과 함께 파견된 군사외교 장교의 활동에 대해 다루었다. 우에하라 유사쿠, 후쿠시마 야스마사, 아오키 노부즈미 등 군사외교 장교들의 임무는 외국주재 공사관과 협의를 통해 분란을 최소화하는데 있었다. 혼성여단 제21연대 병력이 제2차 해상수송으로 인천 상륙을 마친 뒤의 상황에 대해 살폈다. 그들이 남긴 기록에서 1894

년 6월 29일 경성과 인천 사이의 병력 배치도를 찾아내 실었다. 혼성여단 병력의 조선 출발과 동시에 전신선 확보를 위한 전신선 가설지대를 긴급 편성해 조선으로 파견한 것, 참모본부는 경성과 부산 간 병요지리, 병참선로 가설을 위해 정찰장교를 급파한 기록에 대해서도 살폈다.

제2부는 일본의 무력 점령 아래 가해진 조선에 대한 내정간섭 압박과 조선왕궁 점령에 대한 기록이다.

1장-일본, 무력으로 국정 장악에서는 조선 정부에 내정개혁을 최초로 제안한 재조선 일본공사관 서기관 스기무라 후카시가 남긴 『메이지 이십칠팔년 재한고심록』의 기록, 『일청전사강의적요록』이 전하는 전후 전말, 외무대신 무쓰 무네미쓰가 회고록 형식으로 쓴 외교기록 『건건록』에서 밝힌 조선의 내정개혁에 대한 속마음 등에 대해 다루었다. 일본이 남긴 기록을 통해 일본인과 야합한 조선의 썩어빠진 관료들의 단면도 엿보았다.

2장-조선왕궁 점령계획에서는 혼성여단 제2차 수송이 완료된 6월 27일부터 6월 30일 사이에 조선왕궁 점령 계획이 이미 있었음에 대해 다루었다.

6월 28일 오토리 공사가 보낸 장문의 기밀전신과 『메이지 이십칠팔년 재한고심록』에는 6월 26일 조선국왕을 알현해 시정개혁을 압박하고 '향후 시행할 방침을 갑안과 을안 두 가지'로 제시했다는 것이다. 교활하고, 치밀한 오토리 게이스케 공사는 조선정부를 압박하기 위한 수단으로 "조선정부는 '보호속방'이라는 네 글자를 인정하는가 하지 않는가."를 물어 6월 29일까지 회답할 것을 요구했다. 답변 여하에 따라 강제적인 수단을 취하겠다는 내용이었다. 최후통첩이었다.

이때의 상황에 대해 『일청전사강의적요록』과 『메이지 이십칠팔년 일청전사 제2책 결정초안』을 토대로 자세히 읽어보려 했다. 많은 기록이 경성과 인천을 무력으로 점령하고 조선정부를 압박하며 '조선은 청의 속방이냐 아니냐.'는 공문을 보냈다고 밝히고 있다. 만일 조선정부가 청의 속방이라고 답변하면 혼성여단 병력으로 왕궁을 점령한다는 약속을 미리 혼성여단 여단장과 협의해 두었다고 적고 있다.

　외무대신 무쓰 무네미쓰는 『건건록』에 "가토 마스오가 일본정부의 기밀훈령을 갖고 조선에 도착해 오토리 게이스케 조선공사에게 전달하기도 전에 그는 이미 일본정부가 취하려는 방침을 스스로 헤아려 실천하고 있었다."고 쓰고 있다. 무쓰는 가토 마스오 외무성 문서과장을 조선으로 파견하면서 오토리 게이스케 공사에게 비밀훈령을 직접 구두로 전하게 했다. "개전은 피할 수 없으며, 우리가 허물만 지지 않는다면 어떤 수단을 써서라도 개전의 구실을 만들라."고 했다.

　이는 이미 일본이 모든 방법을 동원해 실행 뒤의 방안까지 세워두고 있었음을 보여준다. 1894년 7월10일 「조선 내정개혁 권고가 거절될 때 일본의 힘으로 집행해야 할 수단에 대한 건」(특명전권공사 오토리 게이스케가 외무대신 무쓰 무네미쓰에게 보낸 기밀 제122호, 7월17일 접수)은 외무대신에게 군대를 동원해 압력을 가하겠다는 내용을 담고 있다.

　무쓰 무네미쓰가 『건건록』에서 오토리 공사의 건의가 '고단수의 외교정략'이었다고 표현한 것처럼 당시 일본 정부 내에서도 여러 가지 의견이 있었다. 그러나 오토리 공사가 내놓은 방법보다 나은 방법을 찾아내지 못해 그의 의견에 따라 행동을 취하게 했다고 기록하고 있다. 그렇게 해놓고도 일본은 왕궁침략을 자신들의 무력점령에 의한 것이 아니라 거꾸로 조선군의 발포에 의한 방어행위로 기록, 공표하고 있다. 조선왕궁 점령 사실은 처음부터 계획, 실행, 은폐가 동시에 행해진 것이다.

　3장-조선왕 생포작전에서는 조선왕궁 점령은 철저히 계획된 것이었음을 보여주는 기록을 통해 그들의 속살을 파헤쳤다.

　『혼성제9여단 제5사단 보고』속의 '메이지27년 7월19일 군대 개견표'에 수록된 지도는 당시 무력으로 점령당한 조선이 얼마나 심한 압박을 받고 있었을지 미루어 짐작하게 해준다. 『일청전사강의적요록』은 "오토리 공사는 어느 누구도 답변할 수 없는 계책을 쓴 것에 스스로도 만족하고 있었다. 그러한 동기로 결국 우리가 기대했던 바를 얻게 되었다.", 『유취전기 대일본사(類聚伝記大日本史)』는 "우리는 마침내 7월23일, 조선 정부에 독립의 결실을 거둘 것을 압박하고 청병(淸兵) 철수를 요구했고, 우리 병사로서 왕궁 보호에 임하게 했다."고 기록하고 있다. 이는 조선을 일본의 보호국으로 만들어 지배하려 했음을 보여준다.

무쓰 무네미쓰는 『건건록』에 "**조선정부는 완전히 우리 제국 수중의 물건이 되었다고 하는 쾌보(快報)가 일시에 우리 국내에 전파되었다.**", "우리 군이 먼저 청군을 공격하는 것의 득실에 대해 쏟아내던 온갖 논의도 전국 방방곡곡마다 욱일기를 게양하고 제국의 전승을 축하하는 들끓는 환호성 속에 매몰되어 모두 잠시동안 찌푸렸던 얼굴을 펴고 안심하게 되었다."고 쓰고 있다. 이때의 조선 무력침략과 약탈은 일본의 주도로 공식기록과 전쟁기록의 역사에서 은폐, 축소했다.

이 날 이후 조선은 깊은 절망의 나락으로 빠져들었다. 일본의 민중들은 조선 점령 소식에 당장이라도 행복과 부를 거머쥔 것처럼 희망에 들떠 있었다. 반대로 조선의 민중은 무력을 앞세운 일본군의 약탈로 나날이 고단함이 가중되었다.

제3부는 조선을 무력 침략하기 전에 물밑에서 움직인 참모본부와 자나 깨나 조선 침략에 열을 올린 오카모토 류노스케에 대해 다루었다.

1장-동아시아 침략 구상 : 가와카미 소로쿠에서는 조선침략의 중추기관인 일본 참모본부의 역할과 참모차장 가와카미 소로쿠(川上操六, 1848~1899) 휘하의 1894년 무렵 참모본부 내의 첩보활동에 대해 다루었다. 당대 최고의 인재로 구성된 참모본부는 최고의 정예요원을 정보장교로 선발해 유럽을 비롯해 러시아, 중국, 조선, 기타 외국으로 파견해 첩보를 수집했다. 세계 각지로 파견된 정보장교의 정보력을 바탕으로 당시부터 청나라와 전쟁한다면 승리한다는 확신을 갖고 있었고, 전쟁의 소용돌이 속에서도 은밀하게 첩보요원들이 곳곳에서 활약했음을 엿보게 해준다.

2장-자나 깨나 조선 지배에서는 '사설 공사(私設公使)'로 표현될만큼 집요하게 조선을 보호국화하는데 온힘을 쏟았던 오카모토 류노스케(岡本柳之助, 1852~1912)에 대해 다루었다. 학계에 잘 알려지지 않은 『오카모토 류노스케 논책(岡本柳之助 論策)』의 내용을 자세하게 정리했다.

사쿠라이 요시유키(桜井義之, 1904~1989)는 『메이지 연간 조선연구문헌지』 속에서 책을 엮은 자가 쓴 내용을 다음과 같이 소개하고 있다. "오카모토 류노스케는 조선개혁에 가장 힘을 쏟았다. 1894년에는 당시의 전권공사 이노우에 가오루를 보필해 대원군을 섭정직에서 물러나게 하고 그를 대신하여 김홍집 내각으로 내정개혁의 기초를 잡았다. 1895년에는 조선에서 위기에 몰렸을 때 전권공사 미우라 고로를 보필하여 재차 내정개혁을 단행하게 했다."

이 책의 핵심은 오카모토가 「동양정책」을 써서 1891년 야마다 아키요시에게 보여주었던 다음 내용에 있다. "동양정책은 무엇인가. 청국·일본·조선의 관계가 그것이다. 이 세 나라 사이에 뒤얽혀 있는 사정, 갈등을 일신하는 정책이다. 첫 번째 착수할 것으로 **반드시 청국과 일본의 전쟁터, 러시아와 영국의 다툼이 될 요충지에 해당하는 조선에 대한 주의정략(主義政略)을 확정하는데 있다.** 일본 제국의 빛나는 위엄을 동양에서 빛내고 실력을 외부로 확장해야 한다."

부록에 실린 「오카모토 류노스케 소전」을 통해 그가 강화도조약 때부터 지속적으로 동양정책과 조선에 대한 정책을 쏟아낸 인물이며, 얼마나 조선 침략에 심혈을 기울이고 적극적으로 활약했는지를 보여주려 했다. 1894년 조선 무력침략과 1895년 조선왕비 살륙을 주도한 주동자로서 그의 드러나지 않은 이면에 주목했다. 일본의 조선 무력침략에 대한 연구에서 오카모토 류노스케는 빠져서는 안 될 인물이며, 앞으로 더 깊은 연구가 이어져야 할 것이다.

제4부는 일본이 동학농민전쟁을 철저히 활용해 전쟁의 기화로 삼은 상황에 대해 살펴보았다.

1장-신의 선물, 동학농민전쟁에서는 일본이 조선의 '동학농민전쟁'을 어떻게 보았고, 그것을 활용해 조선무력 침략 계획을 구체화한 과정을 다루었다. 일본의 참모본부가 편찬한 『정청전사(征淸戰史)』에 기록된 1894년 일본 육군의 대략적인 상황에 대해 살폈다. 조선 무력침략의 핵심인물 중 한 명인 외무대신 무쓰 무네미쓰는 『건건록』에서 "일청 양국의 외교관계를 일변시켜 세계에서 일본을 동양의 우등국으로 인식하기에 이르게 된 것도 그 근본원인은 청한 양국 정부가 이 동학당의 반란에 대한 내치, 외교 루트를 잘못 찾은 데 있었다."며 일본 외교역사의 제1장에 두어야 한다고 자랑하고 있다.

일본은 조선에서 동학농민이 봉기하자 즉각 정찰을 위해 참모본부 제2국장 이지치 코스케(伊地知幸介) 포병소좌를 조선으로 파견했다. 조선 정찰을 마치고 5월25일 일본으로 돌아간 그는 "일본제국이 조선에서 청국과 비교해 군대의 인원수와 상대를 압도할만큼 강력한 힘을 유지하기를 원한다면 청국에서 파병하는 병력의 많고 적음에 상관없이 혼성 1개 여단을 보내는 것이 마땅하다."고 보고했다. 혼성여단 파병 계획과 예정 초안을 이지치 소좌가 작성했다. 이 기록은 공식적으로 조선이 청국에 군대파병을 요청하기 전에 일본의 조선 출병이 결정되었음을 보여준다.

일본이 남긴 기록으로만 생생하게 보여주다 보니 일본의 시각이 많이 드러나 있다. 그것을 가급적 여과 없이 적었다. '동학농민전쟁'이 근대화의 발목을 잡은 것처럼 표현하고 있는 것은 일본이 조선의 혼란을 틈타 덧씌운 이미지다. 지도자들의 무능을 외치며 떨쳐 일어난 1차 봉기와 달리 2차 봉기는 1894년 6월 일본의 조선 무력침략과 조선왕궁침탈에 대한 항일운동이었다. 7월23일 이후 '동학농민전쟁'은 전국적인 항일운동으로 확산되었다.

2장-김옥균과 박영효에서는 1884년 갑신정변에서 실패하고 일본으로 망명한 김옥균이 중국 상하이에서 암살당한 뒤 그의 죽음과 유해 처리문제를 두고 일본의 냉대와 관여는 쏙 빼버린 채 청국과 조선에 대한 나쁜 감정만 부추기며 전쟁을 선동하는 일본의 당시 상황을 다루었다. 김옥균을 평가하고자 한 것이 아니라 기록 속에서 김옥균의 죽음을 일본이 어떻게 활용했는가에 중점을 두었다.

　일본이 김옥균과 함께 망명한 박영효를 일본의 이익을 위해 활용했던 정황도 살폈다. 당시에 쓴 일본의 문헌에 보이는 박영효의 두 얼굴에 대해 그들의 기록으로 읽어보았다.

　역사 속의 사건은 하루아침에 일어나지 않는다. 긴 시간에 걸친, 사소한 요인이 쌓이고 쌓인 결과물이다. 사적, 공적, 개별과 집단, 불만과 침묵했던 행동이 서로 뒤엉켜 덩어리를 이루다 작은 불씨 하나가 기폭제가 되어 커다란 사건으로 번진다. 청국, 조선, 일본 삼국 간에 발생했던 별개의 가깝거나 먼 원인과 사건이 각기 다른 에너지를 갖고 수면의 위아래로 오르내리다 일본의 조선 침략 열망이 조선의 혼란을 틈타 무력 침탈로 강행되었다. 일본인들이 끊임없이 주장하는 것처럼 청일전쟁은 외교분쟁이 된 김옥균의 죽음이나 동학농민전쟁 때문이 아니라 일본의 해외정벌, 조선 무력침략이 직접적인 원인이었다. 여기에 일본에 협조하며 일신의 영달을 추구했던 부패한 조선의 관리들이 기름을 더했다.

　제5부 일본의 오랜 꿈, 조선 침략에서는 일본이 조선을 지배해야 한다는 인식이 얼마나 일찍부터 뿌리내려 넓고 깊게 확대되어 있었는지 살피기 위해 노골적으로 조선 침략을 말한 일본의 대표적인 사상가가 남긴 기록을 따라갔다.

　사토 노부히로의 『우내혼동비책』은 '세계 정복을 꾀하는 비밀스러운 책략'이라는 의미의 책이다. "이 책은 일본인이 읽되 외국인에게 보여주지 말아야 한다."는 말이 전해주듯 일본의 우월성, 세계정복론, 아시아와 조선에 대한 무력침략 방법을 구체적으로 서술하고 있다.

　메이지 시대 침략의 정신적 지도자 요시다 쇼인(吉田松陰, 1830~1859), 메이지유신 초기 외무성에서 일관되게 조선 침략을 주장했던 사다 하쿠보(佐田白茅, 1833~1907). 메이지 초기부터 집요하게 국가의 침략전쟁을 선동하고 후원했던 후쿠자와 유키치(福沢諭吉, 1835~1901).

러일전쟁이 한창이던 1904년 미국에서 일본의 문화를 서양에 알리고 이해시킨다는 목적으로 쓴 『일본의 각성』에서 "우리의 적대국이 조선반도를 점령하게 되면 쉽게 일본으로 진격할 수 있다. 조선은 늘 날카로운 비수처럼 일본의 심장을 향해 뻗어 있어서다."고 했던, 근대 일본미술에 크게 영향을 미친 인물인 오카쿠라 텐신(岡倉天心, 1863~1913)을 추적했다.

위에 거론한 일본의 사상가뿐 아니라 메이지 시대를 전후한 일본인의 의식 속에, 조선은 일본의 영토를 보전해 주고 불안을 제거해 주는 든든한 울타리로 반드시 일본의 지배 아래 두어야 한다는 대조선인식이 얼마나 넓고 뿌리깊게 자리하고 있었는지를 간략하게 정리했다.

제1부

1894년 6월, 조선 무력침략

1
염탐·첩보
2
참모본부, 혼성여단 편성
3
'특전사' 육전대, 무력 침략의 선봉
4
혼성여단, 침략 준비 완료
5
혼성여단 선발대에 무너진 조선
6
혼성여단, 거듭되는 침략

1장

염탐·첩보

1
조선 염탐 : 뱃길, 도로, 쌀 창고, 병력 상황
2
첩보 속의 침략 경로 : 7시간 안에 경성 공략 지도 작성

고종, 광화문이 무너지는 꿈을 꾸다

정월. 고종이 낮잠을 자다가 광화문이 무너지는 꿈을 꾸고 깜짝 놀라 잠에서 깼다. 고종은 꿈을 좋지 않게 여겨 2월에 창덕궁으로 이어(移御)한 뒤 즉시 동궁(東宮, 창덕·창경궁)을 수리했다. 마침 남쪽의 난리가 날로 급박해지고 있었다. 토목공사는 더욱 공교함을 다투었다. 고종은 매일 밤 전등을 밝혀 놓고 광대들을 불러 새로 만든 '염곡(艶曲)'을 연주하게 했다. '아리랑타령'이었다. '타령'은 연주하는 곡의 속칭이다. 민영주(閔泳柱)는 원임각신(原任閣臣)으로 광대를 거느리고 '아리랑타령' 부르는 것을 모두 관리했다. 광대의 잘하고 못하는 것을 평가해서 상방궁(尙房宮)¹에서 금은을 내어 상으로 주게 했다. 이 일은 오토리 게이스케(大鳥圭介) 조선공사가 대궐을 침범할 때에야 그쳤다.²

창덕궁 인정전과 인정문(1911년)

'아리랑타령'은 조선왕궁이 일본군의 말발굽에 짓밟힐 때에야 멎었다. 일본의 조선 무력침략의 전말 속으로 들어간다.

1. 조선 염탐 : 뱃길, 도로, 쌀 창고, 병력 상황

쓰쿠바함(筑波艦)³함장 구로오카 타테와키(黒岡帯刀)⁴는 1893년 11월 8일 요코스카 진수부(橫須賀鎭守府) 사령장관 이노우에 요시카(井上良馨, 1845~1929)에게 항만시찰을 위해 조선국 인천항으로 파견해 줄 것을 요청했다. 12월 7일 해군대신과 외무대신은 조선국 인천항으로 파견된 경비함 오시마함은 경비 임무를 행하게 하고, 군함 가운데 겨울철 험난한 파도와 바람을 견딜 수 있는 거함(巨艦) 쓰쿠바함의 인천항 파견을 명했다. 12월15일 해군대신 사이고 쥬도(西鄕從道, 1843~1902)는 연습함 쓰쿠바가 조선국 인천으로 파견되었음을 보고했다. 쓰쿠바함은 1893년 12월부터 1894년 3월 말까지 조선 각 지역을 면밀히 조사했다. 이때 군사정찰과 정보를 수집해서 보고를 한 것이 '쓰쿠바함 조선 첩보 보고서'다. 이 사료는 현재 일본 국립공문서관 아시아역사자료센터에서 열람이 가능하다. 자료 속에 경비함 오시마 함장의 보고 내용도 들어 있다. 아래에서 다루고 있는 보고서는 일본 방위성 방위연구소의 자료로 공문잡집(권5)에 실려 있다. 여기서는 쓰쿠바함의 보고서에 집중했다.

조선의 해상운송, 인천에서 경성에 이르는 육로와 수로, 조선의 병력, 생활 습관, 한강을 오가는 기선, 경성 주변의 쌀 창고 등에 대한 첩보가 수집되었다. 겨울바람을 뚫고 수집한 정보를 해군대신 사이고 쥬도와 해군 군령부장 나카무타 구라노스케(中牟田倉之助)에게 보고했다.

1894년 2월1일 보고한 쓰쿠바 외비 제6호(筑波外祕第六号) '조선국 기선회사 이운사'

당시 조선정부의 실권을 장악한 사대당 수령인 민영준을 사장으로 하여 군관군민(軍官軍民)이 조직한 이운사(利運社) 조선연안해운에 관한 첩보.

조선국 기선회사 이운사는 지난 1893년 1월 당시 밀양부사인 정병하가 발기하고 민씨의 찬조를 받아 당국 연안해운사업을 장악할 목적으로 자본금 6만 엔을 투자해 현익(顯益), 해룡(海龍), 창룡(蒼龍), 변제(變濟) 등 기선 5척을 매입해 설립한 기선회사다. 분명히 자본금 6만 엔은 지난 1892년 11월 조선정부가 청국공사 원세개의 알선으로 호조판서 박정양(朴定陽)의 이름으로 인천의 청국 상인 동순태(同順泰)로부터 인천해관세 수입을 담보로 차입한 것으로 원세개가 알선에 힘을 보탰다고 한다. 당국 연안에서 일본 해운사업자를 압도한다는 증언도 있는 것 같다. 이운사의 자본이 전부 정부자본이므로 이 회사의 모든 사업은 정부의 감독 아래 있다.……현재 사장은 민영준, 부사장은 정병하(鄭秉夏), 사원 민영소(閔永韶) 이하 58명이다. 경성에 본사를 두고 제물포

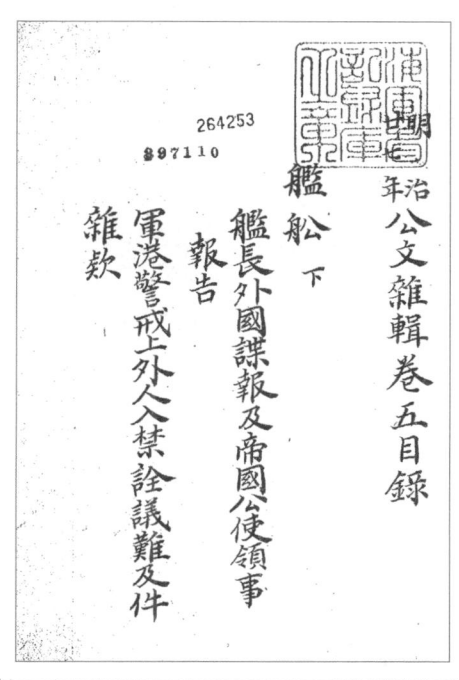

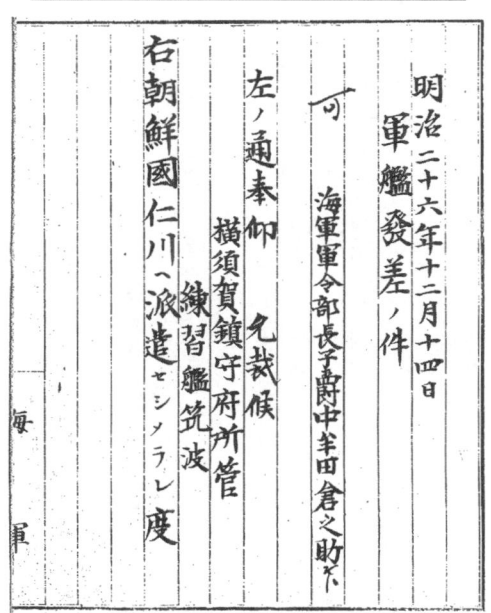

왼쪽은 공문잡집(권5)에 담겨 있는 목록이다. 오른쪽은 1893년 12월 14일 쓰쿠바함이 조선에 파견되었음을 확인할 수 있는 문서다. 『메이지26년(1893년) 공문비고 함선 상 권3(明治26年 公文備考 艦船 上 卷3)』에 수록되어 있다.

한강부근 정부관리 미곡창고 위치도

●는 미곡창고 위치

한강이 얼어붙은 기간에는 각 도의 쌀 창고에서 인천으로 들여와 돌곶이로 이동한다. 강물이 풀리면 조선의 배를 이용해 용산으로 운송한다.

에 대리점을 두었다. 본사 사무는 조선인이 취급하고 대리점 사무는 고용인인 일본인 센야스 타로(扇安太郞), 미쿠라 마사히로(三倉正寬), 미키(三木) 모씨 세 사람이 담당한다. 선장, 선원으로 일본인 아라죠 스케타로(荒丈助太郞, 해룡호 선장), 나미노 세이키치(波野淸吉, 한양호 선장), 외국인 여러 명을 고용하고 있다.[5]

쓰쿠바 외비 제15호 「1894년 3월3일 쓰쿠바함 조선국 첩보(쌀 창고와 구식 수영부) 건」의 첩보 내용은 조선 침략의 의지를 노골적으로 드러내고 있다. 부록으로 조선 팔도에 있는 관청 소유 쌀 창고 위치와 지도가 첨부되어 있다. 조선 도성 안의 쌀 창고 위치, 경성과 인천 간 해운 상황, 선박 소유주의 흐름까지 면밀하게 파악하고 있다. 각 도와 한강 부근에 있는 관 보유 미곡창고, 조선의 옛 수영(水營) 위치에 대한 목록과 지도의 첩보내용이 함께 첨부되어 있다.

쌀 창고와 옛 수영(水營)

경성 20만 인구에 공급하는 공미(貢米)는 전라·경상·충청 3도의 여러 쌀 창고에서 해로를 이용해 인천과 부근의 쌀 창고를 거쳐 용산에 있는 선혜아문 본고(宜惠衙門本庫)로 도달한다. **조선국에 대해 만일 부당이득 반환 요구나 보복수단을 취할 때, 개전할 경우 공미(貢米)를 점탈해 경성의 20만 명을 아사(餓死) 또는 항복시키는데 필요하므로 각 지역의 쌀 창고 위치를 조사했다.** 마찬가지로 옛 수영(水營)의 위치를 조사해 급히 작전계획의 참고를 위해 보고함.

1894년 3월3일 인천앞바다 해군선임관 쓰쿠바 함장 구로오카 타테와키(黑岡帶刀).[6]

1894년 3월8일 '쓰쿠바함 조선국 병력 개황에 관한 건'은 조선 경성에 주재하고 있는 무관에게 의뢰해 기록한 조선병력에 대한 조사내용이다. 병력, 편제, 모집방법, 군 규율, 훈련 상황, 교육, 병기, 식량, 군복, 군대 배치, 기병 상황에 대해 보고하고 있다.

1월 31일, 쓰쿠바 외비 제6호 조선국 병력 개황[7]

병제(보병, 기병, 포병제가 있으나 기병과 포병제의 경우 실제 행하고 있지 않으며 현상은 다음과 같음.)

하나, 병력 소과(少寡) 경성 대략 5,000명. 장위영, 통어영, 경리청, 물어영으로 구별함. 장위영은 근위병에 상당함.

하나, 편제 장위영 통어영 편제는 별표와 같음.

하나, 군대배치 장위영과 통어영에 600명의 병력으로 대궐 경호, 280명은 남궁영(南宮營)에, 140명은 백동영(白洞營), 140명은 신별궁에 배치. 기타 나머지는 2분의 1로써 귀휴병으로 함. 기타 고서에 따르면 지방 각 감사에 약간의 병사가 있음. 명분만 있을 뿐 실제 이를 본 사람이 있다는 말을 듣지 못함.

위 보고서와 함께 조선정부 소속 일본어학교에 재학중인 조선인 생도 명단도 함께 파악하고 있다.

1월 30일 쓰쿠바외 제10호 조선국 일본어학교 생도 명단

일본어학교에서 학습중인 생도는 현재 별지와 같음. 유사시에 이들을 통역 기타에 이용할 수 있을 것이다.

갑급 10명, 을급 15명, 명단은 1891년 8월 입학생 갑급(甲級) 안영중(安泳中, 25세), 한영원(韓永源, 23세), 홍석현(洪奭鉉, 21세), 현백운(玄百運, 21세), 전준기(全畯基, 20세), 박기준(朴基駿, 18세), 김중협(金重協, 17세), 고의린(高義麟, 18세), 이지선(李志善, 23세), 현보운(玄普運, 20세) 등 10명, 을급 고의준(高義駿, 16세, 1892년 11월 입학), 현공용(玄公庸, 18세, 1892년 11월 입학), 권숙진(權肅眞, 20세, 1892년 11월 입학), 강경희(姜璟熙, 19세, 1892년 11월 입학), 진순성(嗔順晠, 16세, 1892년 11월 입학), 김중혁(金重赫, 17세 1891년 8월), 이용재(李龍在, 15세, 1891년 8월), 유한용(劉漢用, 15세, 1891년 8월), 신긍우(申肯雨, 22세, 1893년 1월), 이응재(李膺宰, 20세, 1893년 3월), 구하서(具夏書, 20세, 1893년 3월), 전용성(全鎔成, 25세, 1893년 5월), 이기탁(李基鐸, 20세, 1893년 2월), 구준식(具俊植, 21세, 1893년 12월), 신명휴(申命休, 20세, 1893년 12월) 등 15명

인천항의 외국인 거류지와 개항장, 시가지(1892년)

1894년 2월1일 보고한 「조선국 첩보」에는 러시아 대리공사의 도착, 러시아 대리공사와 조선왕비가 만난 일화, 영국 총영사 가드너도 같은 배로 입항했다는 기록 등이 있다.

2월1일, 쓰쿠바 외비 제7호 조선국 첩보

지난 29일 항구에 도착한 겐카이마루(玄海丸)로 러시아 대리공사 베베르 부부가 도착함에 따라 경성에서 러시아 서기관 켈베르크, 프랑스의 이사관도 인천의 대불(大佛)호텔에 도착해 이들을 맞이했다. 이튿날 30일 함께 경성으로 올라갔다.

경성과 인천을 오가는 선박에 대한 조선 첩보 보고서 내용은 '조선인이 소유하고 있는 서양 배', '조선인이 소유하고 있는 일본 배', '일본인 소유 서양형 범선', '일본인 소유 일본선', '일본, 중국인 소유로 조선의 선적(船籍)이 도급(都給)한 선박', '조선국 선적의 크고 작은 기선', '인천항으로 회선하며 오가는 외국 기선', '한강 왕복 소증기선' 등 25쪽으로 구성되어 있다.

2월28일, 쓰쿠바 비 제14호의2 조선첩보 선박부[8]

별지 인천 개항장에서 항상 계류, 기항하는 피아 일본·서양 선박표에 대해 본항 세관 장부에서 간접적인 수단으로 베꼈으므로 참고로 보고드립니다.

조선인이 소유하고 있는 서양 배 리스트   일본인이 소유하고 있는 일본 배 리스트

  2월 17일자 조사, 3월 1일 보고, 3월 19일에 회람한 '한강 왕복기선에 관한 건'[9]은 한강을 오가는 기선에 대한 조사 보고서다.

3월 1일, 쓰쿠바비 제14호 한강 왕복기선에 관한 건

  지난 2월 17일자로 한강기선 보호에 관한 의견은 보고드린 바와 같음. 청국에서의 갑호(甲號) 계획에 따라 각기 착수 중임. 노세 타츠고로(能勢辰五郎) 2등영사관으로부터 살펴 듣고 통보함. 미국인 소유 기선은 지난 2월 27일부터 용산까지 한강을 왕복. 이 기선은 별지 을호와 같음. 이와 같이 보고함. 1894년 3월 1일 인천항 선임관.

2. 첩보 속의 침략 경로 : 7시간 안에 경성 공략 지도 작성

  1894년 3월 1일 일본군함 쓰쿠바(筑波)함 육전소대장 해군대위 다나카 모리히데(田中盛秀, 사쓰마 출신), 육전소대장 해군소위 다카기 도타로(高木東太郎), 해군소위 후보생 기도 고마지로(城戶駒次郎)는 「조선국 첩보(인천, 경성 부근 육로부)」의 '인천경성간 도로시찰보고(仁川京城間道路視察報告)'를 해군대신 사이고 쥬도와

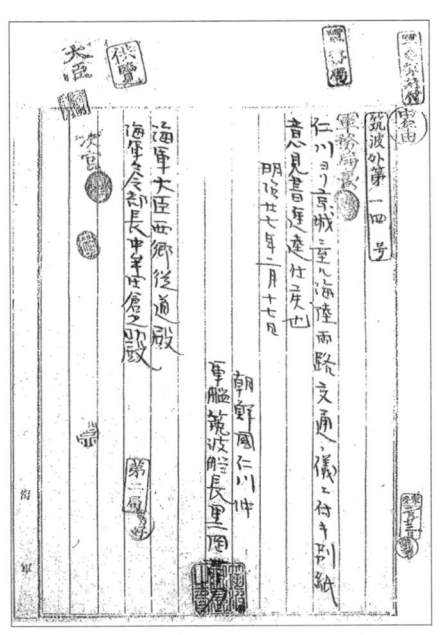

쓰쿠바함장 구로오카 타테와키가 해군대신과 해군군령부장에게 보낸 의견서(1894년 2월 17일)

한강을 오고가는 작은 증기선 리스트

해군군령부장 나카무타 구라노스케(中牟田倉之助, 해군작전에 정통하며 신중한 인물)에게 제출했다.[10] 군함 쓰쿠바함 육전대원이 인천에서 경성에 이르는 뱃길과 육로의 교통, 도로 사정, 보병과 포병의 행군에 걸리는 시간, 겨울 한강이 얼었을 때와 한여름 강물이 불었을 때 남대문에서 도성 안으로 진입할 수 있는 방법 등에 관한 첩보내용[11]이 구체적으로 기록되어 있다. 다음은 보고서 시작 부분이다.

1894년 1월16일 경성 도로 지형을 시찰하라는 명을 받음. 1월17일 오전8시 제물포에서 경성으로 향했다. 경성으로 가는 도로는 세 개의 길이 있다. 첫 번째 석암리(石岩里), 구현산(九峴山), 구지리(九芝里, 송내동의 옛 이름), 오류동, 양산촌(良山村), 영등포, 마포 경계를 거쳐 남대문으로 가는 길이다. 두 번째는 석암리에서 부평을 거쳐 양화진을 거쳐 남대문으로 가는 길이다. 세 번째는 인천부 중림현 새석점(塞石店), 노량진을 거쳐 남대문에 이르는 길이다. 위의 세 길 가운데 제물포에서 경성에 도착하려면 제1로가 가장 가깝고 양호한 길이므로 이 길을 택했다.

이 보고서는 1894년 1월17일 인천 제물포에서 경성으로 들어가는 육로와 수로에 대해 조사하며 제일 빠른 제1로를 택해 걸어가며 주변 마을, 주변 도로 지형, 제물포에서부터 경성까지의 구간거리, 포병대가 움직였을 때 장애물이 있는 곳 등에 대해 면밀하게 서술하고 있다. 마포와 만리창을 천연의 요새로 파악하고 있다. 마포에 이르면 한강을 배로 건너 갈 수 있으며, 겨울철 한강이 얼었을 때는 말과 사람이 걸어서 건널 수 있다. 시찰 당시 시기(겨울철)처럼 도로, 강, 하천이 얼어 있는 기간은 급행이 쉬우나 비가 와 도로가 진흙탕이 되고 물이 불어나면 좀 더 어려울 것이라 보고했다.

#1. 석암리에서 왼쪽 새 길을 택하면 도로가 평탄하고 보행이 쉬우며 그 사이에 두 곳의 작은 냇물이 있는데 물이 얕아 포차(砲車)가 지나갈 수 있다. 그러나 길이 멀기에

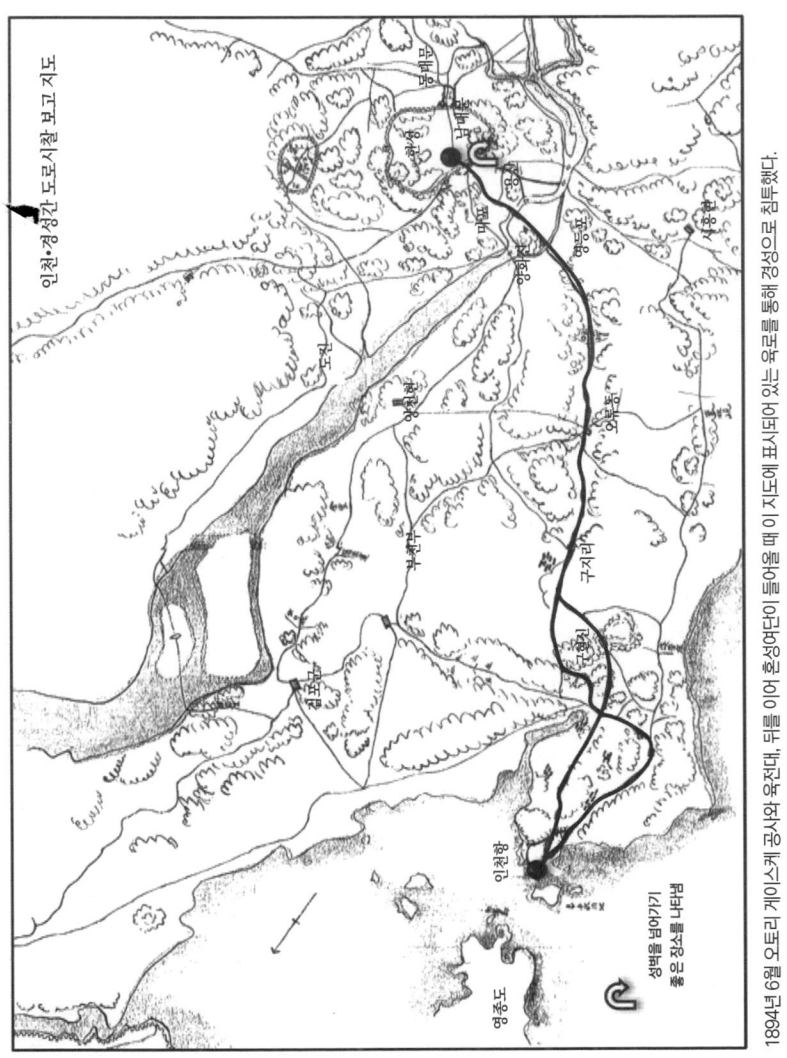

1894년 6월 오토리 게이스케 공사와 육군대, 뒤를 이어 혼성여단이 들어올 때 이 지도에 표시되어 있는 육로를 통해 경성으로 침투했다.

약간 비탈지고 좁은 길이라도 근거리인 옛길을 지나면 가파른 비탈길인 구지리를 지나 오류동에 이르는 길까지 평탄하다. 오류동은 인가가 조금 많아 병사들이 쉬기에 적당한 역사(驛舍)가 있다.

#2. 영등포도 얼음이 녹으면 배로 건널 수 있다. 영등포에서 마포까지 반리(半里) 정도 모래사장이 있고 마포가 바라다 보인다. 그러나 보행하기 매우 어렵다. 마포에 이르면 배로 한강을 건너야 한다. 엄동설한(12월)에 강이 얼면 사람과 말이 그 위를 지날 수 있다. 이 도선장(渡船場)은 경성 요충지의 하나로 배가 없으면 건널 수 없다. 앞쪽은 땅이 비탈지고 조금 높으며 왼쪽 연안은 은폐된 곳이 한 둘이 아니라 밀집한 병력우대가 쉽게 전진할 수 없다. 강을 건너면 시내의 도로는 좁다. 시내를 지나 만리창 도로를 횡단하면 비탈진 길이 나온다. 이곳도 경성 요충지의 하나. 이곳 남북으로 경성 남쪽 천해의 요충지다. 여기서부터 인가가 많아지는데 성 밖의 시가지다. 남대문은 경성 2대문의 하나이며 숭례문이라 칭한다. 문비(門扉) 2개, 경첩으로 문을 열고 닫는다.

#3. 용산도로에서 바라보이는 남산 산기슭의 성벽은 약간 붕괴되어 있어 넘어가기가 쉽다. 남묘에서 정동으로 바라보이는 위치도 넘어가기 쉽다. 남대문에 접해 있는 벽 위에 작은 오두막이 있는 곳으로도 넘어갈 수 있다고 한다. 그러나 이 성벽은 평균 10척 정도이며 성문 부근은 특히 견고하고 높다. 내부의 높이가 대략 2, 3척이라 내부에서 벽 위로 넘어가기 쉬우므로 외부에서 넘어가 내부로 들어가면 남산 산기슭으로 바로 넘어갈 수 있다. 성벽 아래는 우리(일본)공사관 영사관이 근방에 있다.

1894년 6월9일 오토리 게이스케 공사 일행과 육전대원이 경성으로 들어오

1892년 무렵의 용산

는 상황에 대해 남긴 기록인 『비서유찬』의 「**오토리 공사 병사 대동하고 입경한 전말**」의 상황 설명으로 미루어 보아 이 보고서를 토대로 움직였음을 알 수 있다. 철저하게 계획했고 하늘이 준 절호의 기회를 포착, 조선의 수도로 입성했다. 조선침탈의 시작이었다. 제물포에서 남산 부근에 있는 일본공사관까지 장애물이 없으면 7시간이 걸리고, 8시간 반이면 충분히 도착 가능하다고 적었다. 각 지점마다 포병부대가 지나가기 쉬운지 어려운지의 여부와 시급을 다투며 행군할 때는 포병부대와 함께 움직이면 시간이 지체되므로 보병부대만 단독으로 움직여야 한다고 기록하고 있다. "해군 수병의 걸음으로 조금 어렵다." 는 표현에서 병력이 진입하기 전 육전대 투입이 먼저임을 예상할 수 있다.

#1. 요컨대 인천에서 경성에 이르는 도로는 기후와 계절에 따라 행군이 쉬울 때와 어려울 때가 있다. 시찰 때와 같이 도로, 강, 하천이 얼어 있으면 빨리 가기 쉽고, 비가 와 도로가 진흙탕이 되거나 강물이 불면 어려움을 느낄 것이다. 보병 행군은 보통 속도로 10리를 가는데 7시간 걸리며 해군 수병의 걸음으로는 조금 어려울 것이다. 제물포에서 공사관까지 한강, 남대문에 장애가 없으면 7시간 반이 걸리며 8시간 반이면 충분할 것이다. 만일 포병부대를 인솔하고 행군하기에는 조금 힘들며 소총부대의 신속한 움직임에 장애가 될 것이다. 더욱이 포를 분해하고 조립하는데 시간이 걸리므로 예비 포대원 약간으로 강을 건너고 비탈길을 넘어오기 어려우며 시간이 걸릴 것이다. 예컨대 말을 타고 진격해도 충분히 효과를 얻지 못할 것이다. 만일 급히 병력을 경성으로 보내길 원한다면 야포(野砲)를 인솔하지 말고 단독으로 움직여야 할 것이다. 제2, 제3로도 후일 시찰이 필요하다고 생각된다. 만일 유사시에 우리 육전대 인원을 경성에 파병할 경우 제1로를 택하면 유리한 계책을 얻을 수 있을 것이다.

#2. 맞은편 연안(對岸)에 도달하면 앞으로 멀리 남산이 바라다 보이며 하나의 직선도로로 진행해, 청파로 들어가 오른쪽으로 꺾어 남산 ↻ 위치에서 벽을 넘어 남산 공사관에 도달하면 된다. 제물포에서 경성까지 거리를 예측한 것으로 조선의 거리 수치

왼쪽은 전국 각지에서 올려보낸 공미선이 도착해 있는 마포안두(麻浦岸頭). 오른쪽은 해관 출장소가 있던 마포삼계(浦麻三界)(1892년)

로 70리라고 한다. 조선의 10리를 일본의 38정(町)24칸(間)이라 한다면 7리 반이 조금 모자란다. 지금 참모본부의 판도에 따른 이정표를 보면 다음과 같다. 제물포에서 인천까지 2리 조금 못됨, 인천항에서 석암리까지 2리 조금 넘음, 인천항에서 구현산까지 3리 조금 넘음, 인천항에서 영등포 9리 조금 넘음, 인천항에서 마포 삼계 10리, 경성 11리, 소관 등이 보도 측량한 바 9리 정도로 생각된다.[12]

1894년 1월부터 3월에 걸쳐 일본의 군함 쓰쿠바함은 조선에서 행한 첩보 보고서를 제출했다. 조선해안 해운에 관한 첩보, 인천에서 경성에 이르는 육로, 수로 교통, 조선국 병력개황, 인천 기타 항구의 석탄 보유 현황, 조선인의 생활 습관, 인천 경성 간 도로시찰 보고 등 조선침략을 목적으로 경성을 가장 빠른 시간에 점령해 요충지를 확보하기 위한 준비는 이미 마련되어 있었다. 조선공사 오토리 게이스케와 함께 경성으로 들어온 특수대원으로 구성된 해군육전대, 혼성여단 선발대는 이 지도를 토대로 가장 빠른 길을 택해 경성으로 들어와 조선왕궁이 내려다보이는 남산의 주요지점을 장악했다.

　　쓰쿠바함의 조선국 첩보, 정보활동 보고는 다음과 같이 구성되어 있다.

- 「쓰쿠바 외비 제9호 이운사(利運社) 해상 운송에 관한 첩보」(18쪽)
- 「1894년 2월28일 쓰쿠바함 조선국 첩보(선박부)」(25쪽)
- 「1894년 2월28일 쓰쿠바함 한인의 생활과 습관에 관한 추가 보고」(11쪽)
- 「1894년 3월1일 쓰쿠바함 인천 경성간 도로시찰 보고 외의 건」(29쪽)
- 「1894년 3월3일 쓰쿠바함 한강 왕복 기선 화선에 관한 건」(2쪽)
- 「1894년 3월3일 쓰쿠바함 조선국 첩보(해군총제영부)」(15쪽)
- 「1894년 3월3일 쓰쿠바함 조선국 첩보(쌀 창고와 구식 수영부)」(11쪽)
- 「1894년 3월5일 쓰쿠바함 인천에서 경성에 이르는 육로와 수로 교통의 건」(15쪽)
- 「1894년 3월8일 쓰쿠바함 조선국 병력 개황 건」(17쪽)
- 「1894년 3월16일 쓰쿠바함 인천 기타 석탄의 수 추가의 건」(20쪽)
- 「1894년 3월19일 쓰쿠바함 한강 왕복 기선에 관한 건」(9쪽)
- 「1894년 3월24일 쓰쿠바함 강화도 지방 정황, 남양부 마산포 정황 외 보고의 건」(23쪽)
- 「1894년 3월29일 쓰쿠바함 인천항에서 남양에 이르는 수륙 양로 시찰 보고의 건」(47쪽)
- 「1894년 4월25일 오시마 함장 보고 진달의 건」(16쪽)

2장

참모본부, 혼성여단 편성

1
혼성여단, 1894년 5월 31일 출병 확정
2
참모본부 첩보원, 밀명으로 움직이다
3
혼성여단 파병과 배치 계획
4
일본, 대원군을 떠보다
5
출병의 핑계와 청국 군대의 축출

1894년 1월 1일자 참모본부 직원 일람표

1. 혼성여단, 1894년 5월31일 출병 확정

1894년 봄 참모본부는 조선에서 일어나고 있는 사건을 예의주시하며 은밀히 참모본부 부원을 파견해 첩보를 수집하고 있었다. 육군보병 대좌 다니 히사오(谷壽夫, 1882~1947)는 『일청전사강의적요록(日淸戰史講義摘要錄)』,¹에서 제2국장 대리 이지치 코스케 포병소좌의 첩보 상황을 세세히 서술하고 있다. 대본영 설치 이전인 5월31일 혼성여단의 출병이 이미 결정되었다. 조선출병에 대한 참모본부의 의지가 엿보이는 대목이다.

#1. 상하이에서 김옥균이 살해되었다는 전갈과 조선에서 동학당의 난이 일어났다는 전보가 도달하자마자 일본의 참모본부는 서둘러 제2국장 대리 이지치 코스케(伊地知幸介) 포병소좌를 조선에 파견해 은밀하게 사정을 탐지하게 했다. 이보다 앞서 조선 국내의 지도 모사(模寫)를 목적으로 조선주차 공사관부 포병대위 와타나베 테츠타로(渡辺鉄太郎)에게 은밀히 명령을 내려 만기 하사를 채용해 와타나베 대위의 개인 손님으로 밀파하여 지도 측량을 하게 했다. 이지치 소좌는 앞서 경성을 출발하여 원산, 블라디보스토크를 거쳐 해로로 부산에 도착해 있는 와타나베 대위를 만나기 위해 5월15일 도쿄를 출발했다. 부산에서 대위와 만났다. 때마침 동학당의 난을 맞아 부산항에 주재하고 있던 무로다 요시후미(室田義文) 총영사와 만나 실정을 조사했다. 경성의 스기무라 후카시 대리공사와 통신하여 앞서 서술한 21일의 어전회의 결과도 확인할 수 있었다. 시기가 이미 절박한 것으로 미루어 추측하고 대위에게 측량 안내방법을 훈시했다. 자신은 25일 도쿄로 돌아가 신바시(新橋)로 마중나온 참모본부로 나가 일하고 있는 가지카와 료키치(梶川良吉)² 중위와 함께 하차한 다음 바로 가와카미 소로쿠 참모차장 사저에 도착했다. 데라우치 마사타케 제1국장, 오오미 사다타카(大生定孝) 고급부관이 열석한 면전에서 유언비어를 포함하여 와전되지 않은 실제 정세를 보고한 뒤 의견을 진술했다.

#2. 이지치 코스케(伊地知幸介) 보고의 요지

동학당의 세력이 창궐하나 힘없는 조선 관병은 이를 잘 진압할 수 없다. 조선 정부의 현 상황은 청국 정부에 명확히 군대 파병을 요청하고 있다. 청국 정부는 종래의 정략과 원세개의 지금 거동에 대해 살펴보건대 기꺼이 이 청구를 받아들일 것이다. 이 경우 우리 제국이 조선에서 청국에 비해 군대의 인원수와 상대를 압도할만큼 강력한 힘을 유지하기 원한다면 청국에서 파병하는 병력 수의 많고 적음과 상관없이 혼성 1개여단을 보내는 것이 마땅하다.

#3. 참모차장 가와카미 소로쿠는 위의 의견을 받아들여 다음날 참모총장의 참석 아래 승인을 받았다. 그날(5월31일) 바로 이지치 소좌와 이토 총리대신의 관저를 방문해 출병 의견을 제출했다(육군대신, 외상, 추밀원의장 동석함).

가와카미 소로쿠 참모차장은 동학당의 실정을 살핀 결과, 조선정부의 군대 파병 요청에 청국이 수락하게 될 것이므로 일본도 이때 병력을 조선에 보내 한반도에서 세력균형을 유지해야 마땅하다고 보고했다. 이 자리에서 이토 수상은 "조선정부가 청국에 군대를 요청했다고는 하나 아직은 분명히 억측에 불과한 상상에 속하는 것이며 사실로 인정되어야 할 것"이라며 의심스러워했다. 참모차장은 이를 반박하며 "조선은 내란이 창궐하나 정부는 이를 토벌할 능력이 없으며, 돌아가는 형국으로 보아 청국 군대의 출병은 가공의 상상이 아니다."며 이지치 소좌를 불러 탐문한 바를 상세히 진술하게 했다.

#4. 혼성여단 출병 내정

이지치 소좌는 상세하게 탐문한 바를 진술하여 그것이 억측이나 상상이 아님을 증언하고, 일본의 출병은 꼭 필요하고 중요하다는 결론을 내렸다. 수상은 참모차장의 의견을 받아들여 그 자리에서 출병하기로 내정(內定)했다. 참모차장은 계속해서 조선 파병 병력을 혼성 1개 여단으로 하고 청국 출병 병력의 많고 적음에 상관없이 기선을 제압할 필요가 있다고 제안했다. 그런데 이토 히로부미 수상이 여단 병력이 지나치게 많다고 하자, 참모차장이 그렇지 않은 까닭을 진술해 결국 받아들였다.

이때 가와카미 참모차장은 머지않아 이 논의를 다시 하게 될 것이라 확신하고 과감하게 출병 의지를 굳혔다. 6월2일 각의 개최 뒤 참모총장과 열석한 자리에서 회의하는 도중 주목할 점은 또다시 출정 병력에 관한 이토 수상의 반대가 있었다. 가와카미 참모차장은 갑자기 정색하며, "정부의 출병으로 결정하면 된다. 출정하게 될 병력의 많고 적음에 대해서는 참모총장의 권한에 속한다. 달리 거론할 일이 아니다. 참모총장은 마땅히 출병의 목적을 관철하여 병력을 정하면 된다. 정부는 안심해도 될 것이다."고 단언했다. 이 말 한 마디에 이토 수상은 '비스마르크(Bismark)'가 66년전쟁에서 '몰트케(Moltke)'의 작전을 신뢰하며 필승을 기대했던 태도에 비유하지 않을 수 없다고 했다. **파병 병력은 결국 참모본부의 요구대로 혼성 1개여단으로 결정**되었다.

이어진 안건은 출병 명분을 어떻게 할 것인가에 대한 논의였다. 앞서 이지치 소좌가 부산에 있을 때 무로다 영사 등과 논의한 끝에 조선이 일본에도 병력을 요청한다면 원병을 보낼 수 있다는 취지를 미리 조선정부에 신청해 두자는 의견이 5월31일 총리관저 회의에서 이미 있었다. 그러나 당시 외무대신 등은 이에 대해 냉담하게 반응해 그냥 지나친 사실이 있었다. 6월2일 각의에서 출병을 결정하고 일본 병력 파병의 명분을 공사관, 영사관, 거류민 보호에 두기로 했다.[3]

2. 참모본부 첩보원, 밀명으로 움직이다

육군대학교에서 직업군인 특히 간부를 교육시킨 다니 히사오는 『일청전사강의적요록』 「혼성여단 조선파병에 관한 참모본부 준비」 부록에서 청일전쟁 개전 전 중국과 조선에서 첩보활동을 한 인물과 참모본부의 만주와 조선에 관한 평시 정찰준비에 대해 언급하고 있다. 이전부터 중국과의 교전

다니 히사오(谷壽夫, 1882~1947)

을 예상하고 중국에 대한 지형지물, 병력 상황, 요충지에 대해 면밀히 파악해 두고 있었다. 일본은 인천을 통해 경성으로 밀고 들어갈 계획이었으므로, 쓰쿠바함의 첩보활동을 통해 더욱 치밀한 루트와 무력장악 대책을 세우고 있었다. 그러나 기타 지역에 대한 정보가 부족해서 힘들었다는 이야기를 하고 있다.[4]

#1. 참모본부의 만주와 조선에 관한 평시 정찰준비

참모본부는 일찍이 청국과의 교전을 미리 대비하고 평시 정찰업무에 유의했다. 특히 가와카미 소로쿠 참모차장은 조만간 닥쳐올 여순 요새공략을 미리 고려해 많은 비용을 들이고 있었다. 이러한 정보정찰 노력의 결과 개전에 이르러 비축하고 있는 포의 종류, 포의 수 등 세세한 부분까지도 명확히 첩보로 알 수 있었다. 그러나 당시 여순 요새는 충분히 정찰을 완료했으나 조선연안, 산동반도 연안의 경우 근거가 될 만한 실지정찰이 완료되어 있지 않았다. 사실 1887년 참모본부 제1국은 고다마 겐타로(兒玉源太郞, 1852~1906) 국장이 출병준비를 담당하고 있었다. 제2국은 오가와 마타지(小川又次, 1848~1909) 국장이 작전담당, 후지이 시게타(藤井茂太, 1860~1945) 대위는 오가와 국장의 명에 따라 인천을 경유, 타이구(太沽)로 상륙하여 그곳에서부터 진저우(金州) 간의 지형지물을 정찰한 것이 효시가 되었다. 청일전쟁에는 이 보고(현물지시)를 유일한 참고자료로 삼았다(후지이 대위는 이때 은괴를 가마니에 넣고 실고 갔으나 이것을 잘라서 돈으로 바꾸느라 많은 고충을 겪었다). 청일전쟁이 개시되었을 때 부산과 경성 간 도로 상황이 어떠한지 파악이 안 되어 당국자들이 낭패를 보았다.

#2. 청일전쟁 개전 전 참모본부 첩보원 배치 일람표
· 경성 포병대위 와타나베 테츠타로(渡辺鉄太郎) 조선주차 공사관부
· 텐진 보병소좌 가미오 미쓰오미(神尾光臣, 1855~1927) 청국주차 공사관부
· 베이징에서 텐진 간 포병중위 이시이 타다토시(石井忠利) 비밀시찰원
· 베이징에서 텐진 간 보병중위 닌헤이 센순(仁平宣旬) 비밀시찰원
· 상하이 보병대위 츠가와 야스테루(津川謙光) 비밀시찰원

· 한커우(漢口) 보병중위 하시모토 세이지로(橋本齊二郎) 비밀시찰원
· 블라디보스토크 포병대위 마쓰우라 테이조(松浦鼎三) 비밀시찰원

#3. 청일전쟁 당시 대본영 편성 참모본부 인물
· 참모총장 육군대장 아리스가와노미야 다루히토친왕(有栖川宮熾仁親王, 1835~1895, 황족)
· 참모본부 육군 상석참모 중장 가와카미 소로쿠(川上操六, 1848~1899, 참모총장, 육군대장)
· 참모 보병대좌 다카하시 이소쿠(高橋維則, ?~1894.8.30. 당시 참모본부 제2국장)
· 보병대좌 츠치야 미쓰하루(土屋光春, 1848~1920, 뒤에 육군대장)
· 보병소좌 이지치 코스케(伊地知幸介, 1854~1917, 뒤에 육군대장)
· 포병소좌 시바 고로(柴五郎, 1859~1945, 후쿠시마 출생, 뒤에 육군대장)
· 보병소좌 도조 히데노리(東條英教, 1855~1913, 뒤에 육군중장)
· 보병대위 사이토 리키사부로(齋藤力三郎, ?~?)
· 보병대위 유희 미츠에(由比光衛, 1860~1925, 뒤에 육군대장)
· 보병대위 우쓰노미야 타로(宇都宮太郎, 1861~1922, 사가 출신, 뒤에 육군대장)

후지이 시게타(藤井茂太, 1860~1945)

1887년 참모본부 제2국원으로 인천을 경유해서 타이구와 진저우 사이의 지형지물을 정찰했던 후지이 시게타는 1894년 7월초 다시 조선으로 파견되었다. 파견임무는 오시마 혼성여단 출발 직후 경성·부산 간 병요지리, 병참선로 정찰이었다. 후속병단의 출병과 조선에서 벌어진 전투를 대비해 가장 급한 경성과 부산 간의 지리 정찰이 목적이었다. 7월13일 부산을 출발, 8월14일 일본에 도착하자마자 정찰 결과를 보고했다.

7월초 밀명을 받고 함께 한 수행원은 3등감독 이케다 이와조(坂田嚴三), 공병대위 아키즈키 에이타로(秋月榮太郎), 이등군조 다나카 요시노신(田中吉之進), 일

등병 나가오 곤다이라(長尾權平), 하타 도라노스케(秦虎之助), 다나카 덴타(田中傳太), 에구치 츄사쿠(江口忠作), 통역 오이시 아키라(大石明), 히로타 센키치(廣田善吉), 이쿠타비 나오사쿠(幾度直作), 야마다 세이지(山田淸治)였다. 이들은 2주 예정으로 부산에서 경성까지 이르는 120리를 답사하고 8월1일 남대문에 도착했다. 후지이는 1887년 밀명을 받고 베이징, 산해관 등을 정찰했던 경험을 토대로 떠날 때 강심제, 안약, 잎담배 등을 다량 준비해 갔다. 통과하는 지역에서 의료진단소를 열어 지역주민의 협력을 받았다고 술회하고 있다.

8월14일 후지이 소좌가 일본으로 귀경했다. 가와카미 소로쿠는 만나자마자 "지금 궁중에서 어전회의가 개회중이니 여행차림 그대로 참내하여 회의석상에서 정찰 결과를 보고하기 바란다."고 했다. 이에 후지이는 바로 참내하여 회의실로 들어갔다. 중앙 옥좌 좌우에 야마가타(山縣), 오야마(大山) 두 대신, 가와카미 소로쿠를 포함한 문무대신이 둘러앉아 있었다. 후지이는 경성과 부산간의 지형, 병참선로 정찰 결과를 보고했다.[5]

3. 혼성여단 파병과 배치 계획

청국이 조선으로 군대를 파병하는데 대해 일본의 참모본부는 일본군대 파병 전 향후 어떻게 전개할지 이지치에게 초안을 잡게 했다. 두 안건 가운데 실행 가능성을 타진하여 최종 제1안으로 결정되었다. 대략적인 내용은 다음과 같다.

#1. 혼성여단 파병 계획과 함께 거론된 예정 묘산

청국 토벌의 모략은 먼저 참모차장 가와카미 소로쿠에 의해 그 대강이 결정되었다. 참모차장이 그 뜻을 이지치 소좌에게 내려 보내 초안을 잡게 했다. 이것을 예정 묘산(廟算, 국가를 다스리는 방법과 계략)이라 칭하고 전문은 다음과 같다.[6]

豫定ノ廟算　　　　谷　大佐

今回日清兩國が朝鮮ニ出兵スルノ趣旨ハ我ハ我カ公使館及居留民保護ノ爲メニシ彼レハ同國王ノ依賴ヲ受ケ同國內亂鎮定ノ爲メニシテ相異ルト雖兵ヲ出スニ至テハ則チ一ナリ曩ニ明治十五年同十七年京城ノ變ニ際シ相共ニ兵ヲ朝鮮ニ出セシ以來日清兩國ノ感情ハ大ニ円滑ヲ欠キ動モスレハ互ニ相睨睨スルニ至レリ左レハ今回ノ出兵ニモ我ハ必ス穏和ヲ以テ彼ニ対スヘキヲ訓令シタレモ彼レカ常ニ我ヲ侮蔑スルノ實ニ考フレハ或ハ不測ノ事変ヲ惹起スルコトアランモ亦未タ知ルヘカラサルナリ

若シ一旦彼レト哨煙ノ間ニ立ツコトアランカ我レハ飽マテ[戦聞ヲ持續シ彼レヲ屈服セシムル]ノ決心アルヲ要ス戦聞ヲ持續シ彼レヲ屈服セシムル果シテ如何ノ方

三九

다니 히사오, 『일청전사강의적요록』의 「예정 묘산」

예정 묘산

이번 청일 양국이 조선에 출병하는 취지를 일본은 공사관, 거류민 보호를 위함이라 하고 청국은 조선국왕의 의뢰를 받아 조선국 내란을 진압하기 위함이라 한다. 서로 다른 이유로 병력을 출병하기에 이르렀다. 일찍이 1882년, 1884년 경성사변 때 양쪽 모두 군대를 조선에 보낸 뒤로 청일 양국의 감정은 원활함을 잃고 서로 흘겨보게 되었다. 이번 출병을 맞아 우리는 반드시 온화하게 그들을 대하라는 훈령을 내렸으나, 그들이 늘 우리를 모멸해 온 사실에 비추어보면 어쩌면 예측할 수 없는 사변이 일어날지 아직 알 수 없는 일이다.

만일 그들과 화약연기 자욱한 상황을 맞게 된다면 우리는 끝까지 **개전을 지속해 그들을 굴복시킬 결심이 필요**하다. 전쟁을 계속하고 그들을 굴복시키려면 과연 어떠한 방책에 의거해야 할 것인가.

1, 조선에 후속병력을 보내 즉각 승부를 해당 지역에서 다툰다.

2, 북경을 목표로 하고 병력을 보내 발해만(渤海灣) 연안으로 상륙한다.

이 두 방안 외에는 달리 취할 방책이 없다. 두 방책 모두 해전과 크게 관련이 있다. 만일 해전에서 우리가 불리해지면 제2안의 경우는 완전히 단념해야 할 것이다. 다만 제1안 역시 쉽사리 우리의 목적을 달성하기 어렵다. 해전에 유리한 제1안에 의거한다면 그들이 더욱 곤란해질 것이다. 신속하게 전쟁 국면을 종결하기를 원한다면 제2안에 의거해야 할 것이다. 제2안을 따르면 먼저 그들의 함선을 소탕하고 **완전히 해상권을 점유**한 뒤에 조선에는 1사단의 병력을 주둔시키고, 다시 3사단 병력을 발해만, 타이구 부근에 상륙시켜 그들의 예상을 벗어나야 한다.

그런데 1사단 수송에 필요한 선박을 약 40척으로 보면 3사단을 보내려면 더 많은 120척이 필요하다. 현재 우리 선박의 수로는 이들을 3차에 걸쳐 수송해야 할 것이다. 단 3차 수송은 실제로 50일의 장기간을 요한다. 선발대대는 루타이(芦台), 산해관(山海關), 북당대(北塘臺), 타이구, 톈진 부근에 주둔한 2만5천여 명의 적병에게 공격당하게 되므로 실제로 불리하다. 이러한 상황을 피하려면 수송 각 단계를 단축하고 적과 만났을 때 합동으로 일제히 작전을 속행하는데 있다. 6, 7일 밤낮없이 항해해 온 군대와 말의 휴식도 필요하므로 집합 휴양지 한 지점을 확보해야 한다. 이 지점을 찾으려면 진저우(金州)나 산둥반도를 제외한 바깥의 적당한 지역이라야 한다. 여순, 위해위의 두 군항이나 군항 한 곳을 공략해 우리의 집합진지로 삼아야 할 것이다. 이 지점을 확보하느냐 못하느냐는 먼저 해군력의 여하에 달려 있다.

위 두 안건을 고려해보면 **해전의 승패 여하에 관계없이 우리가 실시할 수 있는 것은 제1안**이었다. 제2안의 경우 해전을 통해 우리가 유리하게 적의 함대를 침몰시켜 해상권을 완전히 장악해야 가능하다고 판단된다.

이상의 예정 묘산은 애초부터 이상(理想)에 불과했고 시국은 아직 이를 허락하지 않았다. 대본영 육군참모는 단순히 긴요한 묘책을 기안만 했을 뿐 실행준비단계까지 진행하지는 않았다.

대본영은 바로 눈 앞에 닥친 문제와 향후 계획을 논의했다. 가장 급한 일은 혼성여단 수송이었다. 그 다음은 병력의 상륙지점을 어디로 정할 것인가, 상륙 상황보고를 위한 인원 파견, 파병 군대의 외교적 사무를 담당할 인원 등에 대해 구체적으로 토의하고 있다.

#2. 혼성여단 파병 계획[7]

처음 대본영이 여단을 동원하자마자 단번에 수송하기를 희망했으나 아직 일본군용 선박의 공급이 원활하게 이루어지지 않고 있었다. 부득이 대본영은 이를 둘로 나누어 수송 계획을 세웠다. 병력 분배도 평균적인 분배안을 피하고 현재 형세에 비추어 청국군에 대한 기선 제압을 독차지하기 위해 제1차로 주력부대(보병 4대대를 근간으로 하는 부대)를 파병하기로 변경했다. 각 부대는 동원발령 뒤 며칠 만에 대략의 편성을 마치고 출발준비를 완료했다.

다음으로 제기된 문제는 여단을 조선국의 어느 지역에 배치할 것인가였다. 참모본부의 토의 결과 후일 청국과 개전할 때 일본이 먼저 조선반도를 점령하고 대작전의 바탕이 되는 입지를 점령해야 한다는 전략상의 필요에 의해 경성에 여단의 주력을 두기로 했다.

상륙지점에 관해서는 경성에 들어가려면 물론 인천항이 가장 편리하지만, 인천항은 통상항이므로 각국에서 이의를 제기하면 유지하기가 어렵다. 청병이 우리보다 먼저 상륙할 우려가 있으므로 만일의 경우를 대비해 마산포를 선정해 두고, 다른 양항(良港)을 찾아내야 한다. 경성과의 통신방법은 종래의 경성에서 부산, 원산, 의주, 인천으로 통하는 전신선이 있으나 경성-부산 간 선로는 동학당 봉기로 인해 현재 불통이라 당분간 개통될 전망이 없다. 설사 개통된다 해도 부산-경성 간 전신업무에 종사하는 자가 대부분 청군이므로 그 확실성을 보장할 수 없다. **인천-부산 간에는 특별히 통신선**을 둘 필요가 있다.

위 연구의 결과로 다음 네 건을 확정함.

1, 혼성여단은 바로 경성으로 들어가 우리 거류민을 보호할 것.
2, 상륙지를 인천항으로 정한다. 만일 상륙이 불가능한 경우 마산포로 대체함.
3, 히로시마를 병참기지로 하고 집적장을 아카마가세키(赤間關, 시모노세키의 옛 이름)로 정한다. 단 형세에 따라 집적장을 부산으로 옮긴다.
4, 통신방법은 부산항과 부산 간 전신을 이용하고 부산-인천 간은 해로를 이용함.

지금 혼성여단 출발에 즈음하여 보병소좌 나가오카 가이시(長岡外史, 보병4연대부)[8]를 여단배속 참모로 임명함. 상기 네 가지 조건, 훈령을 휴대하고 6일 급히 히로시마로 감. 나가오카 참모가 휴대한 훈령 중 주요사항을 거론하면 다음과 같음.

A. 출병 명분은 동학당에 대해 우리 공사관, 신민보호에 있으나, 여단파병의 주지(主旨)는 조선국에서 일본의 군세(軍勢)를 유지하는데 있다는 취지를 지시할 것.

B. **여단의 주력은 경성에 둘 것.** 그리고 부산, 원산에 나누어 파병할 병력은 최소한으로 할 것.

나가오카 가이시 참모가 지참할 필요서류는 다음과 같다.

1, 상륙, 가교(架橋, 한강)를 위해 **각지 현존 선박조사서**, 지참할 자료에 관한 건.
2, 급양, 위생에 관한 요령.
3, 여단이 상륙한 직후의 조치는 특히 참모본부의 실천자, 도상(圖上)에 대해 연구한

결과에 대한 참고자료.

혼성여단 상륙 상황을 실제로 눈으로 보고 확인하기 위해 참모본부 제2국 국원 포병 대위 아오키 노부즈미(靑木宣純)를 여단과 동행하게 함. 별도로 경성 체류 각국 사신, 무관의 거동을 관찰하고 그들의 의향을 탐색하게 함. 일본 당국자, 파병군대의 외교적 사무 수행에 편의를 꾀하기 위해 다음 세 사람을 선발해 경성으로 파견하기로 함.

참모본부 편찬과장   보병중좌 후쿠시마 야스마사(福島安正)
참모본부 제2국 국원   공병소좌 우에하라 유사쿠(上原勇作)
오사카 포병공창 부제리(副提理)   포병소좌 무라키 오스미(村木推美)

이 외 대본영은 기술상 조사물자 조달 편의 준비 등을 위해 임지로 귀환한 오토리 공사가 탑승한 군함 야에야마호에 다음 네 사람을 싣고 시모노세키를 거쳐 경성으로 향하게 함.

공병대위 구라츠지 아키토시(倉迪明俊)[9], 3등감독 이마사와 카즈타로(今澤和太郞), 2등군리 호가 오키마사(保賀致正), 해군에서 대위 야스하라 아키지(安原飽次).

청국 병력이 조선으로 건너온다는 전보가 대본영으로 잇따라 전해졌다. 뒤이어 경성에서 보내온 청병의 확실한 출발점은 산해관이며 병력 1,200명, 정확히 오늘 아산을 향해 출발했다는 확실한 보고에 따라 6월6일 제5사단장은 혼성여단 제1차 수송병(선발대 보병 1대대, 공병 1소대, 이 공병은 사단장의 독단으로 명하는 바이다.)을 보냄. 10일, 11일 우지나항에 도착할 운송선으로 출발할 것을 예정 명령함.

참모본부는 조선반도 점령이 곧이어 있을 대작전의 밑바탕이 될 것으로 확신하고 경성을 점령해 여단의 주력부대를 배치하기로 했다. 나가오카 가이시 참모가 지참할 선박조사서[10], 필요서류는 쓰쿠바함이 1894년 1월부터 3월에 걸쳐 조사한 조선 첩보 보고서로 추정된다.

4. 일본, 대원군을 떠보다

『정청해전사(征淸海戰史)』는 일본방위성 방위연구소에 소장된 해군성 자료다. 그 내용을 살펴보면, 1894년 6월 조선 무력침략 시기부터 같은 해 7월 풍도에서 청국과 일본이 전쟁을 시작하기까지 해군 군령원, 외국공사관부 해군장교 등이 조선, 청나라, 러시아 3국의 정황을 정찰하여 보고한 첩보자료가 대부분이다. 이 책「제15편 해군성과 군령부 설계, 제58장 첩보」[11]속의 '조선 국내의 상황'에는 이노우에 토시오(井上敏夫)[12] 해군소좌가 나카무타 구라노스케(中牟田倉之助) 해군 군령부장에게 보낸 대원군에 관한 보고가 나온다. 해군소좌 이노우에 토시오가 조선에 파견되어 정탐하고 있던 와타나베 타카지로(渡邊鷹次郞)를 통역관으로 6월 초에 대원군과 만나 면담한 내용이다.

6월3일의 만남에서 대원군은 전라도에서 발생한 민란의 형세를 묻고 있다. 이미 이때 전란을 예상한 일부 사람들이 피난준비를 하고 있다는 이야기가 나오고 있다. 6월4일에는 원세개가 조선의 돈 수만 냥으로 매입한 곡물 등에 관해 묻는 내용이다. 6월9일 방문에서는 러시아의 출병 여부와 동학당의 최근 양상, 오토리 공사의 경성 도착 시기, 오토리 공사와 이홍장의 친밀도에 대해 묻고 있다. 와타나베 통역관은 조선 국정 개혁에 대해 말하며 오토리 공사가 경성에 들어오면 만나서 민씨 일족의 폐정 개혁을 논의하는 것이 어떠한가 묻고 있다. 대원군은 이미 세상과 인연을 끊은 지 12, 3년이 되어 그저 구경꾼일 뿐이라 답한다. 청과 일본이 충돌하게 되면 대궐에 들어가는 것은 어떠한가를 묻자, "본인의 말은 잘 받아들여지지 않을 것이며 오히려 의심만 사게 된다." 했다고 기록되어 있다.

#1. 경성 해군소좌 이노우에 토시오가 해군군령부장 나카무타 구라노스케에게 보낸 대원군에 관한 보고

대원군은 몇 년간 유폐되어 오직 지금 시정을 개탄하며 몰래 정황을 탐색하고 있었다. 그 무렵 우리 영사관에서 대원군과 자주 만나게 된 와타나베 타카지로에게 그 현상을 면담하고 탐색, 관찰한 결과를 문답필기로 다음과 같이 기재하여 참고로 제공함. 순사 와타나베 타카지로 구두 복명 필기

#2. 1894년 6월3일 대원군이 전라북방 민란의 형세를 묻다
답 : 이번 민란은 동학당과 농민 등이 지방관의 폭정을 견디지 못해 끝내 봉기한 것으로 그중에는 비범한 자도 가담하여 그 책략과 행위가 놀라울 만큼 뛰어나 쉽게 진정되기 어렵다고 생각한다. 경성에서도 반드시 봉기할 것이다. 그러나 당장은 절박한 상황이 아니다. 만일 일이 발생하면 민씨 패거리는 골육상잔에 이를 것이다. 그렇다 해도 이 일에 대해 일본공사관에 해가 미칠 이유는 없다.
문 : 과연 당지에서 봉기가 일어난다면 민씨를 반대하는 당일 것이다. 그 반대자는 얼마나 많은가.
답 : 민씨에 대해서는 누구나 반대할 것이다. 민씨를 좋게 말하는 자는 한 사람도 없다. 민씨의 정략을 반대하는 자는 있어도 주모자가 없다면 봉기하지 않을 것이다.

#3. 1894년 6월4일 대원군이 다음 건을 묻다
문 : 원세개는 조선의 돈(韓錢) 수만 냥을 매입하고 군기(軍器)를 가져오게 하고 곡물 1천 가마니를 매입, 기타 당지의 상인에게 병사복을 건네주었다는데 어떻게 된 까닭인가.
답 : 그것은 당지에서 일어난 일이 아니다. 전지(戰地)로 보낸 것이다. 상인에게 병사복을 건네준 것은 모두 병사들이다. 곡물 1만 석을 매입했다고 들었지만 1,000석밖에 안 된다.
주 : 이상 조선의 돈과 곡물류는 그 뒤 인천에서 아산지방으로 보내졌다. 상인에게 병사복장을 하게 한 것은 당리사(唐理事) 30명을 인솔하고 공주로 향해 출장한 것으로 지난 12일 귀경했다고 한다 운운.

#4. 1894년 6월9일 방문, 러시아의 출병 여부와 동학당의 최근 양상에 대한 문답(대원군 문,

이노우에 답)

문 : 러시아의 출병 여부는 어떠한가.

답 : 그 일에 대해 자주 정탐하고 있으나 공공연하게 정부에 물어볼 수가 없다. 생각하건대 민씨 가운데 러시아에 출병을 의뢰한 자가 있는 것 같다. 가소로운 일이다. 왜냐하면 한쪽은 청나라 병사를 청하고 한쪽은 러시아 병사를 원한다는 것은 사실 있을 수 없는 일이라 생각한다.

문 : 동학당의 최근 양상은 어떠한가.

답 : 상세한 것은 알 수 없으나 두목 2명은 이미 죽고 전주는 회복했다고 들었다.

문 : 오토리 공사는 며칠쯤 경성에 도착하는가.

답 : 조만간 올 것이다.

문 : 공사는 이중당(李中堂, 이홍장을 뜻함)과 친밀한가.

답 : 공사는 청국에서도 오래 재임했으므로 아마 친밀할 것이다. 가까운 시일 내에 공사가 입경하면 잘 협의하여 민씨의 폐정을 개혁하는 것이 어떠한가.

대원군 답 : 오토리 공사와 이중당(李中堂)이 만일 협의한 다음 우리의 국정을 개혁하는 일이 있다면 나는 이러한 일을 할 수 없다. 나는 12, 3년이나 세상과 인연을 끊고 살아 그저 구경꾼에 지나지 않는다.

이노우에 문 : 가까운 기일에 우리 병사가 거류민 보호를 위해 올 것이다. 만일 청나라 병사와 충돌하면 일이 쉽지 않을 것이니 대인이 먼저 대궐에 들어가 이를 대처하면 어떻겠는가.

대원군 답 : 내가 말하는 것은 하나도 받아들여지지 않는다. 오히려 다른 의심만 살 뿐이다. 이에 대해 대궐에 들어가는 것은 물론 말을 나눈 적도 없는 것으로 하기 바란다.

「정청해전사 제15편 해군성과 군령부 설계, 제58장 첩보」

이 문건으로 미루어 일본은 지속적으로 대원군과 접촉을 시도했으며, 그의 의중이 어디에 있는지 떠보았던 것으로 보인다. 해군성의 「정청해전사 제15편 해군성과 군령부 설계, 제58장 첩보」에 대한 자료설명에는 "1894년 6월부터 청일전쟁 직전까지의 이 첩보기록이 대본영의 작전계획에 유리한 요소가 적지 않다."고 기록되어 있다.

5. 출병의 핑계와 청국 군대의 축출

청이 조선에 군대를 파병한 문제에 대해 일본공사 왕봉조가 「속방보호를 위해 조선국에 출병하는 취지를 통고한 건」을 무쓰 무네미쓰 외무대신에게 알린 내용도 1882년과 1885년의 일에 근거했음을 밝히고 있다.

「속방보호를 위해 조선국에 출병하는 취지를 통고한 건」[13]

1894년 6월7일

대청흠차출사(大淸欽差出使) 일본국대신(日本國大臣) 왕봉조(汪鳳藻)는 알립니다. 지난번 우리 북양대신 이홍장(李鴻章)의 전보를 받아 살펴보니 "광서(光緒) 11년[1885년]에 청국과 일본이 협의하여 결정한 전조(專條) 내에는 "장래 조선에서 만일 변란사건이 있을 경우 중국이 군대를 파병할 때 먼저 서신으로 알리고 사변이 진정되면 즉시 철회하고 다시 주둔하여 방어하지 않는다."는 말이 있었습니다. 그리고 본 대신이 지금 조선 정부의 서한을 받아보니 그 내용에 "전라도의 관할 백성이 난폭해 동학교도 비적들에게 붙어서 많은 사람을 모아 현읍을 공격해 함락시키고 북쪽으로 도주하여 전주를 함락하여 지난날에 훈련이 잘 된 군대를 보내어 초멸토록 했으나 패배하고 말았습니다. 만일 그들의 기세가 만연하여 시일이 오래되면 상국(上國)에게 우려를 더욱 많이 끼칠까 두렵습니다. 임오년(壬午年)과 갑신년(甲申年)에도 폐방(敝邦)이 두 차례에 걸쳐 내란이 일어났었지만 모두 중국의 병사들에 의해서 평정되었으므로 지금 다시 원병을 보내주시기 간청하오니 수개 부대만 속히 보내어 대신 초멸해 주시기 바랍니다. 포악한 도적의 무리를 초멸하면 그 즉시 철수하기를 요청할 것이며 감히 계속 주둔하여 방어까지 요구하며 천병(天兵)을 오랫동안 외지에서 수고하지 않도록 하겠습니다."는 말이 있었습니다. 본 대신이 그 사정이 급박함을 살펴 다시 병력을 파병하여 원조한 것은 곧 우리 조정에서 속방(屬邦)을 보호해 주는 예로부터의 관례입니다. 이 사실을 아뢴 뒤 유지를 받들어 직예제독 엽(葉)에게 강한 병사를 뽑아 속히 인솔하여 조선의 전라·충청 일대로 가서 기회를 살펴 초멸하되 되도록 빠른 기일 내에 박멸하여 인근 부근을 안정시키도록 하고, 조선 내에 있는 각국의 상인들도 모두 생업을 편안히 할 수 있도록 해야 하며, 평정이 완료되면 즉시 군대를 철수시키고 다시 주둔하여 방어하지 말라고 했습니다. 이를 조약에 따라 지금으로 문서로 알리도록 귀 대신께 전보하오니 즉시 글월을 갖추어 일본 외무성에 알리기 바랍니다."는 사연이 본 대신에게 도착했습니다. 이에 따라 이와 같은 글월로 갖추어 알리니 귀 대신께서 살펴보시는 것이 옳을 것 같습니다. 이를 대일본 외무대신 무쓰 무네미쓰(陸奧宗光)에게 알림. 광서(光緒) 20년 5월3일.

조선에서 임시대리공사를 맡고 있던 스기무라 후카시는 일본공사관에 호위병을 파견한다는 통지를 받았다. 특명전권공사의 임무를 맡고 조선으로 돌아오고 있는 오토리 공사에게 동학군이 전주성을 함락한 뒤 6월8일까지의 조선 상황에 대해 보고하며 청국군을 무력으로 쫓아낼 수 있는지 여부와 향후 방향에 대해 요청했다.

오토리 공사가 육전대와 함께 경성에 들어온 뒤 보낸 귀임 보고 내용을 보면 당시 조선의 상황이 6월5일 일본에서 출발할 때의 예상과 달리 평온하며 아산에 도착한 청국 군대도 개입하고 있지 않으므로 더 이상의 병력 파병은 합당하지 않다고 하고 있다.[14]

일본의 조선출병 목적은 애초부터 정해져 있었다. 조선의 요청으로 출병한 청의 군대와 달리 일본의 출병은 조선의 요청에 의한 것이 아니었다. 일본이 군대파병을 결정하며 각의에서 내세운 명분과 법적 근거는 1882년 '제물포조약' 제5조와 1885년 '톈진조약' 제3조였다. '제물포조약'의 이 조항은 "일본 공사관은 병사 약간을 두고 경위(警衛)한다. 병영을 설치, 수선하는 것은 조선국에 맡긴다. 만일 조선국의 군민이 법률을 지킨다면 그 1년 뒤 일본공사가 경비를 요하지 않는다고 인정할 때에는 철병해도 무방하다."고 하고 있다. '톈진조약'의 조항은 "장래 조선에서 변란이나 중대한 사건이 발생하여 청국과 일본 두 나라나 어느 한 나라가 〔조선에〕 군대를 파병할 때는 먼저 문서로 알려야 한다. 사태가 진정되면 곧 군대를 철수한다."고 하고 있다. 일본은 조선정부의 요청 없이 병력을 파병한 것을 1882년 제물포조약과 1885년 톈진조약을 방패로 삼으며, 조선에 거주하는 일본공사관과 거류민 보호가 목적이었다며 정당화하고 있다. 일본이 내세우는 명분은 변명에 지나지 않는다. 6월7일 톈진조약에 따라 청국과 일본이 출병 통고를 하지만 조선에서 사태가 진정되었어도 일본은 군대를 철수하지 않았다〔6월10일 전주화약〕. 제물포조약에 따라 호위병을 파견한다고 조선 정부에 알리기는 했으나 일본이 파병한 군대의 수는 일본공사관과 거류민 보호로 보기에는 지나치게 많다. 이에 대해 다음 장에서는 연합·육전대의 편성과 혼성여단의 편제와 구성, 선발대를 시작으로 한 2차에 걸친 해상수송에 대해 살피면서 명백한 무력침략임을 그들의 기록으로 확인한다.

3장

'특전사' 육전대, 무력 침략의 선봉

1
조선출병, 치밀하게 준비하다
2
오토리 게이스케, 무력 침략의 거간꾼
3
육전대, 경성을 장악하다
4
일본정부, 언론에 재갈을 물리다

조선주차공사 오토리 게이스케가 잠시 일본으로 귀국한 뒤 임시대리공사를 맡고 있던 스기무라 후카시가 그 사이 보내오던 보고 가운데 5월의 내용은, "최근에 일어난 동학당의 난은 조선에서도 드문 사건이지만 이들이 조선정부를 전복시킬만큼 세력을 갖고 있지 않다."고 했다. 일본공사관, 영사관, 거류민을 보호하기 위해 다소의 군대를 파병할 일이 생기게 될지는 예측하기 어렵지만 경성은 물론이고 부산, 인천 모두 그다지 걱정할 일은 없었다. 스기무라 후카시는 조선 정세에 정통해 있었으므로 일본정부도 그의 보고를 믿고 있었다. 스기무라는 복잡하고 어려운 조선의 내치와 청국의 외교에 대해서는 예단하기 어려우므로 동학당의 움직임에 주목하며 조선정부가 어떻게 처분하고, 청국 사신과의 관계가 어떻게 변화해 가는지 예의주시하고 있었다. 5월말 조선의 내란은 악화되고 그 기세가 더욱 강해지고 있었다.

이 무렵 일본의 국내 사정은 정부와 의회가 정면으로 충돌하고 있었다. 동학농민군이 전주를 함락시킨 5월31일, 일본의 중의원은 내각탄핵상주안을 가결했다. 이러한 판국에 경성주재 임시대리공사 스기무라 후카시로부터 조선이 청국에 원병을 의뢰했다는 전보가 도착했다. 때마침 김옥균 살해사건 조사, 동학농민전쟁에 대한 첩보 수집과 지도작성을 위해 조선에 몰래 들어가 있던 참모본부의 이지치 코스케 포병소좌가 5월31일 도쿄에 도착하는 즉시 출장보고를 했다. 보고 자리에서 이지치 소좌는 혼성여단을 꾸려 출병해야 할 것을 제안했고 그 자리에서 출병이 결정되었다.

일본정부는 6월1일 육해군에 참모총장 아리스가와노미야 다루히토 친왕의 총지휘 아래 파병 준비명령을 하달했다. 이 문서는 통상적으로 일본군대 파병은 6월2일 협의가 이루어진 뒤 결정했다고 알려지고 있으나 이미 파병이 결정되었음을 보여주고 있다.

육해군에 명령 하달*

이번 조선국에 내란이 봉기해 기세가 창궐하므로 동국 거류 일본인민 보호를 위해

군대를 파병함에 따라 다루히토(熾仁)에게 명하여 육해군에 관한 사항을 총재(総裁)하게 함.

총재는 육해군 장교, 동 상당관(相当官)으로서 필요한 기관을 총괄하여 다스릴 것.

1894년 6월 1일

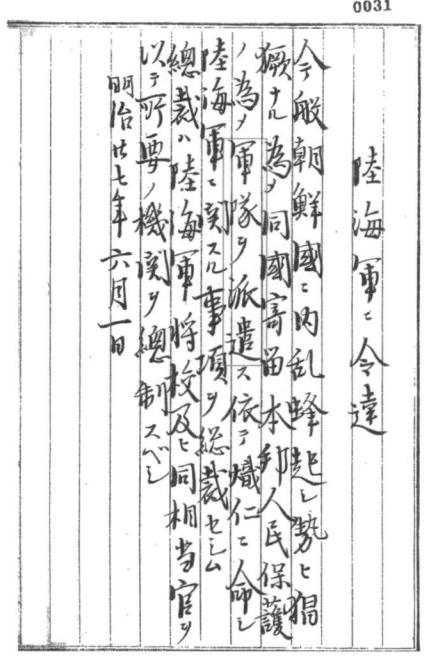

일본정부의 육해군 파병 명령하달(1894년 6월 1일)

1. 조선출병, 치밀하게 준비하다

참모본부의 가와카미 소로쿠, 이토 히로부미 수상과 무쓰 무네미쓰 외무대신은 5월 31일과 6월 1일 혼성여단을 파병하기로 은밀히 결정해 두었다. 6월 2일 수상 관저의 임시각의에서 의회를 해산하기로 되어 있는 자리에서 무쓰 무네미쓰는 말문을 열었다. "만약 이 일을 묵과하면 1884년 경성사변[갑신정변]처럼 한반도에서 청국과 일본의 힘의 균형을 잃어버리고 세력의 우열이 심화되어 결국 조선을 독립국가로 표명했던 조약 정신도 유린될 것으로 판단된다. 청나라의 출병 여하를 막론하고 그들이 군대를 보내면 일본도 출병해 만일의 사태를 대비하고, 조선에서 청일 양국의 세력 균형을 유지해야 한다."

수상 이토 히로부미를 비롯한 각료 모두 무쓰의 주장에 찬성했다. 이토 히로부미는 즉각 비서관이며 서기관 장관인 이토 미요지(伊東已代治)[2]에게 참모총장 아리스가와노미야 다루히토 친왕, 참모차장 가와카미 소로쿠가 자리에 참석할 것을 요청했다. 도착한 참모차장은 "육군 1개 사단 정도라면 언제라도 출병준비가 되어 있다."고 했다.

이토 미요지(伊東已代治, 1857~1934)

기다렸다는 듯 스기무라 후카시가 보내온 조선정부가 청국에 원병을 요청했다는 전보를 받자마자 그 자리에서 조선출병 내부의견을 정리, 이토 총리가 의회해산과 군대파병에 대한 건의를 들고 곧바로 천황을 배알해 재가를 받았다. "청일 양국 군대가 조선에서 서로 대치하게 된 이상 언제 충돌할지 알 수 없으나, 국가의 명예를 손상하지 않는 한 가급적 피동자의 위치에 설 것. 제3자 즉 구미열강과의 관계도 일이 발생할지도 모르나 부득이한 경우를 제외하고 엄밀하게 청일 양국의 국면으로 제한하여 제3자 즉 열강의 간섭을 예방할 것."[3] 이라는 조정회의의 방침에 따른 천황의 훈시가 내려졌다.

그날 밤(6월2일) 외무대신 무쓰 무네미쓰, 외무차관 하야시 타다스, 참모차장 가와카미 소로쿠는 외상의 관저에서 조선파병에 관한 군사, 외교적 책략을 협의했다. "일본 필승을 위해 병력 6천~7천의 1개 사단을 보낼 계획을 변경해서 먼저 혼성여단을 파병"하기로 했다. 그 날의 회의 주제는 어떤 수단과 방법을 써서라도 조선을 확보하고, 전쟁을 일으켜 기선을 제압한 다음 승리하기 위한 방안을 마련하는 것이었다.

당시 외무차관 하야시 타다스(林董)가 쓴 『다음은 옛 기록(後は昔の記)』에는 6월2일 밤, 조선으로 파병할 군대 인원에 대해 은밀히 작전계획을 짰다고 기록되어 있다.

> 6월2일 밤 외무대신 관저에서 무쓰 무네미쓰, 가와카미 소로쿠 참모차장과 나(하야시 타다스)는 조선 출병에 대해 상의했다. 세간에는 대외교책(對外交策)을 위한 중의원 해산을 의논했다고 전해졌다. 논의의 대강은 1882년과 1884년 경성사변 때 청국에 기선을 제압당해 일본의 실패로 끝났지만, 이번에는 반드시 청국을 제압하고 지난 두 번의 손해를 만회해야 한다. 그러므로 조선에 있는 중국 병력보다 많은 수로 대처해야 한다. 지금 아산에 있는 청나라 병력이 5천이라 하니 우리는 곳곳을 지킬 수비병을 포함해 7, 8천의 병력을 동원해야 한다. 우리가 경성에 들어갔다는 말을 듣는다면 이전의 승리에 길들여진 청나라 병사는 반드시 경성의 일본 병사를 공격할 것이다.

내각 총리
이토 히로부미

외무대신
무쓰 무네미쓰

참모총장
아리스가와노미야 다루히토친왕

참모차장
가와카미 소로쿠

육군대신
이야마 이와오

해군대신
사이고 쥬도

그렇다면 우리도 이에 응전할 병력을 출병시켜 평양 주변에서 교전하고 그곳에서 화의를 강구해 조선을 우리 세력 아래 둔다면 일단락 지을 수 있을 것이다. 다만 처음부터 7, 8천의 병사를 보낸다고 하면 이토 총리대신은 평화주의자이므로 승낙하지 않을 것이다. 외무대신이 이런 우려를 하자 참모차장은 먼저 1개 여단을 파병한다고 하면 총리대신은 여단병력을 2천 정도로 알고 있으니 아마 이의를 제기하지 않을 것이다. 그러나 실제 혼성여단을 편성하면 7, 8천 병력을 보낼 수 있으므로 이 안을 다음날 내각에 제출하기로 결의했다.[4]

참모차장의 추천을 받아 조선공사관부 무관으로 조선출병 때 선발로 떠난 우에하라 유사쿠의 평전 『원수 우에하라 유사쿠전』에도 일본이 조선출병을 결의한 그날 밤 세 사람이 나눈 이야기가 기록되어 있다. 임오군란과 갑신정변 때 청국에 밀려 후퇴한 일본의 세력을 만회해야 한다는 것이 요지였다. 이 일을 위해 청국보다 많은 수의 병력을 파병해 청국을 격파하고 조선을 거두어 일본의 세력권 아래 두는 것이 목적이었다.

가와카미 소로쿠는 외무상의 관저로 무쓰 무네미쓰를 방문해 이런 양해를 구했다. 무쓰 역시 야심있는 자였으므로 가와카미의 의견에 찬성했다. 처음부터 8천 내외의 병력을 파병한다는 가와카미의 말에 "이토 수상은 평화주의자다. 이렇게 많은 병력을 보낸다면 쉽게 찬성하지 않을 것이다."고 했다. 가와카미는 "처음에는 1개 여단을 파병한다. 평시 1개 여단 병력은 2천에 불과하다."고 했다. 무쓰는 이에 동의했다. 이토 수상도 이의를 달지 않았지만, 나중에 술수에 빠진 것을 알고 꺼림칙한 마음이 없지는 않았다고 했다.[5]

6월4일 북경주재 임시대리공사 고무라 쥬타로(小村壽太郞)가 "청국정부 드디어 조선에 병력을 파병함."의 전보를 외무성으로 보냈다. 경성의 스기무라 후카시 대리공사도 동일한 전보를 지급으로 보내왔다.

6월5일 대본영을 설치하고 육해군에 출병 명령을 내렸다. 해군은 쿠레진수부(吳鎭守府)[6]를 제1선발, 육군은 제5사단을 선발대로 결정하고 바로 출병준비에 들어갔다.

우에하라 유사쿠가 도쿄를 출발할 때 육군대신 오야마 이와오는 일본정부의 출병 목적에 대해 훈령을 내렸다. "되도록 평화를 깨뜨리지 않고 국가의 명예를 보전하며 청일 양국의 권력 균형을 유지하는 것이지 처음부터 반드시 개전을 계획한 것이 아니며, 조정회의의 방침에 의거했다."고 했다. 그러나 분명한 것은 **"청국 출병의 기회에 편승하여 청국의 세력을 한반도에서 몰아내고 조선문제를 해결하기로 기획한 것은 당시 참모차장 가와카미 소로쿠 중장이었으며 그의 의견에 찬성한 사람이 외무대신 무쓰 무네미쓰였다."**[7]고 침략의 핵심인물을 밝히고 있다.

2. 오토리 게이스케, 무력 침략의 거간꾼

다음 인용문은 **서면 훈령과 구두 훈령**이 확연하게 다름을 확인할 수 있다. 그 자리에 함께 있었던 외무차관 하야시 타다시는 『다음은 옛 기록』[8]에서 이 날의 상황을 비교적 상세하게 기록하고 있다.

오토리 게이스케(大鳥圭介, 1833~1911)

#1. 6월2일 당시 휴가를 내어 귀국해 있던 주차 경성공사 오토리 게이스케를 해군 육전대 500여 명과 함께 귀임하라고 총리대신은 친히 공사에게 엄중히 권고했다. 청국 주재관 원세개와 협의하여 되도록 평화롭게 일을 추진하라고 명했다. 외무대신 역시 똑같은 내용을 서면으로 훈령했다. 구두로 훈령하여 말하기를, "가급적이면 평온하게 일이 끝나기를 바라지만 아국(我國, 일본)은 이전에 두 번이나 훼손당했으니 체면을 만회해야 한다. 반드시 조선에서 우세를 차지해야 한다. 이를 등한시해서는 안 된다. 크게 주안점을 둘 것은 만일 부득이 전쟁을 치르게 되더라도 나는 사임하지 않을 결심이다. **각하가 잘 조치하여 이 방향으로 추진하고 평화가 깨지는 한이 있더라도 이것은 내가 반드시 책임진다. 각하는 오히려 과격하다 생각될지라도 걱정하지 말고 단호하게 조치하라.**"고 했다.

#2. 경성에서는 원세개가 일본의 의회는 늘 정부에 반항한다는 정보를 전해 듣고 있었고 일본은 위아래가 서로 갈라져 거의 내란에 가까운 상태라 조선에서 무슨 일을 하려면 심한 저항을 받게 될 것이라 믿고 아산 출병을 서둘렀던 것이다. 그래서 우리가 출병했다는 말을 듣고 졸지에 놀라 당황해서 즉각 오토리 공사에게 문의해 미봉책으로 파탄을 막으려 했다. 오토리 공사 역시 총리대신의 엄중한 권고와 외무대신의 표면적인 훈령의 뜻을 믿고 원세개의 요청에 대응하지 않았으므로, 외무대신이 계책을 추진하는데 아무런 저지가 없었다. 그렇지만 이미 운송선을 징발했고

7, 8천의 병사를 동원했으므로 중도에서 그만둘 수도 없는 형국이었다. 그래서 가토 마스오(加藤增雄), 모토노 이치로(本野一郎) 등을 파견하여 육군 참모관과 상의해 서로 계략을 맞춰 마침내 아산에서 청병을 토벌하기에 이르렀다.

무쓰 무네미쓰는 『건건록』에서 "시모노세키 조약에 따라 종래 일청 양국의 외교관계를 일변시켜 세계에서 일본을 동양의 우등국으로 인식하기에 이른 것도 그 근본 원인은 청한 양국 정부가 이 동학당의 난에 대한 내치와 외교 루트를 잘못 찾은 데 있었다."[9]고 쓰고 있다. 그는 원세개의 잘못된 외교적 판단이 중대사를 그르치는 원인의 하나가 되었다고 했다.

6월5일 오토리 게이스케는 당시 해군함 가운데 가장 빠른 야에야마호(八重山號, 속력 21노트, 선장 해군대좌 히라야마 도지로(平山藤次郎))를 타고 요코스카(橫須賀)항을 출발했다. 임시혼성여단을 편제해 선발대를 파병하려면 다소 시간이 걸렸으므로 지체 없이 해군 육전대를 투입하기로 했다. 육전대를 투입해 요충지를 점령하기 위해 오토리 공사와 함께 70여 명의 육전대(하사관), 경시청 경부와 순사 20명은 6월9일 오후 3시 인천항으로 들어왔다. 오토리 공사의 거류민과 공사관 보호가 목적이라는 육전대의 투입은 조선에 매우 위협적이고 도발적인 행위였다.

당시 외무성의 밀명을 받고 결연히 의지를 다지며 조선으로 떠나는 오토리 게이스케 공사의 모습과 상황을 엿볼 수 있는 그림 한 점과 글[10]이 남아 있다.

오토리 공사 조선[韓地]으로 향하다

동학당의 난이 일어나자 조선정부는 이를 안정적으로 다스릴 힘이 없었다. 그때 총리청대장 민영준이 어쩔 수 없이 원세개에게 원병을 요청했고, 원세개는 이를 본국에 통보했다. 청나라 병사가 아산에 들어와 이 화근이 싹텄다. 일본정부는 이 보고를 접하자마자 공사 오토리 게이스케를 불러들였다. 게이스케는 귀국하여 오이소(大磯) 정원에서 휴양하고 있었다. 즉각 달려와 외무성의 밀명을 받고 이튿날 6월5일 출발

일본 정부는 휴가중인 오토리 게이스케를 불러 조선으로 급히 떠나라고 명령했다.(1894년 6월5일)

했다. 출발할 때 핏자국이 남아 있는 복대를 허리에 맸다. 이 복대는 메이지유신 당시 막부군의 대장으로 신정부군에 항전하며 동서로 전전하다 마지막 전투 하코다테 고료카쿠(函館五稜閣)에서 항복할 때까지 몸에 차고 있던 것이다. 바야흐로 조선의 풍운이 시급한 때 이 복대를 차고 부임하며 크게 마음을 정했다. 임명을 받고 출발하기까지 이틀. 번개처럼 빠르게 떠나 방한구를 챙길 틈도 없었다. 당시 공사를 따른 자는 외무성 참사관 모토노 이치로, 이들을 호위하는 다카자키(高崎) 경부 외 20명의 순사였다.

갑오년 중추 이토 진타로(伊藤仁太郎) 기록, 오쥬 코토(應需耕濤) 씀

『일청교전실기』도 오토리 공사의 출발이 전광석화처럼 빨랐다고 전하고 있다.

6월4일 오토리 게이스케 공사에게 귀경하라는 급전을 보냈다. 이튿날인 5일 오전 외무성에 출두해 바로 조선으로 출발하라는 명을 받았다. 전날 정부는 해군대신과 협의하여 정박 중인 군함 야에야마함(八重山艦)에 오토리 공사를 태우고 해군 육전대의 호위를 받으며 조선으로 가라는 명을 전달했다. 오토리 공사는 명을 받고 즉각 다카자키 경부, 순사 20명과 함께 오전 10시45분 신바시(新橋)에서 출발하는 기차를 타고 외무성 참사관 모토노 이치로와 함께 요코스카항에 도착, 미리 준비해 놓은 야에야마함에 올랐다. 처리가 전광석화 같았다. 24시간 전 조선파병을 명받은 야에야마함은 눈 깜짝할 사이에 승조원을 정비하고 양식, 석탄을 싣고 공사 일행, 참모본부 요원, 해군병단 60명, 경시청 파견 순사 20명을 태우고 5일 오후 4시40분 각 함대의 축성(祝聲)에 답례하며 요코스카 군항에서 닻을 올렸다.[11]

오토리 공사가 외무성을 방문해 외무대신을 만났을 때 무쓰 무네미쓰는 조선에서 활발히 움직이고 있는 오카모토 류노스케에게 "이번 오토리 게이스케 공사 부임에 대해서는 내외의 일을 모두 노형(오카모토 류노스케)의 활약에 의뢰

한다."¹²는 내용의 편지를 오토리 공사에게 맡겼다.

해군대신은 오토리 게이스케 공사가 경성으로 출발했다는 전보를 조선의 임시대리공사 스기무라 후카시에게 보냈다. 전문에는 "오늘 오토리 공사가 야에야마함으로 출발할 예정임. 가능한 많은 수의 육전대를 편성할 것. [인천으로] 출장을 가서 공사가 그곳에 도착하는 대로 협의하고 함께 경성으로 가라. 1894년 6월5일 오후 8시55분 출발. 위에 대하여 소총부대 2소대, 사관 5명, 하사·병사 99명이 출장할 예정"¹³이라고 되어 있다.

청일전쟁을 체계적으로 해명한 재일조선인 역사학자 박종근(朴宗根)은 『청일전쟁과 조선』에서 일본은 지속적으로 군대의 인원을 속여서 조선정부에 보고했다고 기록하고 있다.¹⁴ 육전대, 혼성여단 선발대 인원, 제1차, 2차에 걸쳐 조선으로 침입해 들어온 병력의 인원수가 연구서와 보고서마다 다른 이유는 일본이 당시 속이고 은폐하는 행위를 동시에 행해서다. 이 책의 내용에서 병력 수가 일치하지 않는 것은 원전 그대로 옮겼기 때문이다.

한편 조선의 청국 공관에 파견한 서기관을 통해 1,200명의 청국 병력이 6월 6일 산해관을 출발했다는 소식을 듣고 스기무라 후카시는 즉시 도쿄에 보고하고 그 회답을 기다리던 중 오후 11시30분 전보가 도착했다. 이 전보는 해군 병력에 대해 함구할 것을 요구하는 내용이었다. 『메이지 이십칠팔년 재한고심록』에서 스기무라 후카시는 이렇게 기록하고 있다.¹⁵

#1. 오토리 공사는 6월5일 오후 8시 야에야마함으로 요코스카항을 출발해 인천으로 향함. 대략 300명의 수병과 20명의 순사는 호위로 수행함. 단 수병 출발에 대해서는 추가로 훈령이 있을 때까지 공식적으로 말하지 말 것.

#2. 6월6일 나는 조선 외무독판과 원세개에게 오토리 공사가 출발해서 오는 길이라 통지했다. 동시에 호위로 순사 20명을 인솔한다는 말은 흘려두었으나 수병을 데리고 오는 일은 철저히 비밀에 부쳤다. 따라서 조선정부를 비롯해 아무도 군대 파병에

대한 일은 알지 못했다.

6월 6일 고베항에서 오토리 공사는 외무대신 무쓰 무네미쓰에게 이렇게 보고하고 있다.[16]

#1. 지금 도착. 석탄을 적재하기 위해 4시간 정도 정박함. 그 뒤 상황 여하. 시모노세키 통과는 내일 오후 6시반경 예정

1894년 6월 6일 밤. 고베항에서 오토리

#2. 「전함 대기상황 보고」

기밀호외(機密號外). 야에야마함의 진행 상황은 즉시 전신으로 말씀드렸습니다만, 다음 건에 대해 더욱 확실히 다짐하기 위해 말씀드립니다.

1. 어제 4시 지나 요코스카를 출발해 이곳에 6시 안착, 석탄 적재를 위해 약 5시간 정박, 바칸(馬關, 시모노세키의 아칭) 통과는 내일 7일 오후 2시 반경 예정입니다.
2. 마쓰시마(松島)·다카오(高雄)·치요다(千代田) 3척은 부산에 도착해 석탄을 적재한 뒤, 최대한 빨리 인천으로 회항하도록 조치할 것
3. 육군 선봉의 출발이 지연되는 건은 이미 말씀드린 대로 조처하신 것으로 들었으므로 이에 말씀드립니다.

1894년 6월 6일 밤 8시

『일청교전실기』는 6월 9일 오토리 공사 일행이 인천항에 도착했을 때 천지가 진동할 정도로 축포를 쏘아올렸다고 기록하고 있다.

갑판 위를 거닐다 홀연히 보이는 물 위로 멀리 머리카락 한 올을 잡아 늘인 것같이 보이는 육지의 경치와 뒤섞여 검은 연기를 뿜어내며 뚫어지게 바라보고 있는 청의 함대인지 일본의 함대인지가 보였다. 이에 츠쿠시함이 와서 맞아주었다. 대략 인천

항의 정황을 살피며 제물포, 월미도 외곽에 이르렀다. 이미 정박해 있는 우리 군함은 물론이고 미국, 프랑스, 청국의 각 함대를 향해 축포를 쏘았다. 각 함대 역시 야에야마호와 오토리 공사에게 축포를 쏘아 올리며 환영했다. 산악이 진동했다. 야에야마호가 완전히 닻을 내리고 정박을 준비했다. 9일 오후 3시가 지나고 있었다.[17]

6월 9일 인천항으로 들어온 오토리 게이스케 공사 일행이 먼저 상륙하고 계속해서 육전대원이 상륙했다. 청국 병력이 아산에 상륙한 지 불과 몇 시간 뒤 오토리 공사는 육전대 특수부대를 이끌고 경성으로 들어갔다.

일본이 청국 병력보다 지세가 험하고 방어하기에 중요한 땅을 먼저 확보할 수 있었던 것은 당시 해군에서 가장 빠른 요시노(吉野)의 뒤를 잇는 쾌속선 야에야마호 함장 히라야마 도지로(平山藤次郎) 대좌의 활약이 컸다고 한다. 『가토 히로하루 대장전(加藤寬治大将伝)』에는 야에야마호 함장이 맡은 임무인 적군 정찰과 전령, 상륙지점 탐사, 육군양륙사무(陸兵揚陸事務) 등을 훌륭하게 완수했다고 기록되어 있다.[18]

3. 육전대, 경성을 장악하다

오토리 공사와 함께 경성으로 들어온 연합해군 육전대는 정예요원으로 편제된 특수부대였다. 기무라 코키치(木村浩吉)[19]가 1898년에 간행한 『해군도설(海軍圖說)』에는 육전대를 이렇게 설명하고 있다.

육전대는 군함 내의 정원 중에서 임무에 지장이 없는 인원을 선발해 대대나 소중대로 편제해 육상 전투를 행할 수 있는 총대와 포대를 말한다. 총대는 소총을 휴대한 혼성대, 포대는 야포와 야포원으로 편성된다. 육전대는 전략상의 필요에 따라 타국의 도서나 해안의 일부 점령, 육군병력의 무사 상륙 수행, 육군병력 지원, 포루(砲壘), 교량, 철도, 전선 등을 파괴하는 일을 한다. 기타 시위의 수단, 폭도 진압, 공관 거류민 보호를 위해 이용되기도 한다.[20]

『해군도설』(1898년 간행)   육전대의 총대, 포대

전함 윗면

『일본해군육전대사(日本海軍陸戰隊史)』(1943)에서 야마구치 키요마츠(山口喜代松)는 일본 해군 육전대의 탄생과 최초로 투입된 사건에 대해 이렇게 기록하고 있다.

일본 해군 육전대는 1875년 8월19일 창설되었다. 육전대 편제는 해외에서 발생하는 긴급사태에 즉각 대처할 수 있는 것은 군함뿐이며, 육군이 동원과 수송 등으로 긴급 사태에 즉각 대응하지 못할 경우 임기조치로 해군 육전대를 투입했다. 군함 내에는 항상 육전대가 편제되어 있었다. **육전대 훈련은 해병으로 기초훈련을 마친 자로서 특별히 다릿심(脚力)이 좋고 판단력이 뛰어나며 강직하고 정신력이 남다르며, 육지에서 벌이는 전투에 가장 적합한 자를 선발해 육상 병과에 필요한 지식과 훈련을 빠르게 익히게 한다.** 해군 육전대로 불리게 된 뒤 최초로 투입된 전투는 1877년 세이난(西南) 전쟁이었다.[21]

청국 복건성 마쭈다오(馬祖島)에 정박 중이던 일본 상비함대 사령관 이토 유코(伊東祐亨)[22]는 대본영의 명령으로 급히 기함(旗艦) 마쓰시마(松島)를 타고 인천에 입항해 있었다. 6개 군함에서 정예요원 488명의 육전대를 조직, 오토리 게이스케 공사를 호위해 함께 경성으로 들어갈 수 있도록 상륙을 준비하고 있었다.

오토리 게이스케 공사의 호위와 공사관 보호를 위해 급히 편제된 육전대는 조선의 왕궁이 있는 수도의 요충지 확보가 관건이었다. 뒤이어 파병될 임시혼성여단 편제가 완성되기 전에, 청의 병력이 경성으로 들어오기 전에 어떤 방법으로든 기선 제압을 위한 거점을 확보해야 했다. 이를 위해 인천항으로 집결한 6개 함대, 기함 마쓰시마를 비롯한 치요다(千代田), 야에야마, 야마토(大和), 아카기(赤城), 치쿠시(筑紫)에서 육전대로 훈련받은 정예요원을 선발, 1개 대대로 편성된 연합해군 육전대가 완성되었다.

『일본해군육전대사』의 기록

오토리 공사를 태운 야에야마는 6월9일 인천에 입항했다. 인천에는 이미 아카기, 야마토, 치쿠시가 있고, 그곳으로 마쓰시마, 치요다를 거느리고 입항했으므로 일본 함대는 위풍당당하게 인천항을 압도했다. 상비함대 사령장관 이토 유코(伊東祐亨, 1843~1914) 중장은 다카오(高雄, 다카오호가 부산에 남은 것은 혼성여단 선발대를 싣고 인천으로 향한 와카노우라마루를 호위하기 위함이었다.)를 부산에 남겨두고 왔다. 10일 오토리 공사는 경시청 순사 20명을 거느리고 경성에 들어가게 되었다. 함대에서는 6함 승조원으로 이루어진 488명[23]의 연합육전대를 편제하여 이를 호위했다. 육전대의 진주(進駐)에 조선정부는 크게 낭패, 원세개도 깜짝 놀랐고 시민은 경악했다. 우리 해군은 육전대 중 1개 소대를 목멱산 기슭에 주둔시켜 청나라 병사의 점거를 방지했다.[24]

『가토 히로하루 대장전』의 기록

이토 사령장관은 해군대신의 전령에 따라 일본에서 파견한 군함을 통할하고 오토리 공사, 영사 등과 연락, 육군과도 협력하여 각 방면에서 해군임무 수행에 만전을 기하고 있었다. 먼저 인천에 있던 각 함장을 기함 마쓰시마로 불러들여 6함 연합의 육전대를 편성, 오토리 공사가 경성에 들어갈 때 호위하라는 명령을 내렸다. 당시 조직된 연합해군 육전대는 인천 정박중인 기함 마쓰시마를 비롯해 치요다, 야에야마, 야마토, 아카기, 치쿠시 6함의 승조원으로 1개 대대를 편성했다. 총지휘관 이하 장교는 다음과 같다.

연합육전대 총지휘관 겸 대대장 마쓰시마(松島) 부장 해군소좌 무코야마 신키치(向山愼吉, 1856~1910), 함대참모 해군대위 시마무라 하야오(嶋村速雄, 1858~1923), 대대참모 마쓰시마 포술장(砲術長) 해군대위 이노우에 다모쓰(井上保, 이노우에 츠치야(井上土屋)로 개명), 대대부관 야마토 분대장 해군대위 나카가와 토지로(中川藤次郎), 소총부대 제1중대장 치쿠시 분대장 해군대위 타니 마사시로(谷雅四郎), 소총부대 제2중대장 치요다 분대장 해군대위 센토 타케나카(仙頭武央, 1864~1919), 야포중대장 마쓰시마 분대장 해군대위 나와 마타하치로(名和又八郎), 군의장 해군대군의(海軍大軍醫) 쿠사노 후쿠진(草野復

시), 주계장(主計長) 해군대주계(海軍大主計) 히라이 시치사부로(平井七三郞), 소대장 해군소위 누노메 란조(布目瀾造), 소대장 해군소위 오구로 히에도(小黑秀夫), 소대장(야포) 해군소위 가네코 아키라(兼子昱), 소대장 해군소위 오쿠다 테이키치(奧田貞吉), 소대장(야포) 해군소위 이토 마가키(伊東滿嘉記), 소대장(야포) 해군소위 와카바야시 킨(若林欽), 소대장 해군소위 요시다 마스지로(吉田增次郞), 초병사령(鍬兵司令) 해군소위 가와하라 케사타로(川原裂袈太郞, 1870~1933), 소대장 해군소위 후지모토 사다키치(藤本定吉), 해군소군의(海軍少軍醫) 미야카와 효이치(宮川兵市), 해군소군의 네고로 스케하루(根來祐春), 해군소주계 가나이 시게타로(金井茂太郞), 해군소주계 고이케 에츠타로(小池越太郞), 해군소위후보생 다나카 요시사부로(田中芳三郞), 야포대부(野砲隊附) 해군소위 후보생 히라츠카 타모츠(平塚保), 중대부 해군소위후보생 오시무라 츠네시게(押村庸茂), 신호계 해군소위후보생 유아사 다케지로(湯淺竹次郞), 전령 해군소위후보생 다나카 야스키치(田中安吉), 전령 해군소위후보생 미하시 키치지로(三橋吉次郞).

이렇게 편성을 끝낸 연합육전대는 6월9일 땅거미가 질 무렵 일제히 상륙을 개시, 일본거류지에서 숙영했다. 이튿날 10일 모두 인천 일본영사관에 집결, 밤새 내린 폭우를 무릅쓰고 인천을 출발, 경성에 도착했다. 한편 수로를 택한 야포중대도 용산으로 출발, 경성에 들어갔다. 육전대원은 일본인 거류지에 사영했다.²⁵

연합육전대의 총지휘관과 간부들의 명단은 『가토 히로하루 대장전』과 『일청교전실기』가 일치한다. 가나자와 이와오(金沢巌雄)는 인천항에 도착했을 당시 일본의 군함을 포함해 청국의 함대와 여러 외국의 배들로 북적이는 제물포의 상황을 서술하고 있다.

『일청교전실기』의 기록²⁶

#1. 당시 제물포 앞바다에 정박중인 군함은 일본군함 6척으로 치쿠시, 야마토, 아카기 3척은 이미 입항해 있었고, 치요다, 마쓰시마는 야에야마호보다 조금 늦게 입항했다. 이외 청국 함대 제원(濟遠), 양무(揚武), 비호(飛虎), 평원(平遠)의 4척, 미국, 프랑스

각 1척 모두 12척이 서로 월미도 주변의 바닷바람에 국기를 펄럭이고 있었다. 인천항은 미증유의 혼잡함으로 인심이 흉흉했다.

#2. 오토리 공사 일행이 아직 도달하기 전에 이미 청병이 인천에 상륙했거나 경성에 들어가 있다면 오토리 공사가 해군 육전대를 이끌고 경성에 들어가려면 도중에 반드시 방해를 받을 것이다. 인천에 상륙해 그 상황을 탐색하니 청병은 아산에 상륙해 움직이지 않고 있었다. 경성과 인천에는 청나라 병사가 한 명도 보이지 않았다. 오직 은밀하게 상인 복장을 하고 경성에 들어가는 약간의 청나라 병사만 있었다. 오토리 공사 일행은 다음날 아침 해가 뜨기 전에 출발, 경성에 들어가게 되었다.

#3. 6월10일 아침 심하게 비가 내렸다. 공사 일행은 오전 5시 인천을 출발했다. 공사는 가마를 타고, 모토노 참사관은 말에 올랐다. 경시청 순사가 이들을 호위했다. 앞뒤로 해군 육전대가 호위하며 행군했다. 도로는 험악하고 진흙탕이 정강이까지 차올랐다. 일행은 아주 힘들게 저녁나절 경성 남대문에 닿았다. 처음 공사가 입경했다는 소식을 접한 조선 정부는 매우 낭패한 것 같았다. 서둘러 이선덕(李善德)[27], 민상호(閔商鎬) 두 사람을 인천에 보내 공사의 입경을 저지하려 시도했으나 공사는 이미 출발한 뒤라 그 뜻을 이루지 못했다. 다시 송도유수 겸 외무협판 이용식(李容植)[28]에게 명하여 공사를 저지하게 했다. 그는 영등포에서 공사 일행을 만났다. 말하기를 "지금 경성은 매우 평온하니 공사 일행의 입경이 필요치 않다. 다행히 염려할 만한 일은 없다."고 했다. 공사는 웃으며 대응하지 않고 끝내 진격해 경성에 들어왔다. 여인숙 이치가와(市川)를 본부로 정하고 군사를 객실에 나누어 묵게 했다. 육전대 420명 가운데 1소대를 목멱산 기슭에 주둔시키고, 나머지는 경성에 들어가 부서를 정하고 공사관 부근을 경호하게 했다.[29]

『일본해군육전대사』, 『가토 히로하루 대장전』, 『일청교전실기』의 기록은 광경과 상황이 공통되는 부분도 있으나, 당시 상황을 들여다 볼 수 있는 요소가 조금씩 달라 중복해서 서술했다. 쏟아지는 비를 뚫고 6월10일 새벽 오토리 공사는 가마를 타고, 모토노 참사관은 말을 타고 경시청 순사와 육전대의 호위를 받으며 경성으로 진입했다. 남산의 요충지에 일본군 1개 소대를 주둔시켜 청의 점거를 방지했다는 기록은 공통된다.

『대국사미담(大國史美談)』은 인천항 도착 다음날 새벽 폭우를 뚫고 경성으로 출발하는 광경을 바로 앞에서 보는 것처럼 자세히 기록되어 있다. 10일 오전 3시 육전대 모두 인천제국영사관 앞에 집합, 오전 4시 밤부터 내린 세찬 비를 무릅쓰고 인천을 출발했다. 오토리 공사를 호위하는 소총부대는 육로를 통해 강행군하여 오후 6시45분 공사관에 도착했다. 포병부대는 기선을 타고 수로를 이용해 한강으로 들어왔다. 용산으로 상륙, 소총부대보다 빨리 오후 4시55분에 일본 공사관에 도착했다. 이때 오토리 공사 일행이 경성으로 들어오는 길은 1894년 1월초 이미 일본해군 육전대원이 작성한 조선첩보 육로 제1길과 해로에 대한 보고서를 토대로 했음을 확인할 수 있다.

『대국사미담』의 기록

오토리 공사를 태운 야에야마호는 9일 인천에 입항했다. 항구 안에는 아카기, 야마토가 대기하고 있었다. 항구 밖에는 치쿠시호가 바다 위를 돌며 아산 방면으로 향하는 청국 군함의 동정을 시찰하고 있었다. 먼저 마쭈다오(馬祖島)에서 부산으로 향한 상비함대 기함 마쓰시마가 다카오를 부산에 머물게 하고, 치요다를 이끌고 인천에 입항했으므로 위풍당당한 모습은 인천항을 평정한 듯했다.

상비함대 사령관은 유명한 해군중장 이토 유코였다. 부산으로 회항할 때 해군대신의 훈령이 있었다. "귀관은 조선에 파견한 군함을 통할하고 우리 공사, 영사와 긴밀히 연락을 취하고 육군과 협력하여 인민 보호와 해상통상 보호 등 해당 해군 임무를 집행할 것.", 훈령을 수령하자마자 "이번 건은 만사 잘 조처할 것임. 평안을 바람."이라 회답했다. 해군대신의 훈령대로 되지 않았지만, 다카오호를 부산에 남겨두고 치요다호를 인솔해 인천에 입항했다. 이것은 치요다호가 다카오호보다 승조원이 많고 육전대 편성에 적합하다는 생각으로 행한 임기응변 조치였다.

이토 사령관은 신속히 야에야마호를 타고 온 오토리 공사를 찾아가 협의한 다음 6함(艦) 연합의 육전대(433명)[30]를 조직해 경성으로 들어가는 호위를 맡기기로 결정했다. 육전대의 일부(오토리 공사의 밀명을 받고 30명을 인천공원부지 내 구현산에 둠.)를 인천에 상륙시켜 야영을 준비했다. 각 함대에서 선발된 육전대는 해질 무렵부터 상륙을 시작해 오후 10시경에는 전원이 일본인 거류지에서 민박할 수 있었다. 이튿날 10일 오전 3시 육전대 모두 인천제국영사관 앞에 집합, 밤부터 내린 세찬 비를 무릅쓰고 오전 4시 인천을 출발했다. 소총부대는 오토리 공사를 호위하며 육로로, 포병부대는 수로를 이용, 한강을 거슬러 올라갔다. 포병부대는 인천에서 기선(汽船)을 타고 용산으로 상륙해 오후 4시55분 경성의 제국공사관에 도착, 소총부대는 진흙탕 길을 무릅쓴 험난한 길을 쏜살같이 달려 오후 6시45분 공사관에 도착, 바로 육전대 총집합소를 화성(和城)으로 정한 다음 일본인 거류지에서 민박했다.[31]

6월10일 인천영사 노세 다츠고로(能勢辰五郎)는 외무차관 하야시 타다스(林董)에게 「오토리 게이스케 공사 일행의 경성으로 출발 보고」를 했다.

오토리 공사 일행은 어제 9일 오후 2시25분 군함 야에야마로 도착, 바로 상륙. 때마침 내린 폭우를 무릅쓰고 금일 10일 오전 4시, 인천항의 우리 군함 5척에서 상륙한 육전대 400여 명, 야전포 6문, 순사 20명의 호위를 받으며 인천을 출발, 육로를 이용해 바로 경성으로 향했습니다. 이 건에 대해 즉각 보고드립니다.[32]

조선 정부는 일본군의 출병 소식을 6월7일 스기무라 후카시로부터 통고받고 즉시 엄중 항의하고, 주일조선공사 김사철(金思轍)을 보내 일본정부에 철병을 요구했다. 6월9일 참의교섭통상사무 민상호를 인천에 급파해 오토리 공사 일행과 6개 군함에서 긴급 편제된 육전대 488명의 경성 진입을 저지하려 했으나 실패했다. 밤이 깊었다는 이유로 오토리 공사를 만나지도 못했다. 6월10일

협판교섭통상사무 이용직(李容稙)을 양화진으로 보내 일본 군대의 철수와 경성 진입의 저지를 담판했으나 끝내 침입을 강행했다.

『비서유찬(祕書類纂)』의 오토리 공사 병사 대동 입경한 전말[33]

오토리 공사는 6월9일 오후 3시경 야에야마호로 인천항에 도착, 그날 상비함대 마쓰시마호, 치요다호도 야에야마함에 앞서 입항했다. 공사는 함대 사령관 이토 중장과 협의하여 공사관 호위를 위해 각 함에서 포대(포 4문) 소총부대 420명을 상륙시켜 경성으로 진입하기로 결정했다. 그날 밤 전령(傳令)으로 병력을 상륙시키게 하고 소총부대 300여 명은 다음날 10일 오전 4시 육로 선발, 포병부대는 수로 증기선에 탑승, 한강을 거슬러 올라가 용산에 상륙하기로 하고 출발했다. 공사는 모토노(本野) 참사관 외 일동과 오전 5시경 육로로 출발했다. 때마침 지난밤부터 내린 큰 비로 도로가 진흙탕이 되었고, 걷는 것에 익숙하지 않은 해병이라 해가 저물어 남대문이 닫히기 전에 경성으로 들어올 수 있을지 염려했으나 다행히 결과가 좋아 오후 7시경 일동이 무사히 경성으로 들어왔다. 수로로 출발한 포병부대는 그 전에 이미 입경(5시 전)했다. 조선정부는 공사가 대동한 병사가 수도로 들어온다는 말을 듣고 크게 공포심을 느끼고, 일제히 이를 저지하는데 힘을 쏟았다. 경성에서 스기무라 임시대리공사에게 잇따라 파병을 중단하라고 통보했다. 왕명으로 오토리 공사를 만나기 위해 외무참의 민상호를 인천으로 내려 보냈으나 공사는 이미 출발한 뒤라 만나지 못했다. 정부고문 이선득(李仙得)도 뭔가 은밀한 명령을 받고 이미 인천으로 내려와 있었으나 역시 만나지 못했다. 이선득은 인천에서 일본이 파병한 병사들이 왕성한 기세로 수도로 들어가는 모습에 주저하는 사이 공사는 이미 출발했고 결국 만날 기회를 놓친 것으로 추측된다. 오토리 공사 일행이 마포를 사이에 두고 대략 20정(町) 정도의 작은 촌락인 영등포에 이르렀을 때 외무협판 이용직과 마주쳤다. 공사를 막으며 함께 온 병사의 입경이 불가하다고 했다. 이들을 저지하려 했으나 공사는 일본이 파병해 경성으로 들어가는 이유를 제시하며 일일이 반박하니 그들은 끝내 설득에 승복하고 공사의 뒤를 따라 귀경했다. (1894년 6월11일)

정교(鄭喬, 1856~1925)가 쓴 『대한계년사(大韓季年史)』에는 이 무렵 일본이 군사상의 비밀 노출을 우려해 군대와 군함의 움직임을 보도 금지한 사실과 공사관에 도착한 뒤의 모습을 실었다.

『대한계년사』의 육전대에 대한 기록

이튿날 7일(양 6월10일) 오토리 공사가 길을 떠나 마포에 이르렀다[경성에서 10리 길이다.]. 우리 정부는 참판 이용직(李容稙)을 보내 도중에 오토리 공사를 만나 군대를 철수하라고 말하게 했다. 오토리 공사가 대답하기를 "우리는 일본 천황의 명령을 받들고 왔다. 천황의 명령이 아니면 군대를 뺄 수 없다."고 했다. 오토리는 헌병대를 거느리고 경성에 들어와 일본 공관에 주둔했다. 이날 오후 일본병사 150명이 각각 격림포(格林砲, 총신을 여러 개 갖춘 개틀링 기관총(Gatling gun))를 가지고 들어왔다. 병사 100명이 인천과 경성 사이에 있는 높은 산의 주요 지점, 강을 따라 상류와 하류 곳곳에 막사를 짓고 주둔한 뒤 망원경으로 사방을 경계했다.³⁴

일본 공사관과 거류민 보호에 있음을 보여주기 위해 오토리 게이스케 공사와 함께 들어온 육전대의 인원수를 조선정부에 거짓으로 통보했다. 그러나 오토리 공사는 인천에서 편성된 육전대 488명 가운데 30명은 구현산(九峴山, 인천가족공원이 조성되어 있는 광학산 일대를 가리킴)에 두라고 지시했음을 나가오카 가이시(長岡外史, 1858~1933) 소좌가 참모본부에 보고한 내용으로 알 수 있다.

민영준은 일본병력 철수를 요구하고, 각국 공사에게 중재를 부탁하며 원세개의 지혜를 빌렸으나 성과는 없었다.

6월10일 민영준은 주한 일본공관에 문서를 보내 청국과 조선의 관계를 설명하며 병력 철수를 요구했다. 그러나 일본공사는 이에 반박하며 "청국병이 먼저 철수한다면 우리 일본병도 철수하겠다."고 했다.³⁵

일본이 대본영 설치와 육전대와 혼성여단 선발대 파병을 서두르고 있을 당시 조선의 상황에 대한 스기무라 후카시의 기록이다.

이때 동학당의 형세를 살펴보면 지난 5월31일 진주성을 함락시키고 이곳을 거점으로 삼고 있으나 아직 북상하지 않았다. 조선정부는 급히 이를 진정시켜 청국군과 일본군의 철수를 원했다. 경성의 군인 1,500명과 평양의 군인 300명을 선발, 바다와 육지를 통해 전라도로 보내 선발대와 협력하여 전주를 공격했다. 6월7일부터 8일에 걸쳐 공격, 마침내 전주성을 회복했다. 6월11일 외무독판 조병직은 오토리 공사를 방문, 군대를 이끌고 경성으로 들어온 것을 비난하며 속히 철수하라고 촉구했지만 공사는 거절했다. 이날 오토리 공사는 원세개를 방문했다(외무독판을 방문하지 않고 먼저 청국 사신을 방문한 것은 이례적인 일이지만 당시 급히 청국 사신을 방문할 필요가 있었다). 담화의 요지는 양국이 모두 원만하게 일을 처리하고 서로 충돌을 피해야 한다는 것으로 훗날 철병 협의의 바탕을 마련했다.[36]

4. 일본정부, 언론에 재갈을 물리다

일본정부는 육군성령 제9호, 해군성령 제3호를 공포하여 언론을 검열했다. 신문의 호외 발행도 금지시켜 일본이 군대를 파병했다는 사실이 누설되지 않도록 했다.「군무국에서 신문잡지 원고 검열사항의 내훈에 관한 건」은 다음과 같다.

제23호 조제25호 내훈안(內訓案) 이번 육군성령 제9호 공포에 대해 관내 신문잡지사에서 원고 검열을 요청하는 경우가 있을 때 다음 사항에 해당하는 것은 그 등재를 금지할 것. 육군대신. 전보문 육군성령 제9호 공포에 대해 관내 신문잡지에서 원고 검열을 요청할 때는 다음 사항에 대한 것은 등재를 금지할 것(1자 건너 뛰어 다음 사항을 연기(連記)한다). 육군성 송달 송갑제654호 6월7일 1, 군용선박의 인원 수, 그 운전에 관한 것. 2, 인마(人馬), 재료 징발에 관한 것. 3, 군용기차 출발과 도착 횟수, 지점, 시일.

4. 충원 명령하달 시일, 지부, 병원집합 지속(遲速).³⁷

『지지신포』는 6월9일자에 일본정부는 일본의 군대 파병에 대한 소식, 6월20일자에 오토리 공사가 육전대와 함께 경성에 진입한 기사를 싣고 있다.

#1. 동학당 사건 보도 금지하다³⁸
제국정부 출병 이유를 발표=톈진조약에 의거 청일 양국 서로 출병을 통지
〔6.9, 時事新報〕어제 신문에 기재한 것처럼 정부는 그제 육군성령 제9호, 해군성령 제3호로써 당분간 군대의 진퇴, 군략(軍略)에 관한 사항을 신문지상에 게재하는 것을 금지함에 따라 본사는 삼가 그 명을 받들고 있으나, 어제에 이르러 다음 조항을 공표했다.
조선국 내에 내란이 봉기, 그 기세가 더욱 창궐하여 조선 정부의 능력으로 이를 진압할 수 없는 상황에 몰렸다. 이에 조선에 있는 일본 공사관, 영사관, 국민보호를 위해 군을 파병한다. 즉 일본정부는 조선 내란을 맞아 조선 체류 관민보호의 주지(主旨)로 마침내 군대를 파병했다.

#2. 오토리 공사 해병 몇 백 명을 거느리고 경성에 들어가다³⁹
조선정부 경악=원세개도 크게 낭패=청국에 구원(救援) 책임을 어물어물 덮으려 하다.
우리 주한공사 오토리 게이스케 씨가 인천항에 도착해 해병 몇 백 명을 인솔하고 바로 경성으로 들어올 것이라는 풍문을 조선정부가 듣자마자 몹시 놀라 즉각 영의정 심순택, 좌의정 조병세, 우의정 정범조 이하 조정의 대소 신료들이 머리를 맞대고 긴밀히 의논했다. 그러나 전혀 생각지도 않았던 일본병사가 이렇게 빨리 파도를 헤치고 인천에 나타났다. 이는 생각건대 조선정부에서 동학도 진압을 위해 청국 정부에 원병을 요청했기 때문일 것이다. 일본병력 철수를 요구하여 미연에 화를 방지하려면, "첫째, 원병 청구는 조선정부의 결의로 이루어지지 않았음을 표명하기 위해 해당 고등관 한 명을 희생시켜 그에 상당한 죄를 묻는다, 둘째, 청국 장수 원세개에게 탄원하여 아직 도착하지 않은 청나라 병력을 중도에서 철수하게 하는 수밖에 없다."는 책략으로 결정했다.

해당 고등관을 처벌하고, 대소 신료의 실책을 한 사람에게 전가하는 것은 조선정부가 예부터 행해 오던 상투적인 수단이므로 쉽게 행할 수 있을 것이다. 청국 원병에 관한 일은 경리청 대장 민영준의 독단이었고, 조선정부는 추호도 관여하지 않은 것으로 하고 민영준을 관직에서 물러나게 할 것이라는 소문을 내면 될 것이다. 원병 중지에 관한 일은 중국의 일이므로 바로 원세개와 저울질했다. 원세개가 답하기를, "청국 병사는 이미 장정을 정비하여 길에 올랐으며 지금 이유 없이 철수할 수 없으나, 청일 양국의 병사가 한 곳에 주둔하게 되면 충돌의 우려가 있다. 직접 인천에 가서 오토리 공사와 만나 일본 병력의 입경에 관해 담판할 것이다."고 했다.

그러나 원세개도 일본 해병이 민첩하게 행동해 날개달린 새처럼 어느 틈에 인천에 상륙했다는 말을 듣고 놀란 것은 조선정부와 다를 바가 없었다. 특히 병력의 진퇴상 한 걸음 먼저라는 관점에서 보면 일시적으로 대단히 낭패를 보았다. 여하튼 일본병사를 막아 경성으로 들어오지 못하게 하는 것보다 더 나은 책략은 없다고 생각했다. 막상 위와 같이 조선정부에 통지하고도 자기가 직접 인천으로 내려가 담판 짓겠다는 생각은 하지 않았다.

그날 비가 많이 내린 탓도 있으나, 예의 중국인 근성으로 설마 이 세찬 비를 맞으며 일본병력이 움직일리 없다 생각하고 하루를 미뤘다. 그 사이 일본병력은 기회를 놓치지 않고 일사분란하게 경성으로 들어왔다. 만일 원세개가 인천에 와서 오토리 공사와 담판했을지라도 결코 병사를 인천에 주둔시키고 경성에 들어오지 못하게는 못했겠지만, 세찬 비로 원세개의 책략이 빗나가 버렸다. 우리 병력이 때를 놓치지 않고 경성으로 들어간 것은 너무도 적절했다. 일본병력은 애초부터 병기와 식량, 기타 모든 짐이 함정 안에 쌓여 있으니 모두 육지로 옮기고 병력이 행군할 수 있게 되기까지 3, 4시간이나 더 많은 시간이 걸릴 것으로 예상했으나, 실제 인천항에 도착하니 예상과 달리 1시간 만에 모든 뱃짐을 부렸고, 수백 명의 해병이 규율대로 해안에 정렬해 소리 높여 환호했다.

이 모습을 보고 거류지의 각국 사람들은 갑작스러운 일에 놀라 온갖 말을 지어내며 잠시 해안으로 나와 일본병사를 둘러싸고 진기하게 구경했다고 한다. 무엇보다 오토리 공사를 비롯해 모두가 때를 기다리지 않고 세찬 비를 무릅쓰고 경성으로 향해 행군했다. 대포는 비를 피하기 위해 배로 옮기고, 한강을 거슬러 양화진에서 뭍으로 운반했다. 모두 일사천리로 경성에 들어가 일본공사관 언덕 위에 임시 진영을 구축했다. 이날부터 나팔소리가 때때로 언덕 아래 길거리로 울려 퍼졌다. 매일 일장기가 또렷하게 게양되었다.

일본정부의 위와 같은 행위, 즉 조선 정부의 요청 없이 인천항에 전함 6척을 대기시키고, 각 함에서 특수대원을 선발해 육전대를 조직한 것 자체가 불법한 무력 침략이다. 6월10일 조선의 정부군과 농민군이 '전주화약'을 맺어 조선의 혼란은 평정되었다. 그러나 오토리 공사의 뒤를 이어 6월9일 혼성여단 선발대가 일본을 출발해 6월12일 1개 대대 병력이 인천에 상륙했다. 선발대는 인천에 도착하자마자 신속하고 과감하게 경성으로 들어와 남산을 차지하고 육전대와 교대했다.

4장

혼성여단, 침략 준비 완료

1
대본영, 일본 황궁 안에 차린 전쟁 실행 기구
2
일본정부, 해상수송을 위한 민간의 선박 차출
3
즉각 파병 가능한 제5사단 편성
4
제5사단 편성의 실체

1. 대본영, 일본 황궁 안에 차린 전쟁 실행 기구

일본정부와 대본영의 목적은 조선을 점령하고 청나라를 상대로 조선국 내에서 일본의 세력 확보와 유지에 있었다. 서둘러 혼성여단 파병을 결정했다. 청과의 충돌로 일어날 전쟁을 예상하고 준비에 들어갔다. 전쟁이었다. 삶과 죽음이 맞물려 있어 한 치의 틈도 없어야 했다. 한마디라도 누설되면 끝장이었다. 이 일의 관건은 기밀 유지에 있었다. 대본영을 참모본부 내에 설치한 것은 정략적 고려의 산물이었다. 『일청전사강의적요록』은 다음과 같이 기록하고 있다.

히로시마 성내에 설치한 대본영

히로시마 성내 대본영 정문

참모총장은 6월5일 결연한 태도로 대본영 조례에 따라 윤허를 청해 그 날 발령을 받았다. (대본영) 사무실을 참모본부 안에 설치했다. 본부의 설치는 정략적 고려로 가장 기밀을 요하는 일이었다. 당시 대본영 편성의 요점, 요직원은 전사본책 제1권 부록 제9에 제시한 바와 같다. 특히 용병에 관한 일은 가와카미 소로쿠 중장, 나카무타 구라노스케(中牟田倉之助) 중장, 데라우치 마사타케 대좌, 츠치야 미쓰하루(土屋光春)² 대좌, 도조 히데노리 소좌, 다무라 이요조(田村怡与造) 소좌, 야마네 다케스케(山根武亮) 소좌, 후쿠하라 신조(福原信藏) 소좌, 무라다 아츠시(村田惇)² 소좌로 대부분이 참모본부 재직자였다. 이들은 대본영 사무소가 참모본부 안에 있어서 편의상 대본영 사무에 종사했다. 대본영 부원이면서 참모본부직을 겸한 자도 있었다. 서로 일이 뒤엉켜 있어서 직무의 한계를 구분하기 어려웠으므로 사실상 당시 대본영의 일은 참모본부

요원이 담당했다고 할 수 있다. 특히 대본영 편성에서 막료장[참모총장]이 육해군을 통솔했다.[3]

전광석화같이 오토리 게이스케 공사와 육전대를 보내고, 6월9일 혼성여단 제1선발의 출발을 서두른 것은 조선을 거점으로 전쟁에 필요한 요충지 확보, 기선제압의 필요 때문이었다. 6월초 이것이 가장 큰 의제였다. **처음 기밀유지를 위해 대본영을 참모본부 안에 두었다가 혼성여단이 조선에 도착하자마자 대본영을 궁성 안에 설치**했다.[4] 대본영의 기능이 제대로 발휘하지 못할 것을 우려한 가와카미의 고충이 담긴 선택이었다.

대본영은 대원수 예하에 설치된 황군 전체의 최고통수기관으로 군령활동의 근간이다. 왕성 밖의 여러 장수는 각각 그 임무를 맡아 바다로 육지로 사방으로 옮겨 다니며 싸웠다. 목표 달성을 위해 작전계획의 모든 것을 대본영의 지휘에 따랐다.[5]

6월24일 혼성여단 조선 출병이 완료된 시점에서 대본영을 히로시마로 옮겨 장기전에 대비할 것을 야마가타 아리토모가 건의해 재가를 받았다. 8월1일 '선전조칙'을 발표한 뒤 최고통수기관으로서의 기능을 제대로 발휘하기 시작했고, 전선이 확대되어 9월8일 히로시마에 대본영을 두기로 하고 천황은 9월13일 궁성을 나와 15일 히로시마에 도착했다. 9월15일 히로시마는 대본영, 일본 정부 각 기관, 제국의회까지 옮겨와 임시수도가 되었다. 메이지 천황도 이날 대본영에 도착했다. 제5사단 사령부의 목조2층 건물 방 한 칸을 집무실 겸 침실로 썼다. 그 뒤로 전쟁 승리를 위한 모든 작전계획이 대본영의 지휘 아래 있었다.[6]

2. 일본정부, 해상수송을 위한 민간의 선박 차출

당시 일본 해군성의 군함 상황으로는 혼성여단 병력을 동시에 수송하는 것은 무리였다. 참모차장 가와카미 소로쿠는 해상수송과 관련된 업무를 6월1일

일본 천황이 궁성을 나와 히로시마로 출발하는 모습

데라우치 마사타케(寺內正毅)⁷ 대좌에게 전담시켰다. 운수, 군수징발 등을 은밀히 명령해 출병에 필요한 일을 빠짐없이 신속하게 처리하게 했다. 데라우치는 조선 파병을 위한 선박수송을 비밀리에 준비했다.

> 가와카미 소로쿠가 제5사단에 명하여 혼성여단을 인천에 급히 수송할 것과 이에 앞서 5월 하순 데라우치 마사타케 대좌, 공병소좌 야마네 타케스케(山根武亮), 해군대위 마쓰모토 카즈(松本和)⁸, 공병대위 이노우에 지로(井上仁郎), 기병대위 니시다 지로쿠(西田治六)에게 은밀히 준비사무를 명하고 계획을 세웠다. **가와카미가 동원 이전에 육군성과 교섭해 일본우선회사**(日本郵船會社, 니폰유센가이샤)**에서 필요한 선박을 빌리기로 방침을 정하고** 곤도 렌페이(近藤廉平, 1848~1921) 부사장과 회합해 교섭한 것은 바로 이때였다.⁹

일본우선회사는 크고 견고하며 빠른 선박을 가장 많이 보유하고 있었다. 데라우치는 이 회사의 이와나가 쇼우이치(岩永省一, 1852~1913)를 불러 육군대연습을 위한 준비라며 우선회사 소유선박의 소재지, 인원 탑재 능력을 조사해 참모본부에 제출할 것을 명했다. 6월4일 가와카미 소로쿠와 우선회사 부사장 곤도 렌페이가 은밀하게 만났다. 우선회사에 의뢰해 미리 선박표를 제출하게 한 것에 빌리고 싶은 선박을 표시해 1주일 안에 우지나항에 집결시키라는 내용이었다. 국가기밀에 해당하는 선박준비가 대연습이 아닌 출병이라는 사실이 새어나가지 않도록 기밀 유지를 단속했다.¹⁰

『정청전사』는 일본우선회사의 선박 제공에 대해, "이때 일본우선회사는 국가교통기관의 중임을 수행하기 위해 많은 선박을 제공하는 것이 회사 운영에 크게 부담이 되었다. 그럼에도 불구하고 전쟁의 위험을 무릅쓰고 국가의 이익에 집중하고 사적인 이익은 희생했다. 국가 안위를 위한 특수 용도로서의 선박 제공 의무, 내외 운수교통이 경색되는 것을 방지하는 중대한 임무를 동시에 행함으로써 국가적인 난국을 함께 헤쳐 나갈 수 있었다."¹¹고 평가하고 있다. 그

우지나항에 진주해 있는 군함과 운반선

뒤 일본우선회사는 1년 가까운 청일전쟁 기간 동안 군대수송, 함대원조 임무를 전담, 수행하며 해상수송의 일등공신이 되었다.

한편 참모본부 제1국장에서 운수통신장관으로 임명된 육군대좌 데라우치 마사타케는 병력의 해상수송을 위해 분주하게 움직이고 있었다. 일본우선회사에서 6월4일 계약 명령으로 빌린 선박이 정기선과 임시선을 합쳐 14척이었다. 6월6일 오사카 상선회사 소유 기선 기소마루(木曾丸), 치쿠고마루(筑後丸) 2척까지 확보했다.

조선으로 파병할 혼성여단의 수송은 선발대 6월9일 출발부터 6월27일 제2차 제21연대 인천상륙으로 수송이 완료되었다.[12]

『정청전사』에는 2차에 걸친 임시혼성여단 선발부대의 상황을 구체적이고 상세하게 기록하고 있다.

육해군 연습을 위해 미리 선박을 준비해 두라는 통고가 6월4일 이루어졌다. 어용선 제공 밀명은 비밀리에 일본우선회사에 내려졌다. 육군대신은 오우미마루(近江丸) 이하 10척의 거선(巨船)을 지정해 1주일 내로 우지나항(宇品港)에 집합시키라고 지령했다. 이 명령서가 우선회사에 전달된 것은 6월4일 오후 10시였다. 회사는 철야로 이 사무를 집행, 경영진이 모여 정부에 제공할 배에 대해 논의했다. 당시 정부가 지정한 선박은 모두 중요 항로에 산재해 있었고 화물이 선적되어 있었다. 그럼에도 불구하고 그 날 밤 바로 각 지점, 오우미마루 이하 10척의 지정 선박에 탑재 화물, 승객 등을 가깝고 편리한 지역에 양륙하고 급히 우지나 항으로 집결하라는 전보를 보냈다. 6월5일 오후1시40분 우지나항에서 준비를 완료하고, 제공하라고 지정받은 배는 6월8일, 12일, 13일경 전부 우지나항에 집합 예정이라고 쿠레진수부(吳鎭守府)에 전보로 보고했다. 동시에 고베지점 지배인 오가와 킨키치(小川錦吉)에게 수행원을 딸려 우지나항으로 보내고, 부산지점 부지배인 구스모토 다케토시(楠本武俊, 1861~1928)를 인천지점으로 파견해 제반 사무를 빠르고 민첩하게 처리했다.[13]

일본우선회사에 지정한 기선 10척의 우지나항 집합 행동 개요

와카노우라마루(和歌浦丸)	6월6일 요코하마 정박 중 차출 명령을 받음, 정오에 고베 도착해 철야로 화물 양륙하고 8일 오후 7시40분 우지나 도착.
야마시로마루(山城丸)	6월6일 오후 2시30분, 고베에서 요코하마 도착하자마자 차출 명령을 받음, 철야로 화물을 양륙하고 7일 출범, 9일 오후 3시30분 시모노세키(下關) 도착, 10일 출범, 11일 오후 5시 우지나 도착.
도오토우미마루(遠江丸)	6월5일 우오즈(魚津) 정박 중 차출 명령을 받음. 즉시 출범하여 오후 1시30분 후시키(伏木) 도착. 밤을 새워 화물을 육로로 내리고 6일 오후 1시 출범, 8일 오후 1시40분 시모노세키 도착, 9일 오후 5시 우지나 도착.
효고마루(兵庫丸)	6월6일 하기하마(萩濱) 출범, 요코하마 도착, 7일 출범, 8일 고베 도착, 밤을 새워 화물을 육로로 내리고 9일 정오 출범, 10일 오전 7시 우지나 도착.
쿠마모토마루(熊本丸)	6월5일 오후 4시50분 후시키(伏木) 도착, 차출 명령을 받음, 그곳에서 배의 화물을 내림, 6일 출범, 8일 오후 1시40분, 시모노세키도착, 오후 8시 출범, 10일 오전 11시30분 우지나 도착.
스미노에마루(住ノ江丸)	6월5일 ○○ 도착, 8일 오후 6시30분 시모노세키 도착, 10일 출범, 10일 오후 5시 30분 우지나 도착.
센다이마루(仙臺丸)	6월6일 하코다테(函館) 출범, 요코하마 기항, 9일 오후6시40분 고베 도착, 밤을 새워 화물을 육로로 내리고 10일 오전 11시50분 출범, 11일 오전 5시50분 우지나 도착.
에치고마루(越後丸)	6월5일 요코하마 정박 중 차출 명령을 받음, 동일 요코스카(橫須賀)로 회항, 9일 오전 11시30분 우지나 도착.
오우미마루(近江丸)	6월5일 요코하마 정박 중 차출 명령을 받고 바로 화물을 육지로 내리고 오후 요코스카로 회항, 7일 출범, 9일 오전 우지나 도착.
사카타마루(酒田丸)	

처음 참모본부에서 지정한 10척의 민간선박 회사에서 제공한 배는 모두 기

일보다 하루나 이틀 먼저 우지나 항에 도착했다. 선박 조달이 빠르게 이루어진 덕분에 일본군 출병준비를 즉각 행할 수 있었다. 6월4일 은밀하게 통고를 받고 우지나항에 순차적으로 모인 10척의 기선은 혼성여단의 조선 파병에 활용되었다. 군대의 병력과 화물 수송, 함대를 원조했다. 이때 첫 번째로 도착한 일본우선회사의 오우미마루 이하 10척의 선박에는 반드시 해군대위, 소위, 병조원 1명, 병졸 3명을 승선시키도록 되어 있었다. 아래 표는 당시 운송감독으로 승선한 장교의 내역이다.

일본우선회사가 제공한 10척 선박의 운송감독 해군장교

오우미마루	해군대위 시마 키요나오(志摩清直, 1858~1894)	해군소위 요시다 키요카제(吉田清風, 1871~1950)
사카타마루	해군대위 미야지 사다토키(宮地貞辰)	해군소위 시모무라 노부타로(下村延太郎, 1867~1947)
야마시로마루	해군대위 세노쿠치 가쿠시로(瀨ノ口覺四朗)	해군소위 요시츠구 나오지로(吉次直次郎)
스미노에마루	해군대위 에가시라 야스타로(江頭安太郎)	해군소위 모리카와 토라오(森川虎雄)
쿠마모토마루	해군대위 요다 미쓰지(依田光二)	해군소위 우에다 켄키치(殖村謙作, 1870~1904)
도오토우미마루	해군대위 우에하라 오야(上原穗彌)	해군소위 다카기 야이치로(高木禰一郎)
효고마루	해군대위 오다 산지로(太田三次郎)	해군소위 사나다 곤타로(眞田權太郎)
에치고마루	해군대위 아리모리 모토키치(有森元吉)	해군소위 마쓰모토 나오키치(松本直吉)
센다이마루	해군대위 에조에 테루모토(江副照元)	해군소위 마쓰무라 쥰이치(松村純一, 1871~1935)
와카노우라마루	해군대위 마쓰무라 타츠오(松村龍雄, 1868~ 1932)	해군소위 호사카 히코타로(保坂彦太朗)

민간에서 차출한 배 현황

유형별 소유명	육군 징용		해군 징용		합계	
	선박 수	톤 수	선박 수	톤 수	선박 수	톤 수
우선회사 소유선박	53	124,881.81	13	37,389.49	66	152,271.30
타사 소유선박	61	92,654.84	49	41,244.04	110	133,898.88
합계	114	217,536.65	62	78,633.53	176	286,170.18

당시 일본우선회사 말고도 군용으로 차출된 회사가 더 있었다. 보통 선박 한 척의 평균 톤수가 1,200톤이었는데, 일본우선회사에서 차출한 배 한 척의 평

균 톤수는 2,300톤으로 속력과 크기에서 차이가 컸다. 육군의 군대 수송은 주로 일본우선회사 선박에 의지했고, 해군도 이 회사의 선박 12척을 징용했다. 특히 오우미마루(近江丸), 야마시로마루(山城丸), 사이쿄마루(西京丸), 사가미마루(相模丸), 겐카이마루(玄海丸) 5척의 경우는 모두 무장하여 순양함으로 활용되었다. 고베마루(神戶丸)는 병원선, 겐잔마루(元山丸), 시나가와마루(品川丸) 2척은 공작선으로 보충되었다. 청일전쟁 중 차출선의 주력은 주로 일본우선회사와 오사카 상선회사 소속이었다.[14]

3. 즉각 파병 가능한 제5사단 편성

왜 일본 참모본부는 여러 군단 가운데 제5사단을 선택해서 혼성여단을 편성했을까. 다니 히사오는 『일청전사강의적요록』「혼성여단 조선 파병에 관한 참모본부의 준비」[15]에서 "신속하게 해외로 파병이 가능하며 일본 국방 방위에 영향이 미치지 않는 곳을 선택해서 제5사단으로 결정했다."고 기록하고 있다.

#1. 조선으로 보낼 혼성여단을 어느 사단으로 정할지가 당장 해결해야 할 문제였다. 무엇을 우려했는가 하면 발송 편의와 국방 사정을 고려해야 했다. 어느 단대(團隊)가 가장 해외로 보내기 쉬운 지역에 있는가에 있었다. 부대를 해외로 내보내도 일본 내지의 국방에 별로 영향을 미치지 않을 곳을 고려해야 했다. 참모본부는 이 두 가지를 참작, 제5사단을 선택했다. 혼성여단을 제5사단으로 편성하고 시기에 맞춰 후일 사단의 나머지 대원을 파병해 완전히 한 사단을 꾸려 전쟁을 치를 수 있게 해야 했다. 되도록 신속하게 혼성여단을 동원해야 했다. 단 해외로 수송해야 하므로 제5사단 중에서도 우지나항에서 가장 가까이 주둔해 있는 보병 제9여단으로 결정했다. 예정 동원 계획에 의거하지 않고 보충대를 편성해 최대한 둔영(屯營)에 접근시켰다. 조선국은 짐말(駄馬)의 활동이 어려운 점을 고려해 각 부대의 짐말을 제외하고 치중수송병, 징발인부로 짐을 옮기기로 했다. 대부분 인부가 소속되어 있지 않았으므로 특종 편제로 결정했다.

『일청전사강의적요록』은 참모본부의 이 결정에 대해 "하루가 다르게 급변하는 시국에 기선제압을 위해 행한 참모본부의 실행은 시기적절한 조치였으며 전사(戰史) 연구에 가장 중요한 부분이 되었다."고 평가했다.

#2. 특종 동원을 위해 참모본부는 제1국원 도조 히데노리 보병소좌를 제5사단 사령부에 파견해 먼저 동원 방법, 제대 편성을 설명한 뒤 동원을 하달하게 했다. 소좌는 6월 3일 밤 신바시(新橋)를 출발 5일 히로시마에 도착한 다음 제5사단장 노쓰 미치쓰라에게 「혼성여단 편성 절차서」, 「혼성여단 병참부 편성 절차서」를 직접 전해주었다. 동원령은 오후 0시 13분에 발령되었다.

#3. 편제, 수송 부분과 관련된 사항은 오로지 제1국이 담당했다. 제2국에서는 조선 20만분의 1지도, 경성에서 부산, 원산, 인천, 마산포, 의주에 이르는 연도 지도를 인쇄하여 급히 출발하는 혼성여단에 배포할 수 있도록 준비했다. 혼성여단 파병은 결국 청국과의 개전을 야기하게 될 것이다. 청국의 예정 작전지 선양(盛京), 즈리(直隸), 산둥(山東), 장수(江蘇), 저장(浙江) 5개 성의 20만분의 1지도를 증보 인쇄해 전군에 배포할 계획이었다(단, 청국과 조선의 지도 일부는 이미 전년도에 인쇄해 두었다). 전날 밤 청국 주재 가미오(神尾) 소좌로부터 앞뒤 양면의 전보가 참모본부에 도달했다. 앞으로 청병 3영 직예제독 엽지초의 인솔 아래 산해관을 출발할 것이라는 전보였다.

#4. 외무성에도 경성에서 스기무라 후카시 대리공사가 보낸 2통의 전보가 도달했다. 요지는 다음과 같다.
(1) 원세개의 통보에 따르면 조선정부의 요청에 따라 원병으로 청병 1,500명은 바로 위해위(威海衛)를 출발할 것이라 함.
(2) 원세개에 대한 다른 정보는 청병이 톈진을 출발해 충청도 면천(沔川)으로 상륙함.
(3) 위 사실에 대해 소관(스기무라 대리공사)은 원세개에게 청국정부가 톈진조약에 따라

지당한 처분을 행했다고 서술함.

(4) 당장 일본군 출병을 요망함.

#5. 이에 참모본부는 여단 전체 동원의 완결을 기다리지 않고 먼저 편성을 마친 보병 1대대를 소좌 이치노헤 효에(一戶兵衛)가 인솔하여 즉각 출발하게 했다. 이 부대는 6월 9일 우지나 항을 출발, 때마침 귀임한 오토리 공사의 뒤를 이어 12일 인천항에 도착해 다음날 경성으로 들어갔다.

제5사단 오시마 요시마사(大島義昌, 1850~1926) 소장의 지휘 아래 혼성여단 파병 결정과 동시에 가와카미 소로쿠는 바로 전투준비에 착수했다. "처음 혼성여단 동원령이 제5사단에 하달되자 가와카미는 육군소좌 도조 히데노리를 히로시마로 파견해 여단 동원, 편성을 맡겼다. 병참기지는 병참사령부를 히로시마에 두고, 승선지는 우지나항, 양륙지는 인천에 각각 운수통신지부를 두었다. 집적장을 마관(馬關, 시모노세키)에 설치하고, 부산에 따로 지부를 두어 통신 임무를 담당하게 했다."[16]

4. 제5사단 편성의 실체

『이십칠팔년 전역일기』의 6월 4일자 「참모본부에서 혼성여단 편성 절차서」[17]의 통첩은 조선 파병 결정은 대본영이 설치되기 전날이었음을 분명하게 보여준다. 참모총장 아리스가와노미야 다루히토 친왕이 육군대신 오야마 이와오에게 하달한 통첩이다.

#1. 비조(祕朝)제14호 참밀발(參密発) 제10호

이번 조선국에 파병할 혼성여단 편성 절차서는 별지와 같이 행할 것을 통첩함.

1894년 6월 4일

참모총장 다루히토 친왕

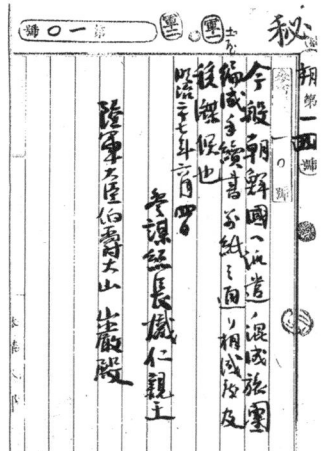

6월 4일 혼성여단 편성 절차서

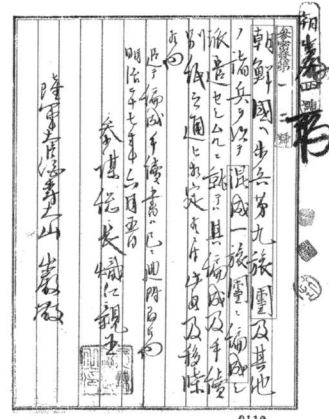

6월 5일 보병 제9여단 기타 병력으로 혼성1개 여단을 파견하기로 결정함

1894년 6월부터 육군성이 쓴 27-8년 전역일기

육군대신 백작 오야마 이와오 귀하

6월 5일 일본은 전시상황에서만 설치 가능한 특별기관인 대본영[18]을 설치했다. 일본 육해군 최고의 통수부이며 일본천황의 명령을 대본영 명령으로 발하는 최고사령부로서의 기능을 갖는 기관이었다. 대본영은 오토리 게이스케 공사를 파견하자마자 참모총장이 육군대신에게 다음 내용을 통지했다.

#2. 조(朝)제14호 참밀발(参密発) 제12호[19]

조선국에 보병 제9여단, 기타 여러 병력으로 혼성1여단을 편성·파견에 대해 그 편성, 절차는 별지와 같이 상정하여 이첩한다. 추가 편성 절차서는 이미 회부되었음.

1894년 6월 5일

참모총장 다루히토 친왕

육군대신 백작 오야마 이와오 귀하

오토리 게이스케 공사가 조선으로 출발한 다음날 6월 6일 오시마 여단장과 제5사단장에게 참모총장의 명령이 하달되었다. 6월 8일 제1차 선발대 출발, 사령부에서 우지나 항까지 군용전선 가설, 6월 10일 대본영에서 제5사단 사단장에게 편제 변경과 신속한 군용마 준비를 명했다.[20]

#1. 명령전보

1894년 6월 6일

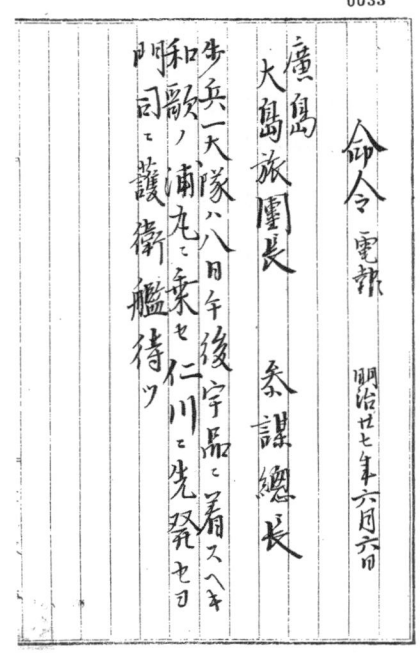

히로시마 오시마 여단장에게 참모총장

보병1대대는 8일 오후 우지나에 도착하는 와가노우라마루에 승선하여 선발로 인천으로 갈 것. 모지(門司)에서 호위함 대기.

#2. 명령전보

1894년 6월6일

제5사단장에게 참모총장

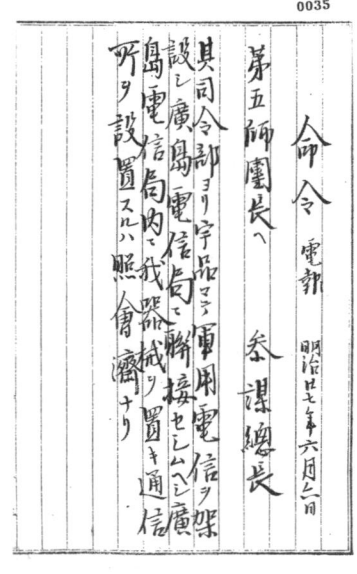

그 사령부에서 우지나까지 군용전신을 가설하고 히로시마 전신국에 연결하여 접속시킬 것.
히로시마 전신국 내에 우리 기계를 두고 통신소 설치 문의가 끝남.

#3. 제5사단장에게 주는 명령

1. 야전포병 제5연대 제1 제2대대를 잠시 산포(山砲) 편제로 변경할 것.
2. 2대대 동원에 부족한 마필(馬匹)은 부근에서 미리 건강한 말을 찾아 언제라도 고용해 부릴 수 있도록 신속히 준비할 것.

1894년 6월10일
대본영

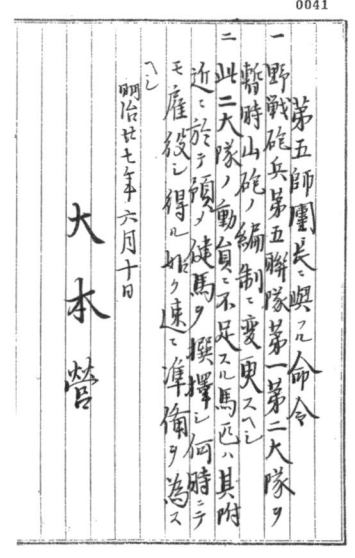

한편 6월6일 참모차장 가와카미 소로쿠는 오토리 공사에게 제67호 6월6일

10시50분 "제1(제1선발대를 의미함)은 9일 출발함."의 지급전보를 보냈다. 『메이지 이십칠팔년 일청전사』는 6월10일까지 혼성여단을 꾸리기로 했으나 청의 병력이 6월6일 출발한다는 보고를 접하고 혼성여단이 꾸려지기를 기다리지 않고 보병 1대대를 선발대로 보내기로 했다.

혼성여단 동원 완성은 6월10일로 예정되어 있었으나 4일부터 5일에 걸쳐 청국 주재 문무관의 잇따른 청국 병력 출발 보고가 있었다. 특히 청국 주재 공사관부 무관 보병 소좌 가미오 미쓰오미(神尾光臣)의 보고에 의하면 제1차 병력이 6일 산해관에서 승선할 것 같다. 따라서 일본도 혼성여단의 편제를 기다리지 말고 보병 1대대를 선발로 보내라고 했다. 6일 오후 2시50분 제5사단장에게 하달되었다. 동 사단장은 즉각 제1차 수송부대에 속해 있는 보병 제11연대 제1대대(대대장 소좌 이치노헤 효에)를 파견하기로 결정했다. 혼성여단장은 이 대대에 각각 기병, 공병 1소대를 부속시키기로 하고 인가를 받았으나 선적 가능한 배가 없어서 공병 1소대(중대장 대위 아시자와 마사카즈(蘆澤正勝)가 인솔)로 결정했다.[21]

혼성여단 편성 절차서, 병력 동원, 제반 사무는 제5사단에 예속시켰다. 제5사단 사단장 노쓰 미치쓰라는 즉각 제5사단 제9여단에 동원령을 내리고 이외 특과부대가 딸린 정예병으로 구성된 임시혼성여단을 편성했다. 『이십칠팔년 전역일기』에 혼성여단 편성절차서와 편제표가 기재되어 있다.

#1. 혼성여단 편성 절차서[22]

1, 혼성여단장은 위수지를 출발할 때까지 동원, 위수 사무에 관해 제5사단장에게 예속할 것.
2, 예비역 보병과 하사관, 치중 수송병 외에는 소집하지 않음. 기타는 현역자로서 제반 편성을 완료할 것.
3, 보병 제11연대는 히로시마에서 3일, 보병 제21연대는 4일 왕복거리 이내의 소집대

원을 이용, 위생대 담가중대는 두 보병연대에 편입된 잔여 소집대원으로 편성할 것.

4, 산포대대 장교, 하사, 병졸은 야포대대의 병사를 사용하여 충당할 것.

5, 치중 수송병은 정원을 충당할 수 없으니 구역을 한정하여 예비역, 교육을 받은 현역을 소집할 것.

6, 종졸(從卒), 마졸(馬卒)은 모두 고용원으로 쓸 것.

7, 하사관은 장교 요원으로 충당할 수 없음.

8, 두 보병연대는 잔류대원을 단속하기 위해 추가 보충대를 편성하여 적절히 유수(留守) 간부를 편성할 것.

9, 혼성여단에 속한 제대에서 여러 학교에 파견중인 장교, 하사는 귀대시킬 것. 제5사단에 배속된 장교, 하사도 부임시킬 것. 단 위생부, 군리부원은 특별 배속할 것.

10, 출사 준비품목에 관해서는 다음 사항을 제외하고 본년도 동원계획에 의거할 것.

　하나, 배낭에 넣을 물품은 되도록 가볍고 편하게. 복장은 제복(겨울용), 속옷은 여름용으로 함.

　하나, 모든 짐말에 실어야 하는 계획 화물은 치중 수송병, 임시 징발인부가 부담할 수 있도록 준비할 것.

　하나, 치중 수송병이 장착할 휴대품은 전시 편제중인 수송병과 동일.

　하나, 치중 수송품 가운데 관정기(管井器) 부속품, 천막, 기타 공병중대 군수품 속에 회광통신기 제5사단에서 준비할 수 없는 몇 가지를 휴행할 수 있도록 준비할 것.

11, 필요한 헌병은 히로시마 헌병대에서 채용할 것.

12, 1대대 동원할 때마다 제5사단장은 이를 육군대신에게 전보할 것. 혼성여단의 편성에 관한 모든 것은 제5사단장이 편성표 장교, 상당관 직원표, 소집 상황 보고서를 육군대신, 참모총장에게 제출할 것.

#2. 병참부 편성 절차

혼성여단에 편성된 장교와 해당관 직원표

혼성여단	보병제11연대	보병제21연대	기병중대	위생대
사령부 여단장 소장 大島義昌 참모 ○보병소좌 長岡外史 부관 보병대위 中原 沙 보병중위 平岡 茂 이사　河合和光	연대장 중좌 西島助義 부관 대위 西山 敏 기수 소위 大森狷之助 제1대대장 소좌 一戸兵衛 제2대대장 소좌 橋本昌世 제3대대장 소좌 松本箕居 대대부관 중위 本村伊助 중위 林景敏 중위 阪上康之助 군의 1등군의 星野𢛳光 1등군의 林旭 1등군의 倉木忠純 3등군의 高橋良忠 3등군의 中山森彦 上군의생 角準造 군리 1등군리 田中芳友 2등군리 大野量平 3등군리 恩田謙三 중대장 대위 町田實義 대위 河南環 대위 青木崇基 대위 下枝觀一郎 대위 仲東白 대위 田上覺 대위 福田牛一 대위 小野萬龜太 대위 岡 德吉 대위 靜間浩輔 대위 小原文平 대위 落合兼知 소대장 중위 加藤正修 중위 木全万次郎 중위 馬屋原寬 중위 戸枝百十彦 중위 有吉雅一 중위 今井建 중위 林仲之助 중위 土橋吉次 중위 平田時九 중위 川上營之助 중위 熊谷濫藏 중위 松浦直一	연대장 중좌 武田秀山 부관 대위 小倉信恭 기수 소위 國弘榮一 제1대대장 소좌 森祇教 제2대대장 소좌 山口圭敢 제3대대장 소좌 吉志正綱 대대부관 중위 向井齊輔 중위 成川正孝 중위 山口 陳 군의 1등군의 皆川今朝 1등군의 岡安得太郎 1등군의 秦尾定能 3등군의 森田槇太 3등군의 山田太朗 上군의생 岡 善次郎 군리 2등군리 藏室 勉 2등군리 林 猪助 3등군리 山野平五郎 중대장 대위 田邊光正 대위 山田一男 대위 服部 尙 대위 原野 彙 대위 河村武友 대위 若井曾一郎 대위 松崎直臣 대위 神力之進 대위 井上政藏 대위 林久 實 대위 小笠原松熊 대위 杉岡直次朗 소대장 중위 守田利貞 중위 時山龍造 중위 下 鐵象 중위 細井有順 중위 工藤才次郎 중위 佐藤彦人 중위 星田 直 중위 林康太 중위 本同德次郎 중위 今木龍也 중위 松本喜太郎 중위 吉永柱義	중대장 대위 豊邊新作 군의 2등군의 神岩桃平 수의 3등수의 內村兵藏 소대장 소위 平城盛次 소위 竹內英馬 소위 今井義一 산포병대대 대대장 소좌 永田 龜 부관 중위 水井言攻 대대부(大隊附) 2등군의 吉本其葉 3등군의 藤崎芳一 3등군리 仙蘇祐致 중대장 대위 山本忠知 대위 櫻本鐵之助 소대장 중위 伊藤 弦 중위 坂 知守 중위 高野泰輔 소위 中山善吉 소위 天野文武 上조장 井上正浩 공병중대 중대장 대위 芦澤正勝 군의 1등군의 宮崎昌三 소대장 중위 海老原鈴三 소위 土屋善龜 소위 槇垰梅之進 치중병대 대장 대위 島崎正誠 군의 ○3등군의 木村信實 군리 2등군리 島津誠一郎 소대장	대장 치중병대위 大塚義太郎 의장(醫長) ○1등군의 木下俊英 군의 2등군의 岡芳太郎 3등군의 村産尉稚若 3등군의 高橋勝彦 약제관 ○3등약제관 國友保民 군리 상1등서기 村山重 중대장 보병중위 富田七郎 야전병원(2개) 제1야전병원장 2등군의 柴田勝央 군의 1등군의 筑摩定三郎 2등군의 能勢靜太 ○2등군의 星潤次郎 3등군의 山田寅太 3등군의 熊坂彌之次 약제관 ○2등약제관 矢野十一郎 군리 3등군리 舟 鍊太 제2야전병원장 2등군의정 加藤 壽 군의 1등군의 高帛 修 2등군의 富田 茂 ○2등군의 高橋 茂 3등군의 小小高文治 3등군의 笹川宗治 약제관 ○2등약제관 大岩乙三 군리 3등군리 小野運八 병참부원 병참감부 병참감 ○보병중좌 竹內正策 부관 ○포병대위 横田宗太朗 ○공병대위 二宮五十規 군리 ○1등군리 佐藤業富 헌병

혼성여단에 편성된 장교와 해당관 직원표

혼성여단	보병제11연대	보병제21연대	치중병대	병참부원
사령부	중위 河野五胃人	중위 河內信彦	중위 松浦乙一郎	○ 헌병소위 山本政元
여단장	중위 西山盛壽	중위 町口熊槌	소위 秋山貞一	감독부
소장 大島義昌	소위 乃万文太郎	중위 三井每雄		長
참모	소위 宮川 進	중위 吉沃正治		○ 2등감독 甲斐敬直
○보병소좌 長岡外史	소위 桂 武市	중위 和田龜太郎		부원
부관	소위 原川 弘	중위 田邊元二郎		○ 1등군리 保賀致正
보병대위 中原 沙	소위 橘木樹一	중위 寺西秀武		금궤부(金櫃部)
보병중위 平岡 茂	소위 槇埆 直	소위 內藤 盀		長
이사 河合和光	소위 富山康之助	소위 山田四郎		○ 1등군리 中山久亨
	소위 勝田太郎	소위 石藤市勝		군량부
	소위 管野直一	소위 榮 豊彦		長
	소위 矢上英太郎	소위 兒井次郎		○ 1등군리 湯本善太郎
	소위 若井 敬	소위 桶口千万太		부원
	소위 中西副炎	소위 山中次郎		○ 2등군리 濱石寬祐
	소위 舩橋芳藏	소위 福地守太郎		
	소위 野崎平次郎	소위 山田喜八		병참사령부(2개)
	소위 橋本一貫	上조장 竹田 穗		사령관
	소위 沓谷榮輔	上조장 田部鈴太郎		○ 포병소좌 押上森藏
	上조장 津田敎淸	上조장 安部 章		○ 포병소좌 加藤太久
	上조장 河內山諦			부관
	上조장 秋本豊若			○ 보병중위 竹內 武
				○ 보병중위 石九吉知

※ '○'는 임시로 배속한 자, '上'은 상급직에 해당하는 자를 뜻함

1. 제5사단장은 병참감부 병참사령부, 히로시마 병참기지 사령부 한 곳을 히로시마에서 동원할 것. 단 병참감 병참사령부관, 기타 장교, 상당관, 하사 중 약간 명은 특히 이를 따를 것.

2. 히로시마 병참기지사령부는 제5사단장이 이를 편성할 것. 그 인원은 다음과 같음.

    사령관   좌관(佐官) 1인 (제5사단 사령부에서)

    감독부원   약간 (제5사단 감독부에서)

3. 필요한 헌병은 히로시마 헌병대에서 이를 채용할 것.

4. 치중 수송병을 소집하고 역졸(役卒), 마졸(馬卒)은 고용함. 기타는 현지 인부로 충당할 것.

6월12일 제5사단 사령부에서 사단장 노쓰 미치쓰라는 육군대신 오야마 이와오에게 혼성여단 직원표, 편제표를 제출했다. 이 보고서는 혼성여단이 어떻게 구성되어 있는지 분명히 보여준다.

#3. 제68호 조제85호 제5사단 사령부 발송 경발 제325호[23]

직원표와 편성표 진달

혼성여단 장교 동(同) 상당관 직원표, 동 편성표를 올려보냅니다.

1894년 6월12일

제5사단장 자작 노쓰 미치쓰라

육군대신 오야마 이와오 귀하

추가 충원 소집 상황서는 소집 사무가 마무리되면 보고 올리겠습니다.

별표는 인사과에서 처리함.

임시혼성여단 편제표

부대 등급	소장	대좌	중좌	소좌	대위	중소위상당장관	하사사관	병사 하사	감독	위생부 사관	위생부 하사	간호수	수의	군리부	장교동등관	하사동등관	감호	직공	수송병	종졸	수의병	용역자	합계	마필	
혼성여단사령부	1		1	1	1	3								1	1	1			8	2	8		28	9	9
보병제11연대		1	3	13	34 上3 △3	203 △3	2,392 △8		6	3		12		3	3			5 △1	393		19		3,093 △15	19	19
보병제21연대		1	3	13	32 上3 △5	176 △30	2,396 △4		6	3		12		3	3			5 △1	383 △10		19		3,058 △50	19	19
기병중대				1	3		13	101				1		1				1	75		10		208	127	127
산포병대대			1	2	6 上1	28 穴2	326			1	1	2	1	1				1	131		16		523	38 160	198
공병중대				1	3	17	200			1		1		1					63		4		292	4	4
치중대				1	2	12	100			1		1		1				1	15		15		154	41	41
위생대				1	1	12	141 △4		4 1	5 1 △1		13		1	1				△50		6		156 △55	6	6
야전병원(2개)							12		2	10 2	2 2 △2	6		2	4				95 △95	12	4	68 2	241 △97	4	4
병참부 병참감부			1		2				1				6		5	8	4	2		12	5	6		46	6	6
병참부 헌병					1	2	10												2		1		16	13	13
병참부 병참사령부(2개)				2		1	大1								1	2			4		4		16	4	4
계 27일 1	12일 1		3	10	35	92 △8	468 △33	5,680 △16	1	2	33	31 △3	57	2	16	24	1	5	3	15 △2	1,181 △155	19	112	70	7,861 △217	290 160	450
			3	10	35	928	466 35	5,688	1	2	33	34	57	2	16	24	1	5	3	15 2	1,191	19	112	225	8,035 53	290	160	450

※ 1. '上'은 상급직에 해당하는 자, △숫자는 결원.
2. 보병과 하사병의 결원은 불응소원, 일시 전역한 질병자의 인원수 예산을 초과한 것이 원인.
3. 병사 중 상등병의 인원수는 임시출병연대 편제표를 초과.
4. 위생대 야전병원 수송병의 결원은 용역인원으로 보충. 보충할 방법이 없을시 의무병으로 무방함.
5. 종졸(從卒) 마졸은 모두 용역자로 충당함.
6. 위생대, 제2야전병원의 수송을 대응할 용역 인원 중에 25인, 58인, 100인 포함한 것임.

참모본부 편찬원 육군보병 중좌 다케우치 세이사쿠(竹內正策), 포병공창(砲兵工廠) 제작소장 육군 포병소좌 오시아게 모리조(押上森藏)[24], 동(同) 제일방면서원(第一方面署員) 가토 야스히사(加藤泰久)[25] 등으로 혼성여단 병참감부를 설치했다.[26] 보병제9여단 오시마 요시마사 육군소장을 여단장, 나가오카 가이시(長岡外史) 소좌를 참모로 임명해 조선으로 향하게 했다. 『일청군기(日淸軍記)』에서는 오시마 여단장을 이렇게 평가했다.

갑자기 조선에 사건이 발생해 일본 군대를 파병했다. 첫 번째로 명을 받고 제일 먼저 조선으로 건너간 자는 육군보병 제9여단장 육군소장 종4위 훈3등 오시마 요시마사. 제5사단에 예속된 혼성여단장으로 첫 번째로 조선으로 건너가 신속한 군대 상륙, 민활한 경성 점령으로 세상 사람들의 극찬을 받았다. 경성에 들어가 조선정부로부터 아산에 있는 청나라 병사를 구축하라는 명령을 받기까지 강력한 수완을 발휘했음을 엿볼 수 있다. 청일전쟁 **개전의 첫 번째로 조선인을 위력으로 압박해 복종**시키고 청나라 병사를 놀래키며 경성으로 개선했다.[27]

다나카 만이츠(田中万逸)가 펴낸 『사생의 경계』에서는 혼성여단의 출병이 청국과 전쟁을 하기 전 조선 무력점령이 목적이었음을 분명하게 기록하고 있다.

본디 우리들은 혼성여단을 인솔해 조선으로 건너가기 전부터 중국과의 개전은 도저히 피할 수 없을 것이라며 단단히 각오하고 있었다. 결국 **조선으로 건너간 목적은 전쟁**이었다. 형세가 나날이 급박해졌고 충돌은 피할 수 없게 되었다. 청국 병사는 평양과 아산에 주둔해 있었다. 들리는 말로는 아산의 병사가 가까운 시일에 경성으로 들어온다는 소문이 있었다. 그들이 경성으로 들어오면 충돌은 피할 수 없다. 싸움은 걸어오지 않았지만 이미 개전의 기운이 무르익고 있었다. 손을 놓고 청병이 경성으로 들어오기만을 기다리는 것은 어리석은 일이었다. 어차피 전쟁을 피할 수 없다면 움직이지 않고 청병의 입경을 기다려서는 계책을 세우기 어렵다. 전쟁의 승패는 기선

제압에 있다. 이 무렵 일본 조정은 비전론(非戰論)으로 기울어 있었던 듯하다. 우리들은 후쿠시마 야스마사와 모토노 이치로 두 사람을 일단 귀국시켜 사정을 알려 조정회의를 통해 정부가 움직이게 했다. 두 사람이 일본에 채 도착하기 전 조정회의에서 개전을 결정했다. 개전!! 개전!! 이리하여 아산의 적을 토벌하라는 명령을 받고 가슴이 벅차올라 진군하려는데, 그보다 **먼저 조선의 왕궁을 개혁하라**는 명을 받았다. 즉 대원군을 끌어내 사대당을 정리하는 일이었다.[28]

한편 『일청전사강의적요록』은 「1894년 조선출병 당시 참모본부의 주요 인물」에 대해 서술하고 있다. 표[29]로 정리했다. 이 참모본부의 인물들 가운데 『육해군인물사론』에는 "가와카미 소로쿠가 끝까지 자신의 심복으로 신뢰했던 사람은 오미 사다카카(大生定孝), 이지치 코스케(伊地知幸介), 다무라 이요조(田村怡与造), 후쿠시마 야스마사(福島安正) 네 명이었고, 1889년 이후 오가와 마타지(小川又次)가 있었다. 특히 오가와는 당시 국장으로 참모본부에 있었다. 그는 조직적 두뇌, 경륜의 재능이 뛰어났고, 이론과 체계를 세우는데 두각을 나타냈다."고 기록하고 있다.[30]

1894년 6월6일 군무국에서 등짐 탄약상자를 제5사단에 보냈다.

제21호 조제23호[31]

위와 같이 제5사단장에게 내달(內達, 비공식적인 시달)해 주시기 바랍니다.

1894년 6월6일 군무국장이 제5사단

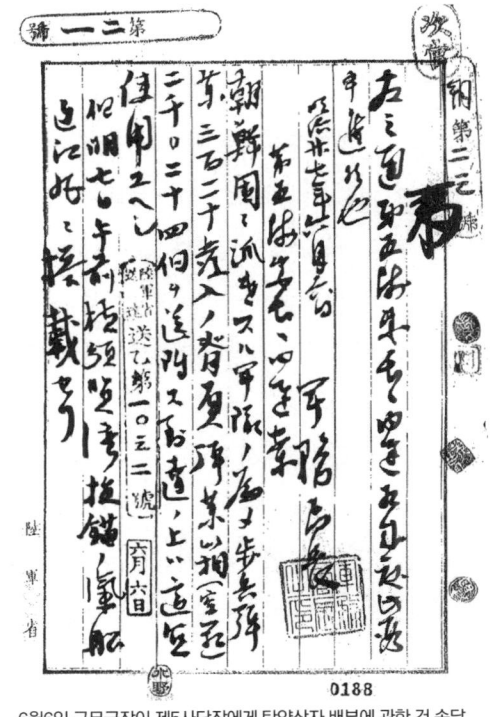

6월6일 군무국장이 제5사단장에게 탄약상자 배부에 관한 건 송달

장에게 시달함.

조선국에 파병하는 군대를 위해 보병탄약 320발이 들어 있는 등에 짊어지는 탄약상자 2,024개를 송부함. 도달하는 대로 잘 사용할 것. 육군성 송달 송을(送乙) 제1032호 6월6일. 단 내일 7일 오전 요코스카 항에서 출항하는 기선 오우미마루(近江丸)에 탑재할 것.

1894년 6월6일, 참모본부는 무라다(村田) 부관을 통해 일본공사관부의 자격으로 육군중좌 후쿠시마 야스마사(福島安正), 육군소좌 우에하라 유사쿠(上原勇作), 무라키(村木) 소좌, 이쥬인 고로(伊集院五郎)³² 해군소좌에게 와카노우라마루를 타고 조선으로 건너가라는 훈령을 내렸다.³³

혼성여단 참모보고 제1호 6월6일 수요일 맑음³⁴

1, 오후 9시55분 스에키치(末吉, 萩野末吉)³⁵육군속을 따라 신바시를 출발. 이때 참모총장, 육군대신은 후쿠시마 야스마사 중좌, 우에하라 유사쿠, 무라키 두 소좌와 함께 이쥬인 고로 해군소좌가 공사관부의 자격으로 와카노우라마루를 타고 조선으로 건너가라는 훈령을 무로다 부관을 통해 전달함.
2, 이보다 앞서 아오키 노부즈미(靑木宣純)³⁶ 대위도 위와 같은 자격으로 조선으로 건너가 첩보 근무하라는 명을 받고 소관(小官, 나가오카 가이시를 말함)과 함께 기차로 출발. 야마네 다케스케(山根武亮, 육군공병)³⁷ 소좌도 동행함.

참모본부에서 후쿠시마 야스마사, 우에하라 유사쿠 등을 조선공사관부 직무대리로 임명해 조선으로 보낼 때 육군대신 오야마 이와오는 출병의 명분이 일본공사관, 영사관, 거류민 보호에 있다고 했으나, 그 속내를 『육군대장 가와카미 소로쿠』에서는 이렇게 밝히고 있다.

가와카미 대장의 목적은 오히려 적극적으로 조선문제를 해결해 동아시아의 평화를

참모본부의 주요 인물

참모총장	대장 아리스가와노미야 다루히토 친왕(有栖川宮熾仁親王, 1835~1895)
참모차장	소장 가와카미 소로쿠(川上操六, 1848~1899)
고급부관	보병중좌 오오미 사다타카(大生定孝)
제1국(출사준비)장	보병대좌 데라우치 마사타케(寺内正毅, 1852~1919)
제2국(작전첩보)장 대리	포병소좌 이지치 코스케(伊地知幸介, 1854~1917)
제1국원	보병소좌 다무라 이요조(田村怡典造, 1854~1903)
제1국원	공병소좌 야마네 다케스케(山根武亮, 1853~1928)
제1국원	보병대위 유희 미츠에(由比光衛, 1860~1925)
제2국원	공병소좌 후쿠하라 신조(福原信藏, 1856~1905)
제2국원	포병소좌 후지이 시게타(藤井茂太, 1860~1945)
제2국원	보병대위 사이토 리키사부로(齋藤力三郎)
	기타 몇 명 생략

육군성의 주요 인물

육군대신	육군대장 오야마 이와오(大山巌, 1842~1916)
육군차관	육군보병대좌 고다마 겐타로(兒玉源太郎, 1852~1906)
군무국장 겸임	육군보병대좌 고다마 겐타로(兒玉源太郎)
제1군사과장	보병대좌 마나베 아키라(眞鍋斌, 1851~1919)
제2군사과장	보병중좌 야마다 야스나가(山田保長)
마정(馬政)과장	기병중좌 오쿠라 헤이조(大藏平三, 1853~1911)
포병과장	포병대좌 나카무라 유지로(中村雄次郎)
공병과장	공병중좌 이시모토 신로쿠(石本新六, 1854~1912)
경리국장	감독장 노다 히로미치(野田豁通, 1844~1913)
의무국장	군의총감 이시구로 츄우케이(石黒忠悳)

해군성의 주요 인물

해군대신	대장 사이고 쥬도(西郷従道, 1843~1902)
해군차관	중장 이토 슌키치(伊藤雋吉, 1840~1921)
관방주사	대좌 야마모토 곤노효에(山本權兵衛, 1852~1933)
군무국	
제1과	대좌 마쓰나가 유쥬(松永雄樹, 1849~1926)
제2과	대기감(大技監) 마에다 토오루(前田亨)
제3과	대기감 사소 사츄우(佐雙左仲, 1852~1905)
경리국	
제1과장	주계대감(主計大監) 하라다 히로시(原田啓)
제2과장	주계대감 야시마 카오루(八洲亨)
제3과장	주계주감(主計主監) 가시와라 마스요시(柏原盈功)
군령부	
군령부장	중장 나카무타 구라노스케(中牟田倉之助)
군령차장	대좌 츠노다 히데마쓰(角田秀松, 1850~1905)

유지하는데 있었다. 문제를 해결해 동아시아 평화를 원한다면 조선이 청국의 굴레에서 벗어나게 하는 것이 급선무였다. **일본 제국이 그 목적을 달성하려면 혼성여단이 신속히 인천에서 경성으로 진격해 전략상 유리한 위치를 차지하여 조선을 제압하는 것이 첫 번째 조건이 되어야 한다.** 대장이 후쿠시마와 우에하라를 오시마 혼성여단장과 함께 경성에 파견한 까닭이 바로 여기에 있었다.[38]

6월5일 대본영 설치와 혼성여단 파병이 결정된 뒤 혼성여단 편제와 선발대 출발 준비에 대해 참모 나가오카 가이시(長岡外史) 소좌가 쓴 참모본부 보고에 상세하게 기록되어 있다.

#1. 6월8일 금요일 쾌청[39]

하나, 기차 안에서 인천 경성 사이에 군대의 일부나 전부가 체류하는 날이 많아질 경우 진지를 구축해야 한다는 의견을 참모총장에게 올림.

하나, 오전 11시 반 혼성여단사령부에 도착함. 처리해야 할 사무는 다음과 같음.

1. 사단장과 여단장의 동석을 요청해 도쿄의 상황을 진술, 출사준비 현황을 들음.
2. 병사가 먹을 양식과 말에게 먹일 꼴은 대본영이 정한 바에 따라 30일 분량을 휴행할 수 있으나 38일 분량으로 준비함.
3. 탄약 부족은 대본영에서 이미 상신했는데 다행히 준비되어 있어 소총 1정에 100발로 늘려 갖고 가기로 결정함.
4. 와카노우라마루에 탑승할 선발부대는 출병 1대대 기병 1소대 공병 1소대로 결정함. 야마네 다케스케 소좌가 탑재 인원, 필마의 수는 바꾸기 어렵다고 말해 부득이 기병을 중지하고 공병소대 90명을 보내고, 대신 보병 90명을 줄이기로 결정함. 가교(架橋), 방어설비를 위해 공병중대장을 이 소대와 함께 선발로 결정함.
5. 여단사령부 특별사용금으로 8천 엔(그중 은화 1천 엔)을 수령함.
6. 병참부에서 수령한 해선표는 각 부대를 일반으로 모아 전술상 구분이 적당한 경계 내(인원 필마를 바꾸지 않음.)에서 약간의 개정을 시행함.

7, 혼성여단장이 군대 출발에 관한 훈시를 내림.

8, 사단사령부의 결정에 따르면 편성상 고유 인원재료를 동원해 여단으로 건너가면 사단사령부의 책무가 없음. 기타 물품(특별휴행 위생재료 등)은 혼성여단이 신청한 뒤 사단에서 지급해야 할 성질의 것이라는 견해는 다분히 오해의 소지가 있음을 말하고 바로 조치를 청구해 둠.

선행대대 승선 개황

하나, 오후 6시 와카노우라마루는 아직 도착하지 않음. 선행대대에게 짐싣는 일을 돕게 함. 일분일초라도 빠른 출범을 목표로 동시에 선행대대를 출발시킴. 이에 앞서 아오키 대위에게 의뢰해 우지나항으로 가서 승선 사무를 감독하게 함.

하나, 오후 8시 와카노우라마루 입항. 동시에 선행대대 우지나항 도착함. 9시50분부터 수화물을 싣기 시작해 다음날 아침 6시 완전히 인마 재료 탑재를 마침.

인원 1,024명, 말 7마리, 식량과 말 양식 13일분, 가교재료 대략 30미터 단 철주를 제외

모든 탑재는 오전 3시에 완료할 예정이었으나 3시간 지연된 것은 총괄자의 확정에 따른 것임. 야마네 다케스케 소좌의 말에 따르면 사단사령부의 책무는 여러 사용물품을 우지나항으로 집적해 여단에 인도하는 것으로 끝남. 그 뒤 탑재는 여단에서 인수한다며 사단사령부에서 의견이 분분했음. 고용인부 절반 이상이 밤늦은 오후 10시경에 도착해 일이 지체됨. 이로 인해 11시 반 지나 수송병, 보병, 공병을 합해 대략 160여명이 짐싣는 일을 행함.

#2. 6월9일 토요일 맑음

하나, 오전 6시 탑재 관련 사무를 완료했으나 야마네 소좌 쿠레진수부(吳鎭守府)에서 돌아오지 않음. 해군사관도 아직 도착하지 않음. 이에 먼저 전보로 해군사관이 도착하지 않아도 출항하라는 명령을 여단장으로부터 받아두었음. 여기서 고려해야 할 점은 통신관련 기계가 만일 모지(門司)에 이르렀는데도 다카오함(高雄艦)에 통신기기가 예비로 갖춰져 있지 않는 사태가 발생할 수 있으므로 야마네 소좌가 돌아오기를 기다리기로 결정함.

하나, 오전 8시경 야마네 소좌 돌아옴. 9시 40분 야마네 소좌의 조회에 의거하여 쿠레 진수부에서 인원과 재료 도착함. 이에 와카노우라마루 오전 10시 우지나 출발. 1등통신병 1명, 5등통신병 2명, 백적발광 신호등 1개, 신호기 31개, 알코올 4통, 발광연료 1통, 화지석유(火止石油) 2통, 요구상자 1개, 망원경 1개, 쌍안경 1개

6월 9일 이치노헤 효에(一戶兵衛) 소좌가 이끄는 제11연대가 선발대로 조선에 건너가게 된 장병들의 사기가 하늘을 찌를 듯 높았다. 그들이 우지나항을 떠나는 모습에서 옛날 도요토미 히데요시의 출정을 떠올리며 감개무량해 했다고 기록되어 있다. 우지나항으로 이어지는 연도를 따라 늘어선 남녀노소 사람들은 해외로 나가 국위를 떨칠 수 있는 천재일우의 기회를 맞은 장병들에게 깃발을 흔들며 전쟁에 승리하여 개선하기를 기원했다.[40]

선발대를 제외한 나머지 제1차 혼성여단은 승선준비가 완료되는 6월 11일 우지나항을 출발할 예정이었다. 6월 9일까지 대본영에 보고된 청국 병력의 움직임을 『일청전사강의적요록』은 다음과 기록하고 있다.

1. 6월 7일 가미오(神尾) 소좌의 보고

   A. 총병(總兵) 섭사성(聶士成)이 인솔하는 청병 800명, 6일 타이구(太沽) 출발

   B. 엽지초의 한 군영은 산해관 출발

2. 6월 9일 여러 방면의 공식보고

   C. 8일 청병 1,000명, 아산에 도착, 후속부대 있음

이로써 당장 제1차수송부대의 모든 승선을 기다리지 않고 출발할 필요가 생김. 이날 그 취지를 전보 명령하여 결국 출발하게 된다. 선박이 잇따라 11일까지 모두 9척 우지나항을 떠나 15, 16일에 인천항에 도착했다.

일본 정부는 오토리 게이스케 조선공사와 육전대의 경성 진입 뒤 혼성여단

출병의 기밀 유지를 위해 참모본부 내에 대본영을 두었다. 참모차장 가와카미 소로쿠는 일본정부와 군부 내의 의견 차이를 극복하고 빠른 의사결정을 내리기 위한 방법으로 대본영을 궁성 안에 설치하고 뒤이은 혼성여단의 조선 출병을 서둘렀다. 즉각 파병이 가능한 제5사단으로 결정한 점, 혼성여단 병력을 모두 꾸리기 전에 먼저 선발대를 보내 경성의 남산을 장악한 것은 분명 일본의 침략이었고, 무력 점령이었다. 『일청전사강의적요록』을 비롯한 참모본부의 『이십칠팔년 전역일기』, 『사생의 경계』 등 그들이 남긴 많은 기록은 청국과 개전을 하기 전 먼저 조선을 침략해 조선왕궁을 침탈하고 조선을 무력 점령한 것을 자랑삼아 쓰고 있다. 나가노 야소하치(中野八十八)가 『감격의 국사교육』(1926년)에서 "육해군 출병을 정부 각의에서 결정했다. 육군에서 오시마 혼성여단을 파병하고, 해군에서 상비함대의 일부가 출동했다. 대원수 폐하가 친히 육해군을 통수하셨다."⁴¹고 한 기록은 일본 스스로 침략임을 증명하고 있다.

5장

혼성여단 선발대에 무너진 조선

1
혼성여단 선발대, 남산 무력 장악
2
혼성여단, 경성 무력 점령

조선의 수도에 청국 병력이 없음을 확인한 일본은 혼성여단이 완성되기를 기다리지 않고 보병 제11연대의 선발대 출발을 서둘렀다. 선발대의 인원이 혼성여단 보고 1894년 6월8일자 보고에는 1,024명으로 나와 있으나, 『정청전사』에는 1,123명으로 기록되어 있다.

혼성여단 1차 수송 부대의 일본 출발, 인천 도착(1894년 6월9일~16일까지)

선박명	부대	병력	말	화물	우지나항 출발	인천항 도착
와카노우라마루 (和歌浦丸)	보병 제11연대 제1대대 공병 1소대 후쿠시마 요시마사 중좌, 이치노헤 효에 등 탑승	1,123 (보병 1대대 1천명, 공병 1소대 50명)	7	4,683	6월9일 오전 10시15분	6월12일 오후 2시25분
에치고마루 (越後丸)	보병 제11연대 제10중대(반중대 빠짐) 치중대 2분의 1	193	23	8,021	6월11일 오후 6시	6월16일 오전 4시
도오토우미마루 (遠江丸)	보병 제11연대 제12중대 제10중대 본부, 제5중대 제6중대(1소대 빠짐)	512	5	3,588 便5	6월11일 오후 6시	6월16일 오전 4시
사카타마루 (酒田丸)	보병 1소대 공병 1중대(1소대 빠짐)	295 직공 30	2	3,251	6월11일 오후 6시	6월15일
스미노에마루 (住ノ江丸)	보병 제11연대 제3대대 본부, 제9중대	308	5	4,869	6월11일	6월15일
효고마루 (兵庫丸)	병참감부 병참사령부 제1야전병원 보병1소대	233	23	3,241	6월11일	6월15일 오전 11시 먼저 도착
센다이마루 (仙臺丸)	보병 제11연대 제11중대 제12중대 제1야전병원의 1부	582		1,558	6월11일	6월15일
쿠마모토마루 (熊本丸)	보병 제11연대 본부, 제7, 제8중대	454	4	234개	6월11일 오후 6시	6월16일 오전 4시
야마시로마루 (山城丸)	여단사령부 보병 제11연대 제10중대의 절반, 기병 제5대대 제1중대(반 중대 빠짐)	252	76	11,387	6월11일	6월15일
오우미마루 (近江丸)	야전포병 제5연대 제3대대 본부, 제5중대 오시마 여단장 탑승	261	103	14,390	6월11일 오후 6시	6월15일
총 10척		4,213 便35	248	55,088재 234개		

1. 혼성여단 선발대, 남산 무력 장악

선발대 대대장 이치노헤 효에(一戶兵衛, 1855~1931), 도쿄에서 특파된 나가오카 가이시 참모를 비롯해 군사외교를 담당할 후쿠시마 야스마사, 우에하라 유사쿠 소좌, 무라키 소좌도 함께 동승하고 있었다.

『이치노헤 장군』[1]에는 이들이 출정하는 배 안에서 협의한 내용에 대해 서술하고 있다.

#1. 당시 적의 정세에 대해 아는 바가 적었으므로 적보다 먼저 인천에 상륙해 인천과 경성을 점거하지 않으면 조선의 생사를 좌우하는 급소를 장악할 수 없다. 청국보다 먼저 한 명의 병사라도 빨리 가서 경성을 점거하자는 것이 배안에서 논의한 결론이었다.

함께 출발한 우에하라 유사쿠는 이치노헤를 이렇게 평가하고 있다.[2]

#2. 우에하라는 이치노헤와 함께 근무한 적이 적지만 1891, 92년 경 히로시마에서 교류가 있었다. 서로 왕래하며 이야기도 나누고 술도 자주 마셨다. 청일전쟁이 시작되기 전 이치노헤는 모든 육군 가운데 선발대가 되어 부하를 이끌고 조선으로 파견되었을 때 참모본부에서 후쿠시마 야스마사, 나가오카 가이시, 내(우에하라 유사쿠)가 동행했다. 항해 도중 바다가 너무 거칠어 배가 뒤집힐지도 몰라 함께 타고 있던 모든 사람들이 사색이 되어 있었다. 말은 우리를 뛰쳐나오고 호위병과 당번병도 모두 바닥에 쓰러져 있었다. 우에하라는 이치노헤에게 "이런 거친 바람에 전투가 가능할까."라며 간간히 불만을 토로했다. 이치노헤는 갑자기 일어나 창백한 얼굴로 군도(軍刀)를 찼다. 배 안에서 군도가 무슨 소용이냐며 야유하니 "끙~" 할 뿐이었다. 일어나자마자 배 안을 순시하고 단속했다. 마음을 다해 부하를 다독이고 파리한 혈색으로 묵묵히 선실로 돌아가는가 싶더니 그만 '웨엑'하고 토하는 광경은 결코 잊혀지지 않는다. 그 뒤로 몇 번이나 그때 이야기를 하며 서로 마주보며 웃었다.

#3. 인천에 도착하자 오토리 공사가 보낸 공사관부 무관 와타나베 테츠타로(渡辺鉄太郎)가 "현재 평온하므로 아무쪼록 상륙하지 말라."는 문서를 전했다. 이치노헤는 완강하게 받아들이지 않았다. "애초 통수권계의 명령으로 여기까지 왔는데 누가 뭐라 하건 상륙한다."고 주장했다. 그날 밤 10리를 강행군하여 경성으로 들어갔다. 그 뒤 마침내 개전이 되어 오시마 여단이 진격할 때 이치노헤 대대는 경성수비로 남게 되었다. 요컨대 이치노헤가 아니면 안 되었기 때문이었다. 당시 조선 왕실의 거취가 한결같지가 않았고 외국인의 기세가 당당했다. 여러 가지로 귀찮은 일이 많을 때 은인자중하며 사려 깊고 주도면밀하며 외유내강이라 모든 일을 원만하게 해결할 수 있는 인격자는 그가 아니고는 달리 떠올릴 수 있는 사람이 없었다. 선발대로 출정해 전공을 세웠고, 누가 뭐래도 러일전쟁에서 이치노헤는 위대한 공훈을 세웠다. 전군(全軍)에서 그와 비교할 자가 없을 정도였다.

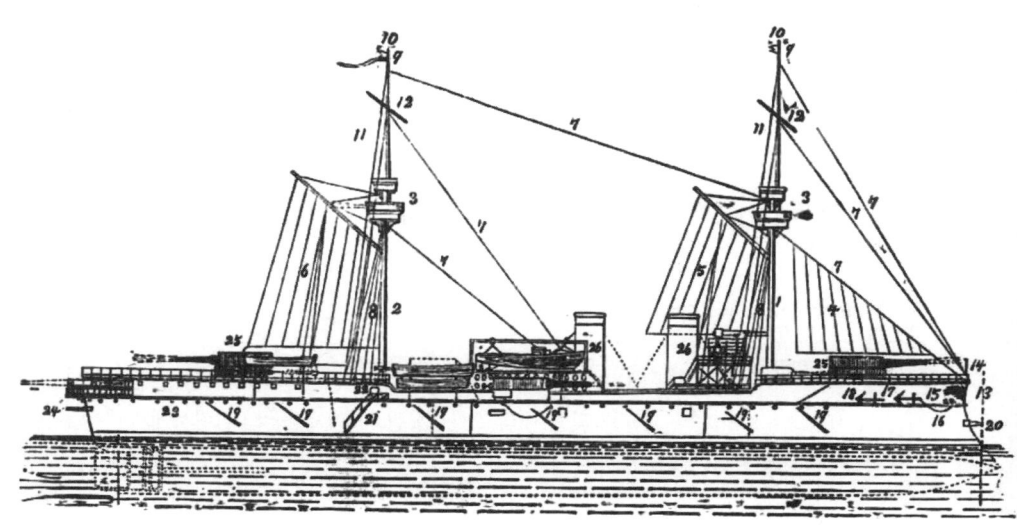

『해군도설』 속의 순양함 그림. 군함 다카오는 일본 해군 최초의 국산 순양함이다.

선발대 대대장 이치노헤 효에, 나가오카 가이시 참모, 후쿠시마 중좌, 우에하라 유사쿠 일행은 조선출병을 맞아 배안에서 조선 선발 출정의 전승을 확신하며 열의에 차 있었다. 모지(門司)에서부터 일본군함 다카오(高雄)의 호위를 받으며 6월12일 오후 2시25분 인천항에 도착했다. 『혼성제9여단 제5사단 보고』는 이렇게 기록하고 있다.[3]

#1. 6월11일 월요일 구름

하나, 오전 7시 대대장이 행하는 대대회보에 임한 뒤 상륙, 여러 가지로 주의를 줌.

1, 발한지명(發翰地名), 대호(隊號), 관명(官名), 모든 지명을 기재한 서신을 우편으로 보내는 것을 금함.

2, 선원 일동, 장교 이하에게 훈계하고 군대 동원, 파병에 관한 일체에 대해 발설을 금함.

3, 대대는 배낭 속에 예비화, 속옷을 대대 군수품으로 옮기고 그 대신 하루 분량의 빵, 탄약 30발을 늘려서 휴대하기로 함.

하나, 오후 1시 후쿠시마 중좌, 우에하라 소좌, 아오키 대위와 함께 상륙해 일을 정하기 위해 평의회를 열었다.

육해군 암호 전신을 속히 일정하게 행하기 바람. 지난 9일 모지에서 다카오함에 도착했을 때 혼성여단장이 동 선장에게 보낸 암호전신을 읽을 수 없었음. 요새인 포병연대에 도달해서야 비로소 해독할 수 있었다고 함.

#2. 6월12일 화요일 맑음

인천 도착 현황

하나, 오후2시20분 제물포에 닻을 내리고 사령장관(이토 유코 중장)의 전령사에게 다음 사항을 전달받음.

1, 9일 오후 1시반 공사 입경함.

2, 경성에는 청국병사 없음.

3, 경성 인천 간 무사함.

4, 청국은 일본제국에 대해 적의가 없는 것 같음.

5, 육상 사무는 아에야마(八重山) 함장 히라야마 도지로(平山藤次郎) 대좌에게 담당을 명함.

6, 해군병 488명 10일 오후 7시 경성에 들어감. 이 병사는 육군군대가 도착한 뒤 교대하여 함대로 복귀하라는 명을 하달해 두었음. 단 그중 30명은 구현산(九峴山)에 둘 것. 이것은 공사의 주의가 있었기 때문임.

7, 사령장관은 상륙하지 않음.

1894년 6월 혼성여단에서 참모, 외교, 군무원으로 활약한 인물

나가오카 가이시(長岡外史)
혼성여단 여단장 참모

후쿠시마 야스마사(福島安正)
일본공사관부 외교, 정보담당

우에하라 유사쿠(上原勇作)
일본공사관부 외교, 정보담당

이치노헤 효에(一戶兵衛)
보병제11연대 제1대대장

야마네 다케스케(山根武亮)
공병소좌 첩보

사이토 마코토(齋藤實)
해군소좌 해군성 군무국원

6월11일 오토리 공사는 조선과 청국의 일본출병 항의를 받고 인천의 노세 타츠고로(能勢辰五郞) 영사에게 「후속부대 출병보류 전문」을 보냈다.

어젯밤 외무성으로부터 보병 1개 대대(1,000명), 공병 1개 소대(50명)를 육군소좌 이치노헤 효에가 인솔하고 대대에 소속되지 않은 우에하라 육군소좌 외 좌관(佐官) 1명이 이달 9일 오전 10시 와카노우라마루에 승선해 타다노우미(忠海)를 출발해 인천으로 향했다는 전보가 왔으니, 그들을 맞을 준비를 하시기 바랍니다. 그러나 요즈음 전라지방의 민란 정세에 별다른 움직임이 없고, 경성은 극히 평온해서 공사관 호위에 당분간은 그리 많은 인원이 필요치 않다고 생각됩니다. 외무성에서는 추후에 이쪽에서 전보를 보낼 때까지 뒤이은 후속부대의 출발을 보류하기 바라며, 단 출병준비는 해두라는 전보를 보냈습니다. 그러하오니 위의 우에하라 소좌가 인천에 도착하면 이에 대해 전해주기 바라며 이에 말씀드립니다.4

이치노헤 효에 소좌가 인솔한 선발대가 인천에 도착했다는 전보를 접한 당시 상황을 스기무라 후카시는 『메이지 이십칠팔년 재한고심록』에서 이렇게 기록하고 있다.

당시 경성의 상황은 매우 평온하여 사실 많은 호위병을 필요로 하지 않았다. 그러므로 경성에 들어온 400여 명의 해병은 마치 평지풍파를 일으키는 처사로서 조선 정부를 당혹스럽게 했다. 각국 외교관들도 모두 놀라움과 의문을 표시했다. 오토리 공사는 이러한 상황을 보고 일본을 출발할 때 당초 가졌던 생각을 바꾸어 청국과 협의하면서 점점 소극적인 태도를 취했다. 6월11일과 12일 육군이 출발했다는 소식을 도쿄로부터 받은 공사는 그 때마다 "많은 병사를 상륙시키는 것은 어려움을 초래할 수 있으므로 공사의 요구가 있을 때까지 상륙을 금지하고 적당한 병력 외에는 당분간 쓰시마로 돌아가 때를 기다려야 한다."는 의견을 외무대신에게 보냈다. 당시 나는 우리 정부가 이렇게 많은 병력을 보낼 때는 분명히 다른 목적이 있을 것이고, 만일 그렇다면 공사도 그 방침에 따라 일을 처리해야지 조선의 상황만을 고려해 우리 군대를 상륙시키지 않는 것은 잘못된 판단이라고 생각했다. 나는 이러한 의견을 공사에게 제시했으나 공사는 지금 많은 병력을 상륙시켜 문제를 야기하는 것은 결코 정부의 본 뜻이 아니고 자신이 택할 정책도 아니라고 했다.[5]

6월11일 오토리 공사가 「호위병 상륙에 대한 협의」[6]를 오시마 여단장에게 보냈다. 이 협의서는 일본의 부당한 침략행위임을 그들 스스로 인정하고 있다. 내용을 살펴보면 혼성여단 선발대가 경성 진입에 전력을 다했던 것에 반해 청국 병력은 조선의 요청에 따라 군대를 상륙시키지 않았음을 알 수 있다.

어제 10일 밤 외무대신으로부터 보병 1개 대대(1,000명), 공병 1개 소대(50명)를 육군소좌 이치노헤 효에가 인솔하여 와카노우라마루에 승선, 이달 9일 오전1시 타다노우미를 출발했다는 전보가 있었습니다. 오늘 오후 외무대신으로부터 이달 10일 밤에는 에치고마루, 같은 달 11일 이른 아침에는 구마모토마루, 기즈가와마루, 오우미마루, 같은 날 오전에는 치쿠고가와마루가 출발했고 귀관은 오우미마루에 타고 계시다는 전보가 있었습니다. 저의 모자라는 생각에 그것이 아마 본관이 일본에 있을 때 들었던 그 혼성여단을 출발시킨 것으로 추측됩니다. 그런데 전라도 각지의 민란 상황은 현재 다소 진정되고 있습니다. 따라서 도와주러 오는 청국군도 선발대 1,000명 정도가 아산에 상륙해 있지만, 아직 전장으로 향해 출발·전진한다는 보고가 없습니다. 그 밖에도 1,100명 정도는 배에 실린 채 아산에 정박한 채 상륙을 삼가하고 있다고 전해 들었습니다. 아마도 조선 정부가 일단 청국군의 구원을 청했지만, 일본이 파병해 들어오는 것을 보고 몹시 놀라 거듭 청국군에게 상륙하지 말고 빨리 철수하라고 요구한데 기인한 것이 아닌가 추측합니다. 더욱이 경성의 형세는 현재 매우 평온하여 경계가 필요한 정도가 아닙니다. 이번에 우리나라에서 많은 병력을 상륙시켜 경성에 진입시키는 행위는 아주 온당치 못하며 외교상 대단히 좋지 않은 정책이라 생각합니다. 그 이유는 다음과 같습니다.

1, 이곳에 우리 군대를 파병하는 것은 본디 조약에 따라 공사관의 경비를 담당케 하려는 것에 불과하므로 그 명분으로는 많은 병력을 필요로 하지 않습니다. 1882년 처음으로 호위병을 두었을 때도 처음에 보병 1개 대대였지만 그 뒤 차츰 줄여서 1개 중대로 했습니다. 그러므로 공사관 경비를 위해 많아도 1개 대대 이상의 병력을 두는 것은 전례에 비추어 온당한 처사가 아닙니다. 이 때문에 청국과 조선 두 나라는 우리에게 다른 야심이 있는 것으로 의심할 뿐만 아니라, **기타 각국에서도 틀림없이 이것을 온당한 처사로 보지 않을 것이라 생각**합니다. 그런 까닭에 이번에 많은 병력을 조선에 들어오게 하는 것은 우리나라 외교상 손해가 될 뿐 이익이 없다고 생각합니다.

2, 현재 청국이 아산의 군대를 철수시키려 한다는 설도 있는 이때에 만일 우리나라에서 많은 병력을 억지로 경성에 투입하면 청국도 **우리를 의심해 반드시 그 군대를 경성에 투입할** 것입니다. 그렇게 되면 뒤에 가서 큰 사건을 일으키게 될지도 모르는 일입니다. 이것은 국가와 국가간의 외교상 정말 위험한 일이라고 생각합니다.

이상과 같은 이유로 현재 대병력을 경성에 억지로 투입하는 것을 본 공사로서는 도저히 두고 볼 수 없습니다. 이러한 뜻을 오늘 외무대신에게 전보로 건의했습니다. 그러하오니 귀관이 인솔하고 있는 각 부대가 인천에 도착하면 당분간 다음과 같은 사항을 참조해 처리하여 주시기 바랍니다.

하나, 와카노우라마루로 도착한 선발대 보병 1개 대대와 공병 1개 소대 중 절반은 상륙·입경시키고 나머지 절반은 당분간 상륙시키지 말고 다음 통지를 기다리게 할 것.

하나, 후발 각 부대는 인천에 도착한 뒤 당분간 상륙시키지 말고 다음 통지를 기다리게 할 것.

하나, 인천에 군함이 머무르고 있는 동안 휴식을 위해 총기를 휴대하지 말고 이따금 상륙하는 것은 지장이 없음.

이상 협의하고자 말씀드립니다.

6월12일 오후 2시 무렵 제1선발대를 와카노우라마루가 인천에 도착하자마자 공사관부무관 와타나베 테츠타로 포병대위가 선발대 대대장 이치노헤 소좌에게 서면을 전했다. 대략의 요지는, "경성은 무사 평온함, 병력의 경성 진입은 좋지 않으니 신중하게 행동할 것, 도착한 뒤 상륙하지 말고 운송선 안에 머물 것, 상륙할 경우 총검은 배안에 둘 것. 이를 속히 실행하기 바람."이었다. 『이치노헤 장군』은 선발대로 조선으로 오면서 노심초사했던 마음을 그대로 기록하고 있다.[7]

#1. 당시 적의 정세에 대해 아는 바가 매우 적었다. 적보다 먼저 인천에 상륙해 인천과 경성을 점거하지 않으면 조선의 급소를 제압할 수 없으므로 배를 타고 오는 동안 마음이 초조했다. 그런데 풍도에 이르렀을 즈음 야에야마함에서 "인천은 무사, 청국 병력은 아산에 상륙함."이라는 통신을 보내주었으므로 뛸 듯이 기뻤다. 멀리 인천이 보였다. 기쁜 소식에 들고 있던 물 잔에 담긴 물을 버리고 급히 일본주로 채웠다. 모두 너무 기뻐 덩실덩실 춤을 추고 있었다.

인천에 도착한 이치노헤 대대장에게 전달된 상륙 중지 서면은 받아들일 수 없는 일이었다. "이미 사단장의 명령을 받고 임무를 띠고 왔으므로 상륙을 중지할 수 없다."며 반발했다. 나가오카 참모를 비롯한 후쿠시마, 우에하라, 해군 역시 오토리 공사에게 군대의 육지 상륙을 압박했다.

#2. 우리들은 언제 어느 때라도 전쟁을 할 심산이었으나, 공사 쪽에서는 이토 수상, 무쓰 외무대신 등으로부터 적당히 조절하라는 주의를 받은 것으로 보인다. 오토리 공사 쪽에서는 이삼일 인천에 머물러 달라고 했으나 해군 쪽에서는 이토 사령장관이 육전대를 귀환시키라 압박하고 나는 대대를 이끌고 다음날인 6월13일 아직 날도 밝기 전에 경성으로 향했다.

와카노우라마루로 12일 인천항에 도착한 선발대는 즉시 상륙해 새벽 4시 인천을 출발해 경성으로 향했다. 6월 중순 폭염이 쏟아져 내렸다. 병사들의 설사를 예방하기 위해 일체 생수를 마시지 말라고 명했다. 탄약 종열이 없었으므로 각자 탄약 100발, 휴대식량 3일치를 등에 매고 있었다. 당시 병사들은 전부 겨울복장이었다. 이들은 행군해서 저녁 5시 무렵 한강 선착장에 도착했다. 나팔을 불며 당당하게 마포에서 남대문으로 들어가 경성의 공사관에 도착하자마자 해군 육전대와 교대했다.

　#3. 장교 일동은 공사와 면회하고 공사관 안에서 축배를 들었다. 오토리 공사의 인사말이 있었다. 신속히 경성으로 들어온 것에 감사한다는 말이었다. 이 날 도로는 9리라 하지만 10리가 넘는 것 같았다. 진흙탕에 울퉁불퉁 길은 힘했고 어깨에 짊어진 짐도 무거운데 마실 물까지 부족해 장졸이 모두 힘들었다. 그러나 모든 병사들이 정신력으로 이겨내고 사기도 높아 편성 대열이 당당히 경성에 들어올 수 있었다.

　이치노헤 선발대의 경성 진입은 조선의 급소 제압에 참으로 적절한 판단이었다고 기록하고 있다.[8]
　이때 상황에 대해 스기무라 후카시는 『메이지 이십칠팔년 재한고심록』에서 "사실은 당분간 병력을 인천에 주둔시키고 움직이지 않게 하려 했다. 당시 새로 파병된 군인의 기운이 충천해 도저히 오토리 공사가 바라는 목적을 달성하기 어렵겠다고 판단했다. 서둘러 향후 계획을 정할 필요를 느껴 바로 인천을 출발해 경성으로 돌아왔다(이때 무라키 육군소좌, 이쥬인 고로 해군소좌와 동행했는데 한강이 갑자기 넘쳤으므로 길을 오류동에서 양화진으로 바꾸어 간신히 경성에 도착할 수 있었다.)"[9] 고 기록하고 있다.
　『원수 우에하라 유사쿠전』[10]의 기록은 좀더 구체적이다. 1차 혼성여단이 인천항에 도착하자 독판 교섭통상사무 조병직(趙秉稷)은 오토리 게이스케 공사를 불러 일본군 침입의 부당성을 지적하고, 현재 경성은 평온하다며 즉시 철병을 요구했다. 그러나 일본은 조선정부와 청국, 제 외국의 반대를 무릅쓰고 혼성여단의 경성 진입에 전력을 쏟았다.

와타나베의 전갈을 받고 이치노헤 대대장, 후쿠시마, 우에하라는 상륙해 인천의 여관으로 들어갔다. 참모 나가오카 가이시 소좌를 불러 상륙과 경성 진입에 대해 협의했다. 그 뒤 와타나베를 불러 "오늘의 시국은 헛되이 외교 문제에 휘둘리게 되면 아무 일도 못한다. 우리들은 공사관과 거류민 보호를 위해 온 것이다. 그러므로 경성에 들어가지 않고 헛되이 여기 머물러 있을 수 없다."고 전하게 했다. 반대의견이 팽배할 때 후쿠시마, 우에하라 등은 "대본영의 기본방침을 모르는 우습기 짝이 없는 지시"라며, "해군 육전대와 교대하여 군대를 경성에 진입시킬 것"을 주장했다. 이들이 경성 진입에 집착한 이유는 '청일전쟁을 눈앞에 두고 조선의 사활을 제압하기 위해 청국 군대보다 먼저 경성을 점령할 필요가 있었기 때문'이었다.

#1. 항해 중 일본군대는 이치노헤 소좌로부터 배 안에서 인천항에 도착하면 바로 탄약고를 열어 갑판 위로 나오는 병사에게 총알 120발씩을 지급하라는 훈령이 있었으므로 빠르게 전투가 개시될 것으로 생각하고 만세삼창을 불렀을 정도였다. 그러나 전투가 벌어질 조짐은 어디에도 보이지 않았다. 더욱이 인천에 상륙하자마자 바로 경성으로 행군해야 했다. 병사들은 겨울옷을 입고 왔다. 당시 조선은 폭염이 심했고 일동이 행군하기에 무척 힘들었다."

와타나베 대위는 경성에 있는 오토리 공사와 전보로 협의했으나 별다른 진전이 없었다. 이에 "우리들은 충분히 논의한 결과 임기응변으로 경성공사관과 남산에 파견되어 있던 해군 육전대를 귀환시키고 이들과 교대로 혼성여단의 한 부대를 입경시키는 것으로 하자."는 의견을 모았다. 정박 중이던 함대사령관 이토 유코의 허락을 받고 오토리 공사에게도 전보로 이 결정을 전했다.

다음 글은 전광석화처럼 급파된 선발대의 출병 목적이 조선 확보였음을 분명히 말해주는 대목이다. 경성에 들어가 있는 육전대와 병력을 교대하는 것이 급선무였다.

#2. 일본제국 출병의 명분은 일본공사관, 영사관, 거류민 보호였지만 **마지막 목적은 조선을 부액**(扶掖, 부조, 곁부축)**하여 동방의 평화를 유지하는데 있었다. 일본제국이 그 목적을 달성하기 원한다면 신속히 군대를 경성에 진군하여 전략적으로 유리한 지위를 차지하는 것이 첫째 조건**이라 하지 않을 수 없었다.

우에하라 유사쿠는 "그 뒤 일본이 청국과 외교절충에서 선제 제압의 기회를 잡아 유리한 지점을 차지하고, 조선정부를 조종해 당시 세력을 확장하고 있던 원세개까지도 경성을 탈출하게 만든 것은 일본 군대가 진군해 경성으로 들어가 요충지를 차지했기에 가능했던 것이다."고 회고하고 있다. 일본이 남긴 기록은 하나같이 동방의 평화와 조선의 독립을 내세우고 있다. 그들이 말하는 '조선의 독립'을 '조선의 일본지배'로 바꾸면 내용 이해가 한결 쉬워진다.

2. 혼성여단, 경성 무력 점령

『가토 히로하루 대장전』의 가토 히로하루(加藤寬治)[11]는 연합육전대와 혼성여단 선발대의 교대 상황을 간략하게 기술하고 있다. 이어지는 인용문도 같은 내용을 말하고 있으나 날짜와 시간, 선박의 내용이 더 구체적이다.

#1. 이토 유코 사령관 혼성여단 상륙 원조[12]

연합육전대가 경성에 도착한 뒤 인천항에 체류하고 있던 이토 사령장관은 미리 해군대신에게서 가까운 시일 인천항에 도착할 혼성여단(여단장 오시마 요시마사 소장)의 짐을 뭍으로 옮기는 일을 원조하라는 훈령을 접수했다. 야

이토 유코(伊東祐亨, 1843~1914)

에야마호 함장 히라야마 도지로 대좌를 운반위원장으로 임명해 병력과 말의 상륙에 관한 사무 일체를 맡기고, 각 위원과 협의하여 제1기 운반순서를 규정했다. 출동명령을 하달받은 혼성 제9여단 보병 1개대대(보병 제11연대 제1대대)의 이치노헤 효에 소좌가 이끄는 선발대가 수송선 와카노우라마루를 타고 6월9일 우지나항을 출발했다. 부산에서 모지(門司, 후쿠오카 북부 규슈에 있는 지역)로 회항한 군함 다카오의 호위를 받으며 인천에 도착했다. 히라야마 위원장이 예정대로 천여 명의 육군과 말의 육지 상륙은 불과 3시간만에 완료되었다. 육군은 그날 밤 인천을 출발해 경성으로 향했다. 육군이 경성에 도착하자마자 무코야마 신키치 육전대 총지휘관은 소총부대를 경성에 머물게 하고 육전대 전원을 이끌고 인천으로 내려온 것은 6월13일이었다.

#2. 이치노헤 효에 소좌가 이끄는 선발대는 바로 육지 상륙에 착수했다. 병력과 말은 이날 오후 5시30분, 군수품은 오후 11시에 완전히 양륙을 마쳤다. 와카노우라마루 선박 내부는 불을 끄지 않고 아무 때나 출선할 수 있게 만전을 기했다. 6월11일 오후 6시 그 외 선박 오우미마루, 에치고마루, 구마모토마루, 도오토우미마루, 사카타마루 등 5척은 군함 요시노(吉野)가 선두에 서고 일렬로 1시간에 8해리 속력으로 인천항을 향해 출발, 12일 거문도 근해, 13일 전라도 근해 도착, 6월15일 오전 11시 효고마루가 인천항으로 들어오는 것을 시작으로 6월16일 오전 4시까지 군함 치요타의 호위를 받으며 조선출병 제1차 선발부대의 인천항 도착이 완료되었다.[13]

일부 병력은 인천에 주둔시키고, 일부는 경성 인천 간 구현산에 야영시켰다. 나머지는 경성으로 들어가 요충지를 점령했다. 1894년 당시 쓴 『일청군기』는 "일본병이 경성에 들어가자 길에서 구미인, 청국인, 조선인 등이 보고 있었다. 우리 군대의 질서정연하고 용감한 모습에 혀를 내두르며 놀라움을 금치 못했다. 청국과 조선인은 공포에 질려 있었고 우리 거류민들은 환호했다."[14]고 기록하고 있다. 가나자와 이와오(金沢巖雄)의 『일청교전실기』 역시 6월12일 인천에 도착한 선발대가 인천과 경성에 주둔한 당시 모습을 이렇게 전하고 있다.

· 139

혼성여단 인천항 도착

인천에서 경성으로 진군하는 일본제국 군대는 대오방기(大五方旗)를 펄럭이며 깃발과 북으로 대오를 정렬하는 모습은 날래고 씩씩함이 극에 달해 있었다. 재류 일본인 가운데 경성에서 마중나온 자가 매우 많았다. 일본 군대가 경성에 들어왔다는 소식을 듣자 조선민중은 진군 여정을 보고자 인천과 경성 간 도로 양쪽으로 모여들었다. 우리 군대가 경성에 도착해 정해진 지역에 주둔하자 많은 조선인이 진영 앞으로 몰려왔다. 우리 군대의 날래고 씩씩한 모습에 공포로 질린 얼굴빛이었다. 이에 반해 재류 일본인은 육해군이 경성에 들어와 있었으므로 모두들 기뻐하며 즐거운 표정이었다.[15]

#3. 후쿠시마 중좌 구두보고서 실제 본 사항

6월12일 인천에 도착한 보병 1대대 공병 소대의 군기가 엄숙했다. 상륙은 신속했다. 실제로 모든 사람이 놀랄 정도로 45분 만에 상륙이 완료되었다. 급행으로 인천에서 경성으로 들어갔다. 도중에 단 한 명의 낙오병 없이 경성의 일본 거류지에 도달하고 나서야 쓰러진 자가 많았다. 당시 혼성여단의 배치는 인천에 보병 1대대, 오류동과 성현(星峴)에 1소대를 보냈다. 경성 내에 보병 1대대, 기타는 용산, 오류동, 인천에 전기(傳騎, 전령임무를 맡은 기병)를 배치했다. 경성의 성내와 만리창에 전선을 가설해 통신에 편의를 꾀했다.[16]

대대장 이치노헤 효에의 「보고 6월16일 오전 9시 경성 대대본부에서」[17]는 경성을 무력 장악한 다음날인 14일, 15일의 상황에 대해 보고하고 있다. "청나라 병사 300여 명과 30차량의 탄약을 경성으로 보냈다는 보고가 있었으나 명확치 않다. 총과 검을 차고 지나가는 조선 왕궁수비병, 아산 방면으로 보낸 척후병, 이틀간 먹을 식량, 부상병 인원, 향후 불의의 사태에 대비한 거류민 이동" 등에 대해 보고하고 공사관, 숙영지 경계를 위해 호위병을 배치한 약도가 첨부되어 있다.

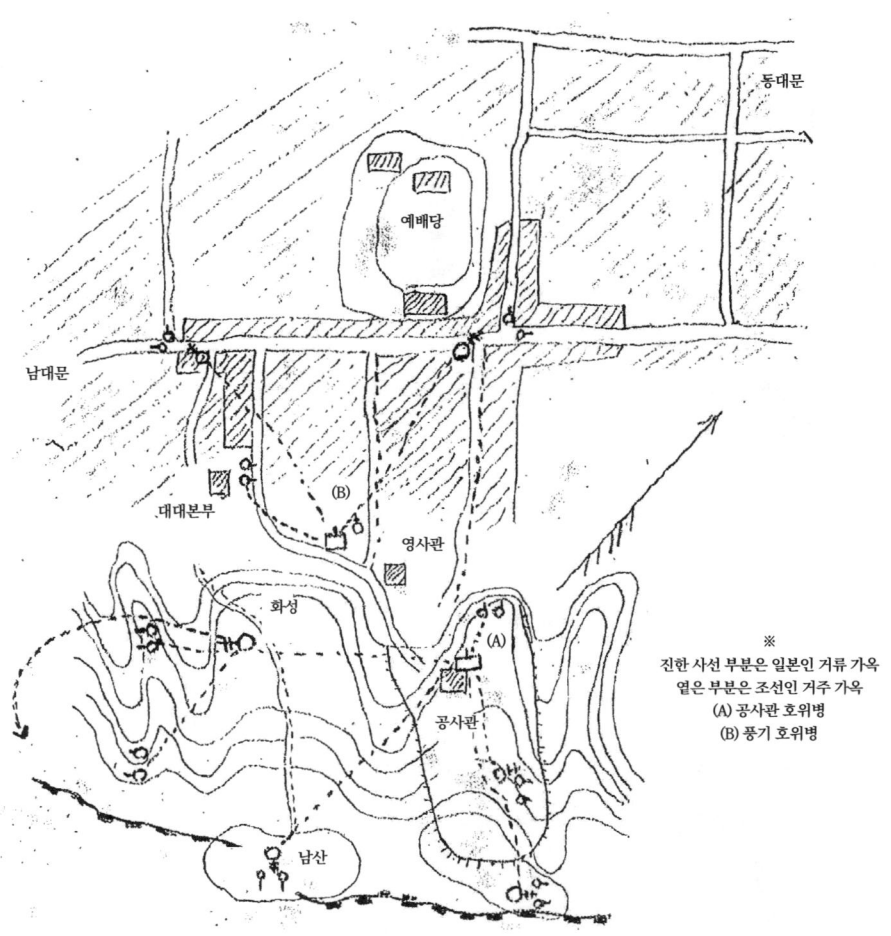

6월 16일 오전 9시 혼성여단 선발대의 대대장 이치노헤 효에의 보고서 속에 첨부되어 있는 지도

#4. 「보고 6월16일 오전 9시 경성 대대본부에서」

대대는 불의의 사태에 대비하기 위해 공사관을 중앙에 두고 거류지 주변에 수비대를 설치. 국지방어를 위해 경계를 엄격히 함. 즉 1등군조 1명, 2등군조 1명, 상등병 4명, 나팔수 1명 소총병 30명의 풍기위병(風紀衛兵, 군대의 풍기나 규율을 단속하는 임무를 맡은 병사)을 편성하고 사영지 안팎을 경계함. 만일 부득이한 경우를 대비해 거류민은 남산에서 돌담을 넘어 용산을 거쳐 인천으로 보내기로 정해둠. 남산 부근의 수질은 식수 가능. 급식은 반은 육계, 반숙 계란 등 풍부, 야채 부족함.

선발대의 대대장인 이치노헤 효에가 쓴 보고와 약도는 남산 일대가 일본군에 의해 무력 점령되었음을 보여준다. 일본이 남긴 당시의 많은 기록은 이치노헤 효에를 조선과 청국을 기선 제압하는데 일등공신이었다고 떠받들고 있다.

혼성여단 참모 나가오카 가이시가 쓴 6월13일자 「혼성여단 참모보고 제2호」[18]의 다음 보고는 혼성여단 1차 선발대가 지닌 의미가 무엇이었는지 확인할 수 있다.

#5. 6월13일 흐림 오후 비 조금 또는 안개

하나, 후쿠시마 중좌 일행이 육로로 가려 했으나 탈 것이 없어 배로 가기로 했다. 오전 9시 전 출발, 오후 전신국이 열리기를 기다려 공사의 의견과 우리 참모의 의견이 달랐으므로 공사가 외무대신에게 전보를 보냄. 대본영이 혹시 지체하는 것에 의혹을 품을 것을 우려해 "공사의 판단은 우리들과 다름. 선후 조치를 내려주기 바람."이라는 내용의 전신을 보냄.

하나, 오전 9시경 와타나베 공사관부의 서생사관 적임증서 소지자인 나카오 이시바시(中尾石橋)를 불러 정보를 듣고 필기하여 보낸 것이 중복될 우려가 있어 잠시 본편에 맡겼다가 13일 관련 정보는 숙지하고 열람을 청함.

하나, 오후 12일(어제) 경성에서 인천으로 내려온 상인 고이데 소죠(小出壯藏)를 불러 탐문한 정보를 진술하게 한 바, 그제 11일 오전 4시 용산(한강의 오른쪽 연안)에서 달

구지에 실은 소총 대략 1,500정(그곳 회송점 후지이 토모키치(藤井友吉)는 1,000정이라고 했음.)을 경성으로 수송(그 상자 수 38개)하는 것을 직접 보았다고 함.

하나, 오후 구라츠지(倉辻) 대위 영사, 인민총대 사토 잇케이(佐藤一景) 씨와 후속부대를 위한 제물포 숙영 계획을 세움.

하나, 선발대 출발 전 상등병 1명 현역병 9명을 출장 보내 사령부 호위병, 잡역으로 제물포에 잔류시킴.

하나, 단 **여단을 혼성여단이라 하지 않은 것은 병력수가 드러날 우려가 있으므로 임시로 선착군대라 명칭**하고 선착군대 출장사령부라 함.

하나, 오후 8시 반 경성에서 스기무라 후카시 서기관이 공사의 명을 받고 여단장을 면회하기 위해 인천으로 옴.

우리가 들은 정보는 불행히도 오토리 공사가 어제 서면(즉 여단장에게 보낸 협의서)에 절대적으로 동의하지 않았음을 밝힌다. 과거의 실제 사례에 비추어 보아도 중국은 철수하지 않을 것이다. **대본영이 지나칠 정도로 많은 병력을 조선에 보냈다 해도 그 병력으로 효과**를 발휘할 것이다. 이전에 "외국이 조선에 병사를 보낸다면 먼저 일본의 승낙을 받아야 한다."고 했다. **절호의 기회를 포착했으니 결과를 얻어내야 한다**며 5시간 넘게 한 회의에서 결국 스기무라 후카시 서기관도 동의했다(본 항은 만일 구사일생으로 살아남아 돌아가면 구두로 의견을 제출하겠음.).

하나, 이번 일에 대해 인천 체류 인민총대 사토 잇케이는 열심히 힘써주어 도움받은 바가 매우 많으므로 평정된 뒤 적당한 보상조치가 있어야 할 것임.

하나, 이마사와(今澤) 감독, 구라츠지 대위는 후속군대 상륙이 완료되면 임무가 일단 끝날 것이므로 여단장이 도착한 뒤 이마사와 감독은 병참감부에 부속하여 그 사무를 보조하게 할 것. 구라츠지 대위는 주로 정보수집, 통신 목적으로 인천에 체류하라는 명을 내리도록 의견을 올리니 참고 바람.

1894년 6월 14일 오후 3시 인천에서

6월 13일 무쓰 무네미쓰 외무대신은 오토리 게이스케 공사에게 다음과 같이 명령했다. "참모본부가 오시마에게 병력을 주어 인천에 주둔하라는 명을 내렸는데 각하께서 병사의 경성 진입 저지를 요구했다. 이유 여하를 떠나 청국, 조선에서는 다소 공포심에 사로잡힐 것은 애초부터 충분히 예상했던 일로서 각하도 알고 있는 바이다. 만일 오시마 예하 병력을 오래도록 인천에 머물게 하면 필시 기회를 잃을 것이다. 아무 일도 하지 않고, 아무 곳에도 가지 않은 채 끝내 인천에서 헛되이 귀국하게 되면 매우 볼썽사나우며 좋은 방책도 아니다. 만일 특별히 중대한 문제가 없다면 쓸데없이 지체하지 말고 해당 병력을 경성에 입성시키라." 이어서 같은 날 「조선국에 대한 향후 정책에 대해서는 일본정부가 부득이 강경조치를 취할 것」을 이토 히로부미 총리와 검토 중이라는 전보를 보냈다.[19]

6장

혼성여단, 거듭되는 침략

1
혼성여단 제11연대 경성과 인천에 군 진지 확보
2
일본 군사외교관, 강대국과의 분란 최소화
3
혼성여단 제21연대 속속 들어오다
4
인천상륙 뒤 군대 재배치
5
통신과 급보를 위한 전신선 가설

1. 혼성여단 제11연대 경성과 인천에 군 진지 확보

6월 9일 출발한 선발대의 12일 도착에 이어 제1차 수송병력을 실은 나머지 9척의 후속부대가 인천으로 들어왔다. 『일본해군육전대사』는 이렇게 전하고 있다.

혼성여단 선발대 1,000여 명은 와카노우라마루를 타고 군함 다카오의 호위를 받으며 12일 인천에 도착, 13일 경성으로 진입해 육전대와 교대했다. 제1차 후속부대는 오우미마루¹ 이하 9척의 운송선에 나누어 타고 군함 요시노의 호위를 받으며 15, 16일 인천에 상륙했다. 이토 사령장관은 야에야마, 무사시(武蔵), 오시마(大島)를 인천에 남겨두고 마쓰시마, 요시노, 다카오, 야마토를 이끌고 21일 인천을 떠나 사세보로 돌

혼성여단 포병 인천항 상륙

아갔다. 치요다도 같은 날 출발, 지부를 정찰하고 사세보로 돌아갔으며 치쿠시도 사세보로 돌아갔다. 사세보에는 가츠라기(葛城), 텐료(天龍) 두 함이 있고 다른 군함도 이곳으로 집합하고 있었다.[2]

선발대의 뒤를 이어 요시노(吉野, 방호순양함)[3] 함장 가와하라 요이치(河原要一, 1850~1926) 대좌는 혼성여단장 오시마 요시마사 소장(나중에 육군대장, 자작)과 만나 운송에 대해 협의를 거듭한 끝에 11일 효고, 오우미 이하 8척의 운송선을 호위하며 우지나항을 출발, 15일 인천항에 들어왔다.

이때 내각총리대신 이토 히로부미의 훈령을 상비함대 사령관 이토 유코에게 전달하는 중대사명을 띠고, 군령부 제1국원 이쥬인 고로(伊集院五郎) 소좌(나중에 원수, 남작)도 요시노함을 타고 인천항으로 들어왔다. 인천항에 도착한 혼성여단 병력은 운반위원장 히라야마 대좌의 지휘에 따라 예정 규약에 맞춰 6월16일 병력과 말의 상륙을 완료했다. 『대한계년사』는 다음과 같이 기록했다.

5월10일(양 6월13일), 일본병사 1,500명과 말 20필이 경성에 들어왔다. 5월13일(양6월16일), 일본 군함 2척이 군사 3,000여 명을 싣고 왔다. 혼성여단이었다. 이 부대는 육군 소장 오시마 요시마사가 이끌고 있었다. 그는 병사를 이끌고 경성으로 들어와 일본공사관 근처에 머물렀다. 군함 7척, 포선(砲船) 2척, 체신선(遞信船) 1척은 항구에 정박해 있었다. 무기는 상선(商船) 5척에 싣고 왔다. 인천 해관의 세무사가 무기를 육지에 내리지 못하게 하며 "이 무기는 3만원의 가치가 있다. 3천원을 세금으로 내라."고 했다. 일본인들은 코웃음 치며 떠들썩하게 짐을 묶어 내렸다.[4]

『일청교전실기』는 선발대의 뒤를 이어 들어온 후속부대가 인천에 도착한 뒤 병력의 배치와 야영 상황을 상세하게 전하고 있다. "일본 군대가 빠르게 요충지를 차지하며 질서정연하게 움직이는 모습에 각국 거류민들은 놀라움을 금치 못했다. 프랑스 공사의 경우는 우리 군대를 위해 교회당을 숙영지로 빌려주

혼성여단 포병 인천항 상륙 / 인천공원 숙영지

겠다는 뜻을 전해왔다. 영국이 우리에게 불리하게 말한 것과 달리 프랑스는 우리의 편을 드는 것으로 보아 암암리에 이해관계가 있었던 것으로 보인다."고 평하고 있다.[5]

#1. 일본군은 경성과 인천 사이에 있는 구현산에 병사를 분리 배치하고 대포를 설치하고 야영했다. 구현산은 경성과 인천 사이의 요충지다. 일단 이곳이 흔들리면 연락이 두절되어 곤란해진다. 인천의 군대는 제1국립은행지점을 육군병참부로 정했다. 여관 수진(水津)에 군령부를 두었다. 처음 일본군이 인천에 들어가자마자 일본 거류지는 물론 각국 거류지의 민가까지도 빌렸으나 영국영사 가드너 씨는 일본병사가 각국 거류지에 들어가는 것을 거부했다. 어쩔 수 없이 인천공원지 근방에 있는 높은 구릉지로 옮겨 노숙했다. 4,000여 병력은 인천 시내에 주둔했다. 일본인 거류지 내 모든 상점에 병사를 들여보내고 여러 곳에 당번병을 배치했다. 해상에는 10척의 군함이 바닷바람에 욱일기를 펄럭이며 정박해 있었다. 이때 일본인의 모습은 청한(淸韓) 양국을 집어삼킬 기세였다. 그때 공원의 구릉 위에 노숙하고 있는 일본 군대 대포의 목표가 청국인 거류지로 향하고 있었기 때문인지 공포에 사로잡혀 청국인 남녀노소가 서둘러 짐을 꾸려 귀국하는 자가 많았다.[6]

#2. 오시마 요시마사는 기선 오우미마루에 승선해 6월11일 우지나를 출발, 15일 인천에 상륙했다. 상륙하자마자 바로 일본거류지는 물론 각국 거류지의 인가까지 빌려 병사를 주둔시켰다. 갑자기 영국영사가 나와 일본병사가 각국 거류지에 들어오는 것을 거부했다. 부득이 각국 거류지에 흩어져 머물렀던 병사를 움직여 인천공원지 부근인 높은 구릉에 천막을 치고 야영했다. 이것은 상륙 뒤 첫 번째 국제적 교섭이었다. 그 뒤로 계속해서 이러한 종류의 사건에 봉착했다.[7]

『일청전사강의적요록』은 "대본영이 병력을 조선에 파병한 깊은 뜻은 단순히 우리 공사관, 거류민 보호에만 있는 것이 아니었다. 말할 것도 없이 반드시

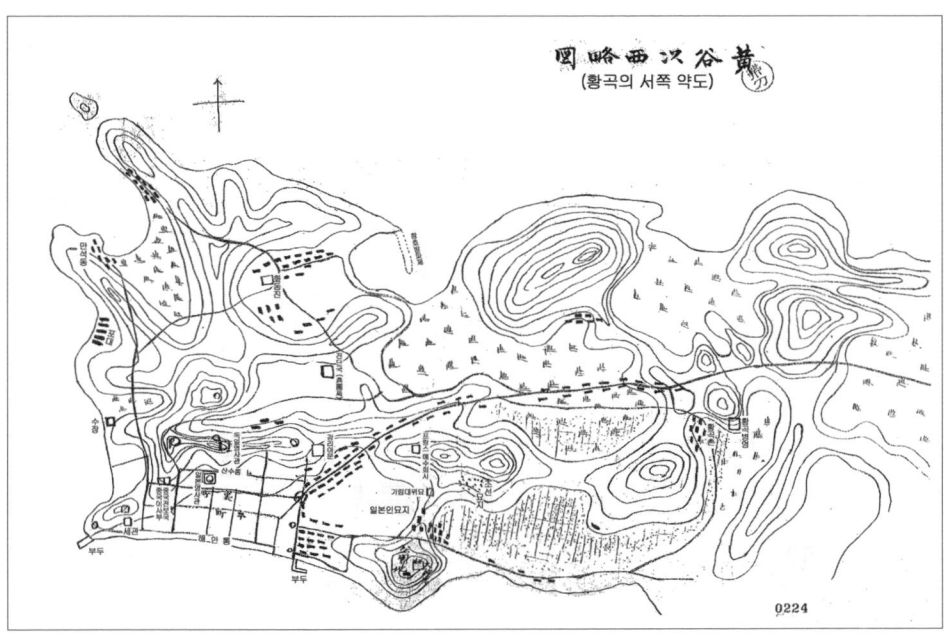

인천 황곡의 서쪽 약도

청국에 대한 세력 균형의 의미를 함축하고 있었다. 그 이면에는 전략적 준비가 잠재되어 있었다.[8]"고 기록하고 있다.

일본의 군대 파병을 놓고 외교 논쟁이 벌어지고 있었다. 이에 대한 대처로 오토리 공사와 일본정부가 미온적인 태도를 보이자 대본영은 조선을 점령하고 그들을 제압해 장악하지 않으면 패배할 것이라는 염려에서 선제공격을 열망했다. 병력의 경성 진입을 저지하는 당국자에게 실망한 대본영은 군대파병을 오로지 외교적으로만 해석하려는 정부에 우려와 불만을 드러냈다. 여단장 오시마 요시마사는 몇 번에 걸쳐 오토리 공사를 만나 반박하며 3,000여 병력이 허무하게 인천에 머물러 있을 수 없음을 강력하게 항의했다.

대본영의 적극적인 예봉은 적국이 아니라 일본정부의 손에 의해 좌절되고 게다가 청국군이 조선으로 증원병을 보내고 있는데 이를 간과할 수 없다. 대본영은 그 준비를 게을리 하지 않고 다음과 같이 주지시켰다.

(1) 제5사단 전원 조선파병을 고려하고 6월12일 동 사단 잔류부대, 유수대 동원을 발령함. 이에 혼성여단의 경험에 의거해 인부의 비례 수를 늘림. 산포편제로 바꾸는 외에 조선 내지의 성벽적 촌락 공격을 고려해 공성창(攻城廠) 종열(縱列, 12C 포12문)을 배속함.

(2) 혼성여단 가운데 부산으로 보낼 보병 1중대(1소대 빠짐)는 14일 출발하고 원산에 보낼 1소대는 당시 러시아 함대가 해당지역을 점령했다는 보고가 있어 러시아 병사와의 충돌을 고려해 일시 파병을 중지시킴.

(3) 가미오(神尾) 소좌의 보고는 가치가 있다고 보고 그의 보좌관으로 프랑스어가 가능한 야마다 료엔(山田良圓) 보병대위를 동 지역에 파견함.⁹

황현(黃玹, 1855~1910)의 『매천야록(梅泉野錄)』과 박은식(朴殷植, 1859~1925)의 『한국통사(韓國痛史)』에는 급작스럽게 일본의 무력침공을 당한 조선 사람들의

일본인 거류지에서 내려다 본 경성 시내

두려움과 공포가 기록되어 있다.

#1. 5월 12일(양 6월 15일), 황혼 무렵 일본군 대대병력이 숭례문에 이르렀다. 문이 닫혀 있어 성을 허물고 남산을 넘어 성안으로 들어갔다. 잠두(蠶頭, 남산의 정상)에 진을 쳤다. 주위에 대포를 설치, 곧 격전을 벌일 듯한 모양을 갖추었다. 경성에서부터 수원·인천까지 수십리 거리마다 진영을 설치했다. 횃불을 들어 서로 연락하고 징을 쳐 들리게 했다. 행인이 오가지 못하게 하니 철통에 갇힌 것 같아 원근이 크게 두려움에 떨었다.[10]

#2. 이 때 주한 일본공사 오토리 게이스케는 마침 일이 있어 귀국해 있었다. 일본 정

아현 막사 / 양현산 막사

· 153

부는 그에게 조선의 일을 임의 처리의 권한을 부여했다. 5월6일(양 6월9일) 군함 야에야마를 타고 인천에 도착했다. 육군 400명[11], 대포 4문을 가지고 경성에 들어왔다. 육군소장 오시마 요시마사에게 명해 1개 여단의 혼성부대를 편성, 인천과 경성의 중요 지점을 지키게 했다. 해군중장 이토 유코에게 명해 군함 5척을 끌고 인천 월미도에 주둔했다. 우리 조정은 민상호, 이용직을 인천과 용산에 있는 일본 군영에 보내어 그 까닭을 힐책했다. 도무지 말의 핵심이나 줄거리를 잡을 수 없었다. 8일(양 6월11일) 희미하게 동이 틀 무렵 일본함 와카노우라호 등과 5사단 병력이 인천에 도착했다. 경성과 인천 사이에 전선이 연결하고 만리창에 주둔했다. 이때 조선에 온 일본병력은 모두 7,600여 명이었다.[12]

『메이지 이십칠팔년 일청전사』도 혼성여단 상황[13]을 구체적으로 서술하고 있다.

#1. 지난 11일 오시마 여단장이 인솔해 우지나항을 출발한 수송 선박은 14일 오전부터 짙은 안개로 뒤덮여 각 선박이 서로 멀어진 뒤 항진이 더욱 어려워졌다. 같은 날 밤 선협도(仙俠島) 부근에 정박하고 15일은 바람과 조류, 안개도 심해 요시노 함장으로부터 각기 인천항으로 도착하라는 명을 받았다. 선두 운송선인 오우미마루는 오전에 입항하고 다른 여러 선박도 잇따라 도착, 마지막 운송선은 다음날 아침에 입항했다. 제 부대는 치중, 수화물을 제외하고 16일 중에 모두(인원 2,673명, 말 187마리) 상륙을 마쳤다. 인천항 일본거류지 부근에 숙영하고 병참감부(병참감 보병중좌 다케우치 세이사쿠(竹內正策), 부원 이하 제1수송 제대와 함께 도착)를 일본우선회사 지점에 설치하고 여단 사령부를 여관 수진(水津)에 두었다.

#2. 여단장은 이튿날 17일 보병 제11연대에서 제12중대(중대장 대위 오치아이 카네토모(落合兼知))를 마포, 제5중대의 1소대(소대장 중위 히라타 토미마루(平田時丸))를 성현(星峴)으로 파견해 선발대대(보병 제11연대 제1대대)에서 나온 수비대와 교대했다. 병참수비대의 임

만리창 막사 / 만리창 본부

무를 인수받음으로써 이치노헤 소좌는 경성을 장악했다.

#3. 6월18일 여단장은 인천 제대의 지휘를 보병 제11연대장 중좌 니시지마 스케요시(西島助義)에게 위임하고 경성으로 들어갔다. 오토리 공사와 만나 제 병력의 입경에 관해 모의했다. 선발대대장 이치노헤 소좌로부터 제반 보고를 듣고, 다시 명하여 공병부대를 용산 부근으로 보내 양화진에서 강을 건널 준비를 했다.

2. 일본 군사외교관, 강대국과의 분란 최소화

일본 참모본부가 혼성여단 선발부대 파병과 함께 우에하라 유사쿠와 후쿠

1894년 6월, 혼성여단은 인천에 야전병원을 배치했다.

시마 야스마사를 급파한 데는 분명한 이유가 있었다. 군사 외교가로서 조선 주재 외국 공사관과의 협상을 맡고 있었다.

『원수 우에하라 유사쿠전』에서는 당시 갑작스러운 일본 병력 파병과 주둔에 영국, 프랑스, 미국, 러시아가 민감하게 반응했다고 전하고 있다. 당시 영국은 청나라를 후원하고 있었다. 누군가 우물에 독을 탈 것을 우려해 일본인 병사를 파수병으로 세운 것을 두고 영국영사가 항의했다. 인천과 경성 사이의 군용전신선 가설선이 프랑스 영사관을 지나는 것에 대해 철거를 요청했다. 지나가는 미국장교 부인을 일본 파수병이 모욕하고 구타한 사건, 군대 숙영지 문제 등이 불거졌다. 이에 대해 "나는(우에하라) 불어로, 후쿠시마는 영어로 매일 공사관과 선교사를 찾아다니며 교섭했다."고 기록하고 있다. 조선에 주재하고 있는 외국인을 대상으로 전략적 협상을 행하는 군사외교 업무와 바로 뒤 병력을 증강해서 들어올 수 있도록 준비하는 것도 이들의 임무였다.

이 무렵 우리 군대의 불만이 심했다. 폭염과의 전쟁을 피할 수 없었다. 청국은 병력을 증가하고 있었다. 위급한 경우 일본의 1개 대대로는 부족했다. 포병과 공병을 포함한 1개 여단 병사를 상륙시킬 계획이며 머지않아 실행될 것이다. 그러므로 청국과

의 담판은 어중간하게, 되도록 시기를 끌어야 했고, 그 사이 완벽하게 준비하기로 방침을 정했다.[14]

제1차 수송부대가 인천에 상륙한 뒤 숙영지 문제로 영국인 거류민과 다툼이 있었던 것으로 예상되는 훈령서가 있다. 6월21일 오시마 요시마사 여단장에게 참모총장이 보내는 전훈[15]은 다음과 같다.

영국인 거류지 가옥에 일본군인이 협박하며 숙영하려 했다고 함. 위 사실을 속히 취조하여 보고할 것. 만일 사실이라면 신속히 숙사를 중지하고 상당한 사례를 할 것. 대체로 외국 거류인에 대해서는 깊이 주의를 요함.

같은 날 대본영이 인천의 오시마 소장에게 "인천에 체류하는 병사는 가급적 거류지 바깥에서 숙영하도록 힘쓸 것."이라고 전보로 훈령해 주의를 촉구하고 있다. 『일청전사강의적요록』의 6월22일 기록은 조계지와 관련한 외국과의 마찰은 이미 고려하고 있었음을 자세하게 서술하고 있다.

정부가 출병에 주저했던 본뜻은 다시 병력을 증원해 파병하면 제삼국과 분란이 야기될 것을 우려했다. 혼성여단 주력부대가 인천에 상륙하자마자 일본병사 숙영지 구역이 외국 조계지를 침범했다며 주한영국공사는 재삼 일본정부에 고충을 토로했다. 정부는 이에 대해 대본영에 알리고 여단장의 주의를 촉구한 적이 있었다. 이런 일이 있었으므로 정부는 더 이상 병력을 증강해 보내지 않고 제삼국과의 일이 불거지지 않도록 출병을 피하고 있었다. 그러나 대본영은 이 점에 대해 처음부터 깊이 고려하고 있었다. 즉 혼성여단을 조선에 파병할 당초 일본군대의 행동에 청국과 조선 외에 외국과 빚게 될 분란을 파악하고 있었다. 여단의 외교 사무를 돕고 각국 공사관 등의 동향을 살피기 위해 미리 6월5일 오토리 공사의 귀임과 함께 후쿠시마 중좌, 무라키, 우에하라 소좌를 경성에 파견했다. 군대가 경성으로 들어가기에 앞서 미리 외국과 알선해두기 위함이었다. 세 사람은 모두 외국사정에 정통해 있는 인물이었다. 일본군대와 외국인 간에 서로 원활한 관계를 유지할 수 있게 조정함으로써 어려운 일이 일어나지 않게 했다. 숙영지 구역 사건의 경우 이들이 없을 때 우연히 발생한 작은 일이었다. 그러나 일본정부는 다시 그와 같은 전철을 밟지 않도록 주의하기 위해 특별히 가토 마스오 외무서기관을 동행시키기로 결심했다. 대본영도 같은 날 조선에서 돌아온 아오키 노부즈미 포병대위를 함께 보냈다. 그날 밤 히로시마에서 부임했을 때가 6월22일이다.[16]

3. 혼성여단 제21연대 속속 들어오다

일본우선회사의 선박 10척이 6월9일부터 15일까지 혼성여단 제1수송 병력 수 4,248명, 말 248마리, 화물 55,088재(才[17]), 6월24일부터 6월27일까지 혼성여단 제2수송 병력 수 4,010명, 말 203마리, 화물 수 21,551재의 군수품, 치중 등을 탑재, 수송했다.[18]

일본우선회사에서 차출한 배로 실어나른 혼성여단 병력

우지나항 출범일 도착항	선박 수	부대	병력 수	마필	화물재수
6월11일(和歌浦는 9일 출발) 15일 인천 도착	와카노우라마루(和歌浦丸) 외 9척	혼성여단 제1수송	4,248 便5	248	55,088才 234개
6월24일(肥後丸은 14일 高砂丸은 15일) 27일 인천 도착	히고마루(肥後丸) 외 9척	혼성여단 제2수송	4,010 便48	203	21,551
8월4일 부산 원산 도착	미카와마루(三河丸) 외 13척	제5사단 잔류부대	9,128	466	178,254
8월13일 출발 21일 인천 도착	셋슈마루(攝州丸) 외 10척	제5사단 잔류부대	5,513	339	113,638

오토리 공사와 육전대가 경성에 진입한 뒤 혼성여단 편제가 완료되기 전에 먼저 이치노에 효에 대대장이 이끄는 선발대가 6월12일 인천에 상륙하자마자 경성을 침입해 무력점거하고 남산 공사관 부근에 군영지를 설치했다. 뒤를 이어 들어온 제1차 수송 제11연대가 인천에 상륙하자 오토리 공사는 일본병력의

경성 진입을 잠시 보류하라는 명령을 내린 뒤 외교적으로 대응하고 있었다. 이러한 때 일본정부의 방침에 불만을 품은 참모본부 이하 군부가 강력하게 반발했다. 참모차장이 직접 한밤중에 참여해 참모본부 대회의를 열어 혼성여단 제2차 수송을 논의하고 결정했던 당시 상황을 『일청전사강의적요록』[19]은 이렇게 전하고 있다.

#1. 대략의 일은 외교가의 수중에 떨어졌다. 외교가들은 언제나 자리를 용병에게 양보하지 않고 구태의연하게 손발을 묶어놓을 뿐이다. 몇 천 몇 만의 병력과 말은 말고삐를 잡고 국경에 머물러 있는데 외교가는 이들의 전진을 허락하지 않았다. 다시 말하면 우리의 전략적 움직임은 늘 정부의 속박에서 벗어나지 못했다. 당국의 실무자는 팔짱을 끼고 아무 일도 하지 않아 적에게 기선제압을 당할 위기에 빠졌다. **대본영은 제5사단 잔류부대의 동원을 명령하여 완전한 1사단으로 조선작전에 임하기를 원해 출정준비를 정비**했다. 이 무렵 가미오 미쓰오미 소좌로부터 청국 병력이 조선으로 출발했다는 보고가 잇따라 들어왔다. 바야흐로 병력을 더욱 증원해 조선으로 보내는 것이 급선무임을 절실하게 느낀 대본영은 6월15일 참모본부에서 육군 영관급 대회의를 개최하여 대략 다음 세 가지를 결의했다.

#2. 후속부대 파병에 관해 취해야 할 주요 의견

1, 혼성여단 잔류부대 상륙지점을 인천(부득이한 경우 부산)으로 한다. 혼성여단 나머지 부대는 제1차 파병부대를 실은 운송선이 도착하는 대로 인천으로 보낸다. 단 그때까지 청국과 개전하여 인천항에 도달할 항로가 안전하지 않을 경우 부산이나 원산으로 상륙한다. 부산과 원산을 대비하는 것은, 후자는 전자에 비해 경성에 가깝고 경성과 원산 연도지역은 남부지방보다 비옥하지만 도로가 험하다. 실제 조사자의 말에 따르면 보병 1연대 이상 통과가 불가능할 뿐만 아니라 러시아 함대가 인근 바다를 돌아다니고 있다는 보고가 있으며 수비병도 이쪽 방면은 적합치 않다고 보고 있다. 부산은 경성에서 멀고 일본에 가까우므로 조선에서 전쟁을 치를

일본군대를 위한 근거지가 될 수 있다. 여단이 늘 이 땅을 근거지로 보는 것은 당연하다.

2, 제5사단의 나머지 부대(제21연대)는 부산으로 파병해 경성으로 진격한다. 아직 평화가 깨지지 않은 지금 대병력을 계속 보내는 것이 온당치 않은 조치인 것 같다. 다만 평화가 깨지는 순간 용병상 적의 기선을 제압해야 함을 고려해 군대 수송을 행하는 것이 오늘의 급선무다. 장차 청국 병력과 충돌했을 경우 전쟁터는 경성 부근이 될 것이다. 이 땅은 일본에서 멀고 청국에서 가까우므로 심사숙고해서 되도록이면 **그들보다 우수한 병력을 보내고 그들보다 신속하게 병력을 증가**해야 한다. 그 뒤 해전에 유리한 인천으로 상륙할 수 있다면 좋다. 그렇지 않으면 부산에서 육로로 20일이 걸리므로 기회를 잃게 된다. 모든 사단이 합심해 청국과 힘을 겨루려면 그들의 해군을 전멸시킨 다음 아군의 사단을 직예평야로 수송하여 그들의 주력을 박멸할 필요가 있다. 그러므로 제5사단 잔류부대를 대기시키는 것은 옳지 않다. 직예평야전에는 본국에서 2, 3개 사단을 수송해야 한다. 이를 위해 50일이 필요할 것이다. 그 사이 가령 제5사단이 조선 내륙에 분산되어 있어도 인천에 집합시켜 직예평야로 참전시키기가 용이하다. 본국에서 수송하는 것에 비해 빠를 것이다. 경성, 부산간 통신선이 동학당의 소굴인 전라도를 경유하고 있으므로 파괴되어 사용할 수 없는 점을 고려하면 수리하거나 새로 가설하기 위해서라도 우리 병력이 부산에서 북진할 필요가 있다. 당시 아군용 통신선은 경성에서 거꾸로 북으로 향해 모두 상하이를 경유해 일본으로 통하는 선이 하나 있을 뿐이다. 갑자기 개전할 때를 고려해 미리 생각해 두어야 한다. 부산에서 대병력을 진군할 때 고려해야 할 점은 이미 청병이 아산에 상륙하여 남하하고 있고 폭도는 차츰 남쪽으로 퇴각해 장차 부산이 위태로워질 것이다. 우리는 기다리지 않고 부산 거류민 보호를 위해 출병한다고 하면 충분한 이유가 된다. 오는 24일 동원이 완결될 제5사단 잔류부대는 운송선 준비가 완료되는 대로 부산항으로 보내 경성으로 진격할 것을 요함.

3, 혼성여단의 잔류부대, 제5사단 잔류부대는 신속히 출병할 것.

#3. 이상의 사항을 결의하고 상석참모 가와카미 소로쿠 중장은 이것을 채택했다. 지금 시국이 정부의 수중에 있으며 정부는 대병력의 파병을 달가워하지 않는 때에 중장의 결단으로 이를 결행했다. 이 무렵 평양 경성 간 전선은 청국정부가 전신관리를 조종한 결과 종종 불통이라며 일본전보는 취급하지 않았다. 덧붙여서 부산 경성 간 통신이 불가능한 상황에서 경성은 때때로 암흑 정황을 드러내 일본 정부, 대본영은 이 중대한 시기에 큰 장애를 맞았다. 이에 부산, 인천 간 교통선박을 증파해 그 불리함을 보충하고 있다. 하루아침에 한반도 서해안의 주도권이 그들의 손에 넘어간다면 기가 막힐 노릇이 된다. 이 견지에서 우리 군부가 내각에서 출병을 제한당한다면 매우 유감스러운 일이며 묵과할 수 없다.

6월17일자 훈령[20]은 일본정부와 참모본부가 의견충돌이 있었음을 보충해주는 자료다. "명령전보 참모총장이 제5사단장에게. 혼성여단 잔류부대의 수송은 명령이 있을 때까지 위수지로 돌아가 대기할 것", "전훈(電訓), 참모총장이 노쓰 제5사단장에게 먼저 출발을 중지하라는 정부의 요구가 있으므로 향후 몇 시에 승선을 하달할지 알 수 없음. 그 준비에 만전을 기할 것. 이 뜻을 무라다 중좌에게 전달할 것", "전훈, 참모총장이 오시마 혼성여단장에게. 원산으로 보낼 1소대는 따로 명령이 있을 때까지 부산에 머물러 두게 할 것." 선발대 파병을 마치고 곧바로 6월13일 충원소집과 인부를 모집하고 제2차 병력의 해상수송을 서둘렀다.

제1차 조선출병을 종료하자마자 제5사단은 6월13일 오전 2시 재차 충원소집 명령을 내렸다. 이번에는 인부를 모집하기로 결정했다. 히로시마현청 병사과는 바로 사단의 인부 하청업무를 담당하는 후루츠키(古月) 모씨를 불러 명을 전달했다. 15일 인부의 체력검사를 하고 합격자는 차례로 파견하기로 했다.

제2차 조선출병은 14일 밤에 히고마루(肥後丸), 사카타마루(酒田丸) 2척으로 우지나를 출발했다. 히고마루에는 제21연대 2중대 병력, 말 식량, 피복, 군기(軍器), 병사 식량 등 기타 물품을 실었다. 각 신문사의 통신원도 이 배를 탔다. 사카타마루 역시 병사를 태웠다. 출병을 결정하자 바로 참모본부의 출장소를 시모노세키에 설치하고 병기 탄약 기타 식량 등의 집적장으로 삼았다. 병참 겸 정박장 사령부, 야전병포창, 집적장, 집적창고, 화물창 등을 설치했다. 책임자로 병참 겸 정박장 사령부장 하라타(原田)중좌, 야전병포창장(野戰兵砲廠長) 세나(瀬名) 중좌, 집적장장(集積場長) 아카야나(赤柳) 감독, 집적창고 화물창장(貨物廠長) 노마(野間) 군리 등을 임명했다.[21]

해군대신 사이고 쥬도는 청일 양국의 관계가 급박해지자 6월15일 상비함대 편제를 변경했다. 임전준비에 지장이 없도록 군함을 사세보 군항에 집합시키기로 방침을 정하고 16일 인천에 정박중인 이토 사령관에게 전보로 훈령했다. 이토 사령관은 혼성여단 상륙도 완료했으므로 통신연락을 위해 군함 야에야마, 무사시, 아카기 3함을 인천항에 체류시키고, 기함 마쓰시마, 요시노, 치요다, 다카오, 야마토, 치쿠시 6함을 이끌고 사세보로 돌아갔다. 6월24일 사세보에 입항해 곧바로 임전태세를 갖추었다. 인천항에 머물게 된 야에야마, 무사시, 아카기 3함은 상비함대와 멀어진 뒤 아산, 대동강 방면을 정찰하고 청국 군함의 동요를 감시하며 상비함대와 통신연락에 만전을 기했다.

혼성여단 나머지 부대의 호위를 위해 급히 모지(門司)로 회항하라는 전보명령을 접한 군함 나니와(浪速, 함장 도고 헤이하치로(東鄉平八郎)[22] 대좌)는 6월17일 소속 군항인 요코스카에서 출범하여 모지로 향했다. 6월25일 모지에서 육군병사를 가득 실은 운송선 8척을 호위하고 27일 인천항을 침입해 들어왔다. 여단장 오시마 요시마사 소장을 비롯한 혼성여단 병력은 히

도고 헤이하치로(東鄉平八郎, 1848~1934)

라야마 위원장 지휘하에 상륙을 완료했으므로 군함 나니와는 인천을 떠나 사세보 군항으로 귀환했다.[23]

제1차 수송을 마친 일본우선회사 10척의 기선은 우지나항으로 귀항하자 바로 2차 수송에 착수했다. 10척 가운데 육군에서 쓴 기선 오우미마루, 야마시로마루 두 척은 해군용으로 전환했다. 우선회사에서 다고노우라마루(田子浦丸), 다카사고마루(高砂丸) 2척을 보충해 주어 제2차 병력을 수송했다. 제2차 보병21연대는 6월14일 제8중대 병력 255명의 출발을 시작으로 15일, 24일 우지나항을 출발해 군함 나니와의 호위를 받으며 6월27일 인천항에 모두 상륙했다. 3,962명의 병력이었다. 다음 표는 혼성여단 제2차 수송의 해상운송 상황이다.[24]

혼성여단 제2차 수송(6월14일~24일 출발, 6월27일 도착)

선박명	부대	병력	말	화물	우지나항 출발	인천항 도착
히고마루(肥後丸)	보병21연대 제8중대	255		848	6월14일	
다카사고마루(高砂丸)	보병제21연대 제2대대(1중대 빠짐)	780	5	4,160	6월15일	
스미노에마루(住ノ江丸)	보병21연대 제1대대본부, 제1, 제3중대(1소대 빠짐)	451	4	2,115	6월24일	6월27일 오전
와카노우라마루(和歌浦丸)	야전포병 제5연대 제6중대 치중대 2분의1	323	113	2,430	6월24일	6월27일 오전
미카와마루(三河丸)	보병 제21연대 제3대대본부, 제9중대 제2야전병원	489	7	2,585	6월24일	6월27일 오전
효고마루(兵庫丸)	병참사령부, 위생대, 병참군의부원 환자 수송부원	278 편9	9	1,444	6월24일	6월27일 오전
사카타마루(酒田丸)	의무병 제5대대 제1중대의 2소대	58 편39	60	1,116	6월24일	6월27일 오전
구마모토마루(熊本丸)	보병제21연대 본부, 제2, 제4중대	503	5	2,753	6월24일	6월27일 오전
센다이마루(仙臺丸)	보병21연대 제11, 제12중대 제3중대의 1소대	552		2,803	6월24일	6월27일 오전
에치고마루(越後丸)	보병제21연대 제10중대	273		1,297	6월24일	6월27일 오전
합계 10척		3,962 편48	203	21,551才		

용산에 배치된 혼성여단 병참부(1894년 6월)

혼성여단 제2차 병력을 실은 구마모토마루를 비롯한 8척의 운송선이 6월 27일 인천에 도착했다. 오시마 여단장은 바로 보병 1대대를 인천에 주둔시켜 영사관과 재류민을 보호하게 했다. 나머지는 경성 부근에 머물게 했다. 29일 제대는 용산, 만리창 숙영지로 들어갔다.

4. 인천상륙 뒤 군대 재배치

혼성여단의 제1차 수송부대가 인천에 상륙한 뒤 제삼국과 숙영지 문제로 겪었던 마찰이 다시 생기지 않도록 하기 위해 외무성에서 가토 마스오 참사관, 참모본부에서 아오키 노부즈미 대위를 제2차 수송부대와 함께 조선으로 파견했다.

『자작 사이토 마코토전』에는 2차 수송 때 해군성 군무국원이던 해군소좌 사이토 마코토(斎藤実, 1858~1936)가 6월 23일 해군대신의 은밀한 훈령을 직접 전달하는 임무를 띠고 조선으로 출장간 내용이 기록되어 있다. 당시 급변하고 있는 조선의 상황을 엿볼 수 있다. 외무성의 가토 마스오, 육군성의 아오키 노부즈미와 함께 스미노에마루에 탑승했다. 6월 25일 오전 3시반 무쓰레지마(六連島)의 동측에 있던 나니와(浪速) 함에 거룻배를 이용해 오른 다음 함장에게 해군대신의 명령서 '운송선을 호위해 인천에 상륙할 것'을 직접 전했다. 6월 27일 6시 10분 인천 도착 당시 항구에 정박해 있는 함선은 무사시(武藏), 야에야마(八重山), 프랑스 함선 '앙콘스탄', 미국 기함 '볼티모어', 독일 함선 '볼프', 러시아 함선 '코렐레프', 청나라 함선 양위(揚威), 초용(超勇), 미운(湄雲), 일본병력 운송선 다카시고마루 등, 월미도에 정박해 있는 다른 기선도 있었으나 이름은 알 수 없으며, 일본의 통신선도 있었다고 사이토 마코토는 그의 일기에 전하고 있다.

사이토는 정오까지 에치고마루를 타고 온 육군 병력이 상륙하는 상황을 직접 확인하고, 28일 오후 7시 야에야마(八重山) 함장과 만나 상황이 급변했을 때 경성과 인천의 신속한 통신을 위해 오시마 혼성여단장과 비상통신방법과 왕궁 포위에 대해 협의했다. 경성과 인천 간의 지대가 높은 곳을 골라 9곳에 초소를 두고 감시병과 신호로 쓸 불화살을 준비해 만일의 사태에 대비하게 했다. 7월 3일 오전 4시 30분 우지나항에 도착, 운수통신지부에 들어 야마네 소좌와 마쓰모토 대위와 면담하고 5시반 히로시마로 출발하는 기차에 올랐다. 7월 4일 오후 5시에 도쿄에 도착, 해군성과 해군대신 저택에서 출장 내용을 보고했다고 전한다.[25]

제2차 수송 관련 상황을 『일청전사강의적요록』은 이렇게 전한다.

혼성여단 제2차 수송부대에 오른 아오키 노부즈미(青木宣純) 대위가 수송지휘관 무로다 중좌에게 전한 각서의 요지는 다음과 같다.
(1) 제2차 수송부대는 6월 24일 히로시마를 출발할 것.

⑵ 외무성에서 가토 마스오를 조선국에 파견함. 그 요지는 오토리 공사에게 훈령한 바 있으며 인천에 있는 군대를 경성 부근으로 이동시킬 준비를 하기 위함이다.
⑶ 조선에 있는 군대, 외국공사관 영사관원, 거류민에 대해 부주의한 일이 없도록 주의할 것. 특히 영국공사로부터 일본 외무성에 거듭 문의가 있었다. 외국과 물의를 빚을만한 일은 반드시 피할 것.
⑷ 새로 파병하는 군대는 일시적으로 상륙을 하지 않고 이미 인천에 있는 병력을 경성과 그 부근으로 이전시킨 다음 상륙해 바로 경성과 그 부근으로 들어갈 것. 단 시기가 급박하면 임시조치를 취하고 외국인 거류지를 피해 상륙하는데 각별히 유의할 것.
⑸ 오토리 공사에게는 조선정부와 담판할 때 경성·부산 간 전선을 수리하게 할 것.
⑹ 인천으로 항행할 수 없는 경우 부산으로 상륙한 뒤 경성으로 진격할 것.

마지막 여섯 번째 항목인 인천으로 항행할 수 없는 경우를 고려해 주의시킨 것은 오직 해상에서 무슨 일을 겪게 될지 보장하기 어려워서다. 지금 우리 군함이 여러 방면으로 나누어 수송 호위를 하고 있으나 조금이라도 만일의 경우를 우려한 까닭이다. 다음날인 6월23일 대본영은 거듭 무로다 중좌에게 상륙지점 변경은 호위함장의 판단에 맡기라는 전훈을 보냈다.²⁶

6월24일 구마모토마루(熊本丸) 이하 8척의 기선은 예정대로 출항했으나 도중에 짙은 안개로 지연되어 6월27일 인천에 도착, 혼성여단의 조선 수송을 완료했다. 『메이지 이십칠팔년 일청전사』가 전하는 제2차 혼성여단의 배치 상황은 다음과 같다.²⁷

#1. 오시마 혼성여단장은 6월20일 인천항으로 돌아갔다. 그 뒤 청국 병력의 후속 출발이 확실하다는 정보를 들었으므로 23일에 이르러 배안에 머물라며 대기시켰던 보병 제21연대의 제2대대에게 상륙을 명했다. 일본 거류지의 서남부에 사영하게 했다. 이에 공병 1분대를 인천항에 머물게 하고 제1차 수송 제 부대는 용산 부근으로 옮기기로 결정,

24일 제대를 인솔하고 인천을 출발 그날 밤 만리창 부근에 숙영했다.

#2. 6월24일 오전 혼성여단 제2차 수송부대(보병 제21연대 제2대대 빠짐)는 스미노에마루 이하 8척에 탑승을 마쳤다. 때마침 편성을 마친 제5사단 환자수송부는 혼성여단 병참부 부속으로 수송부대와 함께 승선했다. 24일 오후 우지나를 출발, 군함 나니와의 호위를 받으며 인천항으로 향했다.

#3. 당시 경성에서는 청국인이 차츰 점포를 폐쇄하고 인천으로 가 배를 타고 귀국했다. 형세는 더욱 긴박해졌고 조선인은 일본인의 고용을 기피했다. 일본 군대를 방해하는 자도 있었다. 혼성여단은 여러 방면으로 척후병을 파견해 정황을 탐지했다. 아산의 청 병력은 움직이지 않는 것 같고, 폭도는 세력이 크게 줄어 초토사도 일부 병력을 전주에 머물게 하고 귀로에 올랐다.

#4. 6월25일 무쓰레지마(六連島)를 출발한 제2차 수송부대는 27일 저녁 인천항에 도착했다. 모든 부대는 밤에는 조류 변화로 행동하기 어려워 28일 저녁에 이르러 상륙을 마쳤다. 인천에 머물러 있던 이 연대의 제2대대, 어젯밤에 상륙한 약간의 중대, 28일 기타 모든 부대는 다음날인 29일 출발해 용산으로 출발했다. 이리하여 혼성여단은 모두 조선 땅에 상륙했다. 여단의 주력은 경성 부근에 집중했다. 6월29일 각 부대의 위치는 다음과 같다.

· 경성 : 보병 제11연대 제1대대
· 만리창 : 혼성여단 사령부, 기병 제5대대 제1중대
· 만리창의 고지, 기타 계곡 : 야전포병 제5연대 제3대대, 공병 제5대대 제1중대(2분대 빠짐)
· 둔지리(그중 1소대는 서빙고) : 보병 제11연대 제8중대
· 아현 : 보병 제21연대(제8중대, 제3대대 빠짐)
· 공덕리 서쪽 : 제1야전병원, 위생대

1894년 6월 29일 혼성여단 병력 배치도

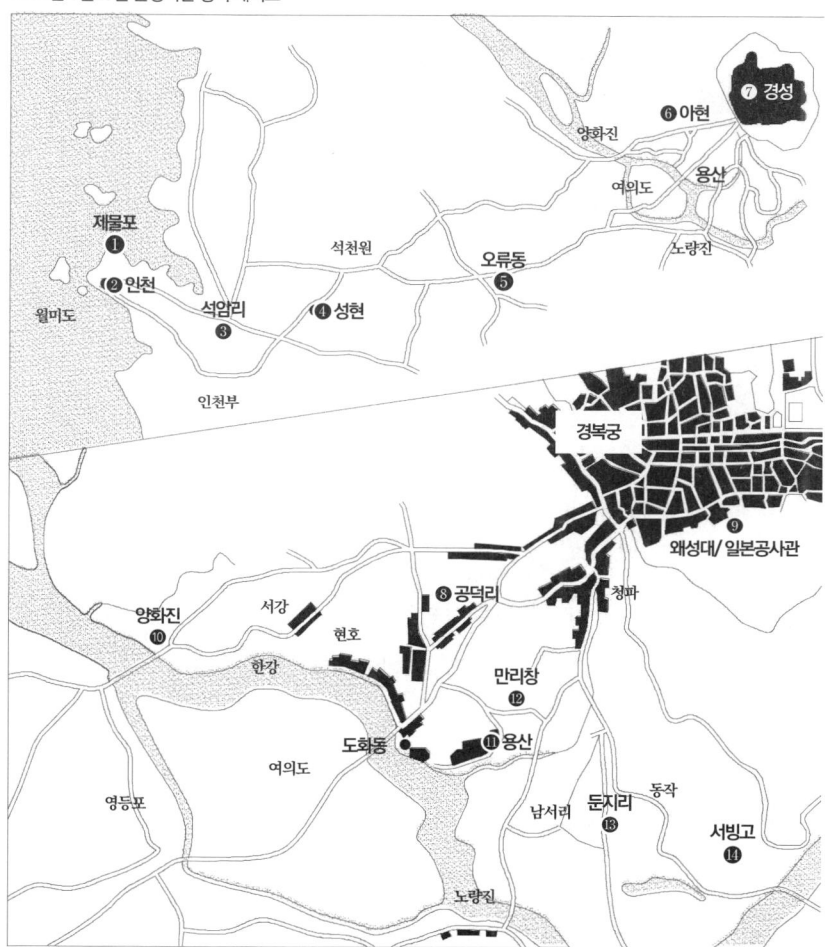

일본 혼성여단이 6월 29일 경성과 인천에 병력을 배치한 상황을 『메이지 이십칠팔년 일청전사』에 기록된 약도에 표기되어 있는 것을 토대로 이해가 쉽도록 숫자를 넣어서 재편성했다.

※ 원본 지도에서 군사배치와 관련하여 의미 있는 내용만 다시 그림

❶ 제21연대 9중대 7/12, 10중대, 11중대, 12중대
❷ 제21연대 제3대대(제10중대 1소대, 1분대 빠짐) 제2 야전병원, 인천병참감부
❸ 제21연대 10중대 1/12
❹ 제21연대 10중대 1/6
❺ 제21연대 10중대 1/6
❻ 제21연대 제1, 5, 6, 7중대
❻ 제11연대 제1대대
❼ 서쪽 제1야전병원, 위생대
❽ 제11연대 1대대(선발대)
❾ 공병제5대대 제1중대의 1분대와 위생대
⓫ 병참사령부 제11연대 제6중대의 1소대, 공병 제5대대 제1중대의 1분대
⓬ 기병 제5대대 제1중대, 제11연대(제1대대, 제8중대, 제6중대의 1소대 빠짐), 야전포병 제5연대 제3대대, 공병 제5대대 제1중대(2분대 빠짐)
⓭ 11연대 8중대 2소대
⓮ 11연대 8중대 1소대

- 양화진 : 공병 제5대대 제1중대의 1분대
- 인천 : 보병 제21연대 제3대대(제10중대의 1소대와 1부대 빠짐), 제2야전병원

병참감부는 인천에 두고 용산과 인천에는 각각 병참사령부를 두었다. 병참수비, 병참용으로 임명받은 부대는 다음과 같다.

- 용산 병참사령부 수비, 사용 : 보병 제11연대 제6중대의 1소대, 공병 제5대대 제1중대의 1분대
- 병참부의 지휘 아래 오류동, 성현에 각 장교가 인솔하는 반 소대, 석암리 동쪽 교차로에 하사관이 인솔하는 1분대 수비, 기타 인천 주둔 : 제21연대 제10중대

이상 제대 외에 제4사단 군악대(군악장 나가이 하이바이(永井岩井), 군악차장 이하 47명)은 혼성여단에 속하지 않고 이 무렵 오사카를 출발, 경성으로 향했다. 이 군악대는 7월 6일 용산에 도착했다.

6월 27일 혼성여단 제2차 수송이 완료된 뒤 조선의 상황에 대해 윤효정(尹孝定, 1858~1939)은 『풍운한말비사(風雲韓末祕史)』에서 "일본 외무대신은 이런 상황에서 일본군 철수는 도저히 불가능하다고 통고했다. 조선에 있는 오토리 공사에게 오시마 혼성혼성여단 여단장 오시마 요시마사는 여단의 모든 병력의 경성 점거를 하달했다. 이로써 한반도는 어느 하늘, 어느 땅에서 뇌성이 울릴지, 어느 날, 어느 때에 포탄과 탄알이 비처럼 쏟아질지 예측할 수 없는 운명이 되었다."[28]고 기록하고 있다.

5. 통신과 급보를 위한 전신선 가설

혼성여단의 선발대가 조선으로 출발하자 곧바로 전투준비에 착수했다. 해저 케이블은 메이지 유신 초기부터 덴마크의 대북(大北)전신회사가 독점하고 있었다. 1889년 11월 고토 쇼지로(後藤象二郎, 1838~1897)를 상하이로 파견해 대북전신회사의 상하이 지점장과 매도에 대해 협의했으나, 요비코(呼子)·부산 사이의 전선만 매입한 상태였다. 당시 상황은 일본 내 연락 단선조차도 필요에 따

라 해외에서 매입하는 수준이었다. 장거리 해저 케이블 공급이 가장 큰 문제였다. 혼성여단 출병 시기에 일본 전신선의 불리했던 상황을 『일청전사강의적요록』은 정확하게 전하고 있다.

이 무렵 평양·경성 간 전선은 청국정부가 전신관리를 조종한 결과 자주 불통이 되었다. 일본전보는 취급하지 않았고 부산과 경성의 통신이 불가능해지는 현상이 일어나면 경성의 정황은 때로 깜깜 무소식이 되었다. 일본정부와 대본영은 이 중대한 시기에 큰 장애에 봉착했다. 이에 부산·인천 간 교통선(交通船)을 증파해 그 불리함을 보충했다. 그러나 느닷없이 조선 서해의 주도권이 저들의 손에 들어간다면 한심하기 이를 데가 없어진다.[29]

부산과 경성 사이의 육상 전신선도 계획 준비단계에도 들어있지 않았으므로 긴급 포설이 필요했다. "당시 청나라 정부는 경성·의주 간 전신선을 포설하고 베이징·톈진과 경성 사이에는 통신이 되고 있었으므로 경성 소식은 빠짐없이 일본보다 빠르게 청국에 알려지고 있었다. 경성·도쿄 간 소식은 늦게 부산에서 통신해야 비로소 알 수 있는 정도였다."[30]고 한다. 『육군대장 가와카미 소로쿠』에 혼성여단이 조선으로 출발하자마자 바로 체신성 통신국장 덴 켄지로(田健治郞, 1855~1930)에게 전투준비를 지시한 내용이 기록되어 있다.

체신성 통신국장 덴 켄지로에게 비밀회견을 요구하고 전투준비 착수로 가장 먼저 다음 네 가지를 준비하게 했다.
첫째, 도쿄·시모노세키 간 직통 전신선 긴급 포설할 것.
둘째, 부산·경성 간 전신선을 신설할 것.
셋째, 압록강 부근 기타 거천(巨川) 몇 곳에 해저전선을 포설할 것.
넷째, 출정군을 뒤따를 전신대·우편대의 인원, 자재를 준비할 것.
덴 켄지로는 가와카미 소로쿠의 결의를 알고 요구에 따르기 위해 비밀리에 착수 준

비를 했다. 가장 큰 문제가 해저전선의 포설이었다.³¹

6월21일 경성과 일본 사이의 왕복전신이 두절될 경우에 대비해 무쓰 무네미쓰 외무대신이 오토리 게이스케 공사에게 훈령을 보냈다.

차후 형편 여하에 따라 경성과 일본 사이 전신 왕복이 끊기는 일이 생길지도 모릅니다. 그럴 때는 각하와 그곳에 출장 중인 육군 총지휘관은 일일이 청훈(請訓)할 형편이 못 될 것입니다. 따라서 그러한 형세에 이르게 된다면, 각하 스스로 모든 문제를 임의로 처리하셔야 할 사건이 많아질 것입니다. 특히 오시마 육군소장과 교섭·협의할 일이 있으면 쌍방이 의견을 모아 잘 협의하도록 주의하십시오. 만일 쌍방 간에 의견이 일치하지 않는 경우가 있으시면 파견된 후쿠시마 중좌 등을 양쪽 사이에 세워 주선토록 하시기 바랍니다. 이 일은 참모본부 쪽에서도 출장 중인 총지휘관에게 은밀히 훈령이 되어 있으니, 이점 양해하시고 만사를 그렇게 처리하시기 바랍니다. 앞서 서술한 바와 같이 마침내 사건이 벌어졌을 경우 그곳과 이쪽의 전신이 불통되면 만사가 불편해질 테니 오늘 아침 전신으로 말씀드린 경부선 수리복구의 건은 부디 전력을 다해 주시기 바랍니다.³²

혼성여단 제2차 병력 출발 뒤 전선가설 2개 지대를 편성했다. 6월26일 대본영에서 제5사단장 노즈 미치쓰라 중장에게 전보로 전선가설 부대 파견을 훈령했다. 공병소좌 요시미 아키라(吉見輝, 1856~1936)와 바바 마사오(馬場正雄)를 각각 제1지대, 제2지대 사령관으로 임명해 조선으로 파견했다. 또한 체신성 통신국장 덴 켄지로와 협의해 재료공급, 통신원조, 기타 편의를 강구하는 등 교통기관 설비에 심혈을 기울였다.

제5사단장에게 주는 명령³³(6월26일 대본영에서 제5사단장에게)
1, 이번 조선국 사변에 대해 부산·경성 간에 전선을 가설한다. 이를 위해 별지 편제표

와 같이 2지대(枝隊)³⁴를 편성한다. 제1지대는 부산에서 기공하여 대구를 거쳐 청주에 이름. 제2지대는 경성에서 기공하여 청주에 이름. 이 땅에서 두 지대의 선을 접속함.

2, 제5사단장은 속히 이 2지대를 편성하여 파견 준비를 행할 것. 이를 위해 공병 제5대대 임시편제표의 대대본부, 공병1중대(위수지에 있음)를 해제함. 이에 공병보충대에서 통신, 건축에 숙달된 하사병을 추가할 것. 기타 대본영에서 배속한 자는 다음과 같음. 제1지대 사령관 공병소좌 요시미 아키라(吉見輝), 부관 공병중위 츠치야 키노스케(土屋喜之助), 공병대위 오비나타 오사무(大日方紀), 이등군리 고구레 토타로(小暮濤太郎), 1등서기관 고사카 모리사부로(小坂森三郞), 마졸(馬卒) 1명, 말 1마리. 두 지대로 나누어 기수 6명, 공부(工夫) 5명 배속할 것. 토목·건축부원 충원, 운반부는 토목·목공업을 행하는 자를 채용할 것.

3, 전선건축 재료, 부속재료는 모두 대본영에서 조달하고 철도로 히로시마에 수송함. 단 전지인 통나무는 바로 부산, 인천에서 수송함.

4, 해당 지대에는 탄약을 하사병 1명당 100발씩 휴대하게 할 것.

5, 지대 파견에 요하는 선박은 수송통신장관이 조달하고 우지나항에서 보냄. 지대 탑재에 대해 그 땅에 있는 수송통신지부와 협의할 것.

6, 지대 편성이 완비되면 대본영에 보고할 것. 단 선박이 도착한 항에서는 준비를 완료해 탑재하고 다시 발송명령을 청할 것.

한편 참모본부는 전쟁이 시작되면 가장 시급한 문제로 대두될 경성과 부산 간 병요지리, 병참선로 가설을 위해 1887년 조선과 청국을 정찰 조사했던 후지이 시게타를 조선으로 다시 파견했다.

출발할 때 가와카미 소로쿠는 "혼성여단은 이미 출발했다. 청일교전 결과 만일 우리 해군이 불리해질 경우를 상상하면 어떻게든 혼성여단을 증원해야 한다. 잇따라 후속병단을 진격시켜야 한다. 문제는 청일교전 전에 이에 대해 연구해야 한다. 경성 –

부산 간의 지리는 물론이고, 경성 - 평양, 원산 - 평양, 산둥각(山東角) - 위해위(威海衛)가 정찰이 가장 필요한 지방이다."고 은밀히 밀명을 내렸다. 부산과 경성 간의 정찰이 무엇보다 급선무였다. 이것이 후지이 소좌에게 주어진 중요한 임무였다.[35]

이상에서 살폈듯이 일본은 1894년 6월 조선의 혼란을 틈타 조선을 정복하기 위해 8천 명이 넘는 혼성여단 병력을 꾸려 무력침략을 강행했다. 다음의 제2부에서는 경성과 인천을 무력 점령한 일본정부와 혼성여단의 철저하게 계획된 조선왕궁 침탈, 역사 왜곡, 조선 지배를 위한 위장된 개혁에 대해 일본의 기록을 토대로 정리했다.

제2부

1894년 7월, 조선을 장악하다

1
일본, 무력으로 국정 장악
2
조선왕궁 점령 계획
3
조선왕 생포작전

1장

일본, 무력으로 국정 장악

1
일본의 조선 지배를 위한 위장된 개혁
2
일본에 야합한 조선인

1. 일본의 조선 지배를 위한 위장된 개혁

1894년 6월13일 조선의 내정개혁을 최초로 제안한 자는 재조선 일본공사관 서기관 스기무라 후카시였다. 『메이지 이십칠팔년 재한고심록』에 이렇게 기록했다.

선후책에 대한 의견[1]

조선의 형세가 쉽지 않을 것이라 각오하고, 지금 형세를 이용해 조선에서 모두가 희망하는 바를 달성하기 위해 인천에서 체류하는 동안 외무대신에게 다음 의견을 올렸다.(1894년 6월13일, 인천에서 씀.)

1. 이번 거사로 청국이 조선에 미치고 있는 거짓 공갈을 억제하고, 향후 청국이 조선에 미치는 세력을 줄이고 일본의 세력을 은연 중에 증가시켜야 할 것이다. 그 목적을 달성하려면 우리는 신중하게 병력을 철수하지 말고, 청국으로 하여금 먼저 군대철수에 관한 의견이 나오게 해야 한다. 이를 실행하면 좋다고 생각한다.

2. 조선 내부에서 변혁을 일으키려면 민씨당을 몰아내고, 이들에 반대하는 인물이나 중립적인 인사를 정부에 등용하게 해야 할 것이다. 며칠 뒤 민영준의 축출, 대원군의 입궐(한때 허위로 전해졌다는 것이 나중에 밝혀짐.)의 실마리가 풀리면 지금 신중하게 대처해 경성에 군대를 주둔시키게 된다면 십중팔구 그 목적을 달성할 수 있을 것이다. 그러므로 내부 개혁이 끝나지 않는 동안은 철수하지 말 것을 요구한다. 민씨당을 축출하고 반대당이나 중립적인 인사를 등용하는 것은 앞으로 조선과 일본에 이익이 될 것이라 믿어 의심치 않는다.

3. 사건이 일단락된 뒤에는 "조선정부는 난민을 진정시킬 능력이 없고 이웃나라를 소란스럽게 했다."는 구실로 청국정부와 협의하여 조선정부에 내정개혁을 권고해야 할 것이다. 톈진조약에도 일청 양국이 조선정부에 권고하여 외국인 교관을 초빙하여 군대를 훈련시켜야 한다고 되어 있으므로 그 조약에 따라 권고의 영역을 넓혀야 한다.

당시 나의 희망은 조선에서 일본의 지위를 회복하여 청국과 동등하게 되는 것과 조선의 내정을 개혁하는 것이었지 결코 일본과 청나라 두 나라가 전쟁을 하여 그 승패를 결정하는 것은 아니었다.

일본정부는 6월14일 내각회의에서 현재 조선의 반란은 잠시 평정된 모습이지만 언제 어떻게 바뀔지 알 수 없고, 청국 병력이 경성과 인천에 없는 지금이 절호의 기회라 판단했다. 무쓰 외무대신과 참모본부는 군대파병의 이유가 없는데도 경성 진입을 강행했다. "일본군이 아무 것도 하지 않고 빈손으로 귀국한다면 체면이 서지 않으며 또 실책을 반증하는 것"이 이유였다. 표면적으로는 청국정부에 조선의 내정개혁을 제안하면서 시간을 끌어 혼성여단 병력의 인천 상륙을 완료하는데 집중했다.

일본은 병력이 조선에 도착하면 바로 전투가 시작될 것이라 예상했으나 청국 병력은 아산에 주둔한 채 움직이지 않았다. 일본 병력은 경성과 인천의 요충지를 차지하고 있었다. 애초 출병의 목적이었던 동학군은 자진 해산했다. 6월15일 원세개는 일본의 병력 철수를 요구했다. 원세개는 일본의 발빠른 군대 파병에 놀랐고, 출병 며칠 만에 조선의 주요지점을 차지하자 낭패한 기색이 역력했다. 원세개의 요구를 오토리 공사는 단호하게 거절했다. 혼성여단의 선발대가 인천과 경성의 요충지를 차지하자 오토리는 강경노선으로 돌아섰다.

6월16일 무쓰 무네미쓰 외무대신은 도쿄 주재 청국 왕공사를 거쳐 청국정부에 함께 조선의 내정개혁을 하자고 제안하게 했다. 『일청전사강의적요록』의 기록은 일본정부의 행동과 군부의 행동에 차이가 있는 것처럼 보이지만 본질은 같다. 오토리 공사의 철병교섭은 일본군의 제1차 선발대의 후속부대가 조선에 상륙할 때까지 시간을 벌기 위함이었다. 청의 증원군보다 먼저 조선의 요충지를 차지해 그동안 해결하지 못했던 조선문제 즉 조선을 보호국화하려는데 목적이 있었다.

『일청전사강의적요록』은 일본이 청국에 조선정부의 내정개혁을 제의하면서 미온적인 태도를 보인 저의가 어디에 있는지를 분명히 보여준다.

청일 공동으로 조선 내정개혁을 제의한 일본정부의 미온적인 태도와 그 동기

이때 일본정부의 외교방침은 오로지 화평으로 기울고 있었으나 정부가 평화를 바라는 것은 절대적으로 아니었다. 어떻게든 조건을 달아서 이전에 당했던 굴욕을 되갚아야 한다는 무쓰 외무대신의 독촉에 내각회의가 열렸다.

이때 이토 총리대신은 첫째, 조선의 내란은 청일양국의 군대가 공동으로 협력해 신속히 이를 진압할 것. 둘째, 내란을 평정한 뒤 조선의 내정을 개혁하기 위해 청일 양국에서 상설위원 약간 명을 조선에 파견해 조선의 재정을 조사하고 중앙정부, 지방 관리를 도태시키고 필요한 경비병을 설치하여 국내의 안녕을 유지할 것. 셋째, 조선의 재정을 정리하고 가능한 공채를 모집하여 국가의 공익을 일으킬 목적으로 사용할 것 등 몇 개 조항을 각료에게 제시했다. 이를 정부의 제안으로 하여 청국 정부와 논의할 것인지를 의견으로 내놓았다.

대부분이 그 자리에서 찬성했으나, 무쓰 외무대신만이 홀로 하루 생각할 시간을 달라고 청했다. 이 일에 깊이 관련된 책임자로서 그는 외교상 일본은 수동자가 되고 중국은 주동자가 되는 이번 제안에 중국이 거절할 경우 앞으로 어떤 외교정략을 취해야 할지 고심했다. 이토 총리의 흉중을 미루어 생각해 보면 각의에서 공공연하게 언명하지는 않았으나 아마 결심한 바가 있을 것이다. 밤늦도록 심사숙고한 결과 분명 제국의 외교는 백천간두를 향해 한걸음 더 나아가는 수밖에 없다. 국가의 체면상 이대로 철수할 성질의 것이 아니라 생각해 이토 총리의 원안에 동의하는 수밖에 없었다. 그러나 청국이 이를 거절할 때는 일본 단독으로 조선의 내정개혁을 한다는 결심을 굳혔다. 향후 분란이 생기더라도 확실한 태도를 취해야 했다.

그는 다음날 내각회의에서 이토 총리의 제안에 덧붙여서 "청국정부와 협의 여하와 상관없이 지금 조선에 상륙해 있는 일본 군대는 결코 철수하지 않는다. 만일 청국정부에서 우리의 제안에 찬성하지 않을 때는 일본 단독으로 조선에서 개혁을 단행할 것이다."는 2개 조항을 첨가하여 각의에 붙여 가결시킨 다음 총리대신이 상주해 재가를 받았다. 이로써 정부는 출병이라는 좋은 기회에 편승해 20여 년 동안 청일 상호간에 맞물려 있던 조선 독립문제를 근본부터 해결하여 영원히 양국 분쟁의 씨앗을

없애자는 정책을 제의해 원만하게 목적을 달성했다.²

무쓰 무네미쓰는 『건건록』에서 이때의 상황과 본인의 심정을 이렇게 서술하고 있다.

> 내각회의에서는 이와 같이 결정했으나 실제 조선에서 일을 하려면 적당한 시기를 택해 국가 대계를 그르치지 않아야 했으므로 정부는 신중히 논의를 계속하여 그 방침을 확정했다. 즉 청일 양국이 각각 군대를 파병한 이상 언제 충돌해 전쟁이 일어날지 헤아리기 어렵다. 만일 이런 사태가 벌어지면 우리는 전력을 다해 당초 목적을 관철해야 함은 논할 필요도 없다. 되도록 평화를 깨지 않고 국가의 영예를 보전하며 일청 양국의 권력 균형을 유지해야 했다. 우리는 가능한 피동자적인 입장을 고수하고 언제나 청국이 주동자가 되도록 만들어야 했다. 이러한 일대 사건이 발생할 경우 상투적인 외교수단으로써 반드시 제삼자인 구미 각국에서 서로의 입장을 인정해줄 수 있는 상대국을 찾아야 했다. 이것도 사정상 어쩔 수 없는 경우에 해당한다. 엄격하게 사태를 일청 두 나라에만 국한시키고 제삼국과 일이 발생하지 않도록 피하는 방법까지 강구해야 했다. 전쟁에 앞서 조정에서 세운 계책은 애초부터 이토 총리와 내가 심사숙고한 끝에 이루어졌다. 특히 대부분은 이토 총리가 의견을 제시했고, 당시 모든 각료가 이 의견에 찬동해 재가를 받게 되면 일청 교전이 일어나더라도 우리 정부는 일관되게 이상의 정략을 관철시키도록 노력해야 했다.³

6월17일 4천이 넘는 혼성여단 병력은 인천에 상륙한 뒤 경성과 인천 사이의 요충지를 모두 확보했다. 후속부대의 상륙 여부를 두고 왈가왈부할 것도 없는 상황이었다. 이때를 기해 일본 정부는 외교적으로도 병력 철수 교섭을 중단하고 강경노선으로 전환했다. 선발대가 도착했을 무렵 오토리 공사는 외교적으로 불리하다는 이유로 강경조치에 반대했으나, 청국 정부와 공동 내정개혁 제안을 깨뜨리고 일본정부가 철수하지 않는다는 믿음이 있었으므로 지금까지 보이던 타협책을 버리고 일본 정부의 개전정책보다 더 적극적인 강경론자로 급변했다.

일본정부의 기본방침이 개전에 있음을 안 오토리 공사는 조선을 더욱 강경하게 옥죄는 방법을 찾는데 골몰했다. '종속'문제를 이용해 조선과 청을 몰아붙이기로 결론을 내리고 압박했다. 일본 정부의 결심과 군부의 행동이 맞아떨어지려면 조선 땅에서 구실을 찾아내야 했다. '조선의 작은 왕'으로 불리던 스기무라 후카시와 참모본부에서 파견한 군 참모들은 대본영의 정책을 바탕으로 구체적인 방법을 찾고 있었다. 『일청전사강의적요록』은 무쓰의 『건건록』을 인용, 조선 개혁의 목적은 결국 일본의 지배하에 두는 것임을 분명히 하고 있다.[4]

#1. 6월17일 청국 정부에 청일 공동으로 조선의 초적(剿賊)을 평정하고 함께 그 비정(秕政)을 혁신하자고 제의했다. 동시에 이 뜻을 오토리 공사에게 통고했다. 경성에 주둔하는 병사는 단연코 철수하지 않는다고 훈령했다. 이에 당시 이홍장은 일본병력의 철수에 매우 고심하고 있다고 전해졌다. 오토리 공사는 애초의 훈령을 어기고 정부가 출병한 처음의 뜻을 관철시키는 일 말고는 일체 응하지 않겠다는 결의를 보였다. 무턱대고 강경한 조치를 취하면 외교상 매우 불리하다고 보고했다.

이홍장은 일본의 협동개혁안 제의를 접하자마자 이 제안에 매우 깊은 의미가 담겨 있음을 간파하고 총리아문에 일본의 제의를 거절한다고 전하게 했다. 때마침 원세개로부터 일본의 대병력이 인천에 상륙했다는 보고가 도착했다. 이에 비로소 태도를 바꾸어 전쟁으로 한 걸음 나아가게 되었다. 일본병력을 조선에서 물러나게 하려고 소비했던 오토리 공사의 노력은 바야흐로 대병력을 보내 서로 버티며 대항하게 하는데 이르게 되었다.

(부기)이때 일본 외무대신의 심중이 담겨 있는 『건건록』에 그 요령이 기록되어 있다. 대략적인 내용은 다음과 같다.

#2. 조선정부의 내정개혁을 실행해야 한다는 사실이 확실해지자 조선은 이웃이니

일본이 다소 어려움이 있더라도 친선의 우의로 도와주어야 하는 것이 마땅하다. 일반 대중도 만일 양국 간에 개전을 해도 강한 자를 누르고 약한 자를 돕는 인의에서 출병한 것이라 논의하고 있다. 조선의 개혁을 명분으로 조선을 병합하자는 의견도 있다. 조선을 개혁해 독립국으로 만들어 우리의 권력 아래 두어야 한다. 조선을 개혁해 독립의 명분을 유지하고 훗날 청, 러시아 두 나라에 대한 보장적 성격으로 돕자고 한다. 가장 심하게는 바로 이때 일본이 열국회의를 소집해 조선을 벨기에, 스위스처럼 열국이 보장하는 영원한 중립국으로 만들자는 의견도 있었다. 이런 말은 단지 일반에 퍼져 있는 소문에 부화뇌동한 것이다. 정치외교 문제의 성패는 우리나라의 이익을 찾는데 두어야 하지 국가적 도의문제가 되어서는 안 된다.

#3. 외무대신 무쓰 무네미쓰는 냉혈한처럼 생각하며 결단을 내렸다. 조선문제는 정치적인 것 말고 아무 의미가 없다. 따라서 의협, 인의로 십자군을 일으킬 필요가 없다. 조선의 내정개혁도 일본에 이익이 되는 범위에서 그쳐야지 결코 더 나아갈 필요가 없다고 생각했다. 본래 그가 제출한 조선 내정개혁안은 일청간의 갈등을 해결하려는 정책일 뿐이었다. 그 뒤 정세가 바뀌어 일본이 단독으로 해야 할 귀찮은 입장에 이른 것에 불과했다. 따라서 그는 이 문제를 가볍게 보았다. 조선 사정으로 보건대 충분히 개혁하지 못할 것이라 의심했다. 당시 조선개혁은 외교 주제가 되었다. 일본정부가 이를 실행하기로 결정했으므로 무쓰 외무대신의 입장에서 보면 동기, 원인을 불문하고 이로써 조정과 민간의 의견이 일치되는 절호의 기회를 맞았다. 그는 여세를 몰아 이것을 표면에 내세웠다. 이미 깨져버린 청일 관계를 다시 조화롭게 하느니 오히려 이 기회를 촉발시켜야 했다.[5]

스기무라 후카시는 『메이지 이십칠팔년 재한고심록』에서 6월17일 모토노 이치로 참사관과 논의한 결과 "일본과 청국 동시 철병 협의를 깨고, 이번 기회로 청국과 전쟁이 시작되더라도 조선의 독립문제는 결정지어야 한다."며 은밀히 논의를 했다고 했다.[6] 일본정부는 6월18일 오후3시45분 다음 전문을 조선으로 보냈다.

일본 정부는 스스로도 만족하고 국민들의 감정도 만족시킬 만한 결과를 얻지 못하는 한 현재의 위치에서 물러날 수 없다. 이 기회를 이용해 조선 정부에 경성·부산 간의 전신선 양여, 일본인 소속의 상품에 대한 불법과세 폐지, 방곡령 전면 폐지를 요구해야 한다. 만일 청국 정부와의 합의에서 만족할 만한 결과를 얻지 못할 때는 위의 목적(청국에 제의한 각 조목을 가리킴)을 성취하기 위해 적당한 조치를 취할 것을 추후 훈령할 때까지 충분히 고려해 그 준비를 하기 바람.[7]

6월20일 인천영사 노세 타츠고로(能勢辰五郞)가 오토리 게이스케 공사에게 탐문보고서를 보냈다.

청국인 가운데 부인이 있는 자로서 아직 항구에 가족을 잔류시키고 있는 자는 이사부(理事府) 서기생 주장령(周長齡)과 우선회사(郵船會社)의 고용인 두 명뿐이라고 함. 야채를 경작하던 농부는 감자·무·기타 작은 묘목까지 파내 이를 매각하고 귀국 길에 오르고 있음. 기선 진동호는 오늘 새벽 물때에 맞춰 출항할 예정이었으나, 어제 19일 오후에 갑자기 경성에서 출항을 보류하라는 전보 명령이 있었음. 이는 경성에 있는 청국사서(淸國使署)가 발송한 공식 전신이 있었다고도 하고, 경성에 있는 청국의 부녀자를 귀국시키려는 것이라고 한다. 실제로 오늘 경성과 인천을 운항할 작은 기선 한 척을 사들여 그것으로 경성의 부녀자를 실어올 것이라 하는 자가 있음. 청국인의 말에 의하면 내일 21일이나 모레 사이에 청국 군함 6, 7척이 입항할 것이라고 함. 이사부에서는 청나라가 육군을 증원해 파견하거나 군함을 보내오는 일은 결코 없을 것이라고 함. 이상 탐문한 대로 보고드립니다.[8]

6월21일 일본 정부는 청국이 응하지 않을 것을 알면서도 양국이 협동해 조선 내정을 개혁하자고 제의했다. 이에 이홍장은 동의할 수 없다고 회답, 6월22

일 일본은 청국에 제1차 절교서를 전달했다. 6월22일 일본에서 어전회의가 열렸다. 내각에서 이토 히로부미 수상, 구로다 기요타카, 사이고 쥬도, 오야마 이와오, 무쓰 무네미쓰 등 각 대신, 참모본부에서 참모총장 아리스가와노미야 다루히토 친왕, 가와카미 소로쿠가 참석했다. 회의 결과 일본정부는 혼성여단 병력이 조선을 무력 점령하고 있는 이때 기세를 몰아 내정개혁이라는 명분을 내세워 조선을 압박해 청국 병력을 조선 땅에서 몰아내기로 결정했다. 일본의 혼성여단 주력부대가 경성에 들어왔는데도 청군이 별다른 움직임을 보이지 않아 개전의 기회를 잡지 못한 일본은 초조했다. 조선의 왕을 볼모로 삼아 청국과의 속전속결을 노리고 있었다. 일본은 빨리 개전을 원했으나 바로 실행에 옮기지 못하고 있었다. 6월22일 무쓰 외무대신은 오토리 게이스케 공사에게 「청일군 충돌에 따른 훈령」을 내렸다.

기밀 송제25호(機密送第25號)[9]

하나, 청국 정부에서 다시 많은 병력을 조선으로 보내는 것이 확실한만큼 일청 양국의 충돌은 도저히 피하기 어려운 상태에 이르렀다.

하나, 우리 병력이 인천에 머무를 때는 숙영 등의 문제로 거류 영국인, 기타 국민이 다소 고충을 호소할 것이다. 아주 드물게 제삼국과 분쟁이 생기면 우리에게 매우 불리할 것이다.

앞서 기술한 두 이유로 묘의는 설령 일본, 청국, 조선의 관계가 다소 불편해지더라도 개의치 말고 현재 인천에 머물고 있는 남은 병력을 경성으로 진입시킨다. 의논을 하나로 모아 빠른 속도로 2개 대대 병력을 보내 혼성여단을 완성시켜 경성에 집결시키기로 했다.

하나, 일전에 전보로 훈령한 것처럼 이번에 조선정부를 압박해 경성·부산 간의 전신선을 수리 복구시킬 것. 다만 조선 정부가 이 일을 지연시키며 결정하지 않을 경우, 한편으로는 우리 육군에서 전신선 공사를 담당하고 다른 한편으로 그 일을 조선 정부에 통보할 것.

일본정부는 6월 무력으로 청나라에 조선을 떠나라고 압박했다.(1894년 8월 인쇄)

기타 사항은 이번에 파견하는 가토 마스오 외무서기관을 통해 구두로 본 대신의 훈령을 전달토록 했으므로 그에게 듣기 바랍니다.

6월22일 무쓰 무네미쓰는 외무성 문서과장 가토 마스오를 조선으로 파견하며 구체적인 대책을 지시했다. 다음 비밀훈령 "개전은 피할 수 없으며, 우리가 허물만 지지 않는다면 어떤 수단을 써서라도 개전의 구실을 만들라."는 내용은 오토리 게이스케 공사에게 문서가 아닌 구두로 전달되었다. 6월23일 발신해 24일 도착한 외무대신의 훈령을 『메이지 이십칠팔년 재한고심록』은 이렇게 전하고 있다.

> 청국 정부와의 담판(일청 협동으로 조선 내정을 개혁하는 것에 대한 담판)은 조정되지 않았다. 예컨대 동학당이 진정되거나 일본과 청국이 충돌을 피하게 되고, 단순히 청 병력이 철수하자는 조건을 내더라도 우리 군대를 조선에서 철수할 수 없다. 우리 정부는 청국 정부에 제의한 바와 같이 단독으로 여러 조치를 행해야 한다(단독으로 조선의 내정개혁을 권고함을 뜻함.). 이에 대한 상세한 훈령은 가토 마스오 서기관이 휴대하고 출발했으니 그의 도착을 기다릴 것.[10]

6월23일 오토리 게이스케 공사는 인천과 부산 등의 영사들에게 청일군대의 충돌 가능성을 외국인에게 표명하여 찬동을 얻으라는 취의서를 보냈다.

일·청 군대의 충돌 가능성을 외국인에게 밝혀 찬동을 얻으려는 취의서[11]

기밀 제101호 (노세(能勢) 2등영사), 기밀 제102호 (무로다(室田) 총영사), 기밀 제103호 (우에노(上野) 2등영사), 기밀제104호 (경성 우치다(內田) 2등영사). 이번에 우리나라에서 군대를 파병해 청국군과 충돌을 야기하게 될지도 모른다. 외국인을 상대로 대화를 나눌 때 은연중에 그런 의사를 드러내고 그들로 하여금 우리의 거사에 찬동하게 만들 필요가 있다고 생각됩니다. 이에 유의사항으로 별지 의견서를 보내니, 시기를 엿보아 잡담 중에 섞어서 은근히 이 뜻을 비치기 바랍니다. 이 점 미리 말씀드립니다.

오토리 공사는 조선 국왕을 만나 개혁의견을 제시했다. 조선정부는 오로지 상황이 평온하니 청국과 일본의 철수만을 요구했다. 이에 조선의 독립문제와 일본 출병 애초의 목적을 달성하기 위해 외무대신에게 다음 전문을 발송했다. 6월 27일 제2차 수송부대와 함께 도착한 가토 마스오가 비밀훈령을 전했다.

#1. 가토는 아직 도착하지 않았으므로 귀하가 전보로 보내온 제의는 아직 공식적으로 조선정부에 통보하지 않았다(즉 제국 정부 단독으로 공식적으로 내정개혁을 권고하는 의견임). 그렇지만 비공식적인 수단과 기타 보고를 종합해 보면, 조선정부는 청국의 견제 아래 있는 동안은 우리의 제의를 시행하지 않을 것이고, 개혁이 유효하게 이루어지지 않을 것으로 확신한다. 지금은 조선의 주권문제를 결정하는 것이 가장 필요한 일이다. 동시에 청국 장군 섭사성이 발표한 공고문에 속국을 구하기 위한 파병이라는 취지를 들어, 본관은 6월 26일자 공문에서 원세개에게 이것의 사실 여부를 규명하라고 했다. 위 공고문에 대해 필요한 경우 강력하게 반대 조치를 취할 것이니 신속히 회답해 주기 바란다.[12]

#2. 6월 27일 외무대신의 비밀훈령을 가지고 가토가 경성에 도착했다. 그 요지는 "현재의 상황을 검토해 볼 때 전쟁은 피할 수 없다. 우리에게 부담만 주지 않으면 어떤 수단을 동원해서라도 개전의 구실을 만들어야 한다. 다만 이러한 일은 서면으로 처리하기 어렵기에 특별히 가토를 파견한다."는 것이었다. 가토는 시모노세키에서 6월 23일 오토리 공사에게 전하는 훈령을 휴대하고 있었다. "귀하는 조선 정부에게 행정, 사법, 재정제도의 실질적이고도 유효한 개혁과 개선을 실시하고 향후 다시 실정(失政)하지 않도록 보증할 것을 강력하게 권고하고, 이를 위해 협의할 것을 훈령함. 앞으로 귀하의 주장을 강화하려면 본 대신이 청국 공사에게 한 회답에서 제시한 이유를 활용해야 할 것이다. 그 회답의 사본은 가토가 귀하에게 전달할 것임. 귀하는 위

와 같은 이유를 모든 외국공사에게 분명히 밝혀 일본정부의 조치가 타당함을 세상에 공표할 것."¹³

가토가 비밀리에 전한 구두훈령은 오토리 공사에게 막강한 권한을 행사할 수 있게 해주었다. 무쓰 외무대신의 은밀한 훈령을 받고 난 뒤부터 조선의 독립문제와 내정간섭에 더욱 압력을 가했다. 참모본부의 군사외교관으로 혼성여단의 제1차 출발 때 조선공사관부 직무대리 직책으로 파견된 후쿠시마 야스마사 중좌, 우에하라 유사쿠 소좌도 은밀한 훈령을 받고 일본을 떠났다. 육군대신이 전하는 공식 정부방침은 조선의 공사관과 거류민 보호였으나, 훈령은 반대였다. 참모본부의 은밀한 훈령은 "공식 명령은 표면적인 것에 불과하다. 임기응변으로 대처하라."는 것이었다.¹⁴

내정개혁에 관한 무쓰 무네미쓰와 일본정부의 생각이 『건건록』¹⁵에 분명하게 드러나 있다.

#1. 조선의 내정개혁이란 첫째 우리나라의 이익을 주안으로 하는 정도로 그쳐야지, 굳이 우리의 이익을 희생시킬 필요가 없다. 이번 사건으로 보건대 결국 조선의 내정개혁이란 일청 양국 사이에 얽혀 풀지 못했던 난국을 조정하기 위해 제안된 하나의 정책인데 시국이 바뀌어 우리나라 혼자 힘으로 이를 맡게 되었다. 나는 처음부터 조선의 내정개혁에 별로 무게를 두지 않았다. 조선과 같은 나라가 과연 만족할 만한 개혁을 할 수 있을지가 의심스러웠다. 조선의 내정개혁은 외교상 핵심문제가 되었으므로 여하튼 우리 정부는 이를 시행해야만 했다.

#2. 구미 강국은 장차 조선에서 어떤 계획을 실시할지 주시하고 있는 이때 우리가 만일 한 걸음이라도 잘못 내디디면 사면초가의 위험에 빠질 수도 있는 운명이다. 조선정부에 내정개혁을 권고함에도 깊이 내외 형세를 살펴 너그럽고 엄함을 잃지 않도록 주의를 기울여야 했다. 이에 그 수단은 활발하고 민첩해야 했다. 뿐만 아니라 조

선은 그들 스스로가 쌓아온 폐단이 얼마나 심한지 깨닫지 못한다. 스스로 이를 고칠 필요를 느끼지 못하는 나라에게 다른 나라가 그것을 권고하고 장려하는 것은 마치 큰물이 하늘까지 차서 넘치는 홍수를 취약하게 버려둔 방죽으로 막으려는 것과 같다.

이 생각은 6월27일 밤 무쓰 무네미쓰가 이토 히로부미에게 보낸 서신에도 드러나 있다.

조선에서 우리의 세력은 아직 중국이 대대로 쌓아온 위세에 미치지 못합니다. 이러한 때 어떤 명분으로라도 청병과 충돌을 일으켜 어떻게든 일승을 거둔 다음에 시기를 살펴 강함과 부드러움을 취하는 것이 외교상의 흥정이 아니겠는지요. 아니면 헛되이 세월만 보내다가 어제 고무라가 전한 말처럼 다른 열강의 간섭을 초래하거나 진퇴가 부자연스러운 입장에 빠지게 될 것입니다. 오토리가 말한 속방론을 다투는 일이건 기타 어떠한 문제로든 일단 충돌을 시도하는 것이 어떠하신지요. 끝내 충돌이 불가피하다면 우리가 승리할 수 있는 날에 충돌하는 것이 상책입니다. 우유부단하여 뒷날 후회를 낳는다면 이는 실로 우리의 불행입니다. 현명한 판단을 내려주십시오.[16]

이사벨라 버드 비숍은 1894년 1월 요코하마를 경유해 1894년 2월 조선에 도착, 1897년까지 극동에 머물며 네 차례에 걸쳐 조선을 방문, 장기체류했다. 『조선과 그 이웃 나라들』의 기록에서는 6월 중순 무렵 때마침 인천항으로 들어왔을 때의 상황과 일본의 경성 점령 목적을 정확하게 꿰뚫고 있다. 비숍은 6월21일 제물포에 도착해 일본 군인들이 전쟁 물자를 항구에 쌓고 있는 모습, 종 모양의 야영 텐트, 훈련받은 말과 최신형 장비를 갖춘 일본군에 대해 상세히 서술하고 있다. "일본군은 200명의 인부와 100마리의 말을 이용, 일본의 영사관에서 경성으로 총알과 포탄을 수송했다."며 일본군의 모습에서 거류민 보호라는 명분을 내세워 자기들의 목적을 교묘하게 은폐하고 있다고 비난하고 있다. 또 비숍은 "조선과 그 외교의 중요성에 비추어 가장 중요하게 제기해야 할 '일본의 목적이 무엇인가.', '이것은 침략인가.', '일본은 적인가 우방인가.'"하는 질문을 던지며 대궐에 유폐되어 있는 조선 왕과 정부의 기능을 상실한 조선정부에 대해 상세히 전하고 있다.[17]

청일전쟁 당시 러시아 외교관이었던 제노네 볼피첼리(Zenone Volpicelli)는 『구한말 러시아 외교관의 눈으로 본 청일전쟁』에서 "일본은 조선에서 자국의 이익을 지키기 위해 규모가 큰 군대를 준비했다. 6월5일 육해군에 조선 원정을 준비하라는 명령이 시달되었다. 원정대는 오시마 요시마사 소장 휘하 제5사단 소속부대로 구성되었다. 이 부대의 비정규적인 편제로 인해 나중에 혼성여단이라는 이름을 얻었다. 전쟁에서 올린 공적으로 일본 전역에 아주 친숙한 이름이 되었다."고 서술하고 있다.[18]

2. 일본에 야합한 조선인

박은식은 『한국통사』와 윤효정의 『대한제국아 망해라』에서 이때 일본에 야합, 조선정부의 전복과 개혁을 도모했던 인물에 대해 밝히고 있다.

#1. 조선정부는 근심과 공포에 휩싸였다. 나갈 바를 알지 못했다. 갑신정변을 일으켰다가 실패하고 불행히 숨어 살던 자들이 차츰 자취를 드러냈다. 안경수(安駉壽), 김가진(金嘉鎭), 권재형(權在衡)[19], 유길준(兪吉濬), 김학우(金鶴羽), 권영진(權瀅鎭), 조희연(趙義淵), 김익승(金益昇), 이윤용(李允用) 같은 무리가 일본인과 결탁, 정부를 전복하고 정치개혁을 은밀하게 모의했다. 매일 밤 상복(喪服)을 입고 일본 공관을 오가는 것을 멈추지 않았다.[20]

#2. 당시 조희연, 안경수, 김가진, 권영진 등은 개혁정신을 가지고 친일당을 표방하는 자들이다. 일본군이 경성에 들어온 뒤 돌아가는 시국을 주시하며 일본 공사관과

친일당을 내세운 남작 김가진

일본군 병영을 드나들었다. 일본의 속내와 조선 조정의 장래를 어느 정도 예측했던 이들은 오토리 공사가 지시하는 대로 절대 복종하며 따랐다. 이들 네 명은 오토리에게 간청하여 일본 군대를 경복궁에 들여 수비하게 하고, 민비가 정사에 간섭하지 못하게 하며 대원군을 내세워 다시 섭정하도록 모의했다.[21]

1894년 12월에 발간된 『일청군기』에는 안경수가 민영준을 설득했다는 기록이 있다. 안경수는 1887년 통리교섭통상사무아문의 주사로 발탁되어 최초의 주일공사 민영준의 통역관으로 3개월 동안 일본에 머물렀던 인물이다. 1888년 별군직, 1893년 전환국방판으로 일본에 건너가 서양식 화폐주조를 관찰하고 돌아와 신식화폐를 만들고, 1894년 친일정권에 빌붙어 갑오개혁을 추진했다.

민영준이 청나라 병력을 요청해 놓고도 일본의 군대 파병에 놀라 오토리 공사에게 철수를 요구했다. 각국 공사에 중재를 부탁하고 원세개의 지혜를 빌려 보았으나 소용이 없었다. 조선의 조정에서는 민영준이 청나라 병력을 요청한데서 일어난 일이니 그를 물러나게 하고 일본공사관에 철수를 요청할 수밖에 없다고 논의했다. 그러나 나는 새도 떨어뜨릴만한 권세를 쥐고 있는 민영준이라 아무도 말을 꺼내지 못했다. 일본병력이 무력을 앞세워 경성으로 들어오는 모습에 조선인들은 간담이 서늘해졌다. 안경수라는 자가 민영준에게 가서 "오늘의 일은 다만 일본의 환심을 사는 수밖에 없다. 신속히 일본공사였던 김가진을 외무독판으로 삼아 일본이 품고 있는 나쁜 감정을 풀게 한 다음 병력 철수를 요구할 구실을 만들자."고 권유했다. 탐탁잖게 여기던 민영준이 안경수의 권유에 따라 신속히 김가진에게 그 명을 내렸으나 세 번이나 고사한 뒤 받아들였다. 그 뒤 일본에 연고가 있어 등용된 자로서 김학진은 전라도 감사, 김홍집은 왕실 상담, 유기환(兪箕煥)은 외무주사로 임명되었다. 일본당이 때를 얻어 중국당을 소외시켰다. 이를 본 원세개는 민영준과 안경수를 깊이 원망했다고 한다.[22]

2장

조선왕궁 점령 계획

1
조선왕궁 점령 계획 보류
2
교활한 조선공사 오토리 게이스케

1. 조선왕궁 점령 계획 보류

경성과 인천을 무력 장악한 일본은 조선정부를 압박해 내정개혁을 강요했다. 『메이지 이십칠팔년 재한고심록』에서 스기무라 후카시는 "오토리 공사는 가토 서기관이 도착하기 전에 내정개혁의 실마리를 열어 놓고 그가 도착하기를 기다렸다가 개혁안을 제출할 예정으로 조선정부에 오토리 공사의 조선왕 알현을 신청해 놓고 있었다."고 서술하고 있다. 이때의 상황을 『일청전사강의적요록』은 "오토리 공사는 조선정부에 '조선은 청의 속방이냐 아니냐.'는 공문을 보냈다. **만일 속방이라고 답변하면 병력으로 왕궁을 포위한다는 약속을 미리 혼성여단 여단장과 협의해 둔 시점에 가토 마스오 서기관이 일본정부의 훈령을 갖고 도착했다.**"고 적고 있다.² 6월27일 시점에 이미 조선왕궁 침입을 계획하고 있었다. 『건건록』과 『일청전사강의적요록』은 동일하게 6월28일 송달된 무쓰 외무대신의 기밀훈령을 예로 들고 있다.

혼성여단의 남하를 뒤로 미루고 조선왕궁 포위를 오시마 요시마사 여단장과 협의(『일청전사강의적요록』)

조선 내정개혁에 관한 기밀 훈령(6월28일 기밀훈령)의 요지[3]

일본은 조선과의 옛 교린을 생각하고 크게 동양의 정세에 비추어 다른 나라보다 솔선해서 수호조약을 체결하고 하나의 독립국임을 열강에 널리 알렸다. 그러나 조선은 부질없이 조약을 지키지 않고 아직도 오래된 폐단을 제거하지 못하고 있다. 더욱이 내란이 계속되어 자주독립의 근간이 와해되고 잦은 위기는 이웃나라에까지 미쳤다. 나아가 동양의 평화를 위태롭게 할 우려가 있다. 이에 아국은 이웃나라의 정의(情誼)로서 스스로 나라를 지키기 위해 수수방관할 수 없는 일이기에 우리 정부는 조선정부에 비정개혁(枇政改革)의 길을 강구해 속히 자주독립의 결실을 거두어 왕국의 영광을 영원히 유지할 수 있는 장기계획을 모색하라는 의견을 권고한다. 그 개혁의 요령으로 첫째 관리의 기강을 명확히 하고, 지방관리의 폐정을 교정할 것. 둘째, 외교교섭의 일은 항상 중시하고 직책을 잘 수행할 수 있는 인재를 등용할 것. 셋째, 재판을 공정히 할 것. 넷째, 회계출납을 엄정하게 할 것. 다섯째, 병제를 개량하고 경찰제를 설치할 것. 여섯째, 폐정(弊政)을 개정할 것. 일곱째, 교통을 편리하게 할 것 등 몇 가지 조항을 제시하게 했다. 오토리 공사의 이해를 돕기 위해 조항마다 상세한 주해를 첨가했다.

무쓰 무네미쓰는 『건건록』에서 위의 기밀훈령이 오토리 공사에게 도달하기 전 이미 일본정부가 취하려는 방침을 스스로 헤아려 미리 대처하고 있었다고 했다. 이어서 같은 날(즉 6월28일) 오토리 공사가 보낸 장문의 기밀전신을 소개하고 있다. 요약하면 6월26일 조선국왕을 알현해 비정개혁의 필요성을 건의하고 '향후 시행할 방침을 갑안과 을안 두 가지'를 제시했다고 서술했다. 같은 내용이 『메이지 이십칠팔년 재한고심록』에도 실려 있다.[4] 오토리가 조선의 국왕에게 압박한 핵심은 "조선정부는 '보호속방'이라는 네 글자를 인정하는가 하지 않는가."를 물어 **6월29일까지 답할 것을 요구하고, 대답 여부에 따라 강제적인 수단을 취하겠다**는 내용이었다. 일본의 거듭되는 추궁에 6월30일 회답한 내용을 『일청전사강의적요록』에 이렇게 기록했다.[5] 이 문장은 조선

왕궁 침입을 이때 계획하고 바로 실행하려 했으나 이행되지 않았음을 알 수 있다. 일본은 무력침략과 조선 점거의 불법을 감추기 위해 내정개혁을 내세우면서, 조선을 병합해 지배하려는 야욕을 드러내며 더 강압적으로 조선 정부를 압박했다. 무쓰 외무대신이 표현했던 오토리 게이스케의 고단수의 외교정략이 "조선은 청의 속방이냐 아니냐."의 답변 추궁은 조선정부와 왕실에 대한 압력이자 위협이었다.

조선정부는 우리 공사로부터 독립문제를 추궁당하자 어찌 답해야 할지 궁색했는지 청국의 감정을 상하지 않게 신경쓰며 애매하게 답서를 보내왔다. "조선은 자주국이다. 청국이 우리를 가리켜 속방이라 하건 하지 않건 청국이 제멋대로 주장하는 바이다."고 답해 일시적으로 흐지부지 덮으려 했다. 우리 공사는 이 답서를 보고 처음에는 이것을 "독립이 아니다."고 답한 것으로 해석하고 즉각 **6월30일 우리 정부에 왕궁을 포위하겠다고 전보를 보내고 이를 여단장에게 알렸다.** 그런 뒤 얼마 안 되어 해석을 바꾸어 이를 독립이라 답한 것으로 보았다. 즉각 **여단장에게 조선정부가 "독립이라 답했다. 병력 진격을 요하지 않음."** 이라고 통보했다.

이 무렵 혼성여단의 나머지 부대가 도착했다. 여단의 주력은 경성 부근에 집합해 모든 준비가 되어 있었다. 여단장은 조선정부가 이미 독립이라 명언한 이상 이곳을 침해하지 않고 청국 병력을 몰아내는 것이 당연하다고 보고, 청병 격퇴를 위해 남진하기로 했다. 대본영에 "대세가 급박하지 않고 일이 깨지면 여단은 아산으로 진격할 것"이라는 전보를 보냈다. 대본영은 6월30일 한밤중에 이 전보를 받았다. **오토리 공사가 "왕궁을 포위한다."고 정부에 보낸 다른 전보를 참조하며 오토리 공사와 오시마 여단장의 의도가 명확히 서로 맞지 않은 것으로 추측하여 판단**했다. 더욱이 이것은 정부가 바라는 바가 아니었으므로 바로 여단장을 제지하며 단호하게 "**경성 부근을 떠나지 말라.**"고 했다. "우리가 출병한 뜻은 조선의 악정[秕政]을 바로잡고 독립의 기초를 굳히는데 있으며 군의 진퇴는 오토리 공사와 협의해 그와 더불어 완급을 조절할 것. 다른 곳에서 도발하지 말라."고 전훈을 보냈다.

『메이지 이십칠팔년 일청전사 제2책 결정초안(明治二十七八年日淸戰史第二冊決定草案)』의 다음 기록도 이때 6월 29일 오시마 여단장은 여단의 주력으로 경성 부근을 장악하고, 왕궁을 침입해 조선을 완전히 손아귀에 넣으려는 계획을 세우고 있었음을 거듭 확인하게 해준다.[6]

#1. 6월29일로써 경성과 그 부근에 집합한 혼성여단은 당초 조선으로 건너가라는 명령을 받자마자, 수천의 용맹한 군대는 모두 표면적인 임무 외에 반드시 청국으로 향할 것이라 미루어 짐작하며 때를 기다리고 있었다. 마음과 눈에 비치는 영상은 조선이 아니고 결국 중국이 될 것이다. 이전부터 청국에 한 번쯤은 타격을 가해 그 완고한 꿈[頑夢]을 각성시키지 않으면 동양의 평화('조선의 일을 되돌리기' 삭제 표시됨)는 영구히 기약할 수 없다는 사상이 모든 일본인의 머리를 지배하고 있었다. 군인의 감정은 이보다 더 무거우면 무거웠지 가볍지 않았다. 특히 그 대장인 오시마 여단장은 일본 남아의 무용을 과시하고 해외에 국위를 떨친 300년 전 도요토미 히데요시의 뒤를 이어 처음 있는 통쾌한 일이라며 뛸 듯이 기뻐하며 우지나항을 출발했을 것이다.

#2. 인천항에 도착했을 때 이미 오토리 공사의 외교정책으로 군대 전진에 방해를 받아 모든 병력을 경성으로 진격할 수 없었다. 6월18일 직접 경성에 들어가 공사와 서로 다른 주장을 하며 다툼이 있었으나, 때마침 본국 정부 역시 출병에 주저하던 때였으므로 설득하지 못했다. 불평하며 열흘이 흘렀다. 그 사이 빠르게 모든 곳을 일본군이 장악했다. **북쪽은 아직 적병이 보이지 않고 남쪽은 병력 증강이 없으니 빨리 진격해 이를 격퇴할 것만 기획하고 있었다. 다행히 공사의 담판이 크게 진척되어 조선정부가 속방 유무를 확답해야 하는 날 즉 6월29일 여단 전력을 경성 부근에 집합시킬 수 있었다. 공사로부터 조선정부의 확답 여하에 따라 병력으로 왕궁을 포위하라는 청구를 받아들였다. 시기가 무르익었음을 기뻐하며 즉각 그 준비를 제대(諸隊)에 명령했다.**

#3. 29일 중에는 공사로부터 아무런 통보도 없었다. 이튿날인 30일 정오에 이르러서야 "독립이라 답했다. 운운"의 전보를 받았다. 여단장은 그 다음 결과는 반드시 남쪽으로 진격할 것으로 예상하고 대본영에 전보를 보냈다. 대본영이 "가벼이 경성 부근을 떠나지 말라."는 훈령으로 제지한 것은 제1편 제2장에 서술되어 있는 바와 같다. 혼성여단이 경성에서 남쪽으로 진격해 청국 군대와 일전을 벌이려는 계획도 잠시 미루어야 했다.

6월30일자 혼성여단 보고. 조선 국왕이 북한산으로 난을 피해갔다는 소문에 대한 내용과 오토리 공사가 보낸 전보 내용이 실려 있다.

『혼성여단 보고』6월30일자도 정확하게 이 부분을 기록하고 있다.

#1. 제11호 보고 6월30일 맑음. 국왕은 북한산으로 난을 피해갔다는 소문이 나돌고 있어서 경성에 있는 보병 제11연대 제1대대에서 정찰 장교를 파견함. 그러나 북한산에는 국왕이 피난한 모습이 없다고 이치노헤 소좌가 보고함.

#2. 12시25분 오토리 공사로부터 다음 전보가 옴. "독립이라 명언(明言)함 운운"

대본영이 혼성여단에 함부로 경성 부근을 떠나지 말고 경거망동하지 말라

1894년 6월, 혼성여단이 경성을 점령했을 때 조선 국왕이 북한산성 쪽으로 도망갔다는 소문을 듣고 첩보대를 보내 확인하고 돌아왔다.

며 훈령한 것처럼, 일본정부도 오토리 공사에게 전보를 보내 외교 담판이 진행 중이므로 공사가 과격한 수단을 취하는 것을 금하고 독립문제를 제기해 조선정부를 압박하라는 훈령을 보냈다.

7월3일 일본공사관에서는 조선의 정세를 설명하고 하루라도 빨리 전쟁을 시작하도록 촉구하기 위해 후쿠시마 중좌와 모토노 참사관을 도쿄로 파견했다. 이때 오카모토 류노스케는 "후쿠시마 중좌에게 조선의 현재 정세를 설명하고 오토리 공사와 담판한 다음 바로 귀국해 야마가타 아리토모, 무쓰 무네미쓰에게 적당한 때를 놓치지 말고 개전해야 하는 필요를 진언"[7]하게 했다. 『메이지 이십칠팔년 재한고심록』에서도 빨리 개전해야 한다고 일본정부에 촉구하고 있다.

공사관에서는 협의상 한편으로 외무대신의 훈령에 따라 조선정부를 압박해 내정개혁을 실행하게 하고, 한편으로 공사관의 의견을 전달하기 위해 후쿠시마 중좌, 모토노 참사관을 귀국시키기로 했다. 7월3일 아침 후쿠시마와 모토노가 출발해 오후 3시 인천을 출항했다. 두 사람이 전달할 의견은 다음과 같다.

"오늘의 형세로 보아 청일이 충돌을 피할 수 없다면 하루라도 빨리 전쟁을 시작하는 것이 우리에게 유리하다. 개전의 구실은 조선의 자주문제를 제외하면 달리 그럴싸한 것이 없다. 뿐만 아니라 자주문제는 공명정대하여 다른 나라에 우리의 의거로서 제시할 수 있다. 청국은 광대하며 최근에 와서야 육해군을 정비하고 있는 형세이나 그 이면을 살펴보면 거의 정비되어 있지 않아 두려울 것이 없다." 외교와 관련된 문제는 모토노가 설명하고 군사적 사항은 후쿠시마가 설명하기로 했다.[8]

『일청전사강의적요록』에서 후쿠시마 중좌가 실제로 눈으로 살피고 구두로 보고한 이때(7월초)의 군사적 상황은 다음과 같다.

#1. 7월3일 한 척후병이 대동강에서 돌아와 이상 없음을 보고했다. 다른 척후병은 평양에 파견 중이다. 이 지역에 일본인 6, 7명이 거주하고 있어 이들과 통첩하고 있다. **일본군대의 신속한 행동 즉 지난 6월12일 선발대가 인천에 도착한 뒤부터 오늘에 이르기까지 점차 병력이 증원되는 모습**에 대해 여러 외국인들은 모두 장래가 어떻게 될지 판단하기 힘들다고 했다.

#2. 차츰 일본병력이 늘어나자 조선정부는 크게 낭패하여 점점 계책을 세우는 일조차 하지 못했다. 처음에는 오토리 공사에게 병력 철수를 요구했으나 동 공사가 단호하게 나와 어떠한 일도 어려워졌다. 지금은 청국공사 원세개에게 의지하는 것 같다. 원세개는 본국에서 이길만한 병력을 보내오면 바로 일본병력을 철수시킬 수 있다며 큰소리를 치고 있다고 한다. 그러나 원세개도 딱히 해결방책이 없어 북경으로 돌아가겠다고 요청했으나 이홍장이 허락하지 않아 그저 여러 가지 유언비어만 내보내 인심을 현혹하는 계책을 취하고 있다.

#3. 원세개의 말에 따르면 아산에 있는 청국 병력은 숙영지가 좁고 막혀 있어 식량 조달에 고충이 많아 상관에게 다른 곳으로 옮겨달라고 강력하게 요청하고 있다고 한다. 그러나 이미 경성은 일본병력이 있으므로 북진할 수 없다. 동학당을 진압한다는 명분으로 먹거리를 구하기 위해 전라지방으로 향했다고 한다. 이들의 모습을 탐문한 바 대체로 군령이 서지 않고 조선을 심하게 압박할 염려가 있다고 했다. 경성에 있는 대략 3,000명 남짓 되는 청국인은 원세개가 자신의 입지가 궁해지자 일부 가족과 짐을 본국으로 보낸 것을 보고 열이면 일곱 여덟이 이미 다른 곳으로 옮겨갔다. 이들은 대부분 광동인(廣東人)이다. 원세개의 입지가 좁아지자 민영준과의 사이도 크게 틀어졌다. 일본당이라 칭하는 자가 자연스럽게 세력을 얻기에 이르렀다. 이미 김가진의 등용이 그 한 가지 증거다.

#4. 상상되는 사항

원세개는 조선인에게 큰소리를 치며 만일 일본이 철수하지 않으면 청국에서 많은 병력을 보내와 단번에 소탕할 것이라고 했다. 그러나 이홍장이 관리하는 병력은 35,000명에 불과하다. 조선에서 전쟁을 치른다면 이득이 없음을 그도 알고 있어서 성자군을 보내지 않을 것이다. 더욱이 길림, 흑룡강의 병력은 평상시 마적을 대비하고 있어 쉽게 움직일 수 없다. 만일의 경우 조선에서 전쟁이 시작되면 조선인을 인부로 고용하기도 힘들 것이다. 조선인의 습성은 다른 곳에서 숙박하는 것을 가장 꺼린다. 찬밥을 먹지 않으며 특히 용기가 부족해 비오듯 쏟아지는 탄환 사이로 바쁘게 돌아다니지 못할 것이다. 현재로서는 용산 부근에서 짐말 5, 60마리는 쉽게 사용할 수 있다. 또 한강의 물길을 이용할 수 있다.[9]

2. 교활한 조선공사 오토리 게이스케

1894년 7월 10일 「조선 내정개혁 권고가 거절될 때 일본의 힘으로 집행해야 할 수단에 대한 건」(특명전권공사 오토리 게이스케가 외무대신 무쓰 무네미쓰에게 보낸 기밀 제122호, 7월 17일 접수)[10]은 조선정부가 일본의 권고를 거절할 것으로 보고 군사적으로 압력을 가하겠다는 안건을 일본의 외무대신에게 보냈다.

> 조선 정부가 확실히 우리의 권고를 거절하거나, 만일 시일을 끌어 확답을 하지 않거나, 겉으로만 우리의 권고를 받아들이고 이를 실행하지 않을 경우 모두 우리의 권고를 거절한 것으로 간주하고 본관은 다음 두 안건 중 반드시 하나를 취해 직, 간접으로 반드시 개혁 실행을 독촉하고자 합니다.
>
> (갑) 조선 정부로부터 음으로 양으로 거절당할 때 우리는 "조선 정부의 내정이 정돈되지 않아 자주 변란이 일어나고 외국의 원병을 부르는 데까지 이르러 실로 우리나라에 위험을 주었다. 우리나라는 정치, 무역상 조선과 관계가 매우 깊은 까닭에 자위(自衛)를 위해 조선의 내정개혁을 촉구해 변란의 뿌리를 근절시키지 않을 수 없다."는 것을 구실로 삼아 **군사적 위력으로 이를 압박하고 실행을 촉구해야 한다. 군사 위협으로 이를 압박하는 수단은 우리 호위군대를 보내 경성의 여러 문을 견고히 하고, 왕궁의 여러 문을 지켜 그들이 승복할 때까지 다그치는 담판**을 해야 한다.
>
> (을) 조선 정부가 만일 음으로 양으로 우리 권고를 거절할 때 우리는 먼저 공문으로 "조선 정부의 거절은 동양의 대세를 전혀 살피지 않고 우리나라와 서로 제휴해 함께 부강을 도모하려는 뜻이 없음을 표시한 것이니, 유감스럽게도 우리는 본국의 이익을 보호하는 수단을 택하지 않을 수 없다."는 결의를 통고하고 동시에 다음의 요구를 해야 한다.
>
> 1. 일본과 조선의 조약 가운데 "조선은 자주국가로서 일본국과 평등한 권리를 보유한다."는 의미를 확대하고, 종래 청국과 조선의 종속관계를 모두 혁신·제거한다. 단 청·조선 간의 종속문제는 우리 쪽에서 제출하지 말라는 취지의 훈령을 받아서 알고 있습니다만, 이것을 조선에 제출하는 것은 별로 지장이 없을 것이라 생각합니다.
> 2. 최혜국조관에 따라 청국 정부와 인민에게 부여한 권리특전(특히 조선 국내에서 조선 인민을 재판할 권리와 전선가설 등)을 우리에게도 부여하도록 요구한다.

위 2개조의 실행을 보증할 때까지 **우리는 병력을 보내 경성, 왕궁의 여러 문을 지켜야 한다.** 단 양국 교섭사건 중 미결에 속하는 것은 일반적인 담판으로 따로 제출하는 것이 좋다. 왜냐하면 이번에 제출하는 것은 강하게 압박하는 재료로 내놓는 것일 뿐이며, 만일 조선 정부가 굳이 개혁을 타협·실행한다면 반드시 제출해야 할 성질의 것이 아니기 때문이다.

이상 갑·을 두 가지 모두 약간의 예외가 있을지라도 이번에 이러한 예외 조치를 취하지 않으면 좋은 결과를 거둘 가망이 없습니다. 또 갑의 안은 개혁의 목적을 관철시키는 방법으로는 적합하겠지만, 너무 예외로 치닫고 있다는 기책(譏責)을 면치 못할 것입니다. 을의 안은 우리에게 일단의 구실이 있다고는 하나 개혁의 목적에 어긋나므로 우리 거동을 일관되게 관철시킬 수 없는 흠이 있습니다. 이것도 힘써 개혁을 강요하는 한 수단에 불과하므로 오히려 비난이 가벼운 을안을 따르는 것이 적당하지 않을까 생각합니다. 이상은 눈앞에 닥친 사건이므로 이 서신을 받으시는 대로 부디 전보로 훈령해 주시기 바라며 이에 긴급하게 품의합니다.　　　1894년 7월 10일

특명전권공사 오토리 게이스케

외무대신 무쓰 무네미쓰 귀하

무쓰 무네미쓰는 『건건록』에서 오토리 공사의 건의가 고단수의 외교정략이었다고 표현하며, 당시 일본 정부 내에서도 여러 가지 타당한 의견이 있었으나 이보다 좋은 방법을 찾아내지 못해 실질적인 행동을 취하게 했다고 기록하고 있다.[11]

#1. 오토리 공사의 건의와 관련해 병력으로 조선정부를 압박하고 왕궁을 포위해 강력하게 우리의 요구를 따르게 한 것, 속국 보호라는 명분이 있는 청군은 조선의 독립을 침해하고 일한조약의 명문(名文)에 모순되므로 조선정부에게 이들을 나라 밖으로 몰아내도록 요구한 것은 고단수의 외교정략이었다.

#2. 다른 좋은 방법을 찾아내지 못해 나는 먼저 오토리 공사에게 "지금은 확실한 조치를 취할 필요가 있다. 어떤 구실을 써서라도 실제 운동을 실시하라."고 전훈했다. 오토리 공사가 가장 빠른 어떤 구실을 택하건 완전히 그의 자유에 맡겼으므로 그는 상당히 믿을 만한 방침을 시행할 것으로 예측된다.

#3. 7월12일 나는 오토리 공사에게 전훈을 보낸 다음날인 13일 외무성 참사관 모토노 이치로를 조선으로 보낼 일이 생겼다. 모토노에게 전보로 훈령한 취지를 상세하게 설명했다. 청일 충돌을 촉구하는 것이 오늘의 급선무이니 어떤 수단을 써서라도 이를 단행하고, 모든 책임은 내가 질 터이니 오토리 공사는 털끝만큼도 걱정 말라는 뜻을 전했으므로 당시 오토리 공사는 충분히 자신있게 대처했음에 틀림이 없다.

일본정부는 6월 하순부터 영국, 러시아 양국의 조정교섭(調停交涉)에 매달리고 있었으므로 결단을 내리지 못하고 있었다. 조선에서 동학농민전쟁이 시작되었을 무렵에는 구미 각국이 별다른 주의를 기울이지 않았다. 그러나 일본이 공사관과 일본거류민 보호를 위한 것으로 보기에는 지나치게 많은 병력이 조선에 상륙하는 것을 보고 몹시 놀라 각국 공사관이 본국에 상황을 보고했다. 조선도 청국뿐 아니라 제외국에 원조를 요청함으로써 6월 중순부터 외교정세가 달라졌다. 러시아가 맨 먼저 간섭 의도를 보였다. 북경주재 러시아 공사 가시니가 톈진에서 이홍장을 만나 청일 양국의 분쟁을 조정해 달라고 의뢰했다. 6월25일 동경주재 러시아 공사인 히드로뷔는 무쓰 외무대신에게 면회를 요청했다. 청국정부가 이번 사건에 대해 러시아에 조정해 줄 것을 청했다고 했다. 이에 "일본정부는 조선의 독립과 평화 이외에 다른 목적이 없으며, 공격적인 전쟁 도발은 하지 않을 것이며 방어적인 위치에 설 것이다."고 하며 흐지부지 일단락되었다.

영국도 처음에는 청국을 감싸는 듯한 태도를 보였다. 만일 전쟁이 일어나도 청국의 승리를 예상하고 있어서였다. 영국은 청국과 일본이 개전해도 상하이나 그 부근에서 전쟁 행위를 하지 않겠다는 약속을 하라고 통고해 일본이 영국의 청구를 수락했다. 그 뒤 영국정부는 일청 양국의 군대가 각각 조선을 점령한 상태에서 양국이 협의하라고 권고했다. 얽혀 있던 외교문제가 구미 각국의 사실상 국외 중립적 입장을 견지하겠다는 통고를 받자 일본정부는 행동을 개시했다.¹²

그 뒤 무쓰 무네미쓰는 『건건록』¹³에 오토리 공사의 방침에 따라 일을 추진하게 되었다고 기록했다.

> 오토리 공사의 을(乙)안은 우리 정부가 권고하는 제안에 대해 조선정부의 확답을 촉구하고 우리의 권고에 따르지 않는다면 조리가 허락하는 내에서 위협수단을 써서 꼭 실행하도록 해야 한다는 것이었다. 이것은 내가 각의를 거쳐 공사에게 보낸 훈령과 비교하면 정신적으로 차이가 없고 외형적으로 과격하기는 해도, 형세가 아침저녁으로 급변하는 비상시기에 외국에서 주재하는 사신이 그 책임상 응분의 조치를 행함은 실로 당연한 일이다. 나는 전반적으로 그의 생각이 이미 정해져 있던 묘의에 어긋나지만 않는다면 그 수단과 방법은 오토리 공사에게 일임하고, 향후 진행되는 상황을 보고 적절한 계책을 세우는 수밖에 없다고 결심했다.

『메이지 이십칠팔년 일청전사 제2책 결정초안』¹⁴은 대본영이 "가벼이 경성 부근을 떠나지 말라."는 훈령을 받은 뒤부터의 상황에 대해 이렇게 기록하고 있다.

> #1. 이로부터 7월19일경에 이르는 약 20일간은 혼성여단장이 허무하게 몇 천의 병력을 지휘하며 외교담판의 진행 결과를 기다리는 고심참담한 처지에 놓여 있던 시기였다. 청병(淸兵)이 경성으로 다가올 것이라는 정보는 점점 쌓여갔고, 전략상 선제공격의 기회를 날려버릴 날이 하루하루 심하게 조여왔다. 조선 왕은 오토리 공사의 엄중한 담판에 몹시 진퇴가 곤궁해져 북한산으로 달아나려 한다는 소문도 있었다. 조

선 관민은 머지않아 청나라 병사가 경성으로 들어올 것으로 믿고 있었으므로 그 태도가 불손했다. 열강 특히 영국인은 늘 혼성여단이 일을 배척하며 간섭할 거리를 찾고 있었고 여러 수단을 써서 충돌을 시도하려 했다. 영국 해병을 경성에 들여보내 은밀히 일본병과 대치시키려고도 했다. 변장한 청나라 병사는 경성 안팎에서 배회하니 그 의도도 예측 가능한 일이었다. 겉으로는 이러한 정황에 대해 적절히 대처해야 했고, 속으로는 늘 기회만 주어지면 전투할 수 있도록 만반의 준비를 해야 했다. 각 방면으로 지형 정찰을 했고, 병참기관이 아직 갖춰지지 않았으므로 진군 때 군수품 운반방법을 강구해야 했다.

#2. 일본정부는 6월 하순부터 영국, 러시아와 조정교섭(調停交涉)에 깊이 얽매여 결단을 내리지 못하고 있었다. 오토리 공사는 그 결심을 촉구하기 위해 후쿠시마 중좌, 모토노 참사관을 도쿄에 파견하여 경성의 형세를 설명했다. 정부는 **영국의 중재가 7월11일 북경에서 결렬됨에 따라 12일에 이르러 결심**한 바 있었다. 오토리 공사에게 그 뜻을 전보로 보내고, 북경주재 공사로 하여금 청국정부에 절교 공문을 보내게 했다. 대본영도 13일 도쿄를 출발하는 후쿠시마 중좌를 통해 혼성여단장에게 '독단으로 일을 처리할 것'이라는 은밀한 훈령을 전하게 했다. 그런데도 이 훈령은 19일 아침까지 여단장에게 전달되지 않았다.

#3. 오시마 여단장이 갈망하던 시기가 되었다. 실제로 7월19일 때가 왔다. 이 날 새벽, 후쿠시마 중좌가 도쿄에서 경성으로 귀임하자마자 용산을 지나가는 길에 들러서 대본영의 의중을 여단장에게 전했다. "청국이 향후 만일 병력을 증가해서 보내면 독단으로 일을 처리할 것."
이것은 7월12일 일본정부의 결심에 의거한 것이다. 이에 여단장은 스스로 정황을 판단하여 필요하다고 인정되면 단독으로 행동을 할 수 있게 되었다. 오호라, 이날 즉 7월19일은 혼성여단을 위해 얼마나 유쾌한 날인가. 〔'오호라 이하는 삭제하는 편이 나을 것 같음'이라고 써서 빼라고 되어 있다.〕

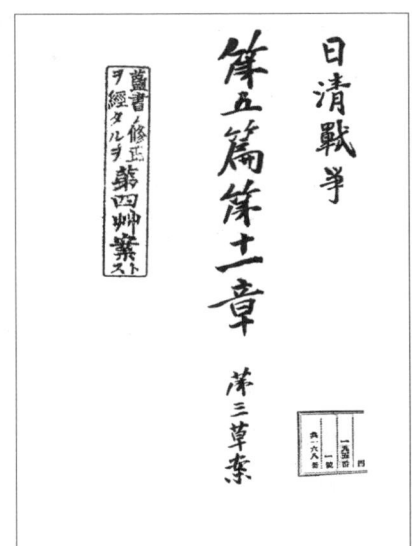
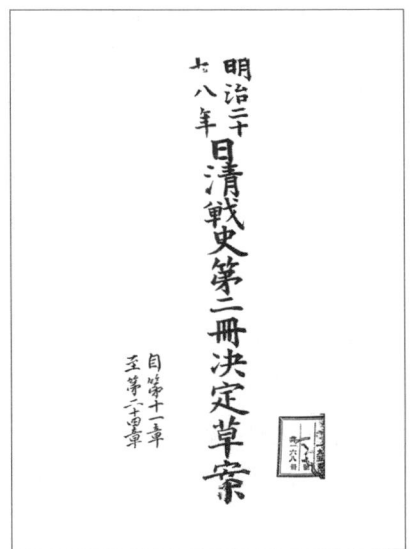
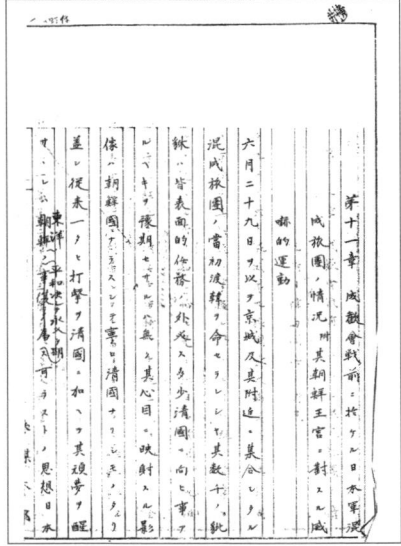

조선왕궁에 대한 위협적 운동 계획(『메이지27,8년 일청전사 제2책 결정초안』)

#4. 여단장은 이날[1894년 7월19일] 남하를 위해 행군계획을 정했다. 인천에 있던 병참감부를 용산으로 옮기라 명했다(인천에는 병참지부를 둠). 다음날 20일 한편으로 북쪽의 정보를 기다리고, 한편으로 행군명령을 하달하기 위해 여단 각 대장이 회합을 하고 있는데, 오후 1시에 이르러 모토노 참사관이 오토리 공사의 명령을 갖고 왔다. 여단장에게 청하기를, "최근 조선정부는 갑자기 강경하게 나오며 우리에게 철수를 요구해 왔다. 따라서 우리의 모든 요구를 거부한 것으로 간주하고 단호히 조치하기 위해 오늘 조선 정부에 청나라 병사를 철수시키라는 요구를 제출했다. 그 회답을 22일로 제한했다. 만일 기한에 이르러 확고한 회답을 듣지 못하면 먼저 보병 1개 대대를 경성에 들여보내 이를 위협한다. 우리의 뜻을 만족스럽게 채워주지 않으면 여단을 진격해 왕궁을 포위하기 바란다. 그런 다음 대원군(이하응)을 천거해 입궐시키고 그를 정부의 수령으로 삼아 아산의 청국 병력 격퇴를 우리에게 촉탁하게 할 것이다. 따라서 여단의 출발은 잠시 뒤로 미루기 바란다."

#5. 이때에 남하를 연기하는 것은 전략상 불리해 기다릴 수 없으나, 개전의 명분을 만들려면 이 일도 가볍게 볼 수 없다. 특히 조선정부가 일본공사의 수중에 있으면 여단이 남하하는 사이 경성의 안전을 보장하기 쉽고, 진군에서도 군수 운반, 징발 모두 편리함을 얻을 것이다. 여단장은 그 청구를 수락했다.

#6. 모토노 참사관이 여단사령부를 떠나고 반시간이 채 지나지 않아 여단장은 대본영으로부터 다음의 전령을 받았다.
"우리 함대는 23일 사세보를 출발하여 조선 서해안 풍도나 안면도에서 근거지를 확보한다. 청국이 만일 조선에 병력을 증가해서 보내면 진격하여 그 군함 운송선을 파쇄할 것을 명한다. 청국군이 병력을 증가하는 정황이 있으면 그 일부를 경성에 머물게 하여 지금까지의 임무를 계속한다. 적이 증가하면 주력으로 눈앞의 적을 격파할 것."

明京城ニ帰還ノ途次龍山ニ立寄リ大本營ノ内意ヲ旅圑長ニ傳ヘテ曰ク「清國將來若シ軍兵ヲ増發セハ獨斷事ヲ處スヘシ」ト蓋シ是レ七月十二日ノ日本政府ノ決心ニ基ケルナリ於是ヲ寺旅圑長ハ自ラ情況ヲ判斷シ必要ト認シハ獨斷行動シ得ヘシトナス情況ニ移シリ嗚呼此ノ日即チ七月廿九日ナリ

小混成旅圑長ハ如何ニ愉快

是ノ時ニ當リ旅圑長ハ大本營ヨリ既ニ盛字軍ハ愈ト二三日中ニ出發スルヤノ報アリトノ通報ヲ受ケ在リ又此

神尾中佐使舘附武官及大本營ヨリ盛字軍ハ歩騎兵残ラス

일본정부는 7월 12일 혼성여단 여단장의 단독 행동을 허락했다.(『메이지 27, 8년 일청전사 제2책 결정초안』)

#7. 이에 후쿠시마 중좌를 통해 전달된 은밀한 훈령은 공공연한 여단장의 임무가 되었다. 바야흐로 여단은 일분일초라도 빨리 남하할 필요가 있었으나 경성에서 왕궁을 위협하는 일도 완료해야 했다. 여단장은 시국이 빠르게 진행되고 있었으므로 21일 오토리 공사와 협의하여 조선정부가 만일 기한에 이르러도 확고하게 회답하지 않으면 **예정했던 1개 대대로 위협하는 절차를 생략하고 바로 여단을 진격**하기로 변경했다.

1894년 7월 23일 「조선국 정부의 회답이 불만족스러우므로 왕궁을 포위하는 조치를 취한 취지 보고에 대한 건」[15]은 오토리 공사가 무쓰 외무대신에게 오전 8시 10분에 타전해 오후 3시 7분에 도착한 전보 문건이다. "조선 정부는 본 공사의 전신(電信)에 설명된 제2의 요구에 대해 매우 불만족스럽게 회답했으므로 부득이 왕궁을 포위하는 확실한 조치를 취하기에 이르렀다. 본 공사는 7월 23일 아침 이 수단을 시행했고 조선병은 일본병을 향해 발포하여 쌍방이 서로 포격했다." 간략하게 조선왕궁침입 계획이 실행되었음을 알리는 공식보고다. 그러나 이것은 앞부분은 그때까지 세웠던 계획대로 실행했음을 보여주는 문건이고, 뒤의 "조선병은 일본병을 향해 발포하여 쌍방이 서로 포격했다."는 것은 침략행위 자체를 은폐하고 축소한 문장이다.

『메이지 이십칠팔년 재한고심록』의 기록도 철저한 계획임을 증명하고 있다. 조선왕궁침입계획을 세우고 조선을 사지로 몰아넣는 문건을 보낸 뒤 7월 20일부터 22일까지의 상황[16]을 상세하게 남기고 있다.

#1. 7월 20일 오후 조선 정부에 자주문제에 관해 2건을 문의했다. 그중 하나는 7월 22일을 기한으로 그 확답을 요구했다는 것은 앞서 설명한 바다. 당시 우리는 조선 정부가 좀처럼 우리를 만족시킬 만한 회답을 못할 것으로 이미 헤아려 알고 있었다. 조선 정부가 어떻게 회답하건, 기한을 넘기고 회답을 하지 않건 무조건 일을 거행하기로 했다. 그 계획은 7월 23일 오전 3시경 성문이 열리기를 기다려 우리 혼성여단의 1개 연대가 서문으로 들어가 행군하여 왕궁 앞에 도달한다. 일부는 배후로 진입시켜 우

일본공사관(1892년 남산 중턱)

리의 위엄을 보인다. 궁궐 내의 동정을 살펴 대원군을 옹립해 조선정부의 변혁을 시도하는 것이었다.

『혼성 제9여단 제5사단 보고』 7월22일자에 "어제 화성(和城)에서 저녁나절부터 공사(公使)의 음악회가 있었음."을 보고하고 있다. 스기무라 후카시의 기록과 일치한다.

#2. 첫 번째 물음에 대한 회답은 오는 22일을 기한으로 했다. 2건을 발송함과 동시에 21일 밤 화장대(和將臺)에서 군악대를 불러 대연회를 열기로 계획했다. 일본의 각 문

무관리, 중립인 거류민, 조선 각 관리, 각 공사관 영사관원, 조선정부에 고용된 외국인, 선교사 등을 초대했다. 화장대는 남산 산기슭에 있는 3,000평 내외의 높은 곳으로 일본 공사관 앞쪽에 있으며 계곡을 사이에 두고 서로 마주보고 있다. 조선 도성을 한 눈에 내려다 볼 수 있는 좋은 위치다.

#3. 7월21일 저녁 무렵이 되니 일본 관민과 많은 조선 손님이 가마를 타고 연회에 왔다. 유럽과 미국인은 조선고용인과 선교사 외에 공사 영사관원은 한 사람도 참석하지 않았다. 마찬가지로 청국 관원도 오지 않았다. 청일 양국의 형세는 매우 절박해 오늘 깨질지 내일 깨질지 알 수 없는데, 조선인이 많이 온 것은 전혀 무감각하다고 생각지 않을 수 없다. 분명 청일간의 승패 결과의 여부를 신경쓰며 훗날의 이해관계를 고려해 억지로 임무를 다하기 위해 왔을 것이다.

#4. 이날 밤 음식도 충분히 마련되었고 활기찬 음악은 남산에 울려 퍼졌지만, 어쩐 일인지 처참하고 쓸쓸해 주인도 손님도 기분이 나지 않았다. **김가진**(金嘉鎭)은 사람들 무리에서 떨어진 곳으로 나를 불러 은밀하게 "오늘밤의 연회에는 분명 깊은 뜻이 있

는데, 조선인들은 어리석어 이것을 잘 깨닫지 못하는 것 같다. 가까운 날에 일이 벌어질 것 같은데, 만일 그렇게 된다면 나만큼은 지지하겠다."고 했다. 나는 "형세는 차츰 절박해지고 있으나 아직 물으시는 말씀과 같은 상황에 이르지 않았다."고 했다. 최근 3, 4일 전까지는 소위 일본당이라는 사람들에게는 개략적인 것을 털어놓았으나, 최후의 수단을 집행하기로 결정한 뒤로는 중요한 일에 참석할 사람 외에 아무에게도 이를 누설하지 않았다. 사건이 일어나기 전까지 바깥에는 한 사람도 이를 알지 못했다.

#5. 대원군은 23일 새벽 2시경부터 오카모토 류노스케, 호즈미 도라쿠로(穗積寅九朗), 스즈키 시게모토(鈴木重元), 통역 스즈키 준켄(鈴木順見)을 보내 운현궁에 잠입시켜 꾀어내게 했다. 저택 밖은 오기하라 히데지로(荻原秀次郞) 경부에게 순사 몇 명을 인솔해 가서 대기하게 했다.

대원군의 설득과 입궐 책임을 맡은 오카모토 류노스케의 계속된 권유에도 대원

경회루에서 본 근정전 일곽(조선고적도보)

군은 고집을 부리며 일본의 입궐 권고를 받아들이지 않고 있었다.

#6. 이미 오전 2시가 되어가고 있었다. 김가진, 안경수 두 사람은 일이 일어나면 우리를 위해 힘을 다해 돕겠다고 은밀히 약속했다. 나는 **심부름꾼**(수 년간 우리 공사관에 고용된 조선 기수다. 각 관아, 각국 공사관 모두 기수를 심부름꾼으로 충당하는 것이 통례다.)**에게 앞서 기록한 공문을 송달하게 했다. 그 뒤 김가진과 안경수에게 내통서를 보냈다.**[17]

#7. 왕궁 오른쪽에서도 총소리가 났고, 궁 뒤의 담을 넘어 도망가는 남녀가 많이 보였다. 국왕, 왕비도 어떤 뒷문으로 난을 피하지 않을까 하며 속으로 걱정했다. 날이 완전히 밝고 총소리도 멈추었지만(총격이 처음 시작되고 완전히 멈출 때까지 불과 이삼십 분이다.), 대원군의 동정을 알 수 없어 마음으로 걱정이 되었다. 언덕을 내려와 사람들에게 물으니 아는 자가 없었다. 잠시 뒤 순사 한 사람이 달려와 오기하라 경부의 지시라며 "대원군이 고집이 세서 우리의 권고를 따르지 않는다. 무리해서라도 대원군을 유인하여 입궐해야 할지 명령을 기다린다."고 전했다. 나는 공사의 인가를 받아 "지금 대원군의 입궐이 급히 필요하므로 조금 무리해도 좋다. 오직 빨리 그 목적을 달성하라."고 명령했지만, 만일 대원군의 감정을 상하게 해 끝내 우리의 말을 따르지 않게 되면 정말 큰일이었다. 내가 직접 가야겠다는 생각에 서둘러 고쿠부 서기생을 불러 공사관의 중문을 나서는데, 후쿠시마 중좌가 누각 위에서 나를 불러 세웠다. 혼자 가는 것은 위험하니 잠시 기다렸다가 호위병을 데리고 가라고 했다. 20분이 지나 문을 나와 급히 가려는데 도중에 스즈키 시게모토(鈴木重元)가 말을 타고 와서 대원군을 꾀어내기가 힘들다고 보고했다.[18]

#8. 나는 여러 이유를 대며 대원군의 입궐을 권유했으나 들으려 하지 않았다. 오히려 내게 왕비의 안부를 물었다. 나는 궁내의 남녀가 뒷담을 넘어 달아난 자가 매우 많으며, 그들에 섞여 춘천으로 잠행했을지도 모른다고 대답했다. 대원군은 약간 밝은 기색이었다.[19]

#9. 오카모토와 정운붕이 함께 오늘은 실로 천재일우의 기회이니 주저할 것이 없다고 권했다. 대원군은 안색을 바꾸며 "귀국의 이 거사가 의거라면 귀하는 귀국 황제폐하를 대신하여 일을 성사시킨 뒤 우리 땅을 한 치라도 할양하지 않겠다는 것을 약속할 수 있는가."라고 물었다. 이에 "나는 일개 서기관 신분이니 황제폐하를 대신하여 어떠한 약속도 할 수 없다. 오직 지금은 오토리 공사가 사신으로 와 있으니 그가 일본정부의 대표자이며 저는 공사를 대신하여 할 수 있는 한은 약속하겠다."고 했다. 대원군은 "그러면 오토리 공사를 대신해 우리 땅을 한 치도 할양하지 않겠다는 약속을 해주기 바란다."며 시중드는 자에게 종이와 붓을 가져오게 했다. 나는 붓을 집어 들어 "일본 정부의 이번 거사는 실로 의거이므로 일이 이루어진 뒤 절대 조선의 땅을 한 치도 할양하지 않겠다."고 적고, 말미에 내 관직과 이름을 서명해서 대원군에게 건네주었다. 대원군은 한 번 읽어본 뒤, "그렇다면 나는 귀관의 권유에 응하여 일어서겠다. 다만 나는 신하의 신분이니 왕명 없이 입궐할 수 없다. 칙사를 보내도록 조처해 주기 바란다."고 했다. 이에 급히 오즈미를 조희연(趙羲淵)의 집으로 보내 그가 궁중의 상황을 손쓰게 했다.[20]

한편 스기무라 후카시 서기관은 7월22일 밤에 전(前)주일조선공사관 고용인 기타가와 기치사부로(北川吉三郞)에게 명하여 운현궁에 몰래 들어가 대원군을 감시하게 했다. 『거류민의 옛날이야기』는 일본공사관 내부의 긴박한 움직임을 들여다볼 수 있는 일화다.

#1. 동학당의 정찰[21] – 기타가와 기치사부로 이야기

1893년 10월말 동학당의 내정정찰을 위해 그때 공사관부무관 와타나베 테츠타로 대위와 공사의 의뢰로 나는 약장수로 변장하여 전라도 김제 부근으로 향했다.

#2. 청일전쟁 직전의 일[22] – 기타가와 기치사부로 이야기

1894년 7월18일 도망. 인천의 조선신문사 누상(樓上)을 빌렸다. 동주회(同舟會)라는 명의

대원군이 기거한 운현궁 노안당(老安堂)

로 함께 인천에 상륙한 일본인 몇 명과 작은 연회를 열었다. 거나하게 술에 취했을 무렵, 우연히 회사 앞으로 중국병사 3, 40명의 호위를 받으며 가마를 타고 지나가는 자를 보았다. 누굴까 하며 서로 논의하고 있는 찰나에 두 번째 가마 안에서 얼굴을 내민 모습을 보니 이전에 봐서 기억하고 있는 원세개의 첩인 조선부인이었다. 나는 이 일행 중에 원세개가 있을 것이라 했으나 아무도 믿지 않았다. 왜냐하면 원세개가 경성 시내를 통행할 때는 반드시 100명 이상의 중국병사가 앞뒤를 경호하는 것이 상례였다. 그래도 나는 끝까지 원세개라 주장하며 일격을 가하자고 제의했지만 받아들여지지 않아 두 번 다시없을 기회를 놓쳤다. 원세개는 이 일행 중에 있었고 무사히 조강호(操江號)라는 중국 군함에 승선하여 호랑이굴을 피해 도주했다. 개전 며칠 전의 일이었다.

#3. 7월19일 오토리 공사의 부름으로 공사관에 갔다. 그때 공사는 니시무라 텐슈(西村天囚)23씨의 기고(起稿)와 관련해 세계 대세를 살펴 체계를 세우고, 동양평화의 기초를 견고히 하려면 청일 개전은 결국 피할 수 없게 되었다는 이유를 상세히 기술한 선전문 배포를 특별히 명했다. 배달방법은 비밀로 하고 배부처는 조선의 각 대신 대관(大臣大官)과 유명인사로 제한했다. 꼼꼼하게 겉봉을 봉한 편지에 수신인의 이름을 명기하고, 뒷면에는 단순히 일본유지자(日本有志者)라고만 썼다. 나는 이틀 반나절에 걸쳐 대략 200통을 배포했는데 크게 힘들지 않았다. 그것을 배포하는 도중에 묘한 편지가 길거리에 버려져 있기에 무심코 주워 공사에게 전했다. 그것은 원세개가 민영준에게 보낸 편지의 일부분으로, "조선에 군함이 들이닥쳤다. 왜놈의 만행이 걱정된다.(朝鮮艨艟到何倭蠻足恐云云)"라고 기재되어 있었다.

#4. 7월22일 재차 공사가 소환했으므로 무슨 일인가 가보니, 공사가 이르기를 "오늘 밤 11시를 기하여 쌀 1되, 주먹밥 3개, 호신용 무기를 준비해 짚신을 신고 되도록 가벼운 차림으로 오라."고 했다. 명령대로 갖추어 다시 공사관에 이르니, 공사관 서기관 스기무라 후카시는 1통의 서한을 직접 건네주었다. 그것을 받아 넣고 바로 오카

1892년 무렵의 광화문

모토 류노스케에게 가서 그의 지휘에 따라 행동하라고 명했다. 오카모토가 말하기를 "그대는 지금 바로 혼자서 대원군의 집에 가 있으라. 나중에 일본인이 방문할 것이다. 그때 대원군에게는 알리지 말고 곧장 문을 열어 주라."고 했다. 나는 이를 승낙하고 곧장 대원군의 집으로 갔다.

#5. 먼저 비서관인 김응원(金應元)을 찾았다. 그는 나의 복장이 색다른 데 놀라 무슨 일이냐고 물었다. 나는 미소만 머금은 채 아무 말도 하지 않았다. 여하튼 술을 사오게 해서 둘이 술을 조금 마시고 있을 때 느닷없이 4, 5명의 일본인이 도착했다. 문을 열자 오카모토 등 몇 명이 스즈키 준켄을 통역으로 대동하고 곧장 대원군의 방으로 들어갔다. 용건은 오카모토가 이준용(李埈鎔, 대원군의 손자)과 협의한 다음 대원군을 분발[奮起]하게 하기 위해 방문했다는 것이다. 대원군은 완강하게 대응하지 않았다. "원래 그대들은 외국인이니 우리 조선의 왕실에 관해 이것저것 간섭할 것이 없다. 또한 의견은 제안받았어도 그에 답할 수 있는 처지가 아니다."며 일언지하에 말을 잘랐다. 오카모토는 다시 사람을 급파했다. 공사관에서 스기무라 서기관과 고쿠부 쇼타로를 불러 거듭 두 사람에게 역설하게 했지만 받아들일 수 없다고 했다. "아무리 많은 말을 해도 그대들의 권유에 따라 함부로 행동할 수 없으며 도저히 그 제의나 상담에는 응할 수 없다. 굳이 나를 움직이겠다면 조선 황제의 칙명이나 칙어라도 받아

오는 것을 선결문제로 궁리하라."고 했다.

#6. 나는 오카모토의 명을 받아 바로 왕성에 가서 일찍이 의형제 교의를 맺은 안경수를 매개로 그 이유를 상주하게 했다. 전하도 열심히 움직이는 오카모토 등의 지성에 감동받았는지 흔쾌히 허락하고 칙사를 선정해 보내겠다고 했다. 나는 사명을 완수한 것을 기뻐하며 빨리 달려와 그 시말을 보고했다. 한 시간 남짓 지났는데 칙사가 오지 않아 노심초사하다가 다시 왕성으로 가서 칙사를 급파해 달라고 재촉했다. 바로 보낼 것이라는 대답을 듣고 돌아왔다. 때는 이미 오전 4시가 되어가고 있었다. 그 때 왕성 부근에서는 이치노헤 효에 소좌가 이끄는 부대, 다케다 히데노부 중좌가 이끄는 병력과 조선병 사이에 전쟁이 시작되려는지 서로 대치하고 있는 모습을 멀리서 보았다.

#7. 아직 칙사가 오지 않자 오카모토는 세 번째로 왕성에 갈 것을 명했다. 그러나 몇 번의 왕복으로 너무 피로하고 힘들어 빨리 달리기가 어려웠다. 몰래 대원군이 타는 말을 끌고 나와 이것을 타고 왕성에 들어갔다. 때마침 칙사가 대원군 댁으로 향하려는데 탈 것이 없어 곤란해 하고 있었다. 내가 타고 온 말을 제공해 칙사는 바로 대원군 댁에 들어가 성지(聖旨)를 전했다. 대원군을 선두로 오카모토 이하 일동이 왕성으로 들어갔다. 오토리 공사도 대원군의 뒤를 이어 궁궐에 들어와 어전회의를 열었다. 그 결과 일본정부는 조선정부의 의뢰에 따라 협동군을 조직하여 아산으로 출병해 청병을 토벌하기로 했다. 이에 먼저 일한협동군의 이름으로 청국군에게 26일까지 철수할 것, 만일 응하지 않으면 부득이 병력으로 대응할 것이라 통고했다. 이전부터 광화문 안에 일본연대기(日本聯隊旗)를 걸어놓았는데 오토리 공사의 주의에 따라 일단 철거했다. 이것은 선전포고하기 전에 일이 생기면 국제문제로 번질 우려가 있어서였다. 이 일은 국교를 단절하고 전쟁을 시작한다는 선전포고를 하기 며칠 전의 일이며, 아산전투 뒤에 청일전쟁이 선포되었다.

3장

조선왕 생포작전

1
계획된 조선왕궁 침입

2
1894년 7월23일, 조선왕궁 점령

3
황량한 조선왕궁, 인적 끊긴 거리

4
텅 빈 고종의 밥상

5
일본 참모본부의 특명, "조선에서 해결하라, 모든 것을……"

1. 계획된 조선왕궁 침입

공식적으로 간행된 전쟁기록과 역사 기록은 일본군대의 조선왕궁점령이 조선병사의 갑작스러운 총격에 대응사격한 우연한 충돌이었고, 일본 군대가 조선 국왕을 보호한 것으로 위조되어 있다. 지금까지 살핀 것처럼, 일본은 8천이 넘는 혼성여단을 조선으로 보내 무력으로 억누르고, 구미 열강의 눈치를 살피며 무력침략에 대한 비난을 피해갈 구실을 찾고 있었다. 조선 땅에 있는 청국 병력을 몰아내고 청국과 전쟁을 치를 때 편의를 꾀하기 위해 조선국왕이라는 포로가 필요했다. 조선왕궁 침입 당시의 기록인 『혼성 제9여단 제5사단 보고』, 외무대신 무쓰 무네미쓰의 『건건록』, 전사편찬을 담당했던 도조 히데노리의 『정청용병 격벽청담』, 육군대학교의 강의록 『일청전사강의적요록』, 조선공사관 1등 서기관 스기무라 후카시의 『메이지 이십칠팔년 재한고심록』은 모두 철저하게 계획된 작전임을 그대로 보여주고 있다.

『혼성 제9여단 제5사단 보고』 7월20일자는 혼성여단장 오시마 요시마사가 참모총장 다루히토 친왕(熾仁親王) 앞으로 보낸 것이다. 조선정부가 거절할 것을 노려 이틀 기한으로 오히려 청국의 철병을 요구하게 했다. 당연히 일본의 이 요구가 거절당할 것으로 예상하고 왕궁침략을 실행에 옮길 것을 보고하고 있다. 다음 기록처럼 처음에는 1개 대대를 투입하려 했으나 혼성여단장의 결정으로 1개 여단을 투입했다. 『일청전사』 제2책 결정초안의 내용과 일치한다. "왕이 도망한 뒤를 포위하는 것은 이익이 없음." 조선왕을 포로로 삼아 조선을 접수하는 것이 최우선 목표였다.

7월20일[*]

하나, 오후 4시에는 각 대대장 소집함. 내일 21일부터 행할 행군을 위해 유시(諭示)할 목적으로 이미 각 대대장 회합을 명한 뒤, 오후 1시경 공사의 명령을 받은 모토노 외무참사관이 영내로 와서 공사의 뜻을 전했다. 요지는 다음과 같다.

1, 오늘 조선정부가 강경하게 우리 공사에게 철병을 요구했다. 따라서 우리의 모든

혼성 제9여단 제5사단 보고   극비 「정청용병 격벽청담」

특비 「일청전사강의적요록」   『메이지이십칠팔년 재한고심록』

요구를 거절하는 것으로 판단하고 단호하게 조치하기로 결정함.

2, 이틀을 기한으로 청국에서 온 차병(借兵)을 철회할 것을 요구함.

3, 만일 이틀 동안 확실히 회답하지 않으면 역시 1개 대대를 입경시킬 것임.

4, 행하지 않으면 왕성을 포위함.

5, 왕성을 포위한 뒤 대원군이 일본인 약간 명을 거느리고 입궐할 것임(확실한가 묻는다면 확실하다고 말할 수 있음).

6, 대원군 입궐하여 조선병력으로 청병을 공격할 수 없다면 제국군대로서 일격하여 제거한다.

7, 어제 협의한 아산행은 잠시 보류함.

이 조치는 명분이 정당하고 사후에는 여단의 운동에 막대한 편리를 줄 것으로 예상되므로 소관은 이에 동의함.

모토노 참사관이 떠나고 30분 뒤 대본영 전보명령 제32호를 수령함.

하나, 본 명령에 따라 소관에게 주어진 임무를 달성하려면 기세를 몰아 일분일초라도 빨리 조선정부의 태도를 결정하게 해야 한다. 따라서 소관은 내일 공사와 협의하여 제3항 즉 만일 이틀 사이에 확실한 회답이 없으면 역시 1개 대대를 입경시킨다고 하는 시위적 운동을 중지하고 **느닷없이 왕성을 에워싸는 책략으로 나설 것을 권하려고** 한다. 아무리 빠르게 조치해도 24일이나 25일까지 필요할 것으로 예상된다. 즉 우리 함대가 풍도 부근에 도착하는 그날이나 다음날에는 뒷걱정 없이 병력을 남진(또는 북진)할 수 있을 것으로 예상함.

둘, 그런 다음은 공사와의 협의에 따라 '청국'이 병력을 증가해 보내는 정황 여하와 상관없이 조선의 독립을 돕는다는 대의로써 아산의 청병(淸兵)을 공격하기 위해 여단의 주력으로 출발할 일이 생길지도 모른다.

이상 삼가 보고드립니다.

7월20일 오후 10시 혼성여단장 오시마 요시마사

참모총장 다루히토 친왕 귀하

1894년 7월19일 군대 개략표(7월19일부터 7월22일까지)

	용산	경성	인천	아현동	둔지리	서빙고	노량진 우안	노량진 좌안	동십리 하안	부산	공덕리	병참사령부	양화진
여단사령부	6월24일	6월13일 I											
제11연대	6월24일				12(7.18)	$\frac{1}{3}$2 (동)	$\frac{1}{15}$12 (동)	$\frac{1}{15}$12 (동)	$\frac{1}{15}$4		20명	$\frac{1}{3}$8 (7.18)	
제21연대			6월27일 I, II III 6월29일							8 중대			
기병대	6월24일 7기		7기										
포병대	6월29일												
공병대	6월24일												$\frac{1}{3}$1 (7.15)
위생대										6월25일			
제1야전병원										6월24일			
제2야전병원			6월27일										
병참감부			6월26일										
오시아게(押上) 병참사령부	6월24일												
가토(加藤) 병참사령부			6월27일										
군악대	7월7일 도착												

※ 7월19일 중위 가토 세이슈(加藤正修) 제2전신지대 가설을 비롯, 이들을 호위하여 1소대(하사 이하 40명)를 인솔하여 출발
7월20일 제2전신지대는 광진으로 이동하여 오후 7시 통신소를 개통

    1894년 7월12일 청국에 대한 영국의 중재가 실패하자 조선왕궁 침입을 결심했다. 『건건록』²의 무쓰 무네미쓰는 오토리 공사에게 마지막 수단을 집행하라고 전보로 훈령을 내렸다. 이때 오토리 공사가 조선정부에 압박한 내용을 두고 무쓰 외무대신조차도 교활한 수단이었다고 말하고 있다.

    #1. 나는 언제까지 이 불안정한 상태를 지속할 수 없다고 생각해 오히려 이러한 때 어떻게든 일청 사이에 한 번 충돌을 일으키는 것이 좋은 득책이라 여기게 되었다. 7월12일 오토리 공사에게 "북경에서 영국의 중재는 이미 실패했다. 지금은 확실히 단정할 만한 조치를 시행할 필요가 있다. **외부로부터 심하게 비난을 불러오는 한이**

1894년 7월22일 혼성여단 배치도

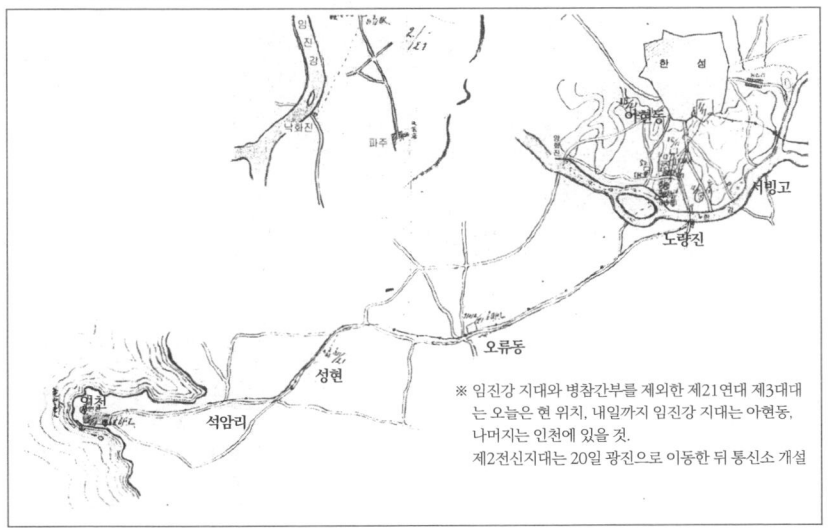

※ 임진강 지대와 병참간부를 제외한 제21연대 제3대대는 오늘은 현 위치, 내일까지 임진강 지대는 아현동, 나머지는 인천에 있을 것.
제2전신지대는 20일 광진으로 이동한 뒤 통신소 개설

있어도 어떤 구실을 이용해도 좋다. 신속히 실제 운동을 시행하라."고 전보로 훈령했다.

#2. 오토리 공사도 조선정부의 우유부단함에 고민하고 있었다. 어떻게든 고단수의 방책을 취할 필요가 있음을 느끼고 있을 때였다. 7월19일 조선정부에 다음 요구사항에 대해 물었다. 첫째, 경성과 부산 간 군용전신 가설은 일본정부 스스로가 착수하게 할 것. 둘째, 조선정부는 제물포조약에 따라 속히 일본 군대를 위해 병영을 건축할 것. 셋째, 아산에 있는 청 병력은 애초부터 부정한 명분으로 온 것이니 속히 철수시킬 것. 넷째, 청한수륙무역장정 등 기타 조선의 독립에 저촉되는 청한 간의 여러 조약을 모두 폐기할 것을 압박했다. 이에 대한 회답을 오는 7월22일을 기한으로 한다는 최종 공문을 송부했다.

#3. 이때 청의 사신 원세개는 시세가 불리함을 깨달았는지 느닷없이 귀국길에 올랐다. 그 소식이 조선정부에 전해지자 모든 대신이 당황해 허둥지둥하며 어찌할 바를

몰라 했다.

참모본부 제4부에서 전사(戰史) 편찬을 담당했던 도조 히데노리(東條英教, 1855~1913)³가 쓴 청일전쟁사 『정청용병 격벽청담(征淸用兵 隔壁聽談)』의 다음 내용은 조선왕궁 침입이 일본의 계획 아래 혼성여단 전체가 가담하여 실행한 것임을 기록으로 보여주고 있다.

#1. 오토리 공사는 여단장이 남쪽으로 진군한다는 결의를 듣고 크게 마음의 동요가 일었으나 결국 대본영의 의도를 받들어 전략적 동작으로 이행했다. 공사는 외교정략에 수반하여 진퇴 여부를 고민하고 있었다. 지금까지의 입장과는 그 취지를 달리하는 일이므로 공사가 그 운동을 방해해서는 안 되었다. 여단이 남쪽으로 진군하면 공사는 그 직책상 고려해야 할 일이 한 가지 있었다. 여단이 남진하여 청나라 병력과 충돌할 수 있도록 적당한 구실을 찾아야 했다. 그것을 확보하려면 잠시 행군 연습 등이라는 구실로 출동해서 청나라 병사와 전투를 벌인다. 그런 다음에 천하의 다른 나라에는 청나라 병사가 일본군을 공격해서라고 공언해도 굳이 안 될 일도 아니었다. 그러나 열강의 감정을 고려할 때 그리 좋은 책략은 아니었다. 가장 온당한 방법으로 일본의 책임을 면하려면 조선정부가 청 병력의 철수를 우리에게 의뢰하게 만들어야 했다. 그렇게 의뢰하도록 만드는 **술책은 병력으로 조선정부를 협박하는 것보다 더 나은 방법이 없다.** 일본 병력을 사용하려면 먼저 조선정부가 답변하기 곤란한 질문을 제기해야 했다. 답변 기일을 짧게 정해 회답을 요구하고 그들이 만족할 만한 회답을 주지 않거나 이에 답하지 않는 것을 기회로 잡아 실행하는 것이 가장 좋다.

#2. 오토리 공사는 일단 포기하고 있던 '독립문제'를 내세워 7월20일 두 가지 통절한 요구를 조선정부에 제출하고 22일까지 확답하라고 요구했다. 첫째, 조선의 독립에 저촉되는 청나라와의 여러 조약을 폐기할 것. 둘째, 청국이 '속방보호'를 이유로 조선에 군대를 보낸 것은 조선의 독립을 침해하는 것이므로 신속히 청의 병력을 조선

의 강토 밖으로 내보낼 것 등으로 압박했다. 오토리 공사는 조선정부가 "조선은 자주국가다."고 말한 것을 꼬투리 삼아 위와 같이 어려운 질문을 선택해서 요구했다.

#3. 오토리 공사는 위 술책을 결행하고 동시에 사람을 오시마 여단장에게 보냈다. 상세하게 이 술책을 알리고 잠시 여단이 남쪽으로 진군하는 것을 뒤로 미루라고 요구했다. 조선정부가 만일 일본의 요구를 들어주지 않으면 즉각 1개 대대 병력을 진격하여 왕궁을 포위한다. 그들이 역시 굴복하지 않으면 바로 전력을 다해 이들을 위협할 것을 요청했다. 여단장은 그 술책을 승낙하고 남쪽으로 출발하는 것을 늦추었다. 단 **1개 대대로 진격하는 절차는 여단장의 뜻에 따라 생략하고 즉각 모든 여단이 진격하는 것으로 바뀌었다.**[4]

일본은 조선을 무력침략하고 불법으로 조선의 수도를 점령한 채 교활한 외교 술책으로 압박하고, 계획을 세워 왕이 거주하는 왕궁을 침입해 협박과 약탈을 하고도 그 책임을 조선정부의 무능으로 돌리는 나라다. 침략의 구실로 내세운 일본의 명분은 일본 공사관과 거류민 보호, 조선의 독립(?)이었다. 『격벽청담』과 『일청전사강의적요록』의 기록은 교활한 외교술책과 왕궁침입이 계획된 것임을 분명하게 말해 준다. 「메이지 이십칠팔년 일청전사 제2책 결정초안」도 그 내력을 자세히 기록하고 있다.

대본영의 명령은 원래 일본정부가 7월12일에 단호한 결심을 한 결과에 지나지 않는다. 후쿠시마 중좌가 여단장에게 전한 대본영의 내훈도 이 명령을 뜻하는 것이다. 무엇 때문에 이 명령은 일본정부가 오토리 공사에게 결심 전보("영국의 중재는 이미 실패 운운" 부분은 삭제 표시됨)를 보낸 날 여단장에게 시행하라고 했는가 하면, 당시 대본영과 내각 사이에 가로놓여 있던 사정을 설명해주는 것이다. 대본영의 의도는 본 사변의 초기부터 청국에 대해 늘 전략상 기선을 제압하려면 명분이 허락하는 한 주동자가 될 것을 희망하고 있었다. 그러나 내각은 이에 반대하며 철저하게 피동의 위치에 서기를 바랐다는 것은 제1편 제2장에서도 서술했다. 7월12일에 내각은 단호히 결의하고 시국을 빠르게 진행시킬 수 있었음에도 불구하고, 이때에 이를 때까지도 당초의 방침에서 완전히 빠져나오지 못하고 있었다. 당시 러시아와 조정이 아직 결말을 보지 못해, 대본영이 이와 같은 명령을 전보로 보내 여단의 전행(專行)을 촉구하는데 반대했다. 주동자의 입장에 서면 위험해질 것을 우려해 실행을 인정하지 않았다. 후쿠시마 중좌가 경성에 도착할 무렵이면 형세가 더욱 긴박질 것이고, 러시아와 조정도 마무리될 것으로 보고 적어도 그 시기까지는 연기하고자 희망해서다. 대본영도 그 주지에 따라 후쿠시마 중좌가 출발할 때는 단지 구두(口頭)로만 그 속뜻을 전하고, 그가 경성에 도착했다는 보고를 받은 뒤 마침내 공식적으로 명령을 내리게 되었다.[5]

『일청전사강의적요록』과 『유취전기 대일본사(類聚傳記大日本史)』가 전하는 이 때의 기록이다.

여단 왕궁 포위와 조선 조정의 굴종[6]

#1. 일본정부의 매우 격렬하고 새로운 요구에 놀라고 당황한 조선 조정은 시끌벅적 들끓었다. 유일한 지원자로 믿었던 청의 원세개는 이때 이미 귀국한 뒤라 그야말로 고립무원이었다. 돌봐줄 곳도 없고 아무런 계책도 세울 수 없었다. 결국 답변 결정 기간이 가까워서야 막연히 요령없는 답서를 보냈다. 그야말로 일시적인 미봉책이었다. 오토리 공사는 어느 누구도 답변할 수 없는 계책을 쓴 것에 스스로도 만족하고 있었다. 그러한 동기로 결국 우리가 기대했던 바를 얻게 되었다.

#2. 이 때에 이르러 여단장에게 전갈이 날아왔다. 내일을 기해 혼성여단이 왕성을 포위할 것을 촉구했다. 7월23일 혼성여단이 미리 행군해 와서 왕성의 여러 문을 제거했다. 충돌은 조선병과의 사이에서 일어났다(왕궁 동쪽에 숙영지를 둔 부대와 만나 왕궁의 동쪽을 통과할 때 수비병으로부터 사격을 받아 방어하며 대응 사격함.). 여단의 모든 병사는 당당히 깃발과 북을 치며 들어갔다. 곧이어 조선병을 몰아내고 동서남북의 여러 문에서 일

제히 왕성을 향해 진격했다. 이에 조선병이 사방으로 패퇴하여 흩어졌다. 야마구치 소좌가 대대를 인솔하고 진격했다. 조선왕을 알현하고 여단장이 와서 위로했다. 다시 평온해지기에 이르러 대원군이 입궐했다. 신정부를 조직하고 제령(制令)을 개혁했다. **우리의 유일한 목적인 청국병 철병을 촉구하는 공문서**는 마침내 7월25일 대원군으로부터 우리 공사의 손에 교부되었다.

#3. 오시마 요시마사 장군은 병력을 진격해 경성으로 들어가 공사관, 영사관, 거류민 보호에 임하고, 오토리 게이스케 공사를 도와 그 외교에 지장이 없도록 했다. 청국 병사는 아산에 주둔해 있었지만, 우리 군대가 이미 요충지를 차지하고 있었으므로 한 걸음도 나아가지 못했다. 우리는 마침내 7월23일, 조선 정부에 독립의 결실을 거둘 것을 압박하고 청병(淸兵) 철수를 요구했다. 또 우리 병사로서 왕궁 보호에 임하게 했다.[7]

조선왕궁 침탈 계획은 이미 6월28일부터 세워져 있었으나 열강의 간섭에서 그들의 중립을 이끌어내기 위한 일본정부의 시간이 필요했으므로 실행에 옮기지 못했다. 7월12일 '계획을 실행하라'는 대본영과 일본정부의 명령이 하달되었다. 조선왕궁 침탈은 철저하게 계획하고 준비해서 실행에 옮겨졌다. 이때 있었던 일은 일본과 조선의 공식 기록에서 즉각 은폐, 축소되었으며 삭제되었다.

『일청전사 결정초안』과 『혼성 제9여단 제5사단 보고』를 토대로 혼성여단의 전 병력이 조선왕궁을 무력 장악했던 침입도를 그림으로 작성해 보았다. 이 기록에 따르면 조선 왕궁을 침입해 국왕을 생포한 핵심부대는 혼성여단 제21연대 제2대대였다. 이 병력은 앞의 혼성여단 제2차 해상수송 표에서도 살폈듯이, 제2차 해상수송이 집중되었던 6월24일보다 빠른 6월15일에 먼저 우지나항을 출발했다. 6월22일 혼성여단 배치도에 입각해 보면 이 대대 병력은 아현 숙영지에 주둔해 있었다. 혼성여단 병력이 남하할 때를 대비해 조선 왕궁을 수비하기로 되어 있던 이 대대가 직접 경복궁을 점령했다. 제11연대의 임무는 경성 외

1894년 7월23일 조선왕궁(경복궁) 침입도(저자 작성)

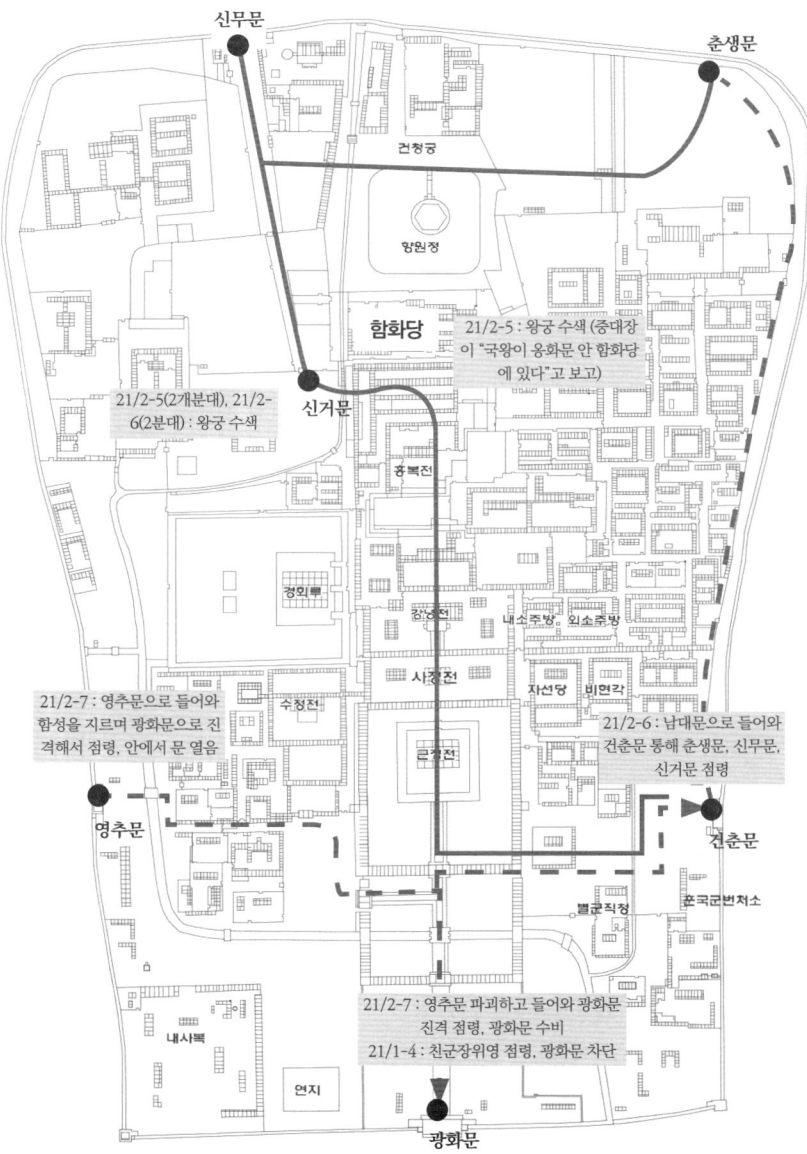

※ 일본군 혼성여단 병력이 조선왕궁을 침입할 때 『일청전사 결정초안』의 기록에 따르면, "민영순이 통솔하는 평양의 구영병 500명이 서별궁과 의빈부에 분산해서 주둔하고 있었고, 이때 서별궁 병력이 교체되어 내병조로 들어갔고 경리청 병력 200명은 신영을 수비하고 있었다."고 기록하고 있다.
※ 이 경복궁 지도는 결정초안과 보고서의 내용을 토대로 병력의 배치 상황을 재구성한 것이다.

곽 경비와 사대문 점령이었다.

결정초안과 혼성여단의 보고를 살펴보면 조선의 국왕 생포가 최대의 목표였다. 일본 공사관에서는 밤을 새워 경복궁을 염탐하고, 일본 군대는 사방에 화톳불을 피워놓고 혼성여단 전 병력으로 조선왕궁을 점령했다.

7월 23일 21연대 제1대대와 제2대대는 아현 부근의 숙영지에서 오전 3시 반에 출발, 조선왕궁으로 향했다. 21연대 1대대 1중대는 아현산을 점령하고 왕궁과 서대문 수비, 1대대 3중대는 왕궁 동북고지, 4중대는 친군장위영 탈취와 광화문 앞 교통차단, 5중대의 한 소대는 군기 호위, 5중대의 2분대와 공병소대는 영추문 파괴, 6중대는 남대문으로 침입해 건춘문이 열리기를 기다렸다가 들어와 춘생문, 신무문, 신거문을 점령하기로 계획되어 있었다.

5중대와 7중대는 영추문 폭파를 시도했으나 성공하지 못하고 담을 타고 넘어와 빗장을 절단하고 침입한 뒤 광화문으로 달려가 안에서 문을 열고 그곳을 점령했다. 광화문을 점령한 뒤 건춘문으로 진격해 안에서 문을 열어주어 6중대가 왕궁 내부를 지나 북쪽으로 진격했다. 춘생문으로 향하던 병력이 왕궁 북부 외곽에 있는 소나무 숲에서 총격전을 벌였다. 5중대와 7중대가 왕궁 내부를 수색, 궁궐 전체를 일본군이 점령하고 국왕이 있는 곳을 수색했다. 5중대 중대장이 신거문 안의 작은 협문인 옹화문 안에 있는 조선 국왕과 왕비를 생포했다. 국왕을 포로로 조선 병사의 무기를 빼앗고 조선 왕궁 장악을 끝낸 시각은 아침 9시였다.

2. 1894년 7월 23일, 조선왕궁 점령[8]

#1. 왕궁에 대한 위협적 운동 준비는 이미 7월 20일(공사로부터 협의가 있었던 날) 시작되었다. 그런데 단지 출발 때 휴대할 도구, 등짐에 관한 규정에 불과했다. 애초부터 이 일은 비밀에 부치고 몇 안 되는 부대장에게만 주의를 주었다. 21일 여단장이 경성에 들어와 공사와 계획 변경을 논의하고 돌아오자마자 보병 제21연대장 다케다 히데노부 중좌에게 은밀히

조선왕궁 침략을 계획하고 실천한 다케다 히데노부

시행방법을 명했다. 제21연대 제2대대는 남진 중 왕궁을 수비하기로 함에 따라 중좌가 이 대대를 이끌고 들어가 직접 왕궁을 점령하기로 했다. 다른 병력은 외곽 경계로 충당한다는 계획을 세웠다. 이 계획은 이튿날 22일 오전 비밀회의에서 각 부대장에게 하달되었다(이날에 혼성여단 諸隊의 위치는 제1삽화에 나타낸 바와 같다.). 이 회의에서 지금 여단장의 명령에 따라 각 대대장이 규정한 것을 종합해 이를 「조선왕궁에 대한 위협적 운동계획」이라 명명하고, 다음에 게재하여 독자에게 일람하게 한다.

#2. 조선왕궁에 대한 위협적 운동계획

1. 부서, 임무

○ **여단 사령부**

경성 공사관 내로 옮긴다.

○ **보병 제11연대** 〔연대장, 중좌 니시지마 스케요시(西島助義)〕

· **본부**

용산에 남은 연대장은 그곳에 주둔한 제대(諸隊)의 지휘를 맡는다. 단 군기(軍旗) 호위 장교 이하 35명의 부대를 여기에 소속시킨다.

· **제1대대** 〔대대장, 소좌 이치노헤 효에(一戶兵衛)〕

본부

제1중대 〔중대장, 대위 마치다 사네요시(町田實義)〕

제2중대 〔중대장, 대위 가와나미 타마키(河南環)〕

거류지 수비를 위해 오전 4시 화성대(和城臺)에 집합하고, 종루까지의 시가지를 경계한다. 단 제1중대의 1소대〔소대장, 소위 노마 분타로(乃萬文太郎)〕는 오전 2시 출발 남대문으로, 제2중대의 1소대〔소대장, 중위 이마이 타케시(今井建)〕는 동시 출발하여 서대문에 도착해 외부에서 들어오는 여러 부대를 위해 서대문을 열 것. 필요하면 파괴해도 상관 없음〔경성의 모든 문은 매일 일몰부터 일출까지 폐쇄하는 규정이 있다.〕.

제3중대 〔중대장, 대위 구와키 타카모토(森木崇台)〕

오전 2시 반 출발, 동대문, 남소문 점령한다.

1894년 일본군의 조선왕궁 점령(왼쪽)과 아산전투(오른쪽) 장면을 기념해 전쟁에 참전한 화가들이 기록화로 남긴 것을 아시아자료센터에서 청일전쟁 특별전에 공개했다.

제4중대 〔중대장, 대위 시모에다 칸이치로(下枝觀一郎)〕

오전 2시 출발, 동소문 점령한다.

· 제2대대 〔대대장, 소좌 하시모토 마사요(橋本昌世)〕

본부

제5중대 〔중대장, 대위 나카 히데아키(仲東白)〕

제7중대 〔중대장, 대위 후쿠다 나카이치(福田半一)〕

오전 3시 반 출발, 입경해 종루 부근에 주둔하여 시가지의 동부와 북부를 경계한다.

제6중대 〔중대장, 대위 다카미 사토루(田上覺)〕

오전 3시 반 출발, 이하응의 저택(운현궁)**에 도착해서 이하응을 호위한다.**

제8중대 〔중대장, 대위 오노 마키타(小野萬龜太)〕 〔용산 병참수비대인 1소대 빠짐.〕

용산 숙영지에 머물며 제3대대장의 지휘 아래 그곳을 수비한다.

· **제3대대** 〔대대장, 소좌 마쓰모토 미오키(松本箕居)〕 〔둔지리 파견 제12중대 빠짐.〕

본부

제9중대 〔중대장, 대위 기무라 이스케(木村伊助)〕 (군기호위대로서 연대본부로 파견된 장교의 지휘에 속하는 34명 빠짐.)

제11중대 〔중대장, 대위 오하라 분페이(小原文平)〕

제8중대와 함께 당현(堂峴) 동쪽 고지의 남단부터 아현동에 이르는 간선을 점령하고 경계한다.

제10중대 〔중대장, 대위 시즈마 히로스케(靜間浩輔)〕

오전 3시 반 출발, 주력으로 서소문, 1소대로 남대문을 점령한다.

○ **보병 제21연대** 〔연대장, 중좌 다케다 히데노부(武田秀山)〕

· **본부**

· **제2대대** 〔대대장, 소좌 야마구치 케이조(山口圭藏)〕 〔부산 수비대인 제8중대 빠짐.〕

공병 1소대와 더불어 오전 3시 반 출발, 왕궁으로 들어가 왕궁을 수비한다. 단 제5중대 〔중대장, 대위 스기오카 나오지로(杉岡直次郎)〕는 군기를 호위한다.

· **제1대대** [대대장, 소좌 모리 마사타카(森祇敬)](임진진(臨津鎭) 수비대인 제2중대 빠짐.)

본부

　제4중대 [중대장, 대위 오가사와라 마츠카케(小笠原松熊)]

오전 3시 반 출발 입경, 친군 장위영 (당시 사람들은 이곳을 삼군아문이라 통칭함.)을 개방하고 이곳을 점령한다. 광화문 앞 교통을 차단한다.

　제1중대 [중대장, 대위 하토리 히사시(服部尙)]

오전 3시 반 출발, 아현산을 점령하고 왕궁수비대와 제11연대 숙영지와 연락하여 장교가 지휘하는 2분대로 오전 4시부터 서대문을 수비한다. 기타 포병 호위, 연대 숙영지 순찰 경계, 식사 운반 호위, 필요할 경우 외인(外人) 보호를 맡는다.

　제3중대 [중대장, 대위 가와무라 다케토모(河村武又)]

오전 3시 반 출발, 입경하여 왕궁 동북고지를 점령한다. (이 고지에는 당시 호포대(号砲台) 같은 것[玉瀑壇]이 있어 포문의 방향이 일본공사관을 향하고 있었으므로 만일의 위험을 고려하여 이 같은 병력 배치가 있었음.).

· **기병** 제5대대 제1중대 [중대장, 대위 도요베 신사쿠(豊邊新作)]

여단장 호위를 맡는다. 전령 기병으로 보병 제21연대 7기, 보병 제11연대 제2대대의 5기를 배포하는 외에 용산 숙영지에서 대기를 명함.

· **야전포병** 제5연대 제3대대 [대대장, 소좌 나가타 히사시(永田龜)]

아현동 북방고지에 방열(放列, 포병진지에서 고각과 방향, 표적 맞춤.) 배치하고 시위함.

· **공병** 제5대대 제1중대 [중대장, 대위 아시자와 마사카즈(芦沢正勝)]

1소대[소대장, 소위 츠치야 요시히사(土屋善龜)]는 보병 제21연대장의 지휘에 속함. 그 외는 용산 숙영지에 잔류하며 명령을 기다린다.

각 부대는 조선어 통역을 배치한다.

저자는 7월 23일 왕궁을 점령하기 위한 일본 혼성여단 병력의 외곽 배치도를 『일청전사 결정초안』의 내용을 종합하고 정리해서 그려보았다. 배치도를 살펴보면 다음과 같다. 일본공사관 안에 여단사령부를 두고, 선발대로 온 제11

1894년 7월 23일 왕궁을 점령하기 위한 혼성여단 배치도(저자 작성)

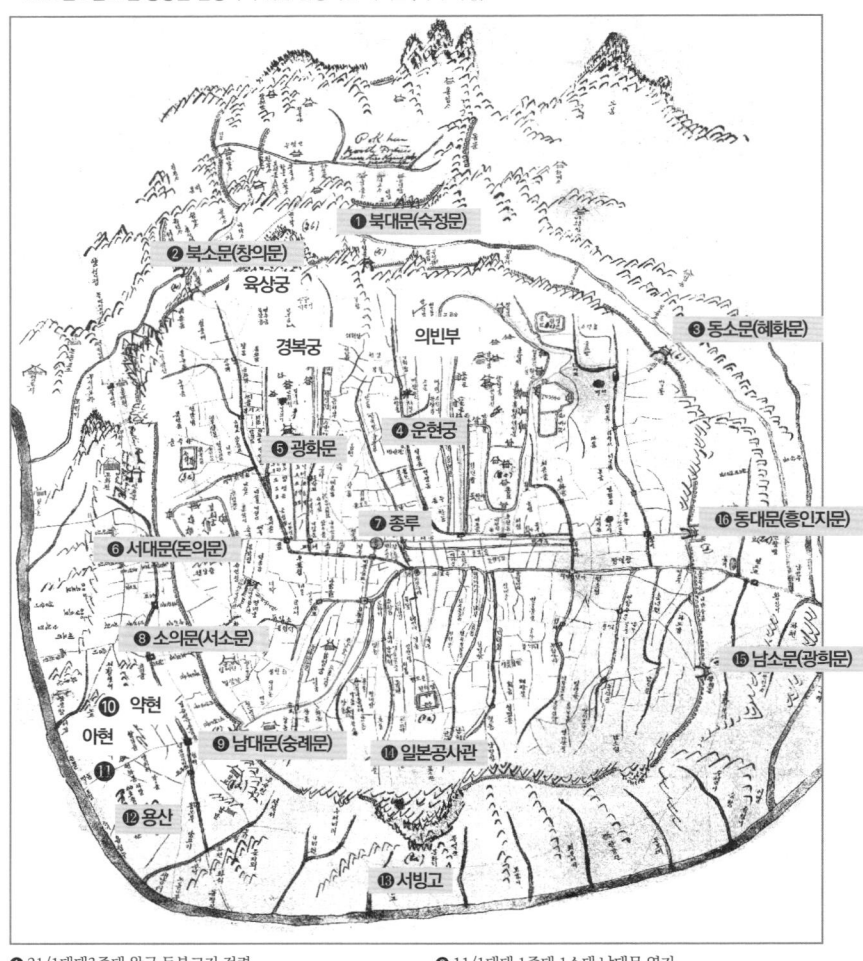

❶ 21/1대대 3중대 왕궁 동북고지 점령
❷ 조선 왕의 도주로 예상, 창의문 개방
❸ 11/1대대 4중대 동소문 점령
❹ 11/2대대 6중대 운현궁 대원군 호위
❺ 21/1대대 4중대 친군장위영 점령, 광화문
❻ 11/1대대 2중대 1소대 서대문 열기
　21/1대대 1중대 아현산 점령, 왕궁과 서대문 수비 차단
❼ 11/2대대 5, 7중대 종루, 동북부 시가지
❽ 11/3대대 10중대 서소문 점령

❾ 11/1대대 1중대 1소대 남대문 열기
　11/3대대 10중대 남대문 점령
❿ 야전포병 : 아현동 북방고지 방열 배치
⓫ 11/3대대 9, 11중대 당현 동쪽 고지 아현동 간선 점령
⓬ 11연대 본부 용산 주둔
⓭ 11/3대대 8중대 1소대 서빙고
⓮ 일본공사관 내 여단사령부
⓯ 11/1대대 3중대 남소문 점령
⓰ 11/1대대 3중대 동대문 점령

※ 1. 11연대 1대대는 남산과 왜성대 주변, 2대대는 용산 일대에 주둔해 있었고, 21연대 2대대는 아현 숙영지에 주둔해 있었다.
　2. 21연대 2대대와 공병1소대 왕궁침입
　3. 11/1은 11연대 1대대, 11/2는 11연대 2대대, 11/3은 11연대 3대대, 21/1은 21연대 1대대를 의미함
　4. 11/2-8 : 용산병참수비대, 기병 제5대대 제1중대는 여단장 호위, 야전포병 : 아현동 북방고지 방열 배치, 11/2-8-1 : 서빙고, 11/2-8-2 : 둔지리, 11/3-10 : 주력 서소문 점령, 1소대 남대문 점령, 21/1-1(2분대) : 서대문 수비, 포병 호위 연대 숙영지 경비와 식사, 21/1-2 : 임진진 수비대, 21연대 2대대 왕궁침입 핵심부대, 21/3-9 : 제물포, 21/3-10 : 석암리, 성현, 오류동, 인천.
　5. 이 지도는 결정초안과 보고서의 내용을 토대로 병력의 배치 상황을 재구성한 것이다.

왼쪽 동소문(혜화문)은 제11연대의 제1대대 제4중대 점령, 오른쪽 남소문(광희문)은 제1대대 제3중대가 점령

연대 제1대대는 공사관과 남산의 왜성대 주변, 제2대대는 용산에 주둔해 있었다. 1대대 1중대 1소대는 남대문, 2중대 1소대는 서대문을 열기로 하고 오전 2시에 출발했다. 1대대 1중대의 2소대는 왜성대에 오전 4시에 모여 종루를 점령하고 경계, 2소대는 거류지 수비를 위해 종루 경계, 3중대는 동대문과 남소문, 4중대는 동소문 점령을 위해 오전 2시에 출발했다. 11연대 2대대의 5, 7중대는 종루, 동북부 시가지 경계, 6중대는 대원군 이하응 호위, 8중대는 용산 병참 수비대, 8중대의 1소대는 서빙고, 2소대는 둔지리 경계, 3대대의 9, 11중대는 당현 동쪽 고지의 아현동 간선을 점령, 10중대의 주력은 서소문을 점령하고 1소대는 남대문을 점령했다. 제물포를 비롯한 인천, 오류동 일대는 21연대 3대대가 점령하고 있었고, 야전포병은 아현동의 북방고지에 방열을 배치했다.

일본은 조선 왕궁의 안과 밖을 철저히 에워싸고 조선왕궁을 무력으로 접수했다.

2. 약속

하나, 조선병사가 발포할 때는 정당방위를 위해 이에 응할 것.

하나, 조선인이 경성을 나와 떠나는 자는 동소문, 동대문, 남소문에서 이를 허락할 것. 조선병사의 퇴거도 마찬가지다.

왕궁 침입 때 조선 국왕이 도주할 수 있도록 창의문을 열어두었다고 기록되어 있다.

하나, 구미인은 가능한 아현산으로 난을 피하게 할 것. 단 어떤 경우건 문을 나가는 자에게는 호위병 두 명을 붙일 것.

하나, 가급적 사격을 피하고, 각국 공사관 방향으로 탄환이 날아가는 것에 주의할 것.

하나, 만일 사격을 해야 할 경우에는 각 부대는 상호 사격 경계에 주의하여 위해(危害)를 피할 것.

하나, 국왕의 신체를 상하지 않게 주의할 것.

사건 발생 이전 국왕이 몰래 나가 도주하는 일은 공사에게 맡긴다. (국왕이 몰래 나가 북한산으로 도주하려 한다는 소문이 6월 하순 이래 몇 차례나 돌았다.)

위 계획은 애초부터 이를 비밀로 하고 아직 각 부대에 공식적으로 전달하지 않았다. 단지 각 부대장에게만 훈시함. 부대에는 "23일 날이 밝기 전부터 경성으로 행군한다."라고 공식 전달했다. 이리하여 출발해야 할 각 부대는 22일 밤부터 집합해 야영하며 때가 오기를 기다렸다.

이상의 계획으로 보건대, **보병 제21연대장이 직접 인솔하는 동 연대 제2대대**(제8중대 빠집.), **공병 1소대로 이루어진 한 무리를 동작의 핵심**으로 한다. 이것은 갑자기 왕궁으로 침입해 조선병사를 몰아내고 국왕을 옹위하여 이를 수호하는데 있다. (국왕을 옹위하는 것이 당시 일본 공사가 희망하는 바였지만, 도주를 막기 위해 그의 몸을 상하게 하는 일이 생기면 큰일을 야기할 우려가 있었다. 오토리 공사는 설령 국왕이 도망가도 그 신체에 위해를 가하지 말 것을 여단장에게 요구했다. 공사의 뜻은 만일 국왕이 도주하면 대원군을 섭정으로 삼아 임시정부를 조직한다는 고안이 있었다. 이것이 왕궁 협박 때 북소문(=창의문)을 개방하게 한 까닭이다.)

기타 제대는 외부 동작을 맡는다. 그 **일부는 주로 경성 제영(諸營)의 조선병사를 감시하고 무기를 빼앗아 거두고 왕궁으로 구원하러 가지 못하게 함으로써 핵심부대가 목적을 달성하기 쉽게 한다.** 단 일본, 구미의 관민, 대원군 일파에게 위해가 미치지 못하도록 일을 맡는다. 일부는 만일의 경우를 대비해 경성의 여단 숙영지를 지키는 일을 맡는다.

준비가 모두 끝나고 여단장은 밤새 잠을 자지 않고 때를 기다렸다. 23일 오전 0시30분에 이르러 공사로부터 "계획대로 실행하라."는 전보가 도달했다. 이에 이르러 혼성여단의 조선왕궁에 대한 위협적 운동이 일어나니 실제로 7월23일이었다.

건춘문이 닫혀 있자 제 21연대 제5중대의 2분대와 공병소대가 영추문 폭파를 시도했으나 성공하지 못하고 벽을 넘어 궁궐 안으로 들어가 광화문과 건춘문을 열었다.

#3. 조선왕궁에 대한 위협적 운동의 실행

7월23일 오전 0시30분, 오시마 여단장이 공사로부터 전보를 받자마자 제대에 계획 실행을 명령했다. **경의(京義), 경인 간 전선을 절단**함으로써 이 일이 빠르게 청국에 전해지는 것을 막았다. 막료를 이끌고 입경해 일본 공사관으로 이동했다.

핵심부대의 동작

제대는 예정대로 출발해 계획을 실행했다. 먼저 다케다 중좌가 인솔하는 '동작의 핵심이 될 한 무리'〔보병 제21연대 제2대대(제8중대 빠짐), 공병 1소대〕의 행동부터 설명하기로 한다.

다케다 중좌는 제6중대〔중대장, 대위 진 리키노신(神力之進)〕로 남대문에서 입경해 왕궁 동쪽의 건춘문에 도착한다. 안에서 문이 열릴 때까지 기다리기 위해 먼저 보내고, 자신은 다른 부대를 이끌고 왕궁 서쪽의 영추문으로 들어갈 목적으로 서대문으로 입경

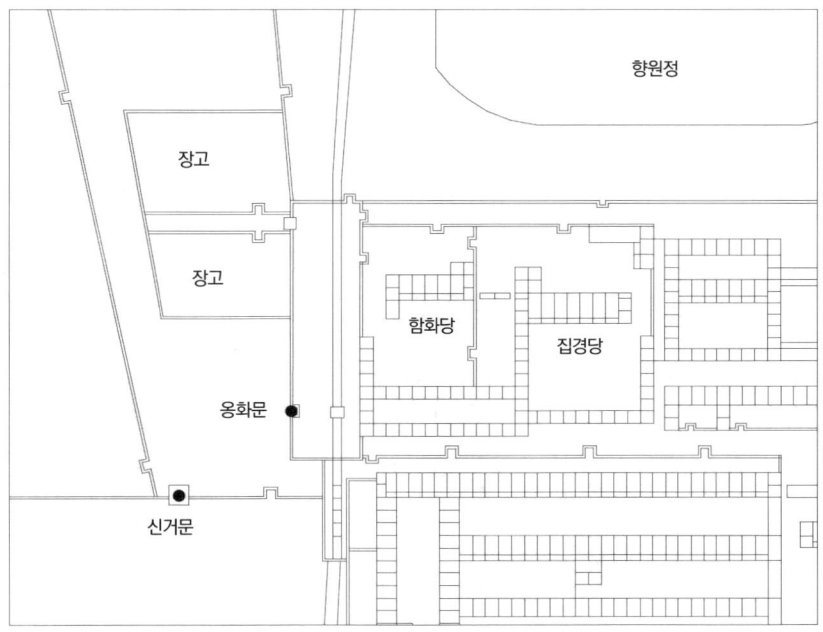

조선의 국왕과 왕비가 일본군이 궁성을 넘어 쳐들어 왔을 때 머문 함화당 배치도

한다. 단 왕궁의 여러 문이 폐쇄되어 있을 경우 처음부터 이를 파괴하고 침입할 각오를 했다. 이를 위해 보병 중위 가와치 노부히코(河內信彦)에게 제5중대의 2분대를 딸려 공병소대와 함께 문을 여는 일과 그 문을 수비하는 일을 맡겨야 하므로 이 부대를 선두로 한다.

다음으로 제7중대[중대장, 대위 다나베 미츠마사(田邊光正)], 제5중대(2분대 빠짐.) [군기호위]의 순서로 행군한다. (외부 동작을 하는 제대 중 직접 왕궁의 북쪽과 남쪽에서 행동해야 할 같은 연대의 제3, 제4중대는 행군 초기에는 제3, 제4중대의 순서로 행한다. 제7, 제5중대의 중간에 들어가서 이 무리와 함께 행군하고 입경 뒤 흩어져 각자 임지로 향할 것.)

다케다 중좌 부하의 한 부대가 영추문 파괴

다케다 중좌가 인솔하는 부대는 영추문에 도착했으나 문이 굳게 닫혀 있어 들어갈 수 없었다. 북쪽 금화문을 정찰했으나 이곳도 닫혀 있었다. 영추문을 파괴하기로 결정하고 공병소대는 폭약을 장치하고 폭파를 시도했으나 폭약의 양이 적어 효과를 거두지 못했다. 세 번을 시행했으나 결국 부수지 못했다. 도끼를 사용해 시도했으나 역시 목적을 달성하지 못했다. 이에 장대를 위벽(圍壁)에 걸치고 고용 통역관 와타나베 우사쿠(渡邊卯作)가 먼저 기어올라 문안으로 들어갔다. 뒤이어 가와치(河內) 중위 역시 장대에 의지하여 벽을 넘어 안에서 문을 열고자 했으나 역시 이루지 못했다. 결국 안과 밖에서 서로 도와 톱으로 빗장을 절단한 뒤 도끼로 대문을 부수고 간신히 문을 연 것이 오전 5시 경이다.

영추문을 파괴하자마자 가와치 중위의 2분대가 먼저 거친 기세로 뛰어들어 이곳을 수비했다. 잇따라 제7, 제5중대가 진입했다. 제7중대는 함성을 지르며 바로 광화문으로 진격해 수비하고 있는 조선병사를 몰아내고 이곳을 점령한 다음 안에서 문을 열었다. 그중 1소대[소대장, 중위 도키야마 오카조(時山巐造)]는 다시 건춘문으로 진격해 안에서 문을 열었다. 이 사이에 수비하던 조선병사는 한 명도 저항하는 자 없이 모두 북쪽으로 도주했다.(처음 민영순(閔泳純)이 통솔하는 평양의 구영병(舊營兵) 5백여 명은 서별궁[西別宮, 舊西營이라 칭함], 의빈부(儀賓府)로 나누어 주둔했으나, 이때에 이르러 서별궁의 병력이 교체되어

함화당 일곽

내병조(內兵曹)로 들어가고, 경리청(經理廳) 병력 200명은 신영(新營)을 수비하고 있었다.).

제6중대는 예정대로 남대문으로 들어갔다. 오전 4시 20분 건춘문에 도착했으나 문밖에 있던 조선병사가 이들을 향해 사격했다. 중대가 즉각 대응사격하고 있는데, 5시 조금 지나 영추문으로 들어간 제7중대의 1소대가 와서 내부에서 문을 열어 바로 문 안으로 진입했다. 제6중대가 건춘문으로 들어오자마자 다시 북쪽의 춘생문, 신무문, 신거문을 점령하라는 명을 받고 병력을 나누어 조선병사를 몰아서 쫓아내면서 왕궁 내부를 통과해 북쪽으로 일제히 행군했다. 그런데 춘생문으로 향하던 부대가 왕궁 북부 외곽으로 나오자마자 북쪽 소나무 숲속에서 조선병사(생각하건대 왕궁 수비병을 북쪽으로 쫓아서 물리친 자들인 것 같다.)의 사격을 받고 그에 대응 사격했다.(이때 제3중대는 근처 왕궁 위벽 외부에서 남쪽의 조선병사와 총격전을 벌이고 있었다.)

이때 제5중대(2분대 빠짐.)는 군기를 호위하고 다케다 연대장, 야마구치 대대장과 함께 광화문 안에 있었다. 북쪽에서 격렬한 총성이 들려오자 다케다 연대장은 군기호위 임무를 제7중대(이때 광화문을 수비함)로 넘기고, 야마구치 대대장에게 이 중대(제5)를 인솔해 제6중대를 지원하러 보냈다. 이에 제5중대는 바로 건춘문 내부에서 위벽 안쪽을 따라 북진했다. (야마구치 대대장은 건춘문 위로 올라가 일반적인 정황을 살핀 뒤, 제5중대를 뒤따랐다. 이때 외부독판 조병직(趙秉稷)이 궁궐 안에서 나와 오토리 공사에게 면담을 청했다. 이에 대대장은 이를 허락하고 호위병 한 명을 딸려 광화문으로 내보냈다.)

제5중대가 지원하자 제6중대에 맞서 저항하던 조선병사는 잇따라 북쪽 왕궁 위벽으로 나가 백악 방향으로 달아나고 쌍방의 사격이 점차 느려지기에 이르렀다.(오전 7시반) 이미 왕궁 안의 조선병사 대부분을 쫓아내고 사방의 성벽은 모두 일본병사가 점령했다. **이제 남은 일은 오직 왕궁 내부를 수색해 국왕의 소재를 발견하여 그를 차지하는데 있었다.** 야마구치 대대장(이때 왕궁 북부에 있었음.)은 제5중대, 제6중대의 2분대[중위 하야시 야스히로(林康太)가 지휘함.]에 수색을 명령했다. 잠시 뒤 제5중대장이 "국왕이 옹화문 안에 있고 조선병사가 이를 지키며 보호하고 있다."고 보고했다. 이에 대대장은 먼저 그 부하에게 사격을 제지하고 직접 왕이 있는 곳으로 갔다.(당시 국왕은 옹화문 안 함화당, 왕비와 후궁은 집경당에 있었다. 전투가 시작되자 왕비가 함화당으로 거처를 옮겨 국왕과 함께 있었다.) 야마구치 대대장이 옹화문에 이르렀을 때에는 제5중대의 일부는 이미 문 안에 있고, 장교는 조선 관리와 담판 중이었다. 조선관리 등(우포장 김가진 등 몇 사람)이 즉각 대대장에게 청하기를 "외무독판이 지금 오토리 공사에게 가서 담판 중이다. 그가 돌아올 때까지 병사를 옹화문 안으로 들여보내지 않기를 바란다."고 했다. 대대장이 말하기를 "문안에 있는 많은 조선병사를 보라. 만일 그들의 무기를 나에게 내어주면 원하는 바를 들어주겠다."고 했다. 그들이 듣지 않자 대대장이 즉각 칼을 빼들고 군대를 지휘해 병사들을 무섭게 질타하며 문안으로 뛰어들려 했다. 그들은 크게 놀라 이를 저지하며 국왕의 재결을 받을 때까지 미뤄 줄 것을 청했다. 한참 지나 나와서 조선병사의 무기를 내줄 것을 허락했다.

야마구치 대대장 국왕을 만나다

대대장은 국왕에게 알현할 것을 청해 허락을 받았다. "지금 뜻하지 않게 양국 군사가 교전하여 전하의 마음을 괴롭혀 외국신하로서 유감스럽게 생각합니다. 그렇지만 귀국의 병사가 이미 무기를 우리에게 내주었습니다. 우리 병사가 옥체를 보호하여 결코 위해가 미치지 않게 할 것입니다. 전하 모쪼록 이것을 양해해 주십시오."라고 했다. 그로부터 옹화문 내에 있는 조선병사의 무기와 문안을 수색해 은닉해 둔 무기까지 압수하여 신거문 밖으로 운반했다. (이때 제7중대장이 1분대의 병력을 이끌고 와서 이 작업을 도왔다.) 이 사이 제5중대를 옹화문에 집합시켜 궁궐 주변에 보초병을 배치하고 경계했다. 이러한 동작이 모두 끝난 것은 오전 9시가 지나서였다.

동작의 핵심인 부대의 행동은 위와 같다.

핵심부대의 임무는 조선국왕을 찾는 일이었다. 위 내용은 조선왕이 일본군의 포로가 된 상황을 상세히 전하고 있다. 야마구치 대대장의 협박에 왕을 호위하고 있던 조선병사의 무장을 해제시키고 왕을 포로로 삼았다.

#4. 외부 동작을 맡았던 제대 가운데 주요 행동을 기술하면 조선병사와 충돌한 것으로 그쳤다. 기타 제대는 계획대로 맡은 지역에 도착해 사변에 대응할 준비만 했을 뿐이며, 결국 아무런 사고도 당하지 않아 특별히 기재할 만한 것이 없다. 조선병사와 충돌한 병력이 어떤 부대인가 하면 즉 보병 제21연대 제3, 제4중대, 보병 제11연대 제2대대(제6, 제8중대 빠짐.)다.

보병 제21연대 제3중대는 왕궁 동북고지(東北高地)를 점령하라는 임무를 맡고 핵심동작을 할 부대와 함께 행군하여 서대문으로 들어갔으나 영추문에 이르렀을 무렵 그곳에서 헤어졌다. 제2소대[소대장, 중위 사토 히코토(佐藤彦人)]는 전방호위를 위해 북쪽으로 향했는데 육상궁(毓祥宮) 서쪽에서 백악 방향으로 진행했다. 게다가 왕궁 벽 바깥 백악 남쪽기슭을 따라 왕궁의 동북 모퉁이로 나가니 성벽 동북부의 작은 문 앞에 양쪽에 천막이 3개가 있었고 조선병사가 이를 지키고 있는 것 같았다. 중대장은 본대에서 2분대[군조 토모노아이 스케유키(友野愛助之) 인솔]를 보내 이들을 위협했다. 조선병사가 갈팡질팡하며 무기 탄약을 버리고, 일부는 해당 문 안으로 다른 일부는 남쪽 의빈부(儀賓府) 방향으로 달아나 숨었다. 그 사이 중대는 계속 전진해 옥폭단(玉瀑壇) 북쪽 고지에 다다랐다. 조선병사 두세 명을 쫓아내고 마침내 하달받은 지점에 도달했다.

전방호위를 맡은 제2소대를 숙정문 방향으로 보내 그곳을 경계하게 했다. 오전 5시가 지나고 있었다.

이때 신영(新營) 안에 조선병사가 있음을 인지, 중대장은 하사 척후[1등군조 우에하라 지로(上原治良)]를 보내 이들을 몰아냈다. 이 무렵 왕궁 내에서 함성소리가 들렸다[제7중대가 영추문에서 소리를 지르며 진입하는 소리인 것 같음]. 즉 제1소대[소대장, 소위 야마다 기하치(山田喜八)]는 옥폭단 고지 남단에 이르러 왕궁 방면을 경계했다. 이 소대가 진격하자마자 조선병사는 의빈부와 그 부근에 근거지를 두고 이들을 향해 사격했다. 소대는 옥폭단 고지에 간격을 두고 흩어져 이들과 대응 사격했다. 중대는 그 뒤 제3소대[소대장, 특무조장(特務曹長) 다나베 하치타로(田辺鉢太郎)]를 추가로 보내 대항하게 했다. 오전 6시 전후 조선병사의 저항이 더욱 거세졌다.(상기 왕궁 북부 외곽에서 제6중대가 북쪽 소나무 숲에 있던 조선병사와 총격전을 벌이던 바로 그 무렵이다.) 그렇지만 그 뒤 조선병사는 점차 시가지로 퇴각해 흩어지고 사격이 점차 줄어들었다. 오전 8시에 이르러 제2소대는 돌아와 중대와 합류했다. 8시 40분 양쪽 병사의 사격이 완전히 멈췄다. 그 뒤 중대는 명령으로 하달받은 지점을 점령하고 이곳에 주둔했다.

친군 장위영도 개방했다. 광화문 앞 교통을 차단하는 임무를 맡은 보병 제21연대 제4중대는 제1대대장의 지휘 아래 다케다 중좌가 이끄는 한 무리와 함께 출발해 서대문을 들어갔다. 오전 4시 25분, 임무지역에 도착해 친군 장위병과 왕궁의 사변에 대응하느라 여유가 없었다. 오전 5시 지나 왕궁 내 함성소리(제7중대가 광화문 쪽으로 함성을 지름.)와 함께 대대장은 장위영의 조선병사에게 영소를 점령한다고 선고했다. 중대가 문안으로 들어가니 조선병사 2, 30명이 총을 겨누며 대항했다. 중대는 함성을 지르며 영 내의 모든 문을 관통해 진입했다. 조선병사가 그 기세에 두려움을 느껴 무기를 버리고 서쪽 담장을 넘어 도주했다. 인원은 대략 400명이었다. 중대는 바로 친군 장위영을 점령하고 임무를 수행했다.

종루 부근에 근거지를 차지하고 시가 동부, 북부를 경계하라는 임무를 맡은 보병 제11연대 제2대대(제6, 제8중대 빠짐.)는 예정시각에 출발해 아무 지장 없이 경성에 들어가 임지에 도착했다. 대대장은 그 주력부대를 명령받은 지점에 머물게 했다. 두 중대에

조선왕궁을 공격한 7월23일 조선 국왕을 유폐시키고 대원군을 앞세워 친일정권을 세우기 위해 왕궁으로 가고 있다.

서 각각 1소대씩 병력을 보내 서로 번갈아 가며 시내 순찰을 돌고 있었다. 오전에 친군 장위영에서 왕궁의 패잔병을 수용했다는 것을 정탐하고, 미리 여단장의 허가를 받아 오후에 제6중대가 이하응의 호위 임무를 마치고 귀환하기를 기다렸다. 이들에게 종루 부근을 수비하게 하고, 직접 조선병사의 무기를 압수할 목적으로 제5, 제7중대를 인솔해 장위영으로 향했다. 즉 제7중대가 오후 0시50분 출발, 먼저 장위영으로 가서 중대장이 먼저 무기를 내놓을 것을 요구하자 조선병사가 이에 응하지 않고 저항할 조짐을 보였다. 중대는 장위영을 기습할 목적으로 서문(앞문)에 이르렀다. 문이 닫혀 있어 들어갈 수 없었다. 즉각 동문으로 우회하여 이곳을 빙 둘러쌌다. 조선병사

가 이들을 향해 발사하여 중대도 대응 사격했다. 마침내 문 쪽의 벽을 부수고 영내로 뛰어들었다. 이 사이 대대장은 제5중대를 인솔하여 서문(뒷문)으로 향했다. 역시 조선 병사가 저항하자 1소대로 발사하게 한 뒤 서문을 파괴하고 진입했다. 이때 조선병사 는 모두 갈팡질팡하며 무기를 버리고 북문으로 달아났다. 제7중대는 이미 장위영을 점령했다(오후 3시). 대대장은 제7중대에 장위영 수비를 맡기고 자신은 제5중대를 이 끌고 종로로 돌아갔다.

왕궁 내에서는 보병 제21연대 제2대대(제8중대 빠짐.)가 오전 9시 모든 문을 점령하고 국왕의 궁전에 보초병을 배치했다. 왕을 모시는 조선병사의 무기를 압수하고 일을 끝냈음은 위에서 서술했다. 그런데 왕궁의 북쪽에서는 백악의 남쪽 경사면, 정상 부 근에서 소수의 조선병사가 사격을 멈추지 않았으므로 제6중대는 이에 대해 천천히 대응 사격하고 있었다.

이하응[대원군] 궁궐에 들어감, 오토리 공사, 각국 공사 입궁

오전 11시에 이르러 이하응은 보병 제11연대 제6중대[1소대(소대장, 중위 가와카미 에이노스케(川上栄之輔)는 그 저택을 수비함.]의 호위를 받으며 영추문으로 들어와 왕이 계신 곳으로 갔다. 오토리 공사[보병 제11연대 제1중대의 1소대(소대장, 소위 노마 분타로(乃万文太郎)가 이를 호위함.), 조선의 여러 대신, 각국 공사도 앞서거니 뒤서거니 궁으로 들어왔다. 이로써 오토리 공사의 청구로 궁전의 보초병, 옹화문의 수비병을 철수했다. 신거문에 보초병을 머물게 하고 제5중대는 경회루에 집결했다. 북쪽의 사격은 오후 2시에 이르러도 멈추지 않았다. 국왕이 이를 싫어하며 제지할 것을 요구했다. 대대장이 답하기를 조선병사가 발사를 멈추지 않아 총성이 그치지 않는다고 하니, 국왕이 바로 사자를 보내 조선병사의 발사를 제지하자 이로써 완전히 총성이 멈추었다.

여단장, 조선 국왕을 만나다

오후 5시 여단장이 그 막료를 거느리고 기병중대의 호위를 받으며 들어와 국왕을 만났다. 이를 위로하여 안심시키고, 국왕과 이하응이 면회할 것을 권하고 여단장은 굳이 사양하고 떠났다. 왕궁 위협 작전은 이로써 종료되었다. 다음의 제대를 제외한 나머지는 오후 5시부터 6시 사이에 철수해 모두 숙영지로 돌아갔다.

보병 제21연대 제2대대(제8중대 빠짐) 왕궁 호위를 맡음.

보병 제11연대 제7중대 친군장위영 수비를 맡음.

보병 제11연대 제6중대의 1소대 [소대장, 중위 가와카미 에이노스케(川上栄之輔)] 대원군 저택의 수비를 맡음.

보병 제11연대 제5중대의 1소대 [소대장, 소위 후지야마 야스노스케(富山康之助)] 남대문 서소문의 수비를 맡음.

보병 제21연대 제1중대의 2분대 [소위 다나베 니지로(田辺二郎) 인솔] 서대문 수비를 맡음.

보병 제11연대 제3대대, 제8중대 금일 수비선(守備線)에 의거하여 숙영한다.

위 가운데 다음 보병 제21연대장이 동 연대의 제2대대장에게 하달한 훈령을 게재하고 왕궁위협 운동을 종료한다. 훈령은 다음과 같다.

1, 우리 혼성여단장에게 받은 훈령은 갑작스런 전투로 왕궁에는 조선 병사를 누구도 들여놓지 않았으므로 우리 군대는 조선 왕실에 지대한 존경을 표하기 위해 귀관은 부하 대대(1중대 빠짐.)로써 왕궁을 수비할 것.
2, 호위의 수칙과 임무는 우리 근위수비대의 그것과 다를 바가 없다. 단 궁중의 시종 무관과 관련된 일은 생략한다.
3, 귀관은 왕궁 각 문을 수비하고 일부 주력부대를 옹화문 부근에, 그 외는 광화문 부근에 배치하고 서대문과 서로 연락할 것.
4, 조선전신국에 상등병 1명, 병사 10명을 파견해 수비하게 할 것. 단 발신·수신 전보에 주의를 기울일 것. 이를 위해 공병대에서 1명 파견한 상등병의 급여는 그 대대에서 줄 것.

『결정초안』, 『혼성여단 보고』는 동일하게 7월23일 0시30분쯤 "계획대로 실행하라."는 오토리 공사의 전보가 있었음을 분명히 하고 있다. 일본정부는 여단장에게 오토리 공사의 명에 따르라고 단속해 두었다. 그의 명을 받고 혼성여단의 전체 병력으로 야밤에 왕궁 침략을 강행했다. 왕이 머무는 곳과 가까운 영추문을 공병부대가 폭약과 도끼로 부수고 들어왔다. 왕궁침탈을 종료하고 제21연대 연대장이 "불의의 전투로 왕성 내에 있는 조선병사를 한 명까지도 저지하기에 이르렀다."고 제2대대장에게 알렸다. '불의의 전투'는 사건 자체를 이날 그 자리에서 은폐했음을 엿보게 하는 대목이다.

조선왕궁을 침입한 날(1894년 7월23일) 아침 8시10분 오토리 공사가 외무대신 무쓰 무네미쓰에게 보낸 「조선국 정부의 회답이 만족스럽지 않으므로 왕궁을 포위하는 조치를 취한 취지 보고에 대한 건」[9]은 일본이 반인륜적 침탈을 강행하고 있음을 증명하고 있다. 은폐를 시도했음에도 불구하고 다음 문장은 "부득이 왕궁을 포위하는 확실한 조치를 취하기에 이르렀다. 본 공사는 7월23일 아침에 이 수단을 시행했고 조선병사가 일본병사를 향해 발포하여 쌍방이 서로 포격했다."로 되어 있다. 침략 행위를 은폐하고 싶은 마음이 그대로 담겨 있는 문장이다. 일본의 공식기록인 대본영 육군참모부의 『혼성 제9여단 제5사단 보고』 7월22일자, 7월23일자 기록은 왕궁점령이 철저히 계획되었음을 보여준다.

혼성여단 보고, 7월22일[10]

#1. 오전 7시 우에하라 소좌 여단으로 옴. 각 부대장을 만나 밀지를 전해줌. 오전 9시 조선의 첩보를 듣고 그 결심을 알림. 오전 9시55분에 수령한 이치노헤 소좌로부터 보고 "어제 화성(和城)에서 저녁나절부터 공사의 음악회가 있었음. 오늘밤부터 남산 꼭대기로 감. 비상시 점화는 지금까지의 점등과 다르게 장대 끝에 묶은 관솔불을 좌우로 흔드는 것으로 바꿈."

#2. 오후 6시 제2호의 전보를 대본영으로 보냄. "공사의 요구에 따라 내일 아침 왕궁을 포위함. 개전은 피할 수 없음."

#3. 금일 오전 7시의 비밀회의, 공사의 요구에 따라 계획, 준비는 다음과 같다.
· 각 부대에 통역을 나누어 배치할 것.
· 내일 23일 오전 3시 반까지 공사로부터 통첩이 없으면 군대는 바로 출발하여 왕성을 위협한다.
· 적이 발포하면 정당방위할 것, 특별히 통지하지 않고 총성으로 알릴 것.
· 일본거류지 근방은 보병 제11연대 제1대대가 순찰을 담당하게 할 것.
· 오전 4시를 기하여 출발, 광화문, 동대문, 동북문으로 출병하고 경계는 경성에 있는 제1대대가 맡는다.

#4. 주의, 각 개인 산책하는 것을 엄격히 금함.

· 제21연대에 공병 1소대를 딸려 폭약을 사용할 경우(문 또는 돌담 파괴)에 대비함.
· 오전 4시 본관[오시마 여단장] 입경하면 니시지마 중좌 용산의 제 병력을 지휘함.
· 제21연대의 잔류대는 포병 호위를 겸함.
· 포병은 무번정(武番丁, 아현동 북방고지)에 사격을 위한 포 배열 배치.
· 이치노헤 소좌 대대가 수비하는 모든 문으로 퇴각하는 병사를 내보낼 것.
· 무라키 소좌는 서양인을 상대함.
· **왕이 도망한 뒤 포위하는 것은 이익이 없으므로 철야로 경복궁 부근을 정탐하는 일은 공사관 담당.**
· 밤새도록 사방에 화톳불을 피울 것.

#5. 대원군 호위는 제11연대 대위 다카미 아키라(田上覺) 1중대를 인솔하여 행하게 함. 오카모토 류노스케, 호즈미 도라쿠로 두 사람이 먼저 집안에 들어가 있음. 대원군 수행원 4,50명 가운데 변복을 한 일본인이 14, 5명 있음.

7월22일 보고는 "내일 23일 오전 3시 반까지 공사로부터 통첩이 없으면 군대는 바로 출발하여 왕성을 위협"한다는 계획이었다. 7월23일 0시30분 오토리 공사가 "계획대로 실행하라."는 전보를 받자마자 실행에 옮겼다. 왕궁침입 계획은 대대장에게만 훈시하고 각 부대원에게는 "7월23일 해 뜰 무렵부터 경성으로 행군한다."고만 전달되어 있었다.

혼성여단 보고, 7월23일[11]

· 오전 0시30분 도착 오토리 공사의 전보 "계획대로 실행하라."
· 오전 4시 각 부대는 **어제 계획대로 작전을 시작함.**
· 오전 5시50분 도착한 다케다 중좌로부터 **4시47분 영추문을 파괴하려 했으나 폭약의 양이 부족해 실패하고 다시 문을 부수기 위해 좀더 시간이 걸린다**고 함.
· 오전 9시10분 도착한 다케다 중좌가 보낸 옹화문에서의 보고. "지금 국왕 배알. 왕

은 옹화문에 있음. 포획한 총포의 종류, 수량은 지금 조사 중임. 적의 사상병은 5, 6명임. 제6중대에 예비병 1명 사망, 하사 1명 부상, 제3중대의 사상병은 알 수 없음."

· 7월 23일 경성 왕궁 부근의 정황 정찰 보고

#1. 금일 오전 4시 49분 보병 제21연대의 일부는 영추문에 도착함. 제3중대를 왕궁 서쪽에서, 제6중대를 왕궁 동쪽에서, 왕궁 배후에서 우연히 만난 조선병은 사격을 시작함. 단지 1중대를 충원하여 이들과 대응 사격함. 동시에 영추문에 있던 일부는 문을 파괴하고 왕궁 내로 침입함. 제1대대의 일부도 광화문 왼쪽의 장위영을 습격해 안팎이 상응하며 함성을 지름.

#2. 장위영, 왕궁 안의 병사는 있는 힘껏 무기를 버리고 도주함. 먼저 우리를 향해 사격한 자도 많음. 백악 방면으로 도주함. 왕궁의 각 문은 이미 우리 수중에 떨어져 모든 문에 보초병을 배치함.

#3. 오전 5시 30분 조선국 외무독판이 왕궁 내에서 나와 우리 공사관으로 가겠다고 해 호위병을 딸려 공사관으로 보냄.

#4. 오전 5시 40분 우포장이 왕궁에서 나옴. 이에 왕의 소재를 힐문하고 앞장서서 인도하게 해 옹화문에 이르렀다. 무기가 있는 것을 발견하고 이를 몰수하려 하자 국왕이 나와 이를 만류하며 말하기를 "일본공사관에 외무독판을 파견했으니 돌아올 때까지 유예하라."고 했다. 무기는 결국 몰수함(그 수량은 조사 중). 우리 병사로 국왕을 호위하며 크게 위로했다.

#5. 장위영의 소총(스펜셀 화승총 혼합), 도검 각 몇 백, 황동포 약 10문 후장포 6문 모두 우리 수중에 들어옴. 왕궁 내의 무기도 대략 우리 수중에 들어옴.

#6. 각국 공사도 왕성에 들어오게 해 영어 통역인을 이동시킴.

#7. 각국 공사, 구미인이 성 안으로 들어갈 것을 원해 들여보냄. 외교상 공사의 명을 받은 자를 파견함. 지금은 서양인 등을 들여보내지 않음. 국왕 측근에 있는 조선병사 스무여 명도 나가는 것을 금하고 있음.

#8. 광화문을 제외하고 문을 폐쇄시킴. 경계와 서양인에 대한 실수를 피하기 위함이다.

#9. 오전 11시 지나 영추문으로 대원군이 왕궁으로 들어감.

#10. 광화문 안에 쌓아놓은 무기는 운반을 마친 다음에 친군영의 무기와 탄약 운반, 통어영의 무기운반에는 시간이 걸릴 것으로 생각됨.

#11. 오후 5시반 여단장, 참모부관 왕궁으로 들어가 왕을 배알하고 이를 위로함.

#12. 오후 9시 여단장 여단으로 돌아옴.

#13. 주의
- 성문 밖으로 나가려는 외국인(중국인, 조선인 제외)이 우리 병사의 호위를 원하는 자가 있으면 위험하지 않은 곳으로 이들을 호위할 것.
- 개화당으로 우리 병사의 구조를 원하는 자가 있으면 척후 등이 이를 구조할 것.
- 각 부대와는 일을 비밀로 하기 위해 특히 다음의 명령을 내림. "각 부대는 오늘 밤 빨리 사영하고 날 밝은 새벽 행군함. 복장은 배낭을 벗고 등짐 포대(脊負袋)를 사용함."
- 수취한 무기 대단히 많아 이미 보내온 수송병(240명)으로는 도저히 부족할 것 같아 다시 병참감부에 50명의 인부를 요청. 야전병원 인원, 위생대원까지 나와 운반하게

할 것을 명함.

· 금일 포획 다수. 대포 여러 종 30문, 쿠르츠푸 산포 8문, 기계포 8문 구식 산야포 10문. 쓰지 못하는 것이 많음. 소총 모셀레민톤 마르티니 2,000여 정, 기타 화승총 무수, 군마 10여 마리. 이상 운반을 위해 각 부대의 수송병, 인부 등 2차 수송을 못해 오후 10시에 이르러도 여전히 수송할 것이 남음(수는 아직 조사 중이라 확실한 수 모름.).

3. 황량한 조선왕궁, 인적 끊긴 거리

왕궁을 침탈한 뒤의 당시 정황을 살펴보았다. 무쓰 무네미쓰의 『건건록』, 스기무라 후카시의 『메이지 이십칠팔년 재한고심록』, 다나카 만이츠의 『사생의 경계』에 기록된 그날의 상황이다.

#1. 7월23일 사변이 일어난 뒤 조선은 마치 폐허가 다된 마을에 질풍같은 대폭풍우가 휩쓸고 지나간 것 같은 모습이었다. 그러나 민가의 피해가 극심해 황망하고 혼잡함이 향후 어떻게 이 나라의 독립을 확립하고 내정개혁을 거행해야 할지 무지몽매하고 무식한 조선정부는 당연히 아무런 정견(定見)도 없었다.[12]

#2. 7월23일 사변이 일어난 뒤 왕궁 안은 쓸쓸하고 허전해 보여 견딜 수 없을 지경이었다. 국왕과 왕비, 왕태자는 대궐 안의 동쪽 끝에 있는 한 궁전으로 옮겼고, 그 옆 궁전에는 대원군이 거주했다. 두 궁전에는 부속되어 있는 크고 작은 많은 거실과 에워싸고 있는 담으로 하나의 작은 성곽을 이루고 있었다. 이 성곽의 안팎은 모두 조선군이 호위하고 있었다. 이전에 궁궐 안에는 남녀 시종까지 대략 1,000여 명을 헤아렸지만, 하루아침에 흩어지고 불과 열한둘이 남아 있었다. 궁궐 안에는 빈방이 많았다. 궁궐의 안팎은 모두 일본군이 경호하고 경회루 밑을 본부로 정했다. 그 밖의 빈방을 숙사나 식사준비를 하고 시중 드는 사람 등에게 제공되었다. 처음에는 일본 병사가 국왕의 침전 근처를 호위했으나 대원군이 이를 싫어하여 내부의 한 귀퉁이를 조선군에게 넘겨주었다. 나머지는 당분간 조선 정부의 의뢰에 따라 일본군이 호위하는

것으로 했다. 성안의 상황은 사변 이전부터 난을 피해 지방으로 간 사람이 적지 않았지만 23일이 지난 뒤로는 더 심해졌다. 늘 북적이던 종로 부근도 오가는 사람이 뜸했다. 아마도 성안에 사는 사람의 6, 7할이 피난한 것으로 생각된다. 우리 여단은 사변이 있은 뒤 조선 각 군영의 무기를 수령했다. 7월23일 오후부터 착수해 25일까지 완료했다. 각 군영 내 통영, 기타에서 일본병에게 저항하는 자가 있어서 작은 마찰이 있었다. 수령한 무기는 모두 용산으로 보냄으로써 한 때 조선 정부에는 왕궁 호위병이 소지한 것 외에는 단 하나의 무기도 없었다(한일동맹의 체결되고 조선의 신식군이 조직되기에 이르러 필요에 따라 순차적으로 이를 반환했다.).**13**

#3. 왕궁에 들어가니 그곳에 일본병사가 들어와 있고 혼란에 빠져 발칵 뒤집혀 허둥대며, 궁녀는 큰 소리로 울고, 대신은 마룻바닥에 기어들어가 벌벌 떨고 있는 그 낭패한 모습은 실소를 금할 수 없을 만큼 우스꽝스러웠다. 그러나 질서정연한 우리 병사의 경호로 평정을 되찾았다. 왕에게 왕비를 폐할 것, 인재를 등용할 것, 그 외 1개조의 제안을 올리니 즉시 가납(嘉納)하고 이에 일단락되었다. 앞의 소전투로 사방으로 흩어져 왕궁을 수호할 친위병이 없었다. 그래서 일본병으로 경호했다. 왕은 몸소 나와 파수병, 호위병을 세울 자리를 가리켜 지정해 주었다.**14**

4. 텅 빈 고종의 밥상**15**

#1. 6월20일(양7월23일) 일본인이 대궐을 침범, 맹약을 강요하고 대원군 이하응을 맞아들여 일을 의논하게 했다. 〔……〕 외서(外署)에서 답변을 지연했다. 오토리 게이스케가 다시 청나라의 속국인지 사실 여부를 물었다. 그 말이 매우 긴박했다. 심순택(沈舜澤) 등은 교정청의 명의를 가졌으나 의견을 말하지 않았고, 속으로 청국의 후원을 믿고 관망하며 날짜를 끌었다. 오토리 게이스케는 이날 새벽, 군대를 이끌고 경복궁에 들이닥쳐 문을 부수고 뛰어들어 별전(別殿)에 닿았다. **호위하는 군사와 시신**(侍臣, 임금을 가까이 모시는 신하)**들은 모두 달아나고 오직 양전**(兩殿, 임금과 왕비)**만 남아 있었다.** 양전은 번쩍이는 칼날에 에워싸여 떨며 몸 둘 바를 모르고 그들이 들어온 연고를 힐문하

려 했으나 곁에 통역할 만한 자도 없었다. 때마침 안경수가 들어왔다. 그는 일본어에 능숙했다. 고종은 기뻐하며 통역하게 했다. 오토리는 칼을 빼들고 큰 소리로, "국태공(대원군)이 아니면 오늘의 일을 주관할 사람이 없으니 국태공을 맞아들이십시오."라고 했다. 대원군이 들어왔다. 오토리는 임금의 교지로 모든 대신을 불러들였다. 군사를 문에 세워놓고 이름을 확인하고 입궐시켰다. 김홍집, 김병시, 조병세, 정범조가 차례로 들어섰다. 심순택은 들어오다 막아서 들어오지 못했다. 심순택은 나가지도 못하고 물러서 조방(朝房, 조신들이 조회 때 기다리느라 모이는 방. 대궐문 밖에 있음.)에 사흘이나 있었다. 여러 대신이 대궐에 들어와 무서워 떨며 감히 반항도 하지 못했다. 이어 급히 변법(變法, 갑오경장의 개혁안)의 시행을 논의했다. 오토리 게이스케는 대원군을 대궐 안에 붙잡아 두게 했다.

#2. 당시 대궐 안 부서의 인원이 모두 흩어져 고종은 식사도 하지 못했다. 임금이 굶게 되자 운현궁에 명해 식사를 가져오게 했다. 대궐문에 이르러 문을 지키는 일본 병사들이 집어먹어 임금 앞에 이르면 빈 그릇 뿐이었다. 임금은 다시 명해 성찬하지 말도록 했다.

#3. 오토리 게이스케가 대궐을 침범할 때 평양 군사 500명이 호위를 맡고 있다가 일제히 총을 쏘아 요란했다. 오토리 게이스케는 협문(옹화문)으로 들어가 임금의 처소에 다다라 임금을 위협하여 "경거망동하는 자는 참수한다."는 명령을 하달했다. 평양병사들은 모두 통곡하며 총을 꺾어버리고 군복을 찢어 버린 뒤 달아났다.

#4. 오토리 게이스케는 임금의 윤허를 받아 군대의 해산을 명했다. 모든 군영은 분하고 원통해 하며 칼을 뽑아 돌을 후려쳤다. 곡성이 산을 무너뜨릴 것 같았다. 그대로 해산했다. 모든 군영의 군수물자와 무기는 일본인 소유가 되었다. 일본인은 사방에서 약탈했다. 대궐 안의 모든 보화와 역대 제왕의 진귀한 법기(法器), 종묘의 제기 등 귀중품을 모두 인천항으로 실어냈다. 나라에서 수백 년 동안 모아놓은 것이 하루아

침에 없어졌다. 경성에는 군인도, 한 자루의 병기도 없게 되었다.

#5. 홍종우가 부채를 들고 이종건과 한규설을 가리키며 말했다. "저기 화려하게 옷차림 한 자들이 이른바 10년 장신(將臣)이 아닌가. 팔꿈치는 관인(官印)을 이겨내지 못하고, 허리는 병부(兵符)를 이겨내지 못하면서 저녁에는 금호문(金虎門, 대신들이 주로 출입하던 창덕궁의 동쪽 문)을 달려 나가고 아침에는 전동(磚洞) 길을 치달으니 계극(棨戟, 왕이나 고관이 나아갈 때 앞에 들고 가는 의장용 병기)은 숲을 이루어 앞에서 비키라고 꾸짖고 뒤에서 감싸니 이런 때는 장신이었다. 그런데 임금은 질제(質劑, 어음의 일종, 매매할 때 주고받는 문서)가 되었고, 사직은 고주(孤注, 노름꾼이 나머지 돈을 다 걸고 단번에 승부를 결정하는 것)가 되어버렸다. 왜군이 궁궐을 에워싸고 종과 피리까지 약탈해 가는 이런 때는 장신으로 있지 않았던가. 이미 쳐들어오는 적을 막고 업신여김을 막아내어 적국의 간계를 막아낼 수 없었다면 이러한 때를 당하여 삼군을 격려하여 궁성을 호위하고 반드시 죽어도 좋다는 것을 보여주어 적들이 그래도 꺼려서 감히 날뛰지 못하게 했어야 한다.

#6. 이홍장이 북경 총리아문에 전문을 보냈다. 내용은 다음과 같다. 조선의 임금이 민상호(閔商鎬)를 파견했다. 양복을 입고 화륜선을 타고 톈진(天津)에 도착, "오백여 년간 중국 조정에서 보내준 인물(印物)을 일본이 다 수탐해서 가져갔고, 병기창고에 소장하고 있던 수십 년 구매한 총과 대포, 화약, 등속을 다 빼앗아갔다. 무릇 모든 정령(政令)을 제멋대로 폐지하고 공포했다. 국왕은 간여할 수 없었다. 천조(天朝)에 자세하게 알리니 우리의 충성과 어려움을 살펴서 구원해 주기를 바란다."고 하소연했다.

최익현의 『면암선생문집』, 박은식의 『한국통사』도 조선왕궁 약탈에 대한 기록을 남기고 있다.

갑오년(1894, 고종31) 선생 62세, 6월 국변(國變, 갑오경장)이 있다는 말을 듣고 도성 밖에서 분문(奔問)했다. 10일 밤 왜적 오토리 게이스케가 군사를 거느리고 대궐을 침범, 영추문을 불태워 버리고 들어와 임금을 위협해 정치의 개혁을 청했다. 모든 궁중의 보화와 그릇 등을 수레로 실어갔다. 이에 국가의 대세를 모두 왜적이 장악했다. 종묘사직이 일촉즉발의 지경에 이르렀다. 중외(中外)가 두렵고 놀라 어찌할 바를 몰랐다. 선생이 변고를 듣고 황급히 길을 떠나 경성에 이르렀다. 왜병이 삼군부(三軍府)를 점거해 궐문을 지키고 있었다. 조신(朝臣)으로 예궐(詣闕)하는 사람은 모두 왜적에게 표를 받아야 했다. 그렇지 않는 사람은 한 걸음도 들어갈 수 없었다. 선생은 "적막한 형세로 입궐할 수 없고 다만 궐문 밖에서 분문(奔問)하는 의리를 펼 뿐이라면 도성 안이나 밖이나 본래 다를 것이 없다. 설령 예궐하더라도 적을 토벌하고 난을 평정할 계책도 없이 저 왜적에서 애걸하여 구구하게 표신을 청하지 않겠다."고 말한 뒤 동문 밖에서 통곡하고 돌아섰다.[16]

20일 밤 오토리 게이스케는 보병대장 2인에게 명해 각기 1대대를 이끌고 경복궁으로 진격했다. 새벽 4시경에 한 무리는 영추문을 따라 북문에 도착했다. 다른 한 무리는 광화문을 따라 건춘문에 이르러 빗장을 자르고 바로 들어가다가 조선 호위대가 맞서 싸웠다. 그 때 평양병사가 경무대를 지켰다. 각기 소나무 뒤에 숨어 일본병에게 발사해 50여 명을 죽였다. 일본의 무리는 왕명이라 속여 싸움을 멈추라고 했다. 평양병사는 담장을 넘어 도망갔다. 다른 군대들도 뿔뿔이 흩어졌다. 일본병사가 대궐문을 깨부순 뒤 지켜 안팎이 끊겼다. 궁궐 안에 소장된 역대 고기(古器), 보물, 서적 등을 모두 일본인이 약탈해 갔다. 후원의 진귀한 새와 사슴도 모두 잡아갔다.[17]

이상에서 본 것처럼 일본은 조선 왕궁을 점령한 뒤 호위를 내세워 조선국왕을 유폐시키고 감시체제를 강화했다. 일본공사관에서 발행하는 문표가 없으면 왕궁 출입이 불가능했다. 조선 국왕을 포로로 일본의 요구 즉 청국 병력을 조선 땅에서 철퇴시키고, 군량과 인부 징발을 받아들이게 했다. 혼성여단 병력이 아산으로 향해 출동했는데도, 여단의 주력부대이며 선발대로 경성을 점령했던 이치노헤 효에가 이끄는 대대 병력은 경성에 남아 점거하고 있었다. 조선

국왕의 도피에 대비하고 있었다.[18]

5. 일본 참모본부의 특명, "조선에서 해결하라, 모든 것을……"

6월29일 대본영에서 혼성여단 여단장에게 보낸 훈령은 『손자병법』의 교본을 충실히 따르고 있다. 외국에 나가 전쟁을 행할 때 필요한 식량과 인부, 이동에 필요한 탈 것 등을 모두 본국에서 가져다 쓰면 도저히 전쟁을 지탱할 수 없으므로 병가(兵家)에서 이를 경계했다는 구절을 인용하며 훈계하고 있다. 실제 전쟁을 수행하려면 먼저 군비(軍備)를 갖추는데도 막대한 금액이 들어가는데, 군의 식량과 군수품 운반, 이동수단의 징발까지 본국에서 보내게 되면 경제적으로 뒷받침하기가 어렵다. 군량을 전쟁터까지 수송하는데 몇십 배의 노력과 비용이 들므로 지혜로운 장수는 적에게서 식량을 구해 먹기에 힘쓴다고 훈령하며, 혼성여단 급양 보급은 조선 현지에서 조달하라고 명했다. 적지에서의 현지조달 문제는 7월23일 조선사변 뒤 본격적으로 진행되었다.

훈령[19] (1894년 6월29일)

군을 움직이는데 모든 것이 부족하다 해도 번루물(煩累物)의 수반을 줄이는 것이 가장 절박하고 긴요한 임무다. 번루물이란 무엇인가. 즉 적을 죽이는 힘을 갖지 못한 비전투원을 이르며 만일 이를 줄이지 않으면 군대의 운동(運動, 활동)을 마음대로 할 수 없다. 마음대로 움직이지 못할 뿐 아니라 이를 보호해야 한다. 군수품을 운반하는 인부의 경우 즉 비전투원이 될 자는 되도록 지방의 인민을 고용함으로써 상비 수송 병력을 줄여야 한다. 옛날 병가(兵家)의 격언에 '식량은 적으로부터 구한다(因糧於敵)'[20]는 구절이 있다. 그 뒤로 내외의 용병에서 이를 신봉해 원칙으로 삼은 까닭이 이런 이유에서다. 인민의 목숨과 연관된 식량까지도 적지에서 변통하거늘 하물며 이를 운반하는 인부에 있어서랴. 진군 또는 주둔하는 지방의 인민을 징발·고용하여 우리의 임시잡부로 써야 한다. 그들을 고용해 바로 임금을 지급하면 무엇을 꺼릴 일이 있겠는가. 대체로 적지나 외국의 임금은 애초부터 국내보다 비싸다. 그렇기는 하나 번루물이 줄어드는 점에서 생각하면 그 이익은 하나하나 따질 것도 없다. 인부에게 지급하는 식료품, 여비, 수송 금액을 모두 합산해 보면 몇 배의 임금을 주더라도 내국인보다 저렴하다 할 수 있으리니. 생각건대 군의 긴요한 임무는 먼저 번루물을 줄임으로써 진퇴의 자유를 우선으로 고려하고, 운반하는 일은 현지사람에 의존하는 방법에 익숙해져야 한다.

이번 조선에 파병한 혼성여단은 임시 치중대를 두고 그들을 간부로 삼아 양식 등의 운반은 모두 징발 재료를 사용하라고 명령했다. 그런데 6월28일 인천 발 병참감의 보고는 군대에 수송 병력을 갖추지 못했기에 먹을 것을 대주지 못해 허기와 갈증에 시달렸다고 왈가왈부하고 있다. 이것은 도저히 이해되지 않는 바이다.

지금 혼성여단에 공급해야 할 양식은 8,000여 명에 불과하다. 인천과 경성간의 거리는 8리 정도이고 선두 즉 경성에 있는 군대는 분명 움직이지 않고 있다. 이러한 때 다시 수많은 인부를 내국에서 보내주지 않아 먹을 것을 대기 어렵다고 한다면, 만일 하루아침에 병참선로를 연장하거나 전체 사단이나 많은 사단이 조선으로 건너가 운동전(運動戰)을 하는 날에 이르게 되면 어떻게 이들이 먹을 것을 댈 수 있겠는가. 과연 먹을 것을 공급할 길이 없어 전군이 굶어죽어야 하겠는가. 이것은 결코 그렇지 않다.

생각건대 지금은 전시(戰時)가 아니니 운반재료를 구하는데 큰 비용이 필요치 않을 것이다. 만에 하나 부득이한 사정이 있으면 결코 들어가는 비용을 아끼지 말라. 백방으로 노력해 징발 재료를 얻을 방법을 강구하고, 우리 제국 외교관의 도움을 요청하여 각자 임무를 완수하도록 하라. 시험 삼아 만일 양식 운반을 위해 거듭 인부를 내

아산·성환전투에서의 전리품을 야스쿠니신사에 전시하고 일본인들이 구경하고 있다.

국에서 보내게 되면 이들 인부에게 필요한 식량까지 추가로 수송해야 한다. 과연 그렇게 되면 운반 인부의 양식을 보내는데 인부가 필요하게 되니 거듭 반복될 뿐이다. 이는 '식량은 적으로부터 구한다'는 원칙과 번루물 절감에 크게 어긋나는 일이다. 되도록 현지에 있는 운반재료에 의지하겠다 결심하고 본국에 추가 수송을 청구하는 일은 삼갈 것.

1894년(明治27) 6월29일   참모총장 다루히토 친왕

혼성여단장 오시마 요시마사 귀하

7월23일 조선왕궁 침탈 뒤 곧바로 아산으로 진군하는 혼성여단의 출병에

8월 5일 개선식 때 오토리 공사는 아산방향으로 개선문, 경성 방향으로 환영문이라고 편액을 써서 걸었다.

필요한 인부와 말에 대한 협조를 조선정부에 요청했다. 스기무라 후카시는 『메이지 이십칠팔년 재한고심록』은 일본군이 지나가는 지방의 책임자에게 의정부에서 그들의 요구를 받아들여 인마와 기타 공급에 편리를 제공하고 비용은

일본군에게 받으라고 공문을 내려 보냈으나 조선의 관민이 의심하며 명령에 따르지 않았다고 기록하고 있다. 이어지는 그의 글은 조선사변을 감추기에 급급하면서도 그 사건이 침략이었음을 여과 없이 보여주고 있다. 왕궁 침탈 뒤 본격화되는 일본의 조선 약탈의 본 모습이다.

1894년 일본 참모본부에서 촬영한 10월의 거문도

평양 선교리 전투 흔적과 일본군에 빼앗긴 포루와 포

1894년 8월 일본군의 평양 병참(위)과 병참사령부(아래)

얼마 전까지 관민 모두 은연중에 일본을 적대시하고 음식물, 사람, 말의 공급을 거절했다. 하루아침에 적군과 아군의 지위가 바뀌는 일이었기에 지방관민이 의심하고 두려워하는 것도 당연하다. 당시 나는 중간에 서서 한편으로 여단의 요구에 압박을 받았고, 한편으로 무능력한 조선정부를 상대해야 했다. 생각 끝에 비상수단을 쓰기로 했다. 즉 군대에서 기민한 병사 20여 명을 선발하고 20명의 순사와 함께 경성 근교의 요충지(용산, 노량진, 동작진, 한강, 동대문 밖 등)로 나누어 보내 지나가는 소와 말은 짐을 실었건 싣지 않았건 모두 압수해 오게 했다. 이로 인해 백성들에게 다소 민폐를 끼쳤으나 일시적으로 군용에 공급할 수 있었다.[21]

무쓰 무네미쓰는 『건건록』에서 조선 왕궁을 무력으로 점령한 뒤의 보고, 청국군과 교전한 7월29일 아산·성환 전투 뒤의 보고, 8월20일 잠정합동조관과 일한공수동맹조약 체결에 대해 서술하고 있다.[22] 이 기록은 조선무력침탈과 조선왕궁점령을 주도적으로 이끈 일본의 외무대신이 쓴 기록 역시 앞장서서 은폐와 왜곡에 나서고 있음을 잘 보여주고 있다. 아무리 감추려 해도 감출 수 없는 것이 진실이다.

#1. 7월23일 이후 보고

7월23일 오전에 온 전문에는 조선정부가 끝내 우리 요구에 대해 아주 불만족스러운 회답을 했다. 이에 어쩔 수 없이 단호히 왕궁을 포위하는 강력한 방법으로 처분했다고 하며, 오후에 온 전문에는 조선과 일본 양국 병사간의 전투는 대략 15분간으로 종료되어 지금은 모두 평정되었다고 한다.

#2. 아산·성환의 전투 상황 보고에 대한 술회

그 뒤 며칠 지나지 않아 오토리 공사, 오시마 여단장으로부터 각각의 통로를 통해 아산·성환전투의 전승을 전보로 보내옴에 따라 지금은 오토리 공사가 사용한 고단수의 외교정략도 그 실효를 거두었고, 아산전투 승리의 결과로 경성 근방에는 이미 1개의 청군 군대도 보이지 않는다. **조선정부는 완전히 우리 제국 수중의 물건이 되었다고 하는 쾌보(快報)가 일시에 우리 국내에 전해졌**다. 구미 각국 정부도 일청 교전이 실존하는 오늘이 되어서는 쉽사리 말참견하며 간섭할 여지가 없어서 잠시 방관하는 위치가 되었고, 이전에 강박수단으로 조선정부 개혁의 가부를 설명할 수 있었다. 우리 군이 먼저 청군을 공격한 것의 득실에 대해 쏟아내던 온갖 논의도 전국 방방곡곡마다 욱일기를 게양하고 제국의 전승을 축하하는 들끓는 환호성 속에 매몰되어 모두 잠시 동안 찌푸렸던 얼굴을 펴고 안심하게 되었다.

#3. 일한 잠정합동조관의 개요

1. 조선정부는 일본정부의 권고에 따라 내정개혁이 급선무임을 알고 각 조목을 순서에 따라 시행할 것을 보증한다는 취지를 약속할 것.
2. 경부, 경인간에 건설해야 할 철도는 조선정부의 재정이 아직 여유롭지 않음을 고려해 일본정부나 일본의 한 회사와 기공할 것을 바란다고 약속할 것.
3. 일본정부가 이미 가설한 경부, 경인간 군용전선은 적당한 시기를 참작하여 조관을 정립하고 오래도록 머물 수 있도록 규정할 것.
4. 양국의 교제를 친밀하게 하고 무역을 장려하기 위해 조선정부는 전라도에 하나의 통상항의 개항을 약속할 것.
5. **본년 7월 23일 왕궁 근처에서 일어난 양국군의 우연한 충돌사건은 피차 모두 깊이 캐지 않기로 정할 것.**
6. 일본정부는 애초 조선을 도와 독립 자주의 대업을 성취시킬 것을 희망하기에 앞으로 그 목적을 달성하기 위해 양국 정부는 각각 위원을 파견해 회동하여 협의할 것을 규정함.

이로써 조선정부는 그 뒤 조약상의 의무로써 이미 일본에서 권고한 내정개혁을 시행할 책무를 지게 되었다. 일한 양국 맹약의 개요는 그 서언 중에 조선정부로부터 군대 철수라는 한 구절로서 조선국 경성 주재 일본 특명전권공사에게 위탁 대행시킨 이래 양국 정부는 청국에 대해 공수상조(攻守相助) 하는 입장에 서게 되었다. 이 사실을 명확하게 드러내고 양국이 일을 함께 해 목적을 달성하기 위해 다음 조관을 열거한다.

#4. 일한 공수(攻守) 동맹조약

첫째, 이 맹약은 청병을 조선국의 국경 밖으로 철수시켜 조선국의 독립 자주를 공고히 하고 일한 양국의 이익을 증진시키는 것을 목적으로 한다.
둘째, 일본국은 청국에 대해 공수(攻守) 전쟁을 할 때 조선국은 일본군대의 진퇴와 그 양식 준비를 위해 되도록 편의를 제공할 것.
셋째, 이 맹약은 청국에 대해 평화조약이 체결되면 파기할 것.

#5. 조선의 독립을 세상에 드러내기 위해 왜 일한공수동맹 조약을 체결할 필요가 있었는가 하면, 본래 하나의 독립국으로서 평시와 전시에 어떻게 열강 사이에서 그 지위를 정립할지 모르는 조선정부였기 때문이다. 아산에서 개전한 이래 사실 우리나라의 동맹임에도 불구하고 몰래 경성 주재 구미 열강 대표와 은밀히 접촉하여 일청 양국의 군대를 조선 국내에서 철수시키도록 알선을 원하는 등 앞뒤가 맞지 않는 거동이 많았다. 앞으로 모든 일에 장애가 될 만한 일을 양성할 우려가 있다. 지금 국제조약의 효력에 따라 한편으로는 그들이 하나의 독립국가로서 어떤 나라와도 공수동맹을 맺을 권리가 있음을 드러내는 동시에 다른 한편으로 그들을 단단히 우리 수중에 묶어 감히 다른 나라에 청원하지 못하게 하기 위한 일거양득의 방책이었다.

일한잠정합동조관은 청국과의 전쟁을 수행하는데 경성을 무력으로 점거하고 조선왕궁을 점령해 국왕을 포로로 삼은 일이 커다란 문제가 된다는 점에서 그 사실을 어떻게 제거하고, 국내외적으로 어떤 전략을 취했는지 말해준다. 일본은 조선왕궁 침략을 조선군의 발포에 의한 방어로 기록을 고치고 애초부터 일어났던 일을 은폐했다. 일한공수동맹을 맺어 청국과의 전쟁에 조선인 인부, 소, 말을 강제로 징발해 부역시켰다. 이때의 조선침탈이 항일운동의 시작점이 되었다. 동학농민군은 1894년 9월18일 다시 일어났다. 한창 청국과 전쟁을 벌이는 데도 일본은 조선인 토벌을 위해 병력 증강을 요청했고 학살이 시작되었다.

#1. 10월3일 오후 5시25분 접수, 부산 무로다 영사관이 오토리 게이스케 공사에게 문의. "이곳에서는 전후 1개 중대를 보냈다. 동학당은 공신(公信)에서 상세하게 전한 바와 같이 각처에서 일어나 지방관도 이를 두려워해서인지 오히려 돕는 형편이다. 이에 대해 일반에게 본보기를 보이기 위해 빨리 동래부백(東萊府伯)의 처분이 있기를 바란다."[23]

#2. 10월16일 오후 3시 발송, 오토리 게이스케 공사가 야마가타 아리토모 제1군사령관에게 "동학당을 토벌하기 위해 병참부(兵站部) 부근 수비대 2개 소대가 내일 출동한다. 병력이 불충분할 우려가 있으므로 언제든 수비대를 증강할 수 있도록 조치하기 바람.[24]"

#3. 10월17일 오후 3시33분에 발송, 조선공사 오토리 게이스케가 대본영 육군참모에게 "지난 14일 귀 전보의 취지에 따라 이토(伊藤) 병참감(兵站監)과 교섭해 동학당 진압을 위해 오늘 2개 소대를 파견하기로 했다. 요즘 전라도에서 일본인 소탕을 주로 실행하는 창의군이라 불리는 군대가 충청도의 동학당과 연합해서 경성으로 올라온다는 보고를 접하고 정부는 상당히 두려워하고 있다. 그래서 2개 소대로는 불충분하다고 생각한다. 지난번 귀 전보의 취지에 따라 제1군사령관에게 증병을 청구한 바, 평양 이남의 수비는 상관없다는 회답을 받았다."[25]

일본에 항거한 봉기와 의병활동은 집요하게, 지속적으로 이어졌다. 조선은 잇따른 일본의 무력진압으로 심한 압박과 고통에 시달리는 시기로 접어들었다. 1894년 8월부터 조선주재 일본공사관에서 일본으로 보낸 많은 보고는 다시 일어난 농민군과 조선 인민의 봉기에 대해 다루고 있다.

일본은 혼성여단의 조선침탈을 끝까지 조선의 독립을 위한 것이라 역사기록으로 남기고 철저히 역사를 왜곡하며 조선의 기록을 없앴다. 그러나 그들이 남긴 많은 기록이 침략이었음을 스스로 말해주고 있다. 선전포고 없이 조선으로 군대를 파병해 조선을 침탈한 뒤 조선왕궁으로 쳐들어가 약탈한 일본은 그들이 미화하고 있는 '조선의 독립' 즉 '조선의 보호국화'를 완성하지 못하자 이듬해 다시 왕궁을 침범해 '조선왕비살륙'의 만행을 저질렀다. 이로 인해 반일의병운동이 들불처럼 번져나갔다.

1886년 외국어교사로 초청받아 조선에 온 헐버트는 1897년 대한제국 교육고문, 1905년 을사조약 체결 뒤 고종에게 헤이그 밀사 파견을 건의하는 등 일본침략으로 고통받고 있는 조선인들을 위해 국권회복운동에 협력했던 인물이다. 그는 『대한제국멸망사』에서 1894년 7월23일 이후를 "이 전쟁은 전 조선을 휩쓸고 압록강을 건넘으로써 한반도를 일본에게 넘겨주었다. 일본은 조선에서 착취한 물건으로 자신의 명맥을 유지한 바……1894년부터 10년 동안 모습만 달리한 채 조선무력침략을 했음을 보여주는 역사다."[26]라고 기록하고 있다.

제3부

조선 침략의 선봉에 선 두 인물

1
동아시아 침략 구상 : 가와카미 소로쿠
2
자나 깨나 조선 지배 : 오카모토 류노스케

1장

동아시아 침략 구상: 가와카미 소로쿠

1
기밀을 끝까지 사수하라
2
가와카미 소로쿠, 일본군의 역사를 바꾸다
3
가와카미 소로쿠의 은밀한 첩보 활동
4
민간인을 위장한 첩보요원
5
1894년 일본군의 편제 현황

1. 기밀을 끝까지 사수하라

대본영은 대원수 휘하에 설치된 모든 황군의 최고통수기관으로 군령활동의 근간이다. 『참모연혁지』에 따르면 1871년 7월 병부성 내에 설치된 참모국이 참모본부의 전신이다. 1873년 4월 참모국이 제6국으로 개칭, 1874년 2월 제6국이 폐지되고 다시 참모국을 두었다. 1878년 12월 참모국을 참모본부로 개칭하고 육군성에서 독립해 군정과 군령을 분리했다. 참모국의 주요 업무의 하나가 지도제작이었다. 『참모연혁지』는 "중좌 이하 교원은 오직 지리도지(地理圖誌) 일을 맡기고, 평시에 간첩대를 여러 지방에 나누어 파견해 지리를 측량하게 하고 지도를 제작하게 한다. 참모국 내에 있는 자는 지도 증보를 전임한다."고 기록하고 있다.[1] 1889년 참모본부 제도가 완성되었고, 참모본부의 중요 임무는 군사, 지리도지, 운수교통 정보 수집과 참모장교 양성이었다. 측량지도, 병사(兵史), 병가정지(兵家政誌)를 수집해 출판하는 전사 편찬도 주요 임무의 하나였다.

#1. 『전시법령전서(戰時法令全書)』 속의 전시 대본영 조례[2]

1903년 12월28일 공포, 칙령 제2893호

제1조 천황의 대권 아래에 최고의 통수부를 두고 이를 대본영이라 칭한다.

제2조 대본영에 막료, 각 기관의 고등부를 두고 편제는 따로 이를 정한다.

제3조 참모총장, 해군 군령부장은 각 막료를 장으로 참모부의 기무(機務)에 봉사하고 작전을 참획하고 종국의 목적을 생각하여 육해군 쌍방이 계책을 통해 서로 협동을 꾀하도록 한다.

제4조 육해군의 막료는 각각 막료장[참모총장]의 지휘를 받들어 계획, 군령에 관한 사무를 담당한다.

제5조 각 기관의 고등부는 각 막료장의 지휘 아래 해당 사무를 통치한다.

가와카미 소로쿠는 청일전쟁 뒤 참모본부 분임규칙을 규정해 각 부의 임무를 명확히 했다. 참모본부는 조례 제1조 "참모본부는 도쿄에 두고 각 감군부 근위 각 진대의 참모부, 육군대학교 군용전신대를 통할한다."[3]와 같이 군 전반을 통괄했다. 각 부의 분임규칙은 기밀사항이었고, 제4부는 청일전사 편찬을 주도했다.

#2. 참모본부 조례 각 부의 분임규칙[4]

참모총장 가와카미 소로쿠 1898년 12월19일자

(『참모본부 역사초안』 1898년 11~12)「참모본부 각부 분임규칙」 개정 참모본부 조례는 각각 담당할 임무 요령을 지시하는 것으로 여기서 부내 각부 분임규칙을 규정하여 각 부의 담임을 명료하게 한다.

본 규칙은 본부 조례 개정 때 특별히 이를 주청하여 천황의 허가를 얻은 것이다.

본부 각 부가 분임해야 할 업무는 기밀에 관한 것으로써 본 규칙은 이를 비밀 제1종으로 규정하고 보관을 확실히 하여 밖으로 누설되지 않도록 한다. 1898년 12월 참모총장 자작 가와카미 소로쿠.

#3. 참모본부 각부 분임규칙

1, 참모본부는 오직 국방, 용병 계획을 담당하게 되므로 본 부가 담당해야 할 주요 업무는 다음과 같다.

(1) 내외국의 군사, 지리, 운수 교통 등을 조사할 것.

(2) 대본영, 고등사령부의 중요하고 긴요한 기관에 충족할 만한 참모장교를 양성할 것.

2, 전항의 요령에 의거하여 각부 분담 업무, 구역을 정리하면 다음과 같다.

· 총무부 : 서무, 인사, 경리 / 전시편제, 개정의 기안, 평시 편제 심의 / 동원계획, 훈령 기안 / 전시 제 규칙, 개정 기안 /제 외국 공사관에 딸린 육군무관 취급.

· 제1부 : 근위 제1, 제2, 제3, 제7, 제8, 제9사단 관리구역 러시아, 조선, 만주. 부(附) 스웨덴, 노르웨이, 덴마크, 벨기에, 프랑스, 독일, 오스트리아, 발칸반도.

· 제2부 : 제4, 제5, 제6, 제10, 제11, 제12사단, 관할구역 대만 청국(만주를 제외). 부(附) 영국, 네덜란드, 이탈리아, 스페인, 포르투갈, 이상 각국 식민지, 아프가니스탄, 페르시아, 이집트, 아프리카 제국, 태국, 베트남, 남북 아메리카 제국
· 제3부 : 운수교통에 관한 조사, 심의 / 운수교통에 관한 전시 제 규칙, 개정 기안.
· 제4부 : 전사(戰史), 병요지지(兵要地誌), 번역 / 육군문고.
· 제5부 : 요새 창설, 계량, 폐기, 이에 관계해야 할 등급에 관한 조사.

3, 각부 담임을 정할 수 없는 사항, 예를 들면 조전(操典, 교범) 심의, 병기, 탄약기구 재료의 심의, 특별대연습, 야외요무(野外要務) 이번 개정 기안 등의 경우는 임시위원을 정하여 임무를 맡김.

4, 참모총장은 일반 계획, 의도에 막힘이 없도록 부장, 부원을 수시로 타부서의 행정업무에 참여 교섭할 것.

5, 국방계획의 중요한 사건을 의논하기 위한 군사회의를 두고 다음 인물을 의원으로 한다. 단 필요시 임시의원 약간 명을 증가한다. 각 도독, 참모본부차장, 각 부장, 육

1884년 프랑스 퐁텐블로(Fontainebleau)시에 있는 포공병 실시학교(砲工兵實施學校)를 시찰할 때 찍었다. 데라우치 마사타케를 제외한 조선무력침략의 원흉 8명이 한 자리에 있는 사진이다.

군성 군무국장.

1884년은 일본 육군역사의 개혁기로 새로운 기원을 이룬 해로 기록하고 있다. 당시 일본정부는 동양정세에 비추어 해외 육군군제를 시찰하기 위해 1884년 2월 육군경 오야마 이와오를 파견했다. 수행원으로 함께 간 육군중장 미우라 고로, 육군소장 노쓰 미치쓰라, 육군보병대좌 가와카미 소로쿠와 가쓰라 타로, 군의감 하시모토 쓰나쓰네, 회계감독 고이케 마사후미(小池正文), 보병소좌 무라이 나가히로(村井長寬), 공병소좌 야부키 슈우이치(矢吹秀一)[5], 구스노세 유키히코(楠瀬幸彦)[6] 등 당시 육군에서도 쟁쟁한 인물이었다.

이듬해 1월까지 유럽 각국의 병제 시찰, 북미합중국을 거쳐 귀국했다. 그때 진행한 정밀조사, 보고 배운 지식, 경험을 토대로 일본 육군을 개혁했다. 독일 맥켈 소좌의 고문 초빙, 가와카미 소로쿠의 군제(軍制), 가스라 타로의 군정(軍政) 개혁이 효과를 거둔 것도 이 해외순방의 결과물이었다.[7] 그 뒤 가와카미 소로쿠(川上操六, 1848~1899)는 두 번째로 1886년 11월 근위 제2여단장 현직에 있을 때 유럽에 파견되어 1888년 1월부터 6월까지 베를린에 체류하며 독일 병제를 정밀하게 연구하고, 유럽 각국의 정세를 조사했다.[8]

『오자(吳子)』의 「도국(圖國)」편에 "전쟁에 승리하기는 쉽지만 승리를 지키기는 어렵다. 천하의 전쟁을 한 나라로서 다섯 번 싸워 이기는 나라는 재난을 당할 것이며, 네 번 싸워서 이기는 나라는 피폐할 것이며, 세 번 싸워서 이기는 나라는 패자(覇者)가 될 것이며, 두 번 싸워서 이기는 나라는 왕자(王者)가 될 것이다. 여러 번 싸워 이김으로써 천하를 얻었던 사람은 드물지만 그럼으로써 망한 자는 많다."고 했다. 위의 1884년 프랑스 시찰 때 찍은 사진 속의 인물 모두가 10년 뒤 일본의 조선 무력침략 때 주도적으로 활약했다. 계속 이어진 일본의 침략전쟁을 이끈 대표적인 자들이 이들이었다.

조선 무력침략의 대표 원흉

오야마 이와오(大山巖, 1842~1916)
사쓰마, 청일전쟁 당시 육군대신. 사이고 다카모리, 사이고 쥬도 형제와 종형제

미우라 고로(三浦梧樓, 1847~1926)
조슈 하기시(萩市), 육군사관학교장 육군중장, 1895년 9월1일 조선특명전권공사. 조선왕비 살륙 주도

가와카미 소로쿠(川上操六, 1848~1899)
사쓰마, 근위보병 제1연대장 보병대좌. 1894년 참모차장 조선침략, 청일전쟁 주도

노쓰 미치쓰라(野津道貫, 1841~1908)
사쓰마, 도쿄진대사령관 육군소장, 1894년 6월 제5사단 사령관
1894년 11월 제1군사령관

가쓰라 타로(桂太郎, 1848~1913)
조슈, 참모본부 관서국장 보병대좌, 청일전쟁 때 제3사단장으로 출정

하시모토 쓰나쓰네(橋本綱常, 1845~1909)
에치젠(越前), 육군병원장 군의관

우에하라 유사쿠(上原勇作, 1856~1933)
사쓰마, 당시 유학중. 육사(구3기) 공병과 수석. 노쓰 미치쓰라의 사위. 1894년 조선공사관보로 외교 담당

구스노세 유키히코(楠瀬幸彦, 1858~1927)
도사, 당시 유학중. 육사(구3기) 포병과 수석. 1894년 11월 임시경성공사관부, 조선정부 군부고문. 1895년 조선왕비 살륙 주동

데라우치 마사타케(寺内正毅, 1852~1919)
조슈, 혼성여단 조선출병 당시 해상운수, 군수징발 담당, 훗날 조선총독

2. 가와카미 소로쿠, 일본군의 역사를 바꾸다

1885년 참모차장이 된 가와카미 소로쿠는 참모총장 아리스가와노미야 다루히토 친왕(有栖川宮熾仁親王)[9]를 보좌하며 참모본부를 개혁했다. 1889년 두 번째로 참모차장이 되어 1898년까지 10년에 이르는 동안, 특히 1894년 청일전쟁에서 군령분야를 주도했다. 1889년 참모본부 조례개정을 시작으로 적재적소에 인재를 배치했다. 지연, 문하, 출신성분을 불문하고 유능한 인재를 받아들였다. 참모본부를 기존의 조직에서 탈바꿈하여 국방용병의 골간, 군기 중추기관이 되는데 전력을 쏟았다. 일본 참모본부는 정보장교 형성의 핵심으로 그 기능을 조직적, 인적으로 혁신해 군국의 영수로 떠오르며 메이지시대 군사 역사의 흐름을 바꾸어 놓았다.

취임하고 일본 전역의 요지를 시찰하는 것은 물론, 1893년에는 아시아대륙으로 향했다. 직접 중국, 조선의 요지를 답사하고 중요인사를 만났다. 조선과 중국의 병비 상황, 풍속, 지형지물 확인 등 왕복 90일을 순시하며 눈으로 확인하고 귀국했다. 그는 가까운 장래에 일어날 작전계획에 모든 힘을 쏟으며 하루도 준비를 게을리 한 적이 없었다.

> 가와카미 소로쿠 장군은 육군건설의 새로운 세력으로 모든 방면을 망라해 능력 있고 유능한 새로운 인물을 선발했다. 각자 재능에 맞게 배치하고 여러 사람의 지혜를 한데 모아 참모본부 조직을 개편했다. 일본 육군의 정책 수행을 동아시아 경영에 걸맞게 적응시키고 대륙작전에 진출할 수 있는 기초를 세운 선각자였다. 청일전쟁에서 그의 작전계획이 예상대로 착착 진행되어 마지막에 승리를 거둘 수 있었던 것은 장군의 힘이 컸음을 그 누구도 부정할 수 없을 것이다.[10]

가와카미 소로쿠는 사쓰마 번 출신이면서도 당시 삿쵸(사쓰마, 조슈) 출신 위주의 등용에 반감을 품고 있던 군인, 사족들의 불만을 덜어주었다. 국가에 필요한 인재라면 누구를 막론하고 문호를 개방했다. 번벌에 얽매이지 않고 능력 있는 인재를 등용, 참모본부 자체를 개조했다. 본래 육군은 조슈 출신이 많아 참모본부의 중요한 지위도 조슈번 출신의 군인들이 차지하고 있었으나 가와카미 이후 조슈번 세력이 차츰 쇠퇴하고, 학식, 기술, 지혜를 갖춘 군인들이 모여들었다. 새로운 인재를 확보해 기획력을 갖추고 개혁을 주도했다. 흐름을 읽을 줄 아는 능력과 탁월한 식견, 무리를 지휘하는 위엄과 무게, 냉정하고 흔들림 없는 두뇌, 정교한 인재 포석은 인재육성의 싱크탱크(Think-tank)로 부족함이 없었다. 조선 무력침략과 청일전쟁 당시 참모본부는 그야말로 인재들의 집합소였다. 그들을 적극 활용하여 전쟁 시작부터 기선을 제압해 연전연승을 거둔 것은 가와카미 휘하 참모본부에서 나왔다고 해도 과언이 아니다. 참모본부를 군사상 기밀활동의 중추기관으로서 계획, 경영, 실천의 근간을 마련해 그의 사후 러일전쟁에서 승리를 거둘 수 있었던 것도 그가 있었기에 가능했다는 평가를 받고 있다.[11]

당시 참모본부에는 제1국장 데라우치 마사타케[12]대좌, 바로 아래 다무라 이요조(田村怡與造)[13], 도조 히데노리(東條英教)[14], 야마네 다케스케(山根武亮, 뒤에 육군대장)[15] 등 이채로운 인재들이다. 제2국장 다카하시 고레노리(高橋維則) 대좌, 그 밑에 이지치 코스케(伊地知幸介, 뒤에 육군대장), 시바 고로(柴五郎, 뒤에 육군대장)[16], 우쓰노미야 타로(宇都宮太郎, 뒤에 육군대장)[17]의 뛰어난 수재가 있다. 이케다 쇼우스케(池田正介)[18]는 독일, 구스노세 유키히코(楠瀬幸彦)는 러시아, 가미오 미쓰오미(神尾光臣)[19]는 청나라, 와타나베 테츠타로(渡辺鉄太郎, 당시 대위)는 조선에 있었다. 이외 마쓰카와 토시타네(松川敏胤)[20], 오하라 츠토(小原傳)[21], 츠네요시 타다미치(恒吉忠道)[22], 아카시 모토지로(明石元次郎)[23], 오오이 시게모토(大井成元)[24], 하야시 타로(林太郎), 야마모토 테이신(山本廷身) 등 여러 위관은 독일에 있었다. 하기노 스에키치(萩野末吉)[25], 구로사와 겐지로(黒澤源三郎), 이토 슈이치(伊藤主一) 등의 위관은 러시아에 있었다. 그들이 보내오는 정보, 보고서는 바로 참모본부로 들어가 가와카미 소로쿠의 눈과 귀가 되었다. 그뿐 아니라 우쓰노미야 타로(宇都宮太郎), 츠가와 야스테루(津川謙光), 마츠우라 테이조(松浦鼎三) 세 명의 대위, 하시모토 세이지로(橋本肅次郞), 니히라 센쥰(仁平宣旬, 러일전쟁 보병 제16연대 제1대대장 지휘, 당시 소좌, 전투에서 전사), 이시이 타다토시(石井忠利) 세 명의 중위는 가와카미 소로쿠의 밀명을 받고 가까이는 중국, 조선, 시베리아, 멀리는 인도, 중앙아시아 지방에 파견되어 있었다. 그들의 정보는 가와카미 소로쿠가 장악해 동아시아 제국의 모든 정세를 꿰뚫을 수 있게 해주었다. 당시 참모본부는 육군의 최고 뛰어난 인물들이 한데 모여 있는 실제 군사상 기밀활동의 중추기관이었다.[26]

3. 가와카미 소로쿠의 은밀한 첩보 활동

일본 전국에서 모여든 당대 최고의 인재로 구성된 가와카미 소로쿠 휘하의 참모본부 안에서도 가장 뛰어난 인물을 정보장교로 선발해 러시아, 중국, 조선, 기타 외국으로 파견해 첩보를 수집했다.

가와카미 장군에 이르러 비로소 참모본부는 적극적으로 황국(일본)의 이익선, 국권선을 온전하게 잘 지켜 지탱할 임무를 수행하게 되었다. 1893년, 청일전쟁이 일어나기 바로 전 해에 장군이 직접 조선·북중국·중국 중부 등을 순시하며 그 뜻하는 바를 살폈다.[27]

청국과의 전쟁을 대비해 가와카미 소로쿠는 1893년 답사를 통해 청나라 군비가 허술하다고 판단, 언제라도 청국과의 일전을 준비하고 있었고, 전쟁이 발발한다면 승리를 확신하고 있었다. 이 평가는 그때나 지금이나 변함없이 그대로다.

청일전쟁은 단순히 일본의 역사에서 일대 분수령일 뿐만 아니라 세계사상의 일대 전환기를 맞는 계기를 만들었다. 현재(1941년) 세계 대쟁란의 경우도 그 연원을 살피면 그때로 거슬러 올라가게 된다. 그만큼 청일전쟁은 일본에게도 세계에도 중대한 사건이었다. 이 전쟁을 준비한 자, 이 전쟁을 만들고, 전쟁에서 대세를 이끈 자, 이

전쟁을 수행한 자는 단연코 가와카미 소로쿠가 독점해서 움직였음을 부정할 수 없다.²⁸

1893년 청나라와 조선을 현지답사하며 직접 동향을 살핀 가와카미 소로쿠의 행보에 대해 『경성부사』에서는 이렇게 다루고 있다.

가와카미 참모차장 경성 입성 : 오이시(大石) 공사는 개인적으로도 일본 재야 정치가의 거물인 삿사 도모후사(佐佐友房), 고노 히로나카(河野廣中)에게 전보를 보내 조선정부의 태도를 관찰하게 하고, 일본 내의 적절한 여론 조성을 부탁했다. 한편 대담하고 용맹스럽다고 소문난 참모본부 차장 육군중장 가와카미 소로쿠는 영위관(領尉官) 6명을 거느리고 4월28일 경성에 들어왔다. 며칠간 머물며 경성 성벽, 근교를 답사했다. 오이시 공사와 함께 고종을 알현했다. 원세개와 만났을 때 일청 개전 이야기를 꺼내 한 때 경성 관민에게 큰 충격을 주었다.²⁹

1887년 참모본부의 명령을 받고 조선으로 건너와 첩보활동한 미쿠리야 켄지로(御厨健次郎)는 『거류민의 옛날 이야기(居留民之昔物語)』에 이렇게 기록했다.³⁰

#1. 1887년 봄 참모본부의 명에 따라 공사관부(公使館附) 무관에 부속하여 특별임무를 띄고 조선으로 건너왔다. 일행은 6명으로 교도단(敎導團)과 근위(近衛), 히로시마, 도쿄의 3사단에서 1명씩, 구마모토사단에서 2명, 모두 현역 하사 가운데서 선발해 각기 파견되었다. 그 임무는 장차 청일간의 교제가 평온함을 잃고 동아시아의 풍운(風雲)이 점점 험악해질 때를 대비해 조선의 주요지점을 측량하는 일이었다. 말할 것도 없이 외국의 토지를 측량하거나 조사하는 일은 공공연하게 내놓고 할 수 있는 일이 아니었다. 때로는 약장사가 되기도 했고, 박물학자가 되어 이름을 적을 때 곤충채집가라 기입하거나 광업시찰꾼이라 칭하며 산지와 임야를 답사하는 일에 종사했다. 일이 힘들고 어려움은 말로 다 표현할 수 없을 정도였다. 특히 여러 번에 걸쳐서 동학

당의 박해를 받으며 죽음의 고비를 넘긴 적이 한 두 번이 아니었다.

#2. 맡은 일을 아직 절반도 채우지 못했을 무렵 청일개전의 서막이 열렸다. 나는 조선어 통역으로 일을 바꾸어 군대를 따라 북진했다. 압록강을 건너 구련성(九連城)에 다다랐을 때 이미 만주까지 진군해 있었으므로, 더 이상 조선어 통역으로 군무(軍務)에 힘쓰는 것은 무의미해졌다. 계속해서 병역에 종사하고자 참모본부에 직접 청원했더니 바로 채용되었다. 대본영에서 사단사령부 부속으로 전보를 보내주어 제5연대의 야전포병대에 편입되었다. 육군소위로 관순현(寬旬縣), 해성(海城), 뉴장(牛莊)을 거쳐 뎬쫭타이(田庄臺)에 이르러 휴전이 되었다. 나는 뉴장 전투 때 부상을 입고 히로시마로 돌아갔다. 전쟁이 종료된 뒤 다시 조선에서 대대적으로 임시측도부가 편성되어 그 일원으로 복직하여 조선으로 건너가 3년의 세월을 보냈다. 마침내 조선 전체 측량을 끝내고 한일병합 뒤 조선에서 행정관청의 토지과에서 십 수 년을 종사하고 최근에 와서 낭인이 되었으나, 다년간 머물렀던 관계로 결국 경성에 거주지를 잡고 여전히 토지에 관한 사무에 종사하고 있다.

4. 민간인을 위장한 첩보요원

육군성의 『외방측량연혁사』(外邦測量沿革史, 초고 1945년 1월)의 부록에 「청일전쟁에서 배후의 활약」[31]이라는 기록이 있다. 이것은 청일전쟁이 일어나기 전부터 활약했던 첩보원과 그들의 활약상에 대한 기록이다. 첫머리에 오카모토 류노스케(岡本柳之助), 아라오 세이(荒尾精)[32], 나가니시 마사키(中西正樹)[33], 시치리 타이자로(七里泰三郎), 이부카 히코사부로(井深彦三郎)[34] 등 조선과 중국에서 활동했던 첩보원, 참모본부에서 파견한 정보장교, 민간 첩보원에 대한 정보가 담겨있다.

#1. 청일전쟁 당시 배후에서 활동한 여러 용사의 행위는 비밀활동에 속한다. 이 용사들은 전투원처럼 무기를 갖고 활약하지는 않았다. 그렇지만 자주 위험지역을 드나

들며 군인 이상의 활약으로 전투원이 쉽게 작전을 수행할 수 있도록 도움을 준 공적은 일반 전투원에 뒤지지 않는다. 이들이 공적을 거두기 전부터 활동했던 배후 요원을 발굴해서 선배라 칭할 수 있는 지사 두 세 명과 함께 나열해 참고로 삼는데 도움이 되고자 한다.

#2. 메이지 중기 이전에 가장 먼저 청나라로 건너간 여러 선배 가운데 오카모토 류노스케, 아라오 세이, 나가니시 마사키, 시치리 타이자로, 이부카 히코사부로 등은 각자 그들이 원하는 바에 따라 많은 활약을 했다. 1884년 참모본부 명령으로 청국에 유학한 사람으로 기노무라 마사노리(木野村政德), 오다기리 마스노스케(小田切滿壽之助)[35], 스에요시 야스마(末吉保馬), 히라이와 미치토모(平岩道知), 무토 하쿠토모(武藤百智) 등 6명이 있다. 민간인으로 기시 긴코(岸吟香)[36]가 있다. 군의 명령에 따라 움직이는 청장년조차도 힘든 일을 이 선배들은 몇 십 년 동안 훈육과 지도를 맡았고 현지조사도 행했다. 유감스럽게도 이 당시 선배 가운데 세상을 떠난 자가 많아 하루아침의 조사로 그들을 모두 기억하기는 불가능하다. 이에 기억을 더듬어 단편적으로 게재함으로써 순직한 많은 이들의 숨은 공적을 일부나마 기록하고 그들의 영전에 명복을 빈다.

#3. 일반적으로 청일전쟁 당시는 중국어를 아는 자가 매우 적었다. 요코하마, 고베, 나가사키에는 중국인 상당수가 거주하고 있었으나 대개 상인이라 상거래를 위한 일본어만 조금 할 줄 아는 정도였다. 그런데 1884, 1885년에 걸쳐 중국에 대한 일본인의 관심이 더욱 커졌다. 중국 역시 국내 철도부설을 위해 일본의 기술관을 요청했으나 이때부터 조선의 내정이 복잡해졌다. 그에 따라 당시 출입하고 있던 일본인 외에 장사패의 출입이 하루가 다르게 잦아지게 되었다. 오카모토 류노스케 대인은 늘 일이 많고 바쁜 사람이었다. 그를 찾는 방문객도 많았다. 이 무렵 나가사키 출신의 청년 가네자키 사부로(鐘崎三郎)[37]가 오카모토 대인을 의지하러 왔다며 만남을 청했다. 가네자키는 자신의 꿈을 이야기하며 가르침을 받고 싶다고 했다.……자리를 뜨지 않고 배우려는 모습을 보고 상하이의 일청무역연구소의 주간인 아라오 세이에게 소개

해 가네자키는 상하이로 향했다.

#4. 오카모토 류노스케는 조선군무 협판직책을 맡아 음으로 양으로 일본제국을 위해 전력을 다했다. 때로는 손을 대서는 안 되는 장사(壯士)를 사주하고 때로는 반대하는 무리를 굴복시키거나 평화에 거스르는 일도 했다. 이것은 결코 일신의 이익을 위한 것이 아니라 국가에 이익이 된다고 인정되는 일을 은밀하게 획책하는 등 특별히 음지에서 활약한 면이 많다. 무쓰 무네미쓰와 상의해 어떤 사건에서는 청년을 집합시켜 하나의 국가사업을 보좌하는 등 이 당시부터 장사라 칭하는 청년 패거리가 속출했다. 이들은 때로 기회에 편승해 배출된 자도 많으므로 우국지사로 칭할 만한 자는 일부분에 지나지 않는다. 나머지는 부화뇌동하는 무리가 많았다. 이들 **무리를 구별해 적재적소에 배치해 가장 유리하게 응용한 자가 오카모토**다. 그 사람은 진실로 신묘한 데가 있다.

#5. 오카모토 대인의 공적으로 추가 기재할 만한 일이 한 가지 더 있다. 대인은 일본 세 기인의 한 사람이다. 나머지 두 사람은 바바 타츠이(馬場辰威), 기타바타케 도류(北畠動龍)다. 오카모토, 무쓰 무네미쓰, 기타바타케 도류는 메이지 중흥기 이전 일본의 세 모반인(謀叛人)으로 꼽혔던 적이 있다.

#6. 아라오 세이는 가고시마 출신으로 군인이다. 대위로 진급할 때까지 오직 군사연구를 했다. 국방상에서도 장래가 촉망되는 인물이었으나 청과 일본의 관계에 대한 미래를 연구하는 동시에 유사시에 크게 쓸 인재를 양성하는 기관으로 상하이에 일청무역소를 설치하고 청년을 양성했다. 세상 사람들 가운데 중국전문으로 불리는 자가 많지만, 세속에서 말하는 무뢰한은 단 한 명도 육성하지 않고 오직 순수한 지사만을 양성했다. 가네자키의 경우 그 인물됨 하나만 보면 얽힌 것이 많지만 진실로 국군으로서 전력을 다할 자를 선택하자는 것이 아라오 세이의 생각이었다.

아라오 세이(荒尾精)

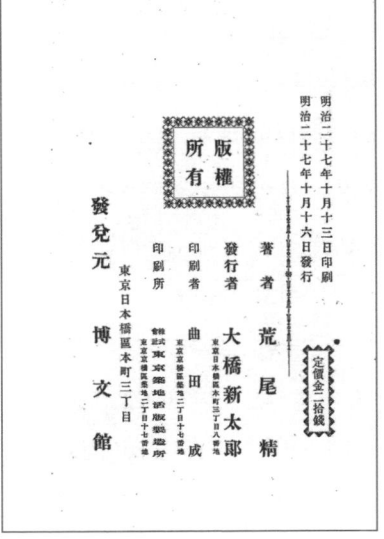

아라오 세이의 저서 『대청의견』

『외방측량연혁사』 부록 「청일전쟁에서 배후의 활약」에서는 아라오 세이보다 오카모토 류노스케를 맨 앞줄에 세우며 청일전쟁 배후인물로 기록하고 있다. 오카모토 류노스케와 외무대신 무쓰 무네미쓰의 관계가 특별했음을 보여주고 있다. 이 두 인물은 1894년 6월 일본이 혼성여단을 편제해 병력을 보내 조선을 무력침략할 당시 핵심에서 활약한 인물이다.

5. 1894년 일본군의 편제 현황[38]

1893, 94년 일본 육군의 제반 경영은 거의 완비되어 있었고, 출사준비, 작전계획, 전투준비, 병참정리, 군의 병원 설비 등이 빈틈없이 정비되어 있었다. 유사시에 일본 육군 10만 정예군의 국외 출병도 가능한 상황이었다. 동아시아에서 일본 군부의 거친 기세는 유럽의 영국, 프랑스, 독일, 러시아 열강에 비해 뒤지기는커녕 오히려 능가하고 있었다.

사단 편성은 사령부에 보병 2연대, 기병 1대대, 야전포병 1연대, 공병 1대대, 기타 대소 가교종열 1개, 소가

『정청전사』 상권 표지

교종열 1개, 탄약종열 1대대, 치중병 1대대, 야전위생부로 구성되어 있었다. 사단을 독립시킬 경우 야전전신대, 병참부를 종속시켰다. 보병은 다음 순서로 편성했다. 1여단은 2개연대로 구성, 1개 연대는 3개 대대였다. 1개 대대의 평시 구성은 일반적으로 4개 중대, 1개 중대는 소수의 급양대로 나뉘었다. 전시 때는 1개 중대를 다시 3개 소대로 나누고 1개 소대를 약간의 분대로 분리했다. 사단은

직접 사단장의 지휘에 예속시키고 사단장은 육군중장, 여단장은 육군소장, 대대장은 대좌나 중좌, 중대장은 대위로 보임했다.

『정청전사』에 기록되어 있는 1894년 청일전쟁 무렵 일본 육군의 전력을 표로 정리했다. "현역 9만4천여, 예비역 8만3천여, 후비역 10만5천여, 총계 28만여. 예비역 4분의 1 후비역 3분의 1의 감원이 있다 해도 대략 22만의 병력 획득 가능. 절반을 유수(留守)시켜도 약 10여만 명을 출병할 수 있음"이라 덧붙이고 있다. 1894년 청일전쟁 무렵 일본 육군의 전력은 다음과 같다.[39]

1894년 육군 총인원 (단위: 명)

	현역	예비역	후비역	합계
장교	3,550	696	358	4,604
하사	6,649	4,892	3,409	14,950
병사	84,422	77,492	102,188	254,102
합계	94,621	83,080	105,955	283,656
사단 말	6,302			
군마 육성소	2,473			
합계	8,775			

1894년 육군 현역 총인원 (단위: 명)

사단 병제	장교	하사	보병	기병	야전포병	공병	치중병	요새포병	경비대	군악대	계	마필
근위	388	700	7,429	375	589	217	1,413			1대		725
제1	577	927	8,108	351	771	463	1,667	680				923
제2	490	907	8,075	418	778	526	1,295					927
제3	468	899	7,866	356	776	460	1,606					942
제4	484	909	8,711	331	719	488	981	40		1대		933
제5	473	842	8,764	335	1,134	630	1,738					919
제6	539	935	8,250	216	755	486	377	666				931
제7둔전	80	302	3,773	155	114	110			704			6,303
헌병대	51	228	726									
군마육성소												2,473
계	3,550	6,649	61,702	2,537	5,636	3,380	9,077	1,386	704	2대	94,621	8,775

청일전쟁 전 일본 해군의 상황은 표1, 2와 같다. 『정청전사』에는 "진수부(鎭

守府)는 각 군항 소재지 즉 요코스카(橫須賀), 쿠레(吳), 사세보(佐世保) 3곳에 둔다. 진수부에 사령장관이 있으며, 천황에 직예(直隸), 소속 군함단대를 통솔, 군사를 통할 관리한다. 해군대신의 명을 받으며 소관 군정을 통합관리한다. 군기, 풍기 통솔감독, 출사 준비, 군비품 공급, 군항, 중요 항구 방어, 해군의 경비군함 제조 수리병 모집, 훈련을 관장한다."고 기록하고 있다.[40]

표 1

함수	톤수	마력	포수	수뢰발사관
29	58,585	100,155	467	42

수뢰정 26척, 연습함 3척, 이즈미함(和泉艦)을 1894년 11월 구매, 오우미마루(近江丸), 야마시로마루(山城丸), 사이쿄마루(西京丸), 사가미마루(相摸丸) 4척은 당시 무장으로 전투 보조를 행함.

승조원	장교	하사	병사	합계
현역	746	1,024	6,043	7,813
예비역	84	2	107	193
후비역	47	0	5	52
합계	877	1,026	6,155	8,058

표 2

함 명칭	함 종류	선박 재질	배수량(톤)	마력	속력(노트)	대포	수뢰발사관	승조원
이즈쿠시마(嚴島)	해방(海防)	동(銅)	4,278	5,400	16	31	4	
마쓰시마(松島)	해방	동	4,278	5,400	16	29	4	
하시다테(橋立)	해방	동	4,278	5,400	16	31	4	
요시노(吉野)	순양	동	4,216	15,968	22.2분의1	36	5	
후소(扶桑)	갑대(甲帶) Corvette	철	3,777	3,650	13	23	2	
나니와(浪速)	순양	동	3,709	7,604	18	24	4	
다카치호(高千穗)	순양	동	3,709	7,604	18	24	4	
아키츠시마(秋津洲)	순양	동	3,150	8,516	19	22	4	
치요다(千代田)	동 갑대 순양	동	2,439	5,678	19	27	3	
콘고(金剛)	철 갑대 Corvette	철골 목피	2,284	2,535	13.5분의1	17	2	
히에이(比叡)	철 갑대 Corvette	철골 목피	2,284	2,535	13.5분의1	17	2	

다카오(高雄)	순양	동골, 철피 (鐵皮)	1,778	2,332	15	16	2	
야에야마(八重山)	보지(保知)	동(銅)	1,609	5,400	20	11	2	
치쿠시(筑紫)	순양	동	1,372	2,433	16	13	—	
가츠라기(葛城)	sleeve	철골 목피	1,502	1,622	13	16	—	
야마토(大和)	sleeve	철골 목피	1,502	1,622	13	14	—	
무자시(武藏)	sleeve	철골 목피	1,502	1,622	13	14	—	
카이몬(海門)	sleeve	나무	1,367	1,267	12	13	—	
텐류(天龍)	sleeve	나무	1,547	1,267	12	12	—	
오시마(大島)	포함	동	640	1,217	13	10	—	
아타고(愛宕)	포함	동골 철피	622	963	20,4분의 1	5	—	
마야(摩耶)	포함	철	622	963	20,4분의 1	6	—	
시마카이(島海)	포함	철	622	963	20,4분의 1	4	—	
아카기(赤城)	포함	동	622	963	20,4분의 1	10	—	
다츠타(龍田)	수뢰 포함	동	864	5,096	21	6	—	
이와키(磐城)	포함	나무	667	659	10	8	—	
쓰쿠바(筑波)	Corvette	나무	1,978	526	8	13	—	
아마기(天城)	sleeve	나무	926	720	11	13	—	
호쇼(鳳翔)	포함	나무	321	217	7,2분의 1	5	—	

1894년 10월 기함 하시다테

청국의 병력을 조사한 정보장교 후쿠시마 야스마사(福島安正, 1852~1919)는 군사외교 전문가로 1894년 청일전쟁이 시작되기 전 혼성여단의 조선 파병 때 함께 와 조선에서 활약한 인물이다. 『군인 모습(軍人おもかけ)』에서는 이렇게 기록하고 있다.

후쿠시마 야스마사는 천군만마를 호령하며 산더미처럼 쌓인 시체와 피로 물든 강을 누비며 승패를 다투는 군인이 아니라, 그의 본령은 전쟁을 준비하고, 국가의 계책을 도모하는 외교적 군인이었다. 지금의 외교는 대부분 군사를 수반하고 있다. 외교부분에서 뭔가 파란이 일어날 때마다 후쿠시마가 오가는 모습을 외무성 현관에서 볼 수 있었다. 호사가들이 미래의 외무대신으로 추천한 것도 당연하다. 그는 문관으로 처음 육군에 출사한 뒤 시종일관 육군의 참모본부 안에 있었다. 대만사건이 일어나면 대만정벌을 위해 지리조사를 했고, 조선에서 사건이 일어났을 때 야마가타 아리토모를 수행했다. 세이난(西南) 사건에서는 야마가타의 막후장교가 되어 참모국에 출사했다. 1882년, 1884년 조선사변에도 이토 히로부미를 수행하여 출장, 1883년부터 1885년까지 청국공사관부무관이 되어 청국의 동정을 시찰하고 후일을 대비, 인도 여행, 발칸반도 순회, 시베리아 원정, 중앙아시아를 가로지르며 외교적 군인으로서의 본령을 발휘했다.[41]

다음 표는 『정청전사』에 기록되어 있는 청국 육해군 총병력이다. 육군에 대한 정보는 1882년 6월 후쿠시마 야스마사가 조사한 기록에 따랐다는 주가 달려 있다.

일본 참모본부에서 편찬한 『메이지 이십칠팔년 일청전사』[42]에 기록된 조선에 파병한 청국군의 상황은 다음과 같다. 6월3일 조선파병 명령을 받고 6월8일 출발 병력은 모두 2,465명, 산포 4문, 아포(兒砲) 4문, 6월22일 출발한 병력은 400명, 말 70마리다. 청나라에서 출병해 조선에 상륙한 병력은 모두 2,865명, 포 8문이다.

1882년 일본이 조사한 청국 육해군 병력

육군			해군						
			부대	함수	톤 수	주요 병기	승조원	수뢰정	부속선
팔기(八旗)	금여(禁旅)	162,538	북양	24	44,046 외 미상 1함	포 96 수뢰발사관 27 외 미상 10함	2,891 외 미상 3	13	1
	주방(駐防)	107,760							
연기(緣旗)		598,019	남양	16	18,746 외 미상 1함	포 101 수뢰발사관 4	2,297 외 미상 1		
용병(勇兵)		97,750	복건	8	7,190	포 35	333 외 미상 4함		3
연군(練軍)		12,000	광동	17	7,116 외 미상 6함	포 48 외 미상 2함	150 외 미상 16	11	4
몽고(蒙古)		118,459	계	65	77,098 외 상 8함	포 280 수뢰발사관 31 외 미상 3함	5,671 외 미상 24	24	8
서장(西藏)		4,795	長江水師	범선 786			13,242		
합계		1,101,321							

#1. 6월3일 밤 직예제독 엽지초(葉志超)는 동학당을 토벌하라는 명령을 받았다. 다음 병력을 초상국(招商局) 소유 기선 도남(圖南), 해안(海晏), 해정(海定) 세 척에 싣고 6일부터 8일에 거쳐 타이구(太沽), 산해관(山海關)을 출발해 조선 아산으로 향했다.

1. 타이구에서 도남호(圖南號)에 탑승한 인원은 다음과 같다.

· 지휘관 총병 섭사성(聶士成)　500명

· 고북구련군 우영(古北口練軍 右營) 200명

· 무의군 부중영(武毅軍 副中營) 병력 200명

· 무의군 노전영(老前營)의 병력(포병 포함) 200명

· 톈진 무비학당 출신학생 10명

　총 합계 910명

· 남경제(南京製) 이방황동산포(二磅黃銅山砲) 4문

· 필마 약 90마리

2. 산해관에서 해안(海晏, 869톤), 해정(海定, 1099톤)에 탑승한 인원은 다음과 같다.

참모본부가 편찬한 『메이지 이십칠팔년 일청전사』 표지

· 총지휘관 직예제독 엽지초(葉志招)
· 정정연군(正定練軍) 중영(中營) 500명, 우영(右營) 500명, 전영(前營) 210명, 좌영(左營) 210명
· 총지휘관의 친병 소대 80명
· 산해관 무비학당 출신 학생 25명
· 문무관 30명

 총 합계 1,555명

해안호는 6일 오후 산해관에 도착해 병력의 승선을 시작했으나 풍랑이 거칠고 심해 탑재하는데 많은 시간이 걸림

8일 오후 닻을 올린 엽지초는 해안호에 탑승했다. 해정호는 7일 아침 산해관에 도착, 해안호에 탑재하고 남은 것을 싣고 이날 또는 그 다음날 오전에 출범한 것 같다.

이상 3척 모두 병력이 탑승하기 전 톈진과 타이구에서 총포 탄약 기총(30정), 천막, 취사도구 등을 탑재했다.

이상 6월8일 타이구, 산해관을 출발한 제 병력은 합계 2,465명, 산포 4문, 아포(兒砲) 4문이다. 이것이 청국 제1차 조선파병 병력이다.

#2. 엽지초는 산해관을 출발할 때 이홍장의 막료 성선회(盛宣懷)에게 선발선 도남호가 돌아오면 노대(盧臺)의 보병 350명, 고북구련(古北口練) 군마대에서 50명의 기병을 조선으로 보내달라고 타전했다. 이 부대는 22일 기선 해정호를 타고 24일 아산만에 도착, 25일 상륙을 마친다. 이 병력은 무의군 보병 300명, 고북구련군 후영(後營) 마대(馬隊)의 일부 40명, 수뢰병(水雷兵) 60명, 말 70마리, 총인원 400명, 말 70마리. 청국 병력으로 조선반도에 상륙한 병력은 총합계 2,865명, 포 8문이다.

7월19일 아산에 있는 병력 이동을 예상해 이홍장은 병력 증원의 필요를 느끼고 북당(北塘), 노로(盧臺), 톈진(天津) 각지에서 병력 2,500명과 포 12문을 보내기로 했다.

#3. 영국기선 비경(飛鯨), 애인(愛仁) 두 선박에 탑승한 인원 : 인자정영(仁字正營) 500명, 인자부영(仁字副營) 500명, 무의군의 보병 300명, 합계 1,300명

· 영국기선 고승호(高陞號)에 탑승한 인원 : 톈진연군(天津練軍) 700명, 친병전영(親兵前營) 300명, 호위영 포병 200명 포 12문, 합계 1,200명, 포 12문(혹은 14문이라고도 한다.)

· 총합계 2,500명, 포 12문

#4. 이 증원대 수송 호위를 맡은 군함은 제원(濟遠), 위원(威遠), 광을(廣乙) 세 함대다. 비경, 애인 두 선박(영국 국기를 게양)은 7월21일 타이구를 출발해 세 군함의 호위를 받으며 23일 아산만으로 들어와 24일 백석포(白石浦)에서 제대를 양륙했다(이날 일본 군함 무사시(武藏)는 이곳에 와서 정황을 탐지함.).

#5. 증원대 톈진연군(天津練軍) 이하 1,200명, 포12문을 탑재한 고승호(영국 국기 게양)는 7월23일 오후 타이구를 출발, 7월25일 아산 근해에 도달했다. 호위함 제원, 광을, 일본 군함과의 교전으로 고승호는 일본군함 나니와(浪速)에 격침당해 침몰했다. 1,200명의 청 병력 가운데 생존자는 불과 167명

『메이지 이십칠팔년 일청전사』는 청국의 증원 병력 일부가 오는 도중 일본 군함에 격침당해 조선에 상륙한 병력은 대략 4,160명, 포 8문으로 기록하고 있다.

2장

자나깨나 조선 지배 : 오카모토 류노스케

1
조선의 저승사자

2
일류군인에서 대륙의 낭인까지

1. 조선의 저승사자

오카모토 류노스케(岡本柳之助, 1852~1912)는 강화도조약을 비롯해 임오군란, 갑신정변, 1894년 조선왕궁 침탈, 1895년 조선왕비살륙 등 조선침략에서의 크고 굵직한 모든 사건의 중심에서 앞잡이 역할을 했다. 그는 1891년 야마다 아키요시에게「동양정책」을 이렇게 제시했다.

오카모토 류노스케

동양정책이란 무엇인가. 청국·일본·조선의 관계가 그것이다. 이 세 나라 사이에 뒤얽혀 있는 사정, 갈등을 일신하는 정책이다. 첫 번째 착수할 것으로 **반드시 청국과 일본의 전쟁터, 러시아와 영국의 다툼이 될 요충지에 해당하는 조선에 대한 주의정략을 확정**하는데 있다. 일본제국의 빛나는 위엄을 동양에서 빛내고 실력을 외부로 확장해야 한다.[1]

다보하시 키요시는『근대일선관계의 연구』에서 오카모토 류노스케가 일본의 조선침략에 얼마나 많은 노력을 기울이며 활약했는지를 서술하고『논책』속의「소전」을 인용하며 '사설 공사 오카모토 류노스케'라고 표현했다.

오토리 공사를 채찍질해서 소극적인 공동철병론에서 적극적인 일청개전론으로 전향하게 한 것은 물론 스기무라 서기관, 모토노 참사관, 후쿠시마 보병중좌 등의 힘이었다. 다른 한편으로 무쓰 외무대신의 사설 공사라 해야 할 오카모토 류노스케의 활약이 갖는 의미는 적지 않았다고 해석된다. 오카모토는 무쓰 무네미쓰와 같은 와가야마번(和歌山藩) 출신으로 1876년 1월 육군대위로서 구로다, 이노우에 두 대신의 수행원을 역임했다. 1879년 육군소좌로 도쿄진대 예비포병 제1대대장으로 근무하던 중에 이른바 다케바시 소동에 연좌돼서 관직을 박탈당하고 문무관리의 임용이 평

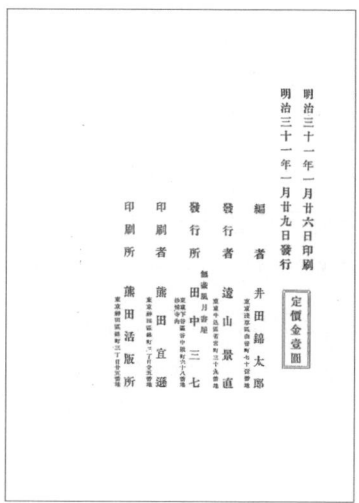

오카모토 류노스케의 저서 『논책』(1898년)

생 정지되었다. 그 뒤 이른바 지사로서 대륙경영에 힘써 널리 이름을 떨쳤다. 1894년 5월 경성에 들어왔다. 동학비란이 점차 확대되자 스기무라 대리공사에게 출병을 권고하고 직접 무쓰 외무대신에게 의견서를 제출한 적도 있었다. 무쓰도 오카모토를 완전히 신뢰하고 있었으므로 오토리 공사가 귀임할 때 서한을 부탁, "이번 오토리 공사의 부임에 관해서는 안팎의 일을 모두 오카모토 류노스케의 활약에 의뢰한다."는 뜻을 전했다고 한다. 그 뒤 오카모토는 오토리 공사와 무쓰 외무대신 사에서 연락책으로 활약하거나 사설 공사로서 대원군과의 연락을 담당하는 적지 않은 공적을 세웠다.[2]

김옥균이 피살되자 오카모토 류노스케를 비롯한 옛 친구들이 시신 인도와 장례를 위한 절차를 밟고, 사건의 전말을 조사하기 위해 상하이에 도착했다. 그곳에서 사건의 전후 과정을 조사하던 중 청국 정부가 조선에서 봉기한 혼란을 다스리기 위해 군대를 보낸다는 첩보를 들었다. 오카모토는 20년 넘게 조선을 연구해 온 인물이었다. 상하이에서 그 비밀을 탐지하고 지체 없이 귀국했다. 곧이어 1894년 5월 조선의 정황을 살피기 위해 경성으로 들어왔다. 당시 경성에 있는 임시대리공사 스기무라 후카시(杉村濬, 1848~1906)를 만나 일본정부에 군대의 파병을 요청하라고 권했다. 청국 정부가 동학당 진압을 명분으로 군대를 파병해 조선에서 세력을 더욱 견고히 할 것이라는 이유를 대며 설득했다. 만일 청국이 군대를 파병하면 일본도 인민보호를 명분으로 군대를 경성에 입성시켜 그 균형을 취하고 기세를 몰아 국권을 확장할 것을 책략으로 내세웠다. 그는 스기무라 후카시에게 일본이 미리 군대를 경성에 입성시켜야 할 필요와 시기를 외무대신에게 전달하게 했다. 스스로 의견서를 써서 무쓰 무네미쓰 외무대신에게 보냈다.[3]

『오카모토 류노스케 논책』의 부록으로 실려 있는 「소전」[4]을 보면 그가 당시 얼마나 깊게 일본의 조선침략과 내정간섭, 왕비살륙사건(을미사변)에 관여했는지를 엿볼 수 있다. 다음은 「소전」의 대략이다.

#1. 1873년, 조선국의 사정에 관해 역사, 병제(兵制), 지리 등을 조사, 자세히 살펴 일본의 조선에 대한 방책을 세우고 의견서를 만들어 동지에게 보여주었다.

#2. 1874년 1월, 옛 부하 포병대, 옛 병대에서 200명을 선발하여 도쿄 경시청 순사로 추천했다. 공부경(工部卿) 이토 히로부미, 육군경 야마가타 아리토모(山縣有朋), 무쓰 무네미쓰 세 사람의 의뢰가 있었다. 22세 때 육군대위로 임명되어 포병분과 오사카진대 재근을 명령받았다. 메이지유신 뒤 번정개혁에서 츠다 이즈루(津田出)[5], 가마타 에이키치(鎌田米吉)[6], 무쓰 무네미쓰에게 발탁되었다.

#3. 1875년, 조선 강화도에서 운양호 사건이 있었다. 12월, 정한(征韓) 작전계획을 입안해 결행할 것을 참의 이타가키 다이스케(板垣退助, 1837~1919)에게 건의했다.

#4. 1876년 1월, 특명전권변리대신 구로다 기요타카가 조선으로 파견될 때 수행을 명받고 강화도에 도착했다.

#5. 1877년 2월, 세이난 전쟁 때 오사카진대 참모부에서 출정을 명받았다.

#6. 1878년 2월, 훈4등으로 서위되고 세이난 전쟁 토벌연금 135엔을 하사받음. 3월,

도쿄진대 예비포병 제1대대장으로 임명되었다. 8월, 다케바시 사건(竹橋事件)[7]의 불심(不審) 혐의로 구류.

#7. 1879년 4월5일, 육군재판소에서 재판 결정을 받은 날 훈위(勳位)를 박탈당함.

재판결정문 : (육군소좌 오카모토 류노스케) "도쿄진대 예비포병 제1 대대장으로 근무하던 중 1878년 8월 근위병의 폭동 계획을 듣고도 이를 경시……이에 관직을 박탈하며 평생토록 문무관직의 보직을 금함."

#8. 1880년, 식산(殖産)에 힘쓰며 상업에 종사.

#9. 1881년, 도쿄 교바시구(京橋区) 이즈모쵸(出雲町) 아사히 은행(旭銀行) 은행장, 동년 8월 은행장 사직.

#10. 1882년 1월, 기나이(畿内), 산요(山陽) 지방을 돌며 상업 실황 시찰. 8월, 오카모토 류노스케는 조선의 국정혁신을 바라며 김옥균 등과 논의. 고토 쇼지로(後藤象次郎, 1838~1897), 무쓰 무네미쓰, 후쿠자와 유키치, 마쓰오 미요타로(松尾三代太郎) 등과 함께 계획을 세웠다. 12월, 일본정부 김옥균 등의 책략을 받아들여 변리공사 다케조에 신이치로(竹添進一郎)에게 개혁을 행하게 했으나 실패하고 다케조에는 일본으로 돌아갔다. 이로써 세워두었던 모든 계획이 차질을 빚게 되었다.

#11. 1885년 2월, 일련종 대승정 아라이 닛사이(新居日薩)와 함께 불교 쇠퇴를 개탄, 이를 만회할 계획을 세웠다. 일련종 다이단린(大檀林)에 들어가 불학을 연구했다.

#12. 1886년, 불보사(佛報社) 설립, 일련종 교보를 발행, 불교 포교. 지금의 닛슈신포(日宗新報)가 됨.

#13. 1887년 1월, 사법대신 야마다 아키요시에게 동양유신책과 종교제도 개혁안 건언, 그의 허락을 받아 정보조사 활동을 행함.

#14. 1889년, 아라오 세이 등과 함께 일청무역연구소 창립에 뜻을 두고 창업에 힘씀.

#15. 1891년 4월, 러시아 황태자의 일본방문을 계기로 조선독립의 결실을 거두고 동양유신의 토대를 세울 책략을 강구하고 「동양정책」 1권을 저술했다. 이 책을 야마다 아키요시에게 제출하고 청국과 개전해야 할 시기, 작전계획을 논한 것이 「동양정책」 이다. 그 뒤 야마다 아키요시의 동의를 얻어 총리대신 마쓰카타 마사요시(松方正義,

1835~1924)에게 건언, 동년 11월 척식(拓植), 방비책을 세워 홋카이도에 의용단을 편제하라고 정부와 의회에 건언.

#16. 1892년, 「동양정책」을 내무대신 이노우에 가오루(井上馨, 1836~1915)에게 건언.

#17. 1893년 4월, 「동양정책」을 외무대신 무쓰 무네미쓰, 오이 겐타로(大井憲太郎) 등 정부와 재야의 유지들에게 건언했다. 같은 달 김옥균이 상하이 객사에서 살해당하자 도쿄에 있는 김옥균의 친구와 동지 등이 오카모토 류노스케를 총책임자로 상하이에 도착, 그 앞뒤 시말을 살필 때 청국 정부는 조선 동학당 봉기의 기회를 틈타 속국의 명분을 완전하게 하기 위해 조선에 군대를 파병한다는 정보를 듣게 되었다. 오카모토는 상하이에서 그 비밀을 탐지하고 바로 귀국했다.

#18. 1894년 5월, 조선의 정황을 시찰하기 위해 경성에 도착, 조선 경성에 있는 대리공사 스기무라 후카시에게 청국 정부가 동학당 진압을 명분으로 톈진(天津)에서 군대를 파병하여 속국의 명분과 실리를 확실히 하려는 이유와 사실을 설명했다. 스기무라에게 청국이 조선에 군대를 파병하면 일본도 인민보호를 명분으로 군대를 경성에 입성시켜 균형을 취하고 기세를 몰아 국권을 확장해야 한다고 말함.

#19. 1894년 5월, 스기무라에게 외무대신에게 미리 일본에서 군대를 경성에 입성시켜야 할 필요와 시기를 전달하게 했다. 오카모토는 스스로 의견서를 써서 외무대신에게 보냈다.

#20. 1894년 6월, 전권공사 오토리 게이스케[8]가 (육전대와 함께) 경성으로 들어올 때 무쓰 무네미쓰는 그에게 위탁하여 한 통의 글을 보낸다. 주된 요지는 "이번 오토리 게이스케 공사 부임을 맞아 안팎의 일을 모두 오카모토 류노스케의 활약에 의뢰한다."는 내용이었다.

#21. 1894년 7월, 세계의 큰 흐름과 동양의 위기를 통절하게 논하고 조선의 개혁 방안을 세워 그 시기를 만들어야 한다고 조선 국태공〔대원군〕에게 건의.

#22. 1894년 7월, 오카모토는 육군보병 중좌 후쿠시마 야스마사에게 조선의 국정을 설명하고 오토리 공사와 담판하게 한 뒤, 바로 일본으로 돌아가 야마가타 아리토모, 무쓰 무네미쓰에게 개전의 시기를 놓치지 않아야 할 필요를 설득하게 함.

#23. 1894년 7월, 외무성 서기관 가토 마스오(加藤增雄, 1853~1922)가 외무대신의 훈령을 갖고 경성으로 왔다. 그 훈령 중 시기에 적합하지 않은 조목이 있으므로 가토 마스오에게 의견서를 쓰게 하여 (7월3일 귀국길에 오르는) 후쿠시마 야스마사, 모토노 이치로(本野一郎)[9]에게 부탁해 외무대신에게 전하게 했다. 오카모토는 외무대신 앞으로 "후쿠시마 중좌가 오늘 아침 출발, 류노스케의 의견을 상세하게 설명할 것임. 모토노가 지참한 가토 마스오의 의견서는 반드시 결행하기 바람. 그렇지 않으면 시기를 놓쳐 많은 어려움을 겪게 될 것임."의 전보를 보냈다.

#24. 1894년 7월, 후쿠시마 야스마사, 모토노 이치로가 경성으로 돌아왔다. 아직 묘의가 정해지지 않았는데 시기가 급박해지자, 오카모토 류노스케는 원세개가 경성을 떠나고 7일을 기해 청나라 병사가 경성으로 들어온다는 것을 탐지했다. 그는 기선을 제압해 속히 경성의 요충지를 점령해 조선이 일본의 뜻에 따르게 해야 한다는 책략을 세웠다.

#25. 1894년 7월, 보병 1중대 순사 20명을 이끌고 운현궁으로 가서 국태공을 유인해 왕성에 들어갔다. 이날 (7월23일) 국태공이 섭정을 행함.

#26. 1894년 8월, 일본으로 돌아가 조선의 내정개혁 순서, 청국과 전투 방책을 무쓰 무네미쓰에게 설명함.

#27. 1894년 10월, 특명전권공사 이노우에 가오루가 조선으로 부임할 때 동행하여 조선으로 출장 옴.

#28. 1894년 11월, 경성에 있는 국태공에게 정권을 국왕에게 봉환하지 말라고 함. 왕비·왕족·척족은 정권에 관여하지 못하게 하고 국정은 반드시 내각대신이 왕에게 아뢰게 할 것, 김굉집, 어윤중, 김윤식 세 사람을 주축으로 하는 내각 대신들이 내정개혁을 행하라고 의견을 결정(국태공에게 올린 글).

#29. 1894년 11월, 조선국왕의 전의(前議)를 받아 왕족, 문무백관을 인솔하여 종묘에 맹서하여 고하게 함.

#30. 1894년 12월, 궁내부고문관 군부고문관을 조선정부에서 촉탁.

#31. 1895년 2월, 조선내정 개혁에 관한 일, 조선정부에 대여금에 관한 일로 일본으로

귀국.

#32. 1895년 3월, 시모노세키조약에 관해 특별히 외무대신의 의뢰를 받아 히로시마로 출장 가 다음 의견을 진술함.

첫째, 같은 문화, 같은 종교, 같은 인종의 발달에 대해 논의함. 영원히 청국과 화친을 유지하기 위해 요동반도를 할양하게 할 것.

둘째, 배상금은 합당한 액수를 정해 연부금(年賦金)으로 수수할 것. 상금 담보는 세관에서 저당을 잡아 연부금을 모두 갚을 때까지 병사를 톈진에 주둔시킬 것.

셋째, 상공업 발달에 필요한 기사(技師)를 일본에서 불러들여 쓰고 기재 재료도 일본에서 구입해서 쓰게 할 것.

넷째, 공수동맹 결과로 배상금의 얼마를 조선국에 부여할 것.

다섯째, 이홍장을 동양유신의 흥업에 마음을 같이하여 협력하게 할 것.

#33. 1895년 4월, 시모노세키에 가지 않고 곧바로 경성으로 들어감. 같은 달 일본에 귀국했을 때 조선개혁이 사전 논의와 달라 전후방책을 이노우에 가오루에게 설명.

#34. 1895년 9월, 미우라 고로(三浦梧楼, 1847~1926) 특명전권공사로 경성에 왔을 때 조선의 형세가 전날과 같지 않고 독립의 기초를 잃어 다시 개혁의 실적을 거행하지 않으면 동방 백년의 대계획이 어찌 될지 알 수 없는 불운한 때를 만났다고 말함.

#35. 1895년 10월, 미우라 고로, 스기무라 후카시와 공사관에서 만나 개혁의 법안을 세우고 국왕을 비롯한 문무백관이 대묘에 맹서하여 고하게 한다는 취의를 올림. 요령 4조를 정함. 다음과 같음.

1. 국태공은 대군주를 보좌하여 오직 궁중 사무 정리를 맡고 일체의 정무에는 간여하지 않을 것. 서고문(誓告文, 임금이 종묘에 고하는 내용을 쓴 글)의 취의를 준봉하고 왕실의 사무와 국정사무에 확실한 구별을 둘 것. 궁내부의 세력을 확충하여 국정사무를 침식하는 행위는 단연코 행하지 않을 것. 국태공은 정부관원 진퇴에 관여하지 않을 뿐만 아니라 일체의 정무에 간여하지 않을 것.

2. 김굉집, 어윤중, 김윤식 세 사람을 수뇌로 하여 기타 개혁파 인사들을 기용해 중요한 지위에 앉힌다. 오로지 정무를 맡긴 고문관의 의견을 듣고 대군주의 재가를

거쳐 정사의 개혁을 결행하고 독립의 기초를 견고히 할 것을 기약할 것.

3. 이재면(李載冕)을 궁내대신, 김종한(金宗漢)을 궁내협판에 앉혀 궁내부의 사무를 담당하게 할 것.

4. 이준용(李埈鎔)을 3년간 일본에 유학시켜 쓸 만한 재목으로 양성할 것. 단 매년 여름에 귀국시켜도 상관없음.

#36. 1895년 10월, 공덕리에 가서 국태공에게 앞의 네 항목을 말하고 임금에게 은밀히 알리고 조칙을 기다려 입궐할 수 있도록 설득.

#37. 1895년 10월8일, 왕성에서 내정개혁을 행함(대원군 입궐시말 훈련대 기뇨(起閙, 시끄러운 일이 일어남) 보고서 있음).

#38. 1895년 10월사변에 대한 선후처분을 강구. 이를 한일 양국에서 결행함.

#39. 1895년 10월, 일본 히로시마재판소 구류를 명받았을 때 44세.

#40. 1896년 1월, 히로시마재판소에서 무죄 선고를 받음. 히로시마에서 출옥하여 귀경한 뒤 한가롭게 노닐며 불학 연구.

#41. 1897년 10월25일 특전을 받음 : 전 도쿄진대 예비포병 제1대대장 육군소좌 오카모토 류노스케에게 특전으로 종신토록 문무관직에 보직을 금한 것을 해제함. 육군대신 자작 다카시마 토모노스케(高島鞆之助).

#42. 1897년 11월24일, 내무성에서 오카모토 류노스케에게 정보조사를 촉탁했다. 유럽과 청국을 순회하며 여러 나라의 종교 상황, 제도 조사를 행했다.

1894년 발생한 일본의 조선 무력침략, 1895년 을미사변 때 조선왕궁침탈은 1년의 시간차를 두고 있으나 사건의 구조가 닮아 있다. 두 사건에 오카모토 류노스케와 스기무라 후카시 1등서기관이 깊이 관여했다. 대원군을 끌어들일 때도 동일인물이 포진되어 있다. 무쓰 외무대신의 명에 따라 오토리 게이스케는 경성에서 원세개와 절충했고, 정보장교 후쿠시마 야스마사(福島安正)[10]와 도모하여 운현궁에서 대원군을 내세워 조선 내정개혁을 주도하고 조선정부의 군사고문으로 취임했다. 1895년 '조선왕비살륙'[11] 사건의 주역이 오카모토 류노스케다. 그는 철저한 정한론자였고, 뛰어난 책사였다. 그가 일관되게 주장해온 '조선의 독립 즉 일본의 지배'를 굳히기 위해 조선 땅에서 종횡무진 활약했다.

「소전」의 1895년 10월 사변 기록, 조선왕비살륙의 '예심종결결정서' 내용은 말 그대로 분노가 치미는 대목이다. 주모자 오카모토 류노스케를 비롯한 나머지 모든 일본인 범죄자들이 무죄로 히로시마 감옥에서 석방되었다. 오카모토는 이듬해 1897년 10월25일 특전으로 신원을 회복했다. 11월24일 내무성 촉탁으로 유럽과 중국을 순회하며 종교, 제도조사 첩보원으로 활약했다. 그 뒤로 완전한 조선 지배를 위해 쉼없이 활약했다.

2. 일류군인에서 대륙의 낭인까지

오카모토 류노스케는 조선에 어떤 영향을 미친 인물인가. 일반적으로 그는 조선궁내부, 군부고문, 육군소좌, 대륙낭인으로 을미사변을 주도한 쇄국주의자 정도로 알려져 있다.

메이지 시대가 낳은 기슈의 책사 세쓰타(雪濤) 오카모토 류노스케. 오카모토의 본래 성은 스하(諏訪)였다. 여섯 살 어린 나이에 번의 명륜관에 들어가 한적(漢籍)을 배웠다. 이때부터 군계일학이었다. 1871년 1월 스무 살에 와카야마 한쥬헤이(藩戍兵) 포병연대장으로 임명되었다. 같은 해 말 번(藩)을 폐지하고 현(縣)으로 행정단위를 바꿀 때 대대가 해산되고, 병부성의 명령으로 지금까지 훈련한 병사 가운데서 포병 1개 중대를 편성해 요코하마에 주둔한 도쿄진대 3번 포대로 편입되었다. 이때 육군대위로 임관(1874년)했다. 1887년 세이난(西南) 전쟁 때 오사카진대 참모부로 자리를 옮겼다. 별동 제4여단 근위대위로 야마가타 아키요시(山田顯義) 예하에 소속되어 종군했다. 같은 해 9월 전쟁터에서 소좌로 승진했다. 그 뒤 도쿄진대 예비포병 제1대대장으로 재직 중 불과 반년이 채 안 되어 다케바시 사건(竹橋事件, 1878년 8월23일 발생) 책임자로 육군재판에 넘겨졌다. 세이난 전쟁 공적으로 받았던 훈4등 박탈, 관직박탈, 평생 문무관에 오를 수 있는 자격을 박탈당했다(1879년 4월5일). 1897년 10월 다카시마 토모노스케 중장이 육군대신으로 있을 때 "특전으로 종신 문무관에 오를 수 있는 자격을 금한 것을 해제한다."며 신원을 회복해 주었다. 곧이어 내무성 촉탁으로 외국의 제도, 종교상황 실제조사 비밀첩보원으로 활동했으나 관직에 발을 들여놓지 않았다.[12]

오카모토는 1852년 에도 아카사카(赤坂) 기슈번(紀州藩)에서 태어났다. 어렸을 때 번의 학교 명륜관에서 공부했고, 조금 자라 기슈번 오카모토 가문의 양자가 되었다. 일찍부터 서양식 병학, 포병술을 배웠고 번의 비용을 받아 사방으로 유학했다. 메이지 초년부터 마쓰사카(松阪), 와가야마(和歌山) 포병대 훈련에 종사했고 이곳을 프랑스식으로 혁신했다. 1871년 번의 포병연대장이 되었는데 폐번이 된 뒤 포병대를 편제하여 도쿄진대에 예속되었다. 1874년 포병대위가 되어 이때부터 여러 곳으로 전근을 다녔다. 세이난(西南) 전쟁에 참가해 공을 세워 육군소좌로 진급하고 이어서 훈4등에 서위되었다. 1879년 4월 어떤 이유로 훈위를 박탈당한 뒤 상업에 종사하기도 하고, 동방경영책을 세워 당국에 제안하거나 일련종의 개혁, 포교를 도왔다. 그 뒤 조선에 들어가 나라 일에 분주히 움직였다. 1894년 말에 이르러 조선국 궁내부, 군부고문관이 되었다. 미우라 고로, 스기무라 후카시 등과 대원군을 도와 일을 꾸미며 옥에 갇혔으나 무죄가 되었다. 1897년 내무성 촉탁을 받아 유럽, 청국에서 종교 상황을 관찰했다.[13]

오카모토 류노스케가 쓴 『풍운회고록』에는 「사람들에 대한 추억담」이 담겨 있다. 외무대신 무쓰 무네미쓰와 같은 번 출신이며 매우 특별한 관계임을 알 수 있다. 강화도조약 때 함께 조선에 왔던 구로다 기요타카(黒田清隆, 1840~1900)와의 일화도 담겨 있다. 그가 어떤 인물인지 엿볼 수 있다. 오카모토 류노스케가 조선계획의 단서를 연 것은 강화도조약 협상이 이루어진 1873년, 그때 나이 24세였다. 전권변리대신 구로다 기요타카, 부대신 이노우에 가오루(井上馨, 1836~1915)와 함께 강화부에 무관으로 파견되었을 때다. 이때 평화 담판이 거의 깨지고 장차 전쟁으로 일을 결정하려 했으나 결국 수호조약을 체결하기에 이르렀다. 당시 오카모토는 조선의 형세를 관찰했고 일본으로 돌아간 뒤에도 조선지리 연구에 몰두했다. 그의 「동양정책」은 이 무렵에 시작되었다고 한다.14

가쓰라 타로(桂太郎)와 함께 임관되었던 당시

내가 육군에 출사하는 것이 어떤가 하고 추천받았을 때는 분명 1873년 말인가 1874년 봄 무렵이었다. 그때 육군경은 지금의 야마가타 아리토모(山県有朋)로 때마침〈진급조례〉가 발포되고 얼마 되지 않은 때였다. 이 조례는 조슈파가 사쓰마파에 대한 하나의 장벽을 구축한 것으로 "함부로 인물을 받아들이지도 승급시키지도 않는다."는 의미에서 시행되었다. 그 자리에서 무쓰가 내게 "그대에게 부족하겠지만 대위로 출사해주면 어떤가."고 했다. 당연히 대위는 성에 차지 않았으므로, "대위……대위는 달갑지 않다." 고 말하니 한참을 진정시키며, "그대야 그렇게 말하겠지만, 가쓰라 타로15도 대위가 되었으니 잠시 참고 견뎌주기 바라네. 시절에 따라 공자도 낮은 직책으로 있었고, 때가 되면 잘 될 테니……."라며 달랬다. 나는 "요전에 육군에 보낸 건백서는 어떻게 되었는가." 하고 물었다. 무쓰는 "어떻게든 성사되도록 야마가타와 도리오 코야타(鳥尾小弥太, 1848~1905)에게 말해두었네. 그래도 다른 곳에 있는 것보다 봉직(奉職)하는 편이 빠른 길이라네."며 재차 권했다.

가쓰라는 그 무렵 독일에서 막 돌아와 있었고, 보신(戊辰)전쟁의 공로로 상전녹봉 150석을 받고 있었다. 기도 다카요시의 조카였고 전도유망한 자였으므로 대좌나 중좌는 될 것이다. 그런 가쓰라도 대위로 출사한다는데 내가 너무 제멋대로 구는 것도 무쓰의 호의에 벗어난다고 생각해 대위로 출사를 받아들였다. 1874년 봄 나는 태정관에 출두하여 사령(辭令)을 받았다. 이때 함께 대위가 된 자는 가쓰라와 나 둘 뿐이었다.

태정관에서 사령장을 받고 돌아오는 길에 나는 무쓰 댁을 방문했다. 무쓰는 무심하게 "그래, 어떤가."며 반갑게 맞아주었다. "지금 그대에게 선물을 하나 주겠네."라며 꺼내온 것은 지금껏 본 적 없는 훌륭한 양복이었다. "이것은 내가 독일에서 맞춘 중장 군복이야. 이것을 줄 테니 가져가 입게나." 친절은 고맙지만 뭔가 이상했다. "나는 이제 겨우 대위인데, 중장 옷은 우스꽝스럽지 않을까." "뭐가 문제인가. 독일의 중장 옷이니 아무 상관없지. 그대도 금방 중장이 되고 대장이 되지 않겠나." "그야 그럴 테지요."라며 그 옷을 받아들고 돌아왔다. 이튿날 독일육군 중장 복장을 하고 태연히 육군성으로 출근했다. 필시 우스꽝스러운 모습이었으리라 생각한다.[16]

귓불에 남아 있는 구로다에게 물린 자국

1876년 2월 조선 강화도조약 때 구로다 기요타카는 변리대신으로, 나는 육군성의 명으로 출장을 갔다가 일단락된 뒤 3월 귀국했다. 한참을 구로다와 만나지 못하다가, 4월 어느 날 나카가와 신로쿠로(中川親六郞, 나중에 기슈가(紀州家)의 회계를 담당한 인물)와 시바신메이(芝神明) 요리점 구루마야(車屋)에 술을 마시러 간 적이 있었다.

구로다 기요타카(黑田淸隆, 1840~1900)

꽃나무와 가까운 난간에 기대 기분 좋게 취해 있는데 옆 좌석에 하오리 차림의 구로다가 와 있었다. 어딘가에서 돌아온 것 같았다. 예기(藝妓)가 연주하는 샤미센 소리를 들으며 문 하나를 사이에 두고 서로 봄의 정취를 즐기고 있었다. 이윽고 우리들이 있는 것을 알아보고 "이봐, 이쪽으로 건너오지 않겠나."며 말을 걸어왔다. 나는 구로다가 있는 자리로 갔다. 세상 살아가는 이야기를 하며 술잔을 주고받다가 경망스럽게 말꼬리를 잡고 다투다 싸움이 시작되었다. 조선에 갔을 때 나는 전쟁을 해서 〔조선을〕 취해버리자고 주장했지만 결국 구로다는 조약을 체결하고 돌아왔다. 그 무렵 내 뜻대로 되지 않았다 생각하고 있었기에, "때로 나는 조선의 일은 너무 결과가 좋지 않았다고 생각하는데 어떤가. 나가야마(永山)는 자네와 서로 다투고 헤어졌다는데 정말이지 애석한 일이야. 나가야마는 사무라이야. 과연 멋진 놈이야."라 했더니 구로다가 불같이 화를 냈다. 구로다가 화를 낸 데는 이유가 있었다. 조선의 일은 차치해두고라도 내가 나가야마를 칭찬한 것은 〔그

때 일을 앙갚음하려고 빗대어 분풀이하는 말처럼 들렸기 때문이다. "너는 뭔 말을 그렇게 괴이하게 하는가. 나가야마 같은 놈이 뭐라고, 조선의 일도 모두 잘 끝났잖아, 괘씸한 놈아." 얼굴이 벌개져서 벌떡 일어나는가 싶었는데 느닷없이 나를 넘어뜨리고 올라타서 오른쪽 귀를 깨물었다. 그 물린 자국은 지금도 그대로 남아 있다. 구로다는 완력이 무시무시하게 강한데다 순식간에 당한 일이라 나도 좀체 이길 수 없었다. 부득이 구로다의 고환을 쥐고 "어때, 계속 할 텐가."며 힘을 주었다. 구로다도 아팠는지 '으으' 하며 물고 있던 오른쪽 귀를 놓았다. 나카가와가 와서 말렸다. 그날 밤 그렇게 헤어졌는데 굳이 구로다가 심부름꾼을 보내왔다. 모든 게 술로 인해 생긴 일이니 마음에 두지 말라고 했다. 그 뒤 다시 만났을 때 서로 바보같은 짓을 했다며 크게 웃고 말았다.[17]

다케바시 사건은 세이난 전쟁이 끝난 뒤 훈공에 대한 불만으로 발생한 근위병의 폭동이었다. 그 계획을 미리 알고도 애매하게 행동한 오카모토 류노스케는 이 일로 군적을 박탈당했다. 단순해 보이는 이 사건의 이면에 무쓰 무네미쓰 외무대신과 오카모토 류노스케가 복잡하게 얽혀 있다.

다케바시 사건의 이면에는 더욱 중대한 사정이 숨겨져 있었다. 그것은 세이난 전쟁 때 사쓰마군(사이고 다카모리 편)에 연락을 한 첩자가 정부 내부와 민간에 있다고 본 정부는 비밀리에 탐색하라고 경시국에 명을 내렸다. 아군과 적군 양쪽에 스파이를 심어두었다. 제일 먼저 혐의를 받은 인물이 원로원 의관 무쓰 무네미쓰였다. 무쓰는 결국 야헤스가시(八重洲河岸) 감옥에 갇혔다. 무쓰와 오카모토는 맹우(盟友)일 뿐 아니라 같은 기슈 출신이었으므로 경시청에서는 이번 사건에 이 두 사람이 뒤에서 책동했을 것이라 의심했다. 두 사람은 중대한 시국사범이었으므로 이대로 두 사람을 제국의 수도에 두는 것은 위험하다고 판단하여 무쓰는 센다이(仙臺) 감옥에 송치되고, 오카모토는 사건의 우두머리로 육군재판에 붙여졌다. 만일 이 다케바시 사건이 일어나지 않았다면 불과 27세에 육군소좌에 올랐던 오카모토는 어쩌면 육군대장의 영예로운 자리까지 올랐을지도 모른다. 인간의 운명은 알 수 없는 것, 이 사건으로 끝내 무위무관으로 생을 마감했다.[18]

나카이 킨죠(中井錦城)[19]의 『무용의 서(無用の書)』도 오카모토의 단면을 엿보게 해주는 글이다.

#1. 오카모토 류노스케는 기슈 제일의 책사이며 지략이 풍부하고 병술(兵術)도 뛰어났다. 그가 육군소좌로 세이난 전쟁에 출정하여 당시 참모총장 자격이었던 도리오(鳥尾知) 중장과 함께 사이고 다카모리를 히고(肥後) 강 주변에서 포로로 잡는 책략을 짜냈다. 다케바시 소동의 장본인이며 거짓으로 미친 척하여 죄를 피할 만큼 꾀가 많은 자였다. 그러나 너무 지나쳐 종종 자기 꾀에 넘어가기도 했다.[20]

#2. 민간인이 된 오카모토는 빠르게 동아시아 미래에 착안해 연구했고 특히 일본과 조선, 중국 관계에 대해 큰 그림을 그리고 있었다. 1891년 4월 러시아 황태자가 일본에 온 것을 계기로 「동양정책」을 저술해 당시 사법대신 야마다 아키요시(山田顯義)에게 제출했다. 내용의 요지는 일본이 동양유신의 토대를 세우려면 **조선독립의 결실을** 거두고, 중국과 전쟁을 해서라도 조선에서 중국의 세력을 몰아내야 한다는 것이었다. 이 오카모토의 생각이 결국 사실로 재현되었다. 조선 문제를 둘러싸고 1894년 청일전쟁이 일어났다. 그 결과 일본이 대승을 거두고 조선에서 중국 세력을 완전히 쓸어버릴 수 있었으나, 이번에는 청을 대신해 지금까지 틈만 노리고 있던 러시아가 본성을 드러냈다. 조선에 뿌리를 내려 세력을 펼치려고 이빨을 드러냈다. 문 앞의 호랑이를 겨우 쫓아냈는데 문 뒤의 늑대를 마주하게 되었다. 이렇게 해서 일어난 것이 민비사건이라는 조선궁정의 소동이었다. 이보다 앞서 청일전쟁 시작 무렵, 일본정부는 사이온지 킨몬(西園寺公望)을 조선에 특파, 조선정부에 시정 개선과 독립성명을 권하는 동시에 조일 양국의 공수동맹을 제의했다. 조선정부도 이를 승낙하고 다년간 조선반도에서 위력을 떨쳤던 중국 세력을 몰아내고 그 세력을 추종하고 있던 사대

당도 정계에서 구축하여 국정쇄신의 단서를 열었다.²¹

오카모토는 관직을 박탈당한 뒤 방황하고 있을 때 같은 번 출신 가마타 에이키치(鎌田栄吉, 1857~1934)가 후쿠자와 유키치를 소개해 그의 문하에 들어갔다. 함께 관직에서 추방당한 마쓰오 미요타로(松尾三代太郎)²²와 후쿠자와의 집에서 서생으로 머물며 김옥균, 박영효와 사귀었다. 일련종(日蓮宗)의 아라이 닛사이(新井日薩, 1830~1888)와 일련주의(日蓮主義)를 연구, 미나카타 쿠마구스(南方熊楠)²³와도 친교를 나누었다.

이후 위에서 살핀 것처럼 그는 1894년 일본의 조선 무력침략 때 일본과 조선을 오가며 그가 갖고 있는 정보를 토대로 침략의 앞잡이로 활동했다. 조선정부의 내부 깊숙이 들어와 군부고문으로 자리를 잡고 미우라 고로와 함께 조선왕비살륙을 주도했다. 일본의 조선 침략과 지배를 논할 때 오카모토 류노스케의 자취를 반드시 확인할 필요가 있다. 그는 조선을 멸망으로 이끄는데 중심에서 활약한 인물 중의 한 사람이어서다.

제4부

조선 침략의 구실

1
신의 선물, 동학농민전쟁
2
김옥균과 박영효

1장

신의 선물, 동학농민전쟁

1
'동학당의 난'

2
헛발질한 조선과 청국

1. '동학당의 난'

124년 전, 천지가 요동치고 있었다. 동학교도를 중심으로 농민들은 논과 밭에서 벗어나 곡괭이를 들고 떨쳐 일어났다. 부패한 관리들의 억압과 착취에 억눌려 왔던 분노의 에너지가 한꺼번에 분출되었다. 조선은 '혁명'이라 하고 일본은 '동학당의 난'이라 하여 반란으로 보았다. 동시대를 살았던 인물들이 당시 어떻게 보고 있었는지 살필 필요가 있다.

『동학농민혁명사일지』「백산대회 격문」(1894년 5월1일~5월3일)¹은 후일 백산맹약으로 불리는 4개조다. 첫째, 사람을 죽이지 말고 재물을 손상하지 말 것. 둘째, 충효를 다하여 제세안민(濟世安民)할 것. 셋째, 왜이(倭夷)를 축멸하여 성도(聖道)를 밝힐 것. 넷째, 병(兵)을 거느리고 입경하여 권귀(權貴)를 모두 죽일 것을 맹서로 약속했다. 세상을 구제하고 백성을 편안하게 하기 위해 죽음을 무릅쓰고 맹세한 동학혁명운동이었다. 『한국통사』에서 박은식은 "행군할 때마다 병사들의 피를 흘리지 않고 이기는 자가 가장 큰 공을 세우는 것이다. 비록 부득이 싸움을 벌여도 사람을 상하게 하지 말고, 행군하여 지나가는 곳마다 사람을 해치지 말고, 효성스럽고 우애 있는 사람과 충성스러운 신하들이 사는 지역은 10리 이내에 군대를 주둔시키지 말 것."²이라는 '무리에게 약속'을 싣고 있다.

기존 사회의 낡은 질서와 절정에 달한 권력자들의 내부 부패에 저항한 것을 조선에서는 혁명으로 일본에서는 반란으로 보았다. 조선의 민중에게는 지방관의 부정과 부패에 맞선 생존을 위한 몸부림이었으나, 조선을 넘보는 일본에게는 비적들의 폭동에 자국민 보호라는 명분으로 군대를 파병할 수 있는 절호의 기회였다. 청나라와 일본의 군대 파병에 놀란 동학교도와 농민들은 부패한 정권에 대한 불만보다 외세의 개입으로 나라가 위태로워질까 우려해 자진 해산했다.

그러나 일본은 다시없는 기회를 잡았다. 조선의 혼란을 틈타 군대를 보냈고, 무력으로 조선을 장악하고 조선 왕을 볼모로 삼아 청국 군대를 철수하라 통고하게 하고 조선을 지렛대로 청국과 전쟁을 벌였다. 청일전쟁을 승리로 이끈 일본의 외무대신 무쓰 무네미쓰는 회고록 형식으로 쓴 외교기록 『건건록』에서 '동학당의 난'을 일본 외교역사의 제1장에 두고 다시 써야 한다고 강조하고 있다.

> 일청 양국이 각각 그 주장하는 바의 권리와 지론에 의해 서로 군대를 조선으로 파병하기에 이른 것도, 그 뒤 몇 번인가 형세가 뒤바뀌는 과정을 거쳐 일청 양국이 바다와 육지에서 전쟁을 치르게 된 것도, 우리 군이 연전연승한 뒤 청국정부가 두 차례나 사신을 우리에게 보내와 화해를 구걸해 결국 시모노세키조약(下關條約)에 따라 종래 일청 양국의 외교관계를 일변시켜 세계에서 일본을 동양의 우등국으로 인식하기에 이르게 된 것도 그 근본원인은 청한 양국 정부가 이 동학당의 반란에 대한 내치, 외교 루트를 잘못 찾은 데 있었다. **훗날 만일 일청 양국 사이에서 당시의 외교역사를 쓰게 된다면 반드시 그 첫머리에 먼저 동학당의 난을 제1장에 두지 않을 수 없을 것이다.**[3]

박은식은 『한국통사』에서 조선정부가 청국에 차병(借兵)을 주장할 때 "전라도 관할 태인, 고부 등의 현은 민습이 흉한하고 성정이 흉간하여 본디 다스리기 어렵다."며 조선정부의 부패를 시정해 줄 것을 요청한 백성에게 잘못을 전가하고 있다고 비판했다. 국가가 허물을 책임지지 않고 "정권을 잡은 자는 원세개의 처소로 달려가 급박함을 고하고 군대를 보내어 동학교도를 소탕해 줄 것을 청했다. 이것이 바로 중국, 일본이 충돌하는 기점이다."[4]고 했다.

1880년 부산주재 일본서기관으로 부임해 조선으로 건너와 1886년 10월 주한일본공사관 서기관으로 임명된 뒤 줄곧 조선에서 근무했던 스기무라 후카시 1등 서기관은 조선 상황에 정통한 인물이었다. 당시 외무대신 무쓰 무네미쓰도 그의 보고를 신뢰하고 있었고 『건건록』에도 동학당의 난이 위태로운 상황이 아니었다고 싣고 있다. 『근대 일선관계 연구』의 다보하시 키요시(田保橋潔)도 스기무라 후카시에 대한 일본정부의 신뢰에 대해 적고 있다.

#1. 당시 조선주차 공사 오토리 게이스케는 휴가를 얻어 귀국해 근무지에 없었다. 임시 대리공사 스기무라 후카시는 조선에서 근무한 전후 수년간 조선 국정에 통달해 있어서 정부는 당연히 그의 보고를 신뢰하고 그에 의거했다. 5월경 스기무라의 여러 보고서에 따르면 동학당의 난은 근래 조선에서 드문 사건이긴 하나 그 난민은 현재의 정부를 전복시킬 만큼 세력을 갖고 있다고 인정하기 어려웠다.[5]

스기무라 후카시(杉村濬, 1848~1906)

#2. 1894년 2월부터 1895년 10월까지 한일관계가 가장 중대하고 미묘했던 시기에 조선에서 근무한 공사관 1등서기관 스기무라 후카시가 공헌한 바가 매우 크다. 당시 일본정부는 주한공사를 자주 경질했다. 예컨대 오이시 마사미(大石正己), 오토리 게이스케 남작, 이노우에 가오루(井上馨) 백작, 미우라 고로 자작의 경우 모두 본국 정계에서 세력이 있거나 사무에 능숙한 인물들이었지만 외국주재 사신으로서는 반드시 적임자라 할 수 없었다. 특히 청한 양국과의 복잡한 관계를 충분히 인식하지 못한 감이 있다. 스기무라 1등서기관은 1879년 4월에 외무성에 들어온 뒤 거의 조선에서 근무하거나 조선관계 사무를 관장했으므로 조선의 정세에 정통하기로는 자주 교체된 공사들에 비할 바가 아니었다. 따라서 그의 의견은 종종 공사의 방침을 좌지우지했을 뿐만 아니라 본국 외무성까지 움직일 만한 힘을 갖고 있었다. 외무대신 무쓰 무네미쓰도 그의 보고를 신뢰하고 있었다.[6]

이사벨라 버드 비숍(Isabella Bird Bishop)은 『조선과 그 이웃 나라들』에서 "동학은 임금에게 충심으로 경의를 표하는 말로써 선언을 시작했고 매우 부드러운 용어로 자신의 비통함을 피력했다. 동학은 조선에서 관료들이 자신의 목적을 위해 임금의 귀와 눈을 멀게 하고, 백성에게 미치는 잘못된 모든 소식과 보고를 전달하지 않았다고 주장했다. 이것은 의심할 나위도 없는 사실이었다. 조정대신과 각 지방의 수령들은 나라의 복지에 대해 무관심했고 오로지 자신의 재산을 축적하는데 골몰했다. 그들의 탐욕을 제어할 방법이 없었다."며 동학농민전쟁의 정당성과 당시 부패한 관리들에 대해 날카롭게 비판했다. 조선 관료들은 탐욕스럽고, 왕에게 제대로 된 보고를 하지 않으며, 몰락해 가는 나라를 조금도 걱정하지 않는다고 기록하고 있다.[7]

6월10일자 『지지신포(時事新報)』의 기사는 조선정부의 부패한 관리의 모습을 극명하게 보여주고 있다. 핍박과 착취를 온몸으로 겪으며 살아야 했던 동시대 고통받는 조선 민중의 어깨가 얼마나 무거웠는지 피가 거꾸로 쏟는 분노를 일으키게 하는 대목이다.

조선의 관리, 몰수한 쌀을 내다팔다

— 부산은 쌀의 산 — 〔6.10, 지지신포〕

동학당의 난이 일어나 전라도는 인심이 흉흉해졌다. 군장현령 같은 관리는 부하의 고혈을 짜서 미곡을 산처럼 쌓아놓았다. 동학당이 습격하는 곳이면 홀연히 약탈해 가고, 다행히 도적떼의 난을 피하더라도 관군이 오게 되면 징발당했다. 적병(賊兵)의 약탈보다 정도가 심하니, 지금은 미곡을 쌓아두는 것이 아주 위험하다는 마음을 품었다. 이것을 시장에 내다팔아 돈으로 바꾸기 위해 요즘 들어 부산 시장에는 미곡이 폭주하여 쌀 가격이 매우 하락했다고 한다.[8]

2. 헛발질한 조선과 청국

전주의 지방군이 황토현 전투에서 패한 5월14일경부터 조선정부에 증원군과 청국에 군대 파병을 요청, 민영준(=민영휘)[9]은 5월16일, 18일 차병문제를 국왕에게 상주하고 대신들과 논의했으나 대다수가 반대했다. 1893년 동학의 충청도 보은집회 때도 청나라 군대를 요청해 진압을 맡기자는 의견을 상주[10]했으나 대신들의 반대로 실현되지 않았다. 일본은 조선정부의 상황을 예의주시하며 전라도를 중심으로 동학의 움직임을 면밀하게 파악하고 있었다.

1894년 5월22일 이등서기관 임시공사대리 스기무라 후카시**는 조선이 공식적으로 청국에 병력 요청을 요청하기 전에 일본이 취해야 할 대응책을 예상하며 무쓰 무네미쓰에게 보고했다. 「전라도, 충청도 양도 민란에 대한 스기무라 후카시 의견서」는 일본이 군대를 파병해 조선을 확보한 뒤 밟게 될 내정개혁 수순을 제안하는 내용이 주를 이룬다.

전라 충청도 내에 난민 봉기, 관리를 몰아내고 성읍을 물리치고, 그 기세가 창궐하여 잇따라 올라온 보고서에 따르면 난민이 점거하거나 횡행하는 시읍으로 전라도에서는 고부, 태인, 부안, 금정읍, 고고(高敞), 무장, 나주, 함평, 무안, 영광 등의 각 읍. 충청도는 회덕, 진령, 청산, 보은, 옥천, 문의 등 각 읍이다. 전라도와 충청도는 대략 3분의 1을 차지하므로 조선국에서도 실로 쉽지 않은 변란이다. 근래 다른 도에서도 지방관의 학정에 고통받으며 정부를 원망, 자칫하면 민요(民擾, 포학한 정치에 반대하여 백성이 일으킨 소요)를 일으킬 것이며, 전라도 충청도 난당(亂黨)의 세력조차도 대응하기 어려우며, 경성은 완전히 고립된 상태다. 경성에는 신식 상비병 5,000명이 있다고 하나 실제 수는 이보다 적을 것이다. 병사들은 여전히 제식훈련에 머물러 있고, 국가를 보호하고 지키고자 하는 정신 상태는 보통 사람과 별반 다를 것이 없다. 덧붙여서 이를 지휘하는 대소(大小) 대장은 대부분 문벌사람들이고 그저 인원만 갖추고 있을 뿐이다. 애써 훈련을 받아도 고작 하사로 임명될 뿐이며 그들 가운데 병사와 군대를 지휘할 만한 자가 없다. 이러한 모습이니 파견된 장위영 병정은 각 영중에서 정예병임에도 불구하고 그 땅에 이르면 도망자가 매일매일 끊이지 않고, 이로 인해 사기가 땅에 떨어져 난민의 예봉을 당해낼 수가 없다. 마지막으로 다시 새로 병력을 파병한다는 논의를 하기에 이르렀다고 추측된다. 관민 승패의 결말은 새로 보낼 병사가 도착한 뒤에 정해진다고 본다면 향후 3, 4주일 안에 대략 결정날 것이다. 만일 불행히 관군이 패배하고 민군이 승리하여 북상하게 된다면 조선정부에서 어떤 조치를 행할지

미리 오늘에 연구할 필요가 있다고 생각한다. 저의 의견으로,

제1책 정부는 민원을 받아들이고 백성의 바람에 응한다는 목적으로 순식간에 내정개혁을 행하고, 국민이 가장 큰 악으로 보는 폐해를 제거하고 난당을 회유하며 서서히 진정시키는 방법을 취하는 것.

제2책 병사를 중국에 빌려서 난당을 헤아리는 것.

제1책은 여러 대신 가운데 두세 명이 이 의견을 지지하지만 공공연하게 상신하지 않고 은밀하게 이를 말하는 것 같고, 제2책은 민영준(閔泳駿)을 주축으로 이를 주창하나 이의가 많아 아직 행해지지 않고 있다고 함. 요컨대 제1책은 지금 권세가나 민씨에게 불이익이 될 것이므로 국왕이 쉽게 영단을 내리지 못할 것으로 생각된다. 이를 행하기에는 민씨를 억누르기 어려워 이를 정부 밖에서 가져오지 않는 한 그 목적을 달성하기 어렵고, 이러한 대 사업은 조선정부의 여러 신하들의 미약한 힘으로는 성공하기 어려울 것으로 판단된다. 향후 난민의 세력이 더욱 거세지게 되면 꼭 제2책을 임시수단으로 집행할 것으로 미루어 추측된다.

청병이 만일 조선에 들어오게(공식적인 통지는 절차를 밟음) 되면 장차 조선은 형세가 변할 것으로 예측된다. 우리도 당연히 우리 관민 보호와 청일 양국의 균형을 유지하기 위해 민란이 진정되고, 청국 병력이 철수할 때까지 공사관 보호의 명분으로 구약(舊約)에 비추어 출병해야 한다. 청병이 조선에 들어와도 우리 정부는 따로 파병을 논의해 미리 결정해 두어야 한다. 긴급을 요하는 일이다.[12]

조선을 무력 침략한 일본은 그 근본원인을 청국과 조선의 양국 정부가 이 동학당의 난에 대한 내치와 외교적 루트를 잘못 찾은데 있다고 평가하며, 이로 인해 벌어진 청일전쟁의 승리로 일본을 동양의 우등국으로 세계가 인식하게 되었다고 으쓱이며 자랑하고 있다. 그러나 1894년 일본의 조선침략은 역사에서 치밀하게 왜곡, 축소되었고, 쓰러져 가는 조선의 거대한 물결에 휩쓸려 운동은 반란으로, 혁명을 이끈 우두머리는 반란의 괴수로 기록했다. 혼성여단이 무력으로 조선을 장악하고 왕궁침탈을 자행한 뒤 다시 일어난 제2차 동학혁명

전쟁은 일본의 침략에 대한 항일운동이었으나 강력한 일본군대에 의해 학살당하는 운명을 맞았으나, 그 뒤로 외세의 압력에 맞서 싸우는 독립운동의 밑거름이 되었다.

> 동학의 발단은 매우 미미했으나 그 결과는 매우 컸다. 작디작은 불티가 들판을 태우는 데까지 미치고 똑똑 떨어지는 물방울이 흘러 강물을 이루었다. **조선의 대란**과 중일대전은 이로 말미암아 시작되었다.¹³
> 청일 양국이 몇 십 년 동안 조선왕국의 독립에 관여한 의지의 충돌에 그 원인이 있다. 일본제국은 조선을 완전한 독립왕국으로 삼기를 원했고, 청국은 그 보호국이기를 원했으므로 종래 사용되어온 각종 방편은 완전히 이 의지의 충돌을 화해시킬 수 없음에 이르러 마침내 국가의 실력 대항 즉 전쟁으로 굴복시켜 그 목적을 달성하기에 이르렀다.¹⁴

메이지유신 이후 일본은 '동양의 문명국'을 표방하며 당시 서구열강에 의한 동양 침탈이라는 국제정치적인 제약 아래 국제법을 준수하고, 열강의 이권을 침해하지 않는 모습을 보이며 전쟁을 수행하기에는 쉽지 않은 상황이었다. 때마침 조선에서 일어난 혼란을 진압하기 위해 청나라에 구원 병력을 요청했다는 소식이 전해졌다. 이전부터 청국과 전쟁을 준비하고 있던 일본 참모본부는 즉각 조선으로 파병을 결정했다. 동시에 오토리 게이스케 공사를 급파했고, 인천항을 통해 육전대를 경성에 침투시켜 조선 정권을 전복시키는 토대를 마련했다. 뒤이어 인천항으로 들어온 임시혼성여단 제1선발대의 빠른 경성 진입과 점령은 조선을 공포로 몰아넣었다. 청나라와 전쟁을 시작하기도 전에 이미 조선은 일본의 무력에 제압당했다. 지금도 여전히 청일전쟁의 '선전조칙(宣戰詔勅)'이 동아시아에서 최초로 행해진 선전포고였다는 일본의 자부심 어린 이 말은 조선의 무력침략을 감추고 비열한 방법으로 약탈한 행위를 숨기고자 급급했던 '동양의 문명국' 일본의 모습이었다.

아산 성환전투(7월 29일) 뒤 8월 5일 경성에서 개선 기념식이 열렸다.

공식적으로 일본은 6월 2일 내각회의에서 의회 해산과 동시에 경성제국공사관, 거류민보호를 위해 병력을 보내기로 의결했다. 어지러웠던 일본정국에 조선의 혼란과 청국의 조선파병은 천둥번개와 같은 하늘이 준 기회였다. 절호의 돌파구가 되었다. 6월 5일 대본영 설치와 오토리 게이스케 조선공사와 함께 들어온 육전대 투입은 예고편에 불과했다. 뒤를 이은 혼성여단 선발대의 군사움직임은 철저히 비밀에 부쳐졌다. 6월 11일 인천항으로 들어온 선발대는 조선에게 공포 그 자체였다. 일본은 기선제압의 발판을 굳혔다. 이 무렵 일본의 상황에 대해 이사벨라 버드 비숍은 흔들리는 일본 내각으로 인해 사퇴나 전쟁 중 하나를 택해야만 한다고 사람들은 믿고 있다고 했다. 일본 정부가 꽤 오래도록

전쟁을 준비해오고 있었음을 다음 기록에서도 볼 수 있다.[15]

> 일본은 몇 년에 걸쳐 용의주도하게 군사작전을 펼칠 수 있도록 계획하고 있어서다. 일본은 치밀하게 조선의 지도를 작성하고, 말에게 먹일 풀과 군수품에 대해서도 조사 보고했다. 조선의 강 너비와 깊이를 측정했고, 3개월 동안 사전에 조선에서 쌀을 사들였다.

도처에서 전쟁이 터질 것이라는 소문이 나돌았고 비숍을 포함해 1894년 당시 조선을 여행 중이던 오스트리아의 작가 에른스트 폰 헤세 바르텍(Ernst von Hesse-Wartegg, 1854~1918)도 일본이 수년 전부터 무장을 강화해 왔다고 그의 여행기(『조선, 1894년 여름』)에서 밝히고 있다.

2장

김옥균과 박영효

1
김옥균의 죽음, 철저히 활용하다

2
박영효의 두 얼굴

1. 김옥균의 죽음, 철저히 활용하다

1884년 갑신정변이 실패로 끝나고 일본으로 망명한 김옥균(金玉均, 1851~1894)은 10년을 일본에서 떠돌았다. 일본정부는 갑신정변을 이용해 청국의 세력을 조선 안에서 몰아내려 했으나 실패하고 오히려 일본 세력이 약화되면서 청과 조선에 강한 불만을 갖게 되었다.

김옥균은 망명기간 동안 일본의 본성을 명백히 간파하고 독자적인 정치활동에 착수했다. 일본정부는 김옥균의 정치활동에 위협을 느껴 제거계획을 세웠으나 여론의 반대에 부딪혀 박해하기 시작했다. 1885년 당시 일본영토로 결정된 지 10년 밖에 안 되는 황량하고 뜨거운 열대의 외딴 섬 오가사하라제도(小笠原諸島)에 김옥균을 억류했다. 일본의 방해로 생활비가 없을 정도의 고통을 당했다. 김옥균은 참을 수 없는 모욕과 격분을 느끼며 억류의 부당성을 지속적으로 항의했다. 일본 정부는 도시 가까이에 두고 감시하는 것이 유리하다고 판단, 1888년 5월 홋카이도로 옮기기로 결정했다. 조선에 대한 침략을 적극적으로 추진하기 위해 김옥균을 이용하려는 목적이 있었으므로, 1889년 2월 일본 내각회의에서 약간의 자유를 허락했다. 1890년 11월 홋카이도에서 도쿄로 돌아온 뒤에도 김옥균은 일본정부의 압력과 감시가 심해졌고 경제적으로 형편이 어려워졌다.

김옥균은 10년의 뼈저린 망명생활에서 일본이 조선침략에 대한 노골적인 야심을 갖고 있다고 판단해 적극적으로 국면 타개 방안을 강구하고 있었다. "일본 침략자들에 대해 그 어떠한 기대도 가질 필요가 없고 조선사람 자체의 힘으로 모든 것을 꾸려가야 한다."고 마음먹고 일본에 더 이상 머물지 않고 떠나기로 결심했다. 망명초기부터 중국과 관계를 맺어 오고 있던 김옥균은 이홍장의 아들 주일공사 이경방(李經芳)의 뒤를 이어 부임한 신임 왕봉조(汪鳳藻), 공사관 관원 유경분(劉慶汾)과 교류하고 있었다. 이경방의 명의로 김옥균을 초청, 청으로 가서 이홍장을 만나 새롭게 대외정책을 강구하고자 생각하고 있었다.

한때 자유민권운동자로 등장했던 겐요사(玄洋社)의 도야마 미츠루(頭山滿)는

1889년을 전후하여 진보적인 요소를 포기, 관민협조 사상을 전면에 내세우기 시작했다. 1892년 이후 정한론을 열렬히 지지하며 일본의 부강과 영토 확장을 위해 활약하는 단체로 변모했다.

1894년 조선 각지에서 농민봉기가 이어지고 있었고 그 규모가 점차 확대되고 있을 때였다. 도야마는 대놓고 김옥균에게 농민봉기를 이용해 조선 국내에서 활동하고 있는 첩보원들과 합세해 재기하라고 제의했다. 김옥균은 도야마에게 중국으로 가는 여비를 부탁했다. 돈을 변통해 주기로 약속했던 도야마는 오사카에서 만나기로 한 날 홍종우(洪鍾宇, 1850~1913), 이일식(李逸植)과 함께 나와 김옥균을 맞이했으나 사정이 있어 여비를 마련하지 못했다며 외면했다. 김옥균이 여비 마련을 위해 며칠 오사카에 남아 방법을 고심하고 있을 때 이일식이 상하이에 예금한 영업자금을 빌려주겠다고 제의, 홍종우와 함께 가서 찾으라며 동행을 권했다. 여비문제가 해결된 것으로 생각한 김옥균은 1894년 3월 23일 고베항에서 상하이로 떠났다.[1]

일본 외무성은 김옥균이 상하이로 간다는 것을 알고 3월 24일 무쓰 외무대신이 상하이 주재 총영사대리 오코시 나리노리(大越成德)에게 전보로 "김옥균 상하이로 출발한 데 대해 그 목적을 조사하라."[2]는 훈령을 보내 상하이 도착 뒤 동정을 감시하라고 지시했다. 3월 27일자 『지지신포(時事新報)』는 "김옥균 상하이행—이경방의 초청을 받아 김옥균씨는 지난 23일 고베에서 출발하는 배편으로 상하이로 떠났다.……이번 여행은 대략 1개월 정도 예상하고 출발했다고 한다."[3]는 기사를 싣고 있다.

출발 당일 배웅한 일본인이 단 한 명일 정도로 괄시를 받으며 일본을 떠난 김옥균은 3월 28일 상하이 여관에서 홍종우에게 살해당했다는 소식이 당일 도쿄로 전해졌다.

김옥균을 박해하고 냉대하며 감시했던 일본인들은 그가 자주독립을 위해 힘쓰며 희생한 공적만 동정했다. 오이 겐타로(大井憲太郎), 이노우에 카쿠고로(井上角五郎)[4], 오카모토 류노스케를 중심으로 한 일본 내의 친구들이 '김씨우인

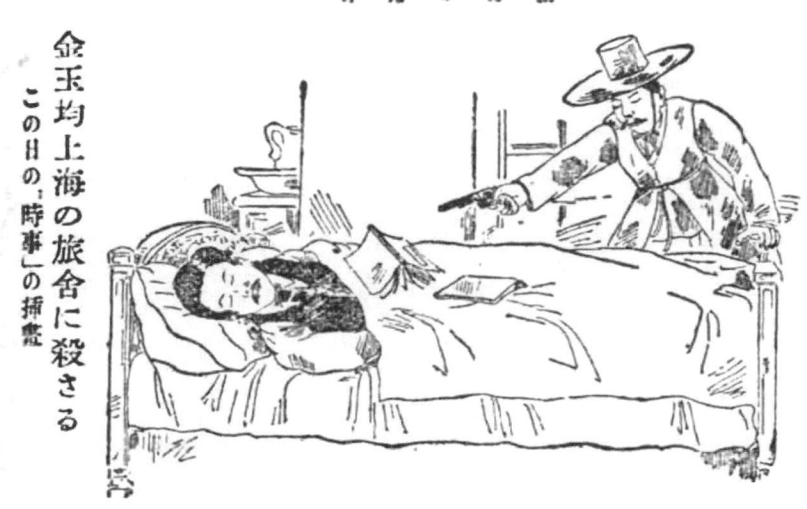

김옥균이 상하이 여관에서 동행자 홍종우에게 저격당해 즉사했다는 기사(『지지신포』 1894년 3월 30일자)

회'를 만들어 시신을 인도해 장례를 치르려 했다. 그러나 청국에 시체를 압수당하고 조선에서 출장온 관원에게 인도되어 조선으로 보내졌다. 『경성부사』는 이에 대해 이렇게 전하고 있다.

> 김옥균의 수행원 와다 엔지로(和田延次郎, 여관 숙박장에 본명을 쓰지 않고 기타하라 엔지(北原延次)라 기록)가 홀로 귀국하자 김씨우인회(金氏友人會)는 그에게 김옥균이 청으로 건너간 사정과 그의 최후, 시체 압수에 대해 상세히 물어 파악할 수 있었다. 이에 김옥균에 대한 동정은 점차 청나라 관헌의 횡포와 조선국왕, 척족의 잔학함을 통분하는 목소리로 변해 갔다. 김씨우인회는 상하이 공동조계 공부국 경찰부에 압수당해 강소해관도(江蘇海關道)로 인도된 김옥균 사체의 반환청구를 급선무로 보고 회원 중에 외무대신 무쓰 무네미쓰와 특수한 관계인 오카모토 류노스케를 통해 외무당국과 교섭한 뒤 대표자로 오카모토, 사이토 신이치로(齋藤新一郎)를 상하이로 파견했다.[5]

조선공사 오토리 게이스케가 외무대신 무쓰 무네미쓰에게 보낸 4월10일자 보고에 따르면 지난 갑신정변으로 비명횡사한 모든 대신의 유족들이 분노하며 조선의 외무협판을 면회하여 김옥균의 시체 처분방법에 대해 "김씨 같은 국사범의 시체에 가혹한 조치를 하게 되면 조선의 명예를 훼손하고 아울러 일본의 감정을 해친다."는 반대의견을 냈다. 그러나 "외무관과 법관은 그 관할이 달라 관섭할 일이 못 되며, 특히 조선에서는 5백년 이래 구법을 적용하고 있으므로 지금 갑자기 이것을 변경할 수 없다."고 보고했다.[6]

4월15일자로 고무라 임시대리공사가 무쓰 외무대신에게 「김옥균 사건과 영국공사와의 대화 내용에 관한 보고」를 보냈다. "조선정부에서 김옥균의 시체를 지해(支解)했는지의 풍문과 아울러 특히 그러한 일이 있게 되면 문명세계에도 조선의 체면이 서지 않는다. 나아가 외국과의 교제에도 적지 않게 영향이 미치므로 실행에 옮기지 않도록 조선 정부에 충고할 것을 원세개에게 전훈하는 것이 어떠냐고 말씀드렸더니 아문대신이 승낙하며 주의하겠다고 보고하고 향후 어떻게든 노력하겠다."[7]

4월16일 임시대리공사 고무라 쥬타로가 외무대신 무쓰 무네미쓰에게 "앞으로 어떤 중대사건이 야기될지 알 수 없으므로 조선정부에 시체지해(屍體支解)를 감행하지 않도록 제의해주기 바란다."제안했다. 이때 함께 첨부한 내용으로 4월13일자 외무대신이 고무라 임시대리공사에게 "청국 상하이 주재 오코시 나리노리 총영사대리는 상하이 영사에게 홍종우를 처벌하라고 총리아문에 요청하기로 결의했다. 인도적 측면과 대외적인 차원에서 김옥균의 신체를 절단하거나 어떤 비인간적인 행위를 하지 않도록 조선 외무대신과 협력해 다시 조선 정부에 권고할 것을 조선주재 오토리 공사에게 훈령했다."는 사본이 함께 첨부되어 있다.

김옥균의 사후 청나라와의 시신 인도, 조선 정부에서 대역죄로 그의 시신을 능지처참하는 건이 외교문제로 크게 부각되었다. 김옥균의 시체가 4월13일 양화진으로 이송되어 4월19일 머리와 사지를 잘라내어 매달아 놓았다는 보고가 전해졌다.

　당시 일본 국내 신문은 김옥균의 상하이 출발(3월27일자 『지지신포』), 상하이에서 암살된 상황(3월30일자 『지지신포』)[8], 인천에서 양화진에 도착한 유해를 절단해 팔도로 보냈다는 기사를 쏟아냈다. 김옥균 암살사건의 배후에 청국이 사주했을 가능성을 시사하며 노골적으로 청국에 적대적 감정을 드러내고, 임오군란과 갑신정변이 있은 뒤로 일본국민들이 품고 있던 중국에 대한 분노를 터뜨리며 한 번은 청과 전쟁을 치러야 한다는 험악한 분위기가 형성되고 있었다.

　4월21일자 『지지신포』에 「김옥균 사건 연설회」에 대한 기사가 실려 있다.

"고 김옥균 씨의 우인들은 이번 사건에 대해 금일 오후 1시부터 간다니시키쵸(神田錦町)의 킨키칸(錦輝館, 1891년 10월9일 개업, 1918년 8월19일 소실. 당시 일본의 다목적회장)에서 연설회를 개최한다. 제목, 출석변사의 성명은 다음과 같다. '메이지정부의 외교정책, 시가 시게타카(志賀重昻)', '조선에 대한 처치, 스즈키 미쓰요시(鈴木充美)', '천하의 대사, 조쇼 오보조(常生於細)', '현 내각의 대한정책, 오이 겐타로(大井憲太郎)', '김옥균씨 사변에 대하여, 이타쿠라 나카바(板倉中)'에서 이토백작의 외교정책을 논함. 아울러 '한인 암살사건에 이르다, 고쿠보 키시치(小久保喜七)'" 등 이하 9명의 연설자가 김옥균 사건을 성토했다.

　4월24일자 『지지신포』에 「김옥균 처형-그 참담한 광경」[9]이란 제목으로 당시 김옥균을 능지처참한 상황을 다루고 있다. 5월6일자 『국민신문(國民新聞)』[10]에 「김옥균 수급-도쿄에 있다」는 사라진 김옥균의 수급에 대한 기사가 실려 있다.

　　김옥균 처형-그 참담한 광경
　　그림은 별항 조선통신에서 본 것처럼 경성 본사 통신원이 일부러 현장에 출동해 실제로 목격한 그대로를 모사해 보냈다. 그림 'い'는 시체를 담는 관, 'ろ'는 관 뚜껑이

김옥균 처형 관련 만평기사(1894년 4월24일자 『지지신포』)

다. 관의 길이 대략 7자(1자(尺)는 30.3센티미터, 2미터 10센티미터), 두께 2자(尺) 가량이다. 'は'는 처형 선고문을 기록한 나무로 만든 패찰로 "모반대역부도 죄인 옥균 당일 양화진두에서 때를 기다리지 않고 능지처참(謀反大逆不道罪人玉均 當日楊花津頭不待時凌遲處斬)"이라 적혀 있었다.

'に'는 돗자리, 'ほ'는 솜을 넣은 모시옷으로 김씨의 잠옷일 것이다. 머리, 사지(四肢)를 잘라냈다. 시체의 'イ'는 모두 몸통의 등쪽, 사지를 절단한 조각, 'ロ'는 절단하기 쉽게 깔아놓은 나무판자가 그대로 놓여 있는 것, 'ハ'는 상하이에서 홍종우의 총에 저격당했을 때의 흔적이다. 본사 통신원 출장 당시는 특별히 파수꾼을 붙이지 않고 그곳 사람이 명을 받고 지키고 있는 몇 사람의 모습도 보였다고 한다.

김옥균 수급(首級)—도쿄에 있다〔1894년 5월6일, 국민신문〕

고 김옥균씨의 수급을 조선에서 효수 중 분실했다는 풍문은 지난 신문에 실렸다. 요즈음의 풍문에 의하면 김옥균의 수급은 지금 도쿄부 시모시바구(東京府下芝区) 가이(甲

> これは珍報
>
> ## 金玉均の首級 東京に在り矣
>
> [五・六、國民] 故金玉均氏の首級 朝鮮に於いて梟首中紛失したりとの風說は過日の紙上に揭げしが、昨今更らに風說する處によれば、同氏の首級は目下東京府下芝區甲斐某氏の宅にありと云ふ。今其首級が甲斐某の許に如何にしてもたらしやといふに、朝鮮國某所に梟首中之れを竊取し、縱一尺幅八九寸位の箱中に入れ長崎に送荷し、長崎より神戶に着し、同所より汽車にて新橋停車場に着するや、同停車場勤務の種村某なる者直ちに之れを甲斐某に引渡し、甲斐は之れを受取り自宅に持ち歸へり、目下懇ろに供養をなし居れりといふ、事實果して眞なる乎。

「김옥균의 수급-도쿄에 있다」는 1894년 5월6일자 『국민신문』 기사

斐) 모씨의 댁에 있다고 한다. 그 수급이 가이 모씨에게 어떻게 들어가게 되었는가 하면, 조선 모처에서 효수 중이던 것을 훔쳐 가로 1자 너비 8, 9치 반 정도의 상자에 담아 나가사키로 보냈다. 나가사키에서 고베로 다시 보내 고베에서 기차로 신바시(新橋) 역에 도착하자마자 그 역에 근무하는 다네무라(種村) 모씨가 받아 가이 모씨에게 인도했다. 가이는 이것을 수취해 자택으로 가져갔다. 지금 정중하게 공양을 올리고 있다고 한다. 과연 사실인가.[11]

『한국통사』에서 박은식은 "일본인들은 김옥균의 유해를 일본으로 가지고 가려 했다. 중국 경찰이 그것을 빼앗아 군함에 싣고 조선에 보내니 조선조정은 대역죄로 육시(戮屍)하라 명을 내렸다. 양화진에서 효시한지 며칠 뒤 사지를 잘라 조선팔도에 돌렸다. 일본 민간인들은 몹시 한스럽게 생각했고 무력으로 씻어 보려 했으나 이 또한 국제 결렬의 한 원인이 되었다."[12]고 전하고 있다.

『근대일선관계의 연구』에서 다보하시 키요시는 김옥균의 암살사건이 일본과 조선에서 다른 의미에서 정치상의 중대한 문제로 떠오르며 외교문제로 확산되었다고 기록하고 있다.[13]

다니 히사오(谷壽夫)¹⁴가 청일전쟁 당시의 일본정부와 참모본부의 개전준비 실제 상황에 대해 서술하고 1924년 일본 육군대학교 제3학년 전공과목으로 강의한 『일청전사강의적요록』제1권에는 "조선망명 지사 김옥균에게 자객 홍종우가 쏜 한 발의 총알은 청일전쟁을 야기하는 직접 동기의 하나로 볼 수 있다."고 기록되어 있다. 이는 당시 일본정부가 김옥균의 죽음을 어떻게 보고 있었는지 살필 수 있는 자료다. 김옥균의 죽음과 동학농민운동을 일본정부, 참모본부, 민간인이 이면에서 어떻게 활용할지 다각도로 움직였던 상황을 말해준다. 왜 일본이 김옥균의 죽음을 일본의 조선 무력침략의 첫 발단이라 했는지 알 수 있다.

『일청전사강의적요록』에서 다니 히사오는 이렇게 쓰고 있다.¹⁵

#1. 김옥균이 조선에서 일본당의 영수라 그의 진퇴 안위는 조선에서의 일본 세력과 서로 관련이 있다. 일본이 만일 세력을 부식시키기를 원한다면 어떠한 어려움을 무릅쓰고라도 그를 비호해야 했다. 그러나 정부는 그렇게 하지 않았고 눈앞의 분규를 피하기에 급급했다. 애초 그를 보호했던 태도를 뒤집어 가련한 망명지사를 바다 한 가운데의 섬에서 세월을 보내며 신음하게 했다.

#2. 김이 암살당했다는 흉보가 일본에 전해지자 옛 친구들이 깜짝 놀랐다. 김씨우인회는 바로 고준샤(交詢社)를 만들고 회원 오카모토 류노스케, 사이토 신이치로(斎藤新一郞) 두 사람이 급히 시체 인도를 위해 상하이로 갔으나 이미 늦었다. 그는 청국 함대 위원함(威遠艦)에 실린 뒤였다. 이에 두 사람은 상하이 주재 총영사 오코시 나리노리(大越成德)와 기타 각국 외교단과 상의했다. 시체에 참형을 가하지 말라는 희망을 결의하고 이를 청과 조선 양국 정부에 요청했으나 아무런 효과를 거두지 못했다. 일본 민간의 유지(有志)들은 크게 화를 내며 "청국을 쳐서 응징하자."고 떠들어댔다. 이것이 실로 10여 년의 세월 동안 우리(일본)의 대조선 정책이 청국에 의해 유린당한 유력한 한 가지 사례로 간주하지 않을 수 없다.

#3. 당시 일본은 제6의회가 개회중이라 민간의 유지 겐요샤(玄洋社)의 마토노 한스케(的野半介, 1858~1917), 스즈키 텐간(鈴木天眼, 1867~1926)[16], 츠쿠다 노부오(佃信夫, 18??~18??), 다나카 쇼조(田中正造, 1841~1913) 등이 청국을 응징해야 한다며 강경론을 토로하며 수상 이토 히로부미에게 '관병식대장(觀兵式大將)'이라는 별명을 붙이고 각료의 반성을 촉구했다. 때마침 김의 장례식을 마치자마자 각료 가운데 맹장인 무쓰 무네미쓰 외무경을 방문하여 김을 위해 애도전쟁을 권유했으나 "시기가 아니다."고 일언지하에 거절하며 상대도 하지 않으려 했다. 이들 장사패들이 의지할 인물은 참모차장 가와카미 소로쿠 밖에 없다고 여겼다.

#4. 가와카미 중장의 흉중에 숨겨놓은 동방경략의 규모는 매우 웅대하다는 평판이 민간에 알 만한 사람은 모두 알고 있었다. 지사 아라오 세이(荒尾精, 1859~1896)가 상하이에 세운 일청무역연구소 역시 장군의 자택을 담보로 경비를 조달했다는 미담은 민간인이나 지사 모두가 경의를 표하는 바였다. 마토노를 비롯한 지사 몇몇은 외무경의 저택에서 나오자마자 바로 가와카미 저택의 현관에 도착해 중장에게 의견을 개진했다. 중장은 단지 "나의 속마음은 정해져 있다."며 한마디 했다. 방문자들은 재촉하며 "아무쪼록 당당히 주전론을 표면에 내세워 정부 당국을 편달해 달라."고 힐문하자 중장이 천천히 입을 열었다. "나는 군인이다. 정치에 참견할 수 없다. 겐요샤에 속하는 여러분이 이처럼 위급한 때에 국가를 위해 생명을 내놓을 자가 없는 것은 아닌가." 하자 방문자 가운데 한 사람이 "겐요샤 요원 모두 생명을 내놓을 각오가 되어 있다."고 했다. 중장이 다시 "미리 손을 써서 주동자로서 불을 붙이는 역할을 하지 않겠는가. 불을 지르면 화재를 진압하는 일은 우리가 하겠다." 이 마지막 한 마디를 마음속 깊이 새기며 과연 가와카미 장군이라 하며 의기양양하게 돌아왔다. 이를 도야마 미쓰루(頭山滿, 1855~1944)[17], 히라오카 코타로(平岡浩太郎) 지사에게 전하고 그 자리에서 '덴유쿄(天佑俠)'[18]의 비단깃발[錦旗][19]을 흔들었다.

#5. 6월 중순 이미 공주 이남의 남쪽은 동학당의 손에 넘어갔다. 사람들은 "동학당의

조선 땅에서 불을 지를 불쏘시개 역할을 했다고 일본이 일컫는 김옥균의 죽음에 얽힌 비화를 다뤘다.

배후에는 일본인이 있다."고 했다. 이것은 통속적인 하나의 일화에 불과하지만 청일 전쟁의 이면사를 연구할 때 간과해서는 안 되는 사실이다. 당시 지사들의 맹렬한 기세와 이 일에 관련된 가와카미 장군의 남모를 신묘한 계책이 있었음을 엿볼 수 있다. 동시에 김옥균의 죽음이 마침내 개전의 직접 원인이 되어 우리가 제국으로서 국위

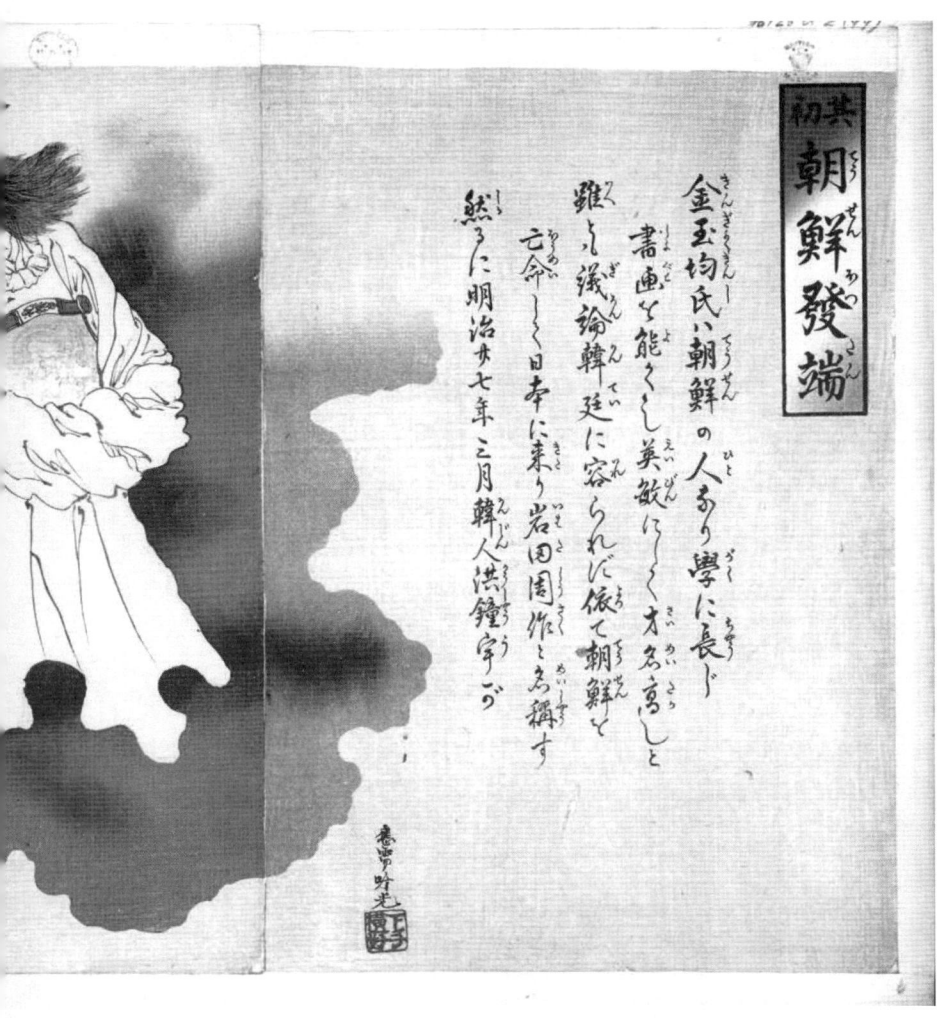

를 떨치고 한 걸음 더 나아가 동방 아시아의 맹주가 될 기회를 만드는 기초가 된 점에서 유의미한 일이라 하겠다.

유자키 구마키치(鵜崎熊吉)는 『당세책사전』과 『시대세력의 비판』에서 김옥균의 머리카락을 도쿄 아오야마(靑山) 묘지에 매장하고 돌아가는 길에 당시 참모차장 가와카미 소로쿠를 찾아가 중국의 무례함과 조선의 독립을 위해 출병을 호소했다는 이야기를 전하고 있다. 김옥균의 죽음이 몰고 온 파장은 외교적인 분쟁을 낳았고, 일본 국내에서는 조선과 청국에 대한 불만과 감정 악화가 더욱 확산되었다. 일본정부도 김옥균의 죽음을 활용해 조선에서 일을 낼 수 있는 기회를 엿보고 있었다.

#1. 청일전쟁은 가와카미 소로쿠가 동아시아를 다스리는 커다란 계책으로 미리 뇌리 속으로 계획하고 있던 각본이다. 일찍부터 중국 특히 만주에 주목했고 다각도로 연구를 게을리 하지 않았다. 무쓰 무네미쓰와 더불어 향후 중국과 한판 맞붙기 전에 전쟁 수단으로 또다시 무례한 행동을 하지 못하도록 강력하게 눌러둘 필요가 있다고 판단했다. 1893년 중국과 조선을 여행하며 5개월에 걸쳐 병비지세(兵備地勢)를 시찰한 것은 이 방책을 실행하는 준비에 지나지 않았다. 점점 조선의 형세가 심상치 않게 되자 가와카미와 무쓰는 외무대신 관저에서 만나 주위를 물리고 은밀하게 계획했다. 그러나 이토 히로부미에게 말하면 책략을 행할 수 없게 되므로 확실히 일을 일으킬 때까지 비밀에 부쳤다. 무쓰 외무대신은 한편으로 오토리 게이스케 공사에게 어떠한 때라도 청국과 전쟁을 시작할 구실만 있으면 시행하라는 비밀훈령을 내렸다. 가와카미 참모차장은 조선에 있는 낭인과 몰래 연락을 취하여 개전(開戰)의 기회를 만드는 책략을 짜내게 했다.[20]

#2. 조선의 지사 김옥균이 상하이에서 암살되자마자 일본의 동지는 놀라기도 하고 화나기도 해서 김의 유해를 일본으로 가져와 장례를 치를 계획이었다. 중국 관헌은 김옥균의 유해를 자국의 군함에 실어 조선으로 보냈고, 조선정부는 김의 목을 효수했다. 도야마(頭山) 문하의 지사들은 김의 비명횡사에 연민을 느껴 도쿄에서 장례식을 치르고 돌아가는 길에 가와카미를 방문하여 중국의 무례를 호소하며 조선 독립 제국의 위신을 위해 죄를 묻기 위한 출병이 급선무라 하자, 가와카미는 일일이 동의하며 말하기를 "이토 히로부미가 저대로라면 도저히 각료회의에서 전쟁을 결정할 수 없다. 그러나 불쏘시개로 불을 붙이기만 하면 불끄는 일은 그리 어려운 일이 아니

다. 은밀히 개전의 기회를 만들라."고 종용, 그들도 가와카미의 뜻이 어디에 있는지를 예측하며 위대한 일이라 인식했다. 뜻이 있는 곳에 길이 있다고 보고 움직이기로 했다. 그들과 가와카미의 회견 뒤 얼마 안 되어 조선에 동학당의 난이 일어났다. 즉 도야마 문하의 호걸들은 바로 덴유쿄(天佑俠)의 이름으로 서로 연락하며 남한(南韓)에서 동요를 일으켰다. 이 운동이야말로 일전에 가와카미가 말한 불쏘시개 역할이며 청일전쟁의 도화선이 되었다. 가와카미의 뜻은 늘 대륙에 있었다.[21]

『거인 도야마 미쓰루 옹(巨人頭山滿翁)』에도 비슷한 이야기가 실려 있다. 반복되는 부분도 있으나 이 당시 일본인이 품고 있던 생각을 살필 수 있다. 김옥균의 장례식을 마친 다음날 마토노 한스케(的野半介)는 무쓰 외무대신을 찾아가 청국과의 전쟁을 제안했으나 "아직은 시기가 아니다."는 답을 듣고 가와카미 소로쿠 장군을 소개해 달라고 청해 한 통의 소개장을 들고 찾아가 나눈 이야기다. 일본은 김옥균의 죽음을 '청일전쟁의 동기'로 활용하며 조선 땅에서 불을 지를 불쏘시개 역할을 했다고 일컫고 있다.

마토노 한스케(的野半介)는 외무대신의 집을 나와 바로 가와카미 장군 댁을 방문하니 마침 퇴청하고 돌아와 있었으므로 면회할 기회를 얻었다. 먼저 찾아온 뜻을 알리고, "각하는 작년부터 올봄에 걸쳐 시베리아와 북경 등을 돌아보고 오셨으니 각하의 안중에 청국은 쉽게 도모할 수 있음을 충분히 알고 계시리라 생각한다. 대체로 제국은 지난 1882년과 1884년 이후 조선에서 청국으로 인해 모욕을 당한 것이 한두 번에 그치지 않았다. 하물며 이번 김옥균에 대한 청국정부의 잔인한 행태는 외로운 망명자에 대한 태도가 아니다. 조선 잠식의 야망을 달성하기 위해 일본에 도전한 것으로 볼 수 있지 않겠는가. 제국은 이번 기회에 죄를 묻기 위해 출병하여 청국을 단호하게 조치해야 한다. 우리는 이런 희망을 품고 찾아왔다."고 하자 장군도 뜻밖에 무쓰 외무대신의 소개로 왔으므로 매우 허심탄회한 태도로 한참을 말하다가, "내 의견은 먼저 말한 바와 같으나, 이토 총리대신이 비전론(非戰論)의 중심인물이니 무슨 일이 있어도 전쟁은 생각하지 않는다."고 했다. 다시 말을 바꾸어 "무쓰의 소개장에 따르면 그대는 겐요샤(玄洋社)의 한 사람인데, 원래 그곳은 원정(遠征)을 내세우는 자가 많다고 들었다. 지금의 시국을 빠르게 진전시키기 위해 누군가 불을 지를 사람은 없는가. 어떻게든 불만 붙이면 '불 끄는 일'은 우리의 임무니 기꺼이 그 일을 행할 수 있으나, 정부의 실권이 비전론자의 손에 있는 동안은 전쟁이 쉽사리 일어나지 않을 것이다."고 의미심장한 말을 했다.[22]

김옥균의 죽음이 마침내 개전의 직접 원인이 되었다는 것은 무슨 뜻일까. 1894년 10월 출간된 가나자와 이와오(金沢巌雄)의 『일청교전실전기』의 다음 내용으로도 알 수 있듯이, 그들이 일으킨 무력침략의 원인을 조선의 탓으로 돌리며 핑계를 대고 있다. 김옥균의 죽음과 동학농민전쟁이 민씨 척족으로 인해 발생했다는 이 책의 평가는 타당하지 않다.

청일 개전은 양국이 병사를 조선 땅에 보낸 것에 토대를 둔다. 양국의 출병은 그 땅에서 일어난 동학당의 내란에 의한 것이다. 그러나 동학당의 내란은 실제로 김옥균이 상하이에서 살해당하고 그 시체를 잘라 조선팔도에 보낸 그 찰나에 일어났다. 김옥균과 동학당은 직접적으로 서로 관련되어 있지는 않지만 김옥균은 민씨의 지휘에 의해 살해당했다. 동학당은 민씨의 전횡으로 말미암아 일어났다. 그 간극에 우연이라는 인연이 없다고 할 수 있겠는가. 이 괴이한 사태는 조선정부 혁신의 전제가 되었다고 볼 수 있다.[23]

다케코시 요사부로(竹越與三郎, 1865~1950)[24]는 『세 갈래 소품(三叉小品)』에서 김옥균이 암살당했다는 소식을 들은 후쿠자와 유키치가 박영효의 활용에 대해 언급했다. 죽은 김옥균을 대신해 박영효를 움직이게 하려면 미국에 있는 그를 돌아오게 해야 한다며, 당시 미국에서 박영효를 후원하고 있던 모리무라구미(森村組)[25]의 미국지사에 가서 전보를 보내게 했다는 일화가 소개되어 있다.

모리무라구미의 미국지점에 가서 박영효가 돌아올 방법을 강구하라고 전하라 했다. 급히 지점에 가서 전보를 보내는데 비용이 오십 몇 원이 들었다. 수중에 돈이 없어 '후쿠자와 유키치 대리, 일금 오십 몇 원'이라는 차용증서를 써주었다. 후쿠자와 선생은 김옥균이 죽자 박영효를 불러들이려 했다. 그는 아침부터 저녁까지 오직 조선의 일에 몰두하고 있었다. 자유독립을 크게 선전하며 인민을 교육하고, 한걸음 더 나아가 일본의 국권확장에 힘썼다. 논의만으로 그친 것이 아니라 지금처럼 어떻게든 조선을 포섭해야 한다는 것이 선생의 생각이었다.[26]

말은 뱉는 자의 내면에 자리한 가치관을 담고 있다. 후쿠자와 유키치의 수많은 이야기 중 한 가지 일화에 불과한 이 내용이 합리적 근거 없는 의심이고, 지나친 비약일까. 일본은 김옥균과 박영효를 철저히 이용했다.

2. 박영효의 두 얼굴

황현의 『매천야록』에는 박영효(朴泳孝, 1861~1939)가 언제 10년의 망명생활을 끝내고 언제 들어왔는가에 대해 의문을 갖게 하는 구절이 있다.

7월26일(음.6.24) 귀양 보냈던 여러 사람에게 사면이 이루어졌다. 신기선(申箕善), 이도재(李道宰), 안종수(安宗洙) 등과 권봉희(權鳳熙), 안효제(安孝濟), 조희일(趙熙一), 여규형(呂圭亨)을 모두 석방했다. 오직 홍진유(洪晉游)는 이미 죽었다. 권봉희와 안효제는 함께 홍문관 교리로 제수되었다. **그때 박영효는 일본공사 오토리 게이스케를 따라왔다고 전한다.** 이현(泥峴, 진고개) 일본 공관에 잠복해 오토리 게이스케가 조치를 취하고 박영효가 부추겨 못된 짓을 많이 했다고 한다.[27]

『거인 도야마 미쓰루 옹』에는 겐요샤(玄洋社)가 동학농민군에 섞여 들어가 전쟁을 일으키려 획책하는 사이 혼성여단이 조선에 들어와 개전의 실마리를 열었다. 이를 기뻐하며 인천에 와 있는 혼성여단 연대장 다케다 히데노부(武田

1894년 박영효가 망명생활을 접고 조선으로 귀국해 환대받고 있다.

秀山)를 만나 공로를 위로받았다고 기록하고 있다. 만일 개전이 늦어질 경우 후방부대 파병과 대원군 옹립 계획을 세우고 있었는데, 함께 도모한 인물 가운데 박영효의 이름이 나온다.

#1. 오하라 스즈키(大原鈴木), 우치다(內田) 등이 인천까지 왔을 때 혼성여단의 연대장

다케다 히데노부, 츠쿠다 노부오(佃信夫), 니시무라 텐슈(西村天囚) 등은 그들을 위해 여러 가지를 알선해 주었다. 특히 다케다 연대장은 야마치도쿠간(山地獨眼) 장군에 이어 도사번(土佐藩) 남아의 진정한 골수를 갖추고 있는 인물이었다. 그가 "그대들 덕분에 전쟁이 시작되었네."라며 덴유쿄의 공로를 위로해 주었다. 때마침 규슈일보 특파원 미야카와 고로(宮川五朗)가 도야마(頭山) 옹이 맡긴 군자금을 갖고 도착했다. 마치 눈먼 거북이가 바다를 떠돌다 나무를 만난 것처럼 기뻤다. 도야마 옹과 히라오카(平岡)는

개전이 늦어질 경우 다시 후방부대를 파견할 예정으로 아라오 세이, 다카하시 겐조, 구가 가츠난(陸實, 陸羯南, 1857~1907), 후루쇼 카몬(古莊嘉門, 1840~1915), 다나카 켄도(田中賢道, 1855~1901), 시바 시로(柴四良), 구니토모 시게아키(国友重章, 1861~1909), 후쿠모토 니치난(福本日南, 1857~1921), 스나가 하지메(須永元, 1868~1942), 박영효, 오카모토 류노스케 등과 도모하여 겐요샤의 2백여 명으로 한 대대를 조직하고 아라오 세이를 총대장으로 대원군을 옹립하는 일까지 확실하게 계획을 세워두고 있었다. 드디어 개전이 되어 그럴 필요가 없어졌다.[28]

#2. 일본은 박영효를 이용하기 위해 주한공사 오토리 게이스케로 하여금 그의 귀국을 알선하게 했다. 그리하여 그는 동지 2명, 일본인 2명과 함께 조국을 등진 지 꼭 10년 만인 1894년 8월6일 귀국하여 정세를 관망하기에 이르렀다.[29]

박영효가 이때 함께 들어왔다면 이 날 이후 일본의 조선 침략에 어떤 조력자 역할을 했는지 면밀하게 살펴 비교, 검토하는 일은 향후의 과제다. 『메이지 이십칠팔년 재한고심록』에는 「박영효 이하의 귀국」[30]을 이렇게 기록하고 있다.

#1. 김옥균은 1894년 3월 중 상하이에서 자객에게 살해당했으므로, 일본에 머무는 자 가운데 박영효는 첫째가는 자리의 인물이다. 그런데 1894년 7월23일 사변은 박씨 등을 적대시 한 민씨 정부를 무너뜨리고 여러 민씨를 비롯한 그 당파의 잔여세력을 위축시킴으로써 박씨 등의 귀국 시기는 자연스럽게 도래했다. 이에 따라 **일본은 조선정부에 박씨 등의 지난 죄를 사면하고 귀국을 허락할 것을 여러 차례 요구**했다.

#2. 일본 내의 민심은 간절히 박씨 등의 귀국을 촉구했고, 박씨 등도 역시 속히 귀국하기를 희망함에 따라 공사관의 회답을 기다리지 않고 이미 일본을 출발해 부산으로 건너왔다. 육로를 따라 8월23일 경성에 도착했다. 이에 따라 먼저 조선 관리는 박씨의 귀국 소식을 듣고 빨리 그를 접견하기를 원하는 자가 많았다. 김가진(金嘉鎭)[31]은

그날 밤 몰래 만났고, 김윤식 기타 두세 명은 이튿날 그를 은밀히 방문했다. 박씨와 대원군과의 사이에는 일본 체류 중 밀서 왕복이 있었던 까닭에 대원군은 이를 끌어들여 자기 사람으로 만들려 했다.

#3. 조선의 법에 신하가 죄가 있을 때는 성 밖에 물러나 명을 기다리는 것이 통례다. 3~4일 지나 박씨 등의 사면명령이 내려졌으나, 8월28일 박씨는 느닷없이 공덕리를 떠나 인천에 있다는 보고가 들어왔다. 나중에 들으니 이준용은 억지로 박씨를 자기 편으로 끌어들이려 협박했기에 그것에 화가 나 떠났다고 한다. 대원군은 이 보고를 듣고 박씨에게 화를 냈다. 박씨 역시 이를 알고 은밀하게 조심했다. 이로부터 대원군과 박씨 사이가 멀어지는 단초가 되었다.

#4. 그 뒤 박씨는 뜻을 얻지 못하고 경성을 떠나 인천에 있었다. 이노우에 공사가 부임한 뒤 다시 경성으로 들어갔다. 마침내 공사의 추천에 의해 12월10일 옛 작위를 회복하고, 13일에 비로소 국왕과 왕비를 알현했다. 17일 새로운 내각에 들어와 내무대신에 임명되었다. 이보다 앞서 13일 서광범(徐光範) 역시 미국에서 인천으로 귀국했다. 17일 박씨와 함께 내각에 들어가 학무대신에 임명되었다.

기쿠치 켄조(菊池謙讓, 1870~1953)의 『근대조선사』와 『조선왕국』에서 박영효와 조선 왕비의 사이가 아주 나빴다고 전하고 있다. 『근대조선사』에서는, "박영효가 러시아 공사와 왕비가 친근하게 지내는 것을 욕하며 자신을 배척하는 왕비의 얼을 빼야 한다고 하는 극언을 서슴지 않았다."고 했다. 『조선왕국』에서는 "한 걸음이라도 먼저 멀어지지 않으면 그가 나를 때리고 내가 그를 때리는 것처럼 왕비와 박영효의 사이는 목마른 맹수처럼 서로 잡아먹지 못해 으르렁거렸다."고 했다.[32] 기쿠치 켄조는 일본의 조선 무력침략 이후 러시아와 가까이 지내며 자신을 정치에서 배제시키는 왕비를 눈엣가시처럼 여기며 자신에게 화근이 되는 왕비를 배척하려는 계획을 꾸미다 사면초가에 빠져 2차 망명을 한 박

대원군 이하응　　　　박영효

영효에 대해 자세히 기록해 두었다.

박영효의 2차 일본 망명

스기무라 후카시의 『메이지 이십칠팔년 재한고심록』과 최익현의 『면암선생문집』에서는 박영효의 2차 일본 망명 무렵에 대해 다음과 같이 전하고 있다.

#1. 6월27일, 28일경부터 7월초에 걸쳐 형세가 매우 절박해졌으나, 대신들 가운데 박영효에게 동의하는 사람이 적었고, 특히 나는 대리공사로서 두 번이나 충고했다. 아울러 나는 김(金) 외부, 어(魚) 탁지, 신(申) 군부의 세 대신을 설득해 그들로 하여금 박영효 파의 계획을 반대하게 했으므로 과격한 수단은 모두 저지되었다. 이보다 앞서 러시아와 미국의 공사는 왕의 부탁을 받고 나를 방문하여 박 내부는 위병 교체를 주장하며 불온한 일을 계획하고 있고 일본인 고문관 호시(星) 등도 그 음모에 가담하고 있다며 내가 그들을 주의시켜 이를 저지시켜 줄 것을 당부했다. 나는 이 일의 내용은 처음 듣는 일이며 조선 내부의 일은 내 직무상 간섭할 수 없는 일이나, 박 내부는 오랜 친구이니 우의적인 차원에서 그의 의견을 물어보고 적절한 충고를 하겠다고 했

다. 일본 수비대는 왕실의 호위도 관여하고 있으므로 만일 왕실에 불온한 일이 일어날 경우에는 결코 수수방관하지 않겠다고 대답하고 이 말을 박 내부에게도 전했다.³³

#2. 8월22일 미우라 고로 자작이 조선주재 전권공사에 임명되었다는 소식을 듣고 조선인은 미우라 자작과 박영효가 친밀한 사이라는 것을 알고 있었기 때문에 이상한 느낌을 갖게 된 것 같다.³⁴

#3. 궁중에서는 이오우에 공사가 가면 다시 오지 않을 것을 알고 있었고, 미우라 공사에 대해서는 박영효의 친구이기에 속으로 의심을 품고 있었다. 한 때 두터워지던 궁중과 공사관의 관계도 점차 엷어지는 징조가 보였다. 특히 미우라 공사는 부임하자마자 내각의 전언이라며 이노우에 공사에게 기증금의 일은 도저히 의회를 통과할 전망이 없으므로 이를 입밖에 내지 말라고 주의를 주었다.³⁵

을사조약의 무효를 선포하고 국권회복에 힘쓰며 의병 활동을 하다 쓰시마섬에 유배되어 그곳에서 순국한 최익현(崔益鉉,1833~1906)이 1895년 6월26일 「**역적(逆賊)을 치고 의복 제도의 복구(復舊)를 청하는 소**」³⁶에서 고종에게 청한 기록이 아리게 남아 있다.

#1. 갑신년(1884, 고종21)에 도망갔던 역적들이 방자하게 조정에 출사하는데도 조정에서 체포해 난도질을 하지 못했을 뿐만 아니라, 도리어 무서워하고 두려워하여 떨며 오히려 그들의 명령을 옳게 여겨 따르고 있습니다. 심지어 끝까지 흉한 계책을 이루려다가 성공하지 못하고 도망쳤지만, 그들이 남긴 기염(氣焰)과 나머지 위세는 오히려 온 나라를 공포로 몰아넣는데도 한마디 말을 하여 역적을 토죄하라는 주청(奏請)은 하지 못하고, 한결같이 그들의 약속을 지키게 했으니, 이러고도 어찌 나라에 사람이 있다고 하겠습니까.

#2. 만일 신하된 사람으로서 쉽사리 임금을 간범하고 어려울 것 없이 역적질을 마음대로 하는데도 오히려 법대로 하지 않는다면, 난적(亂賊)이 일어나 앞으로 그칠 날이 없게 될 것입니다. 그러하면 천지가 될 수 없을 것인데, 어떻게 만물을 이루어 하루라도 보존할 수 있겠습니까. 지금 역적들을 논하는 사람들이, 전에는 '저들이 바야흐로 왜놈들이 구원하는 것을 믿으니 내가 어찌할 수 없었다.'고 했는데, 그 뒤 말하기를, '서광범(徐光範)은 다음 모임에 참여하지 않았고, 박영효는 이미 도망가 버려 잡을 수 없다.'고 합니다. 그러니 이것은 모두 역적 편 사람들의 말입니다. 대저 갑신정변은 비록 다섯 역적들이 행한 짓이나, 왜인들이 아니면 그 힘을 빌릴 방법이 없었고, 일을 실패한 뒤에도 왜인들이 아니었다면 그 생명을 도피할 수가 없었습니다. 우리가 이미 왜인들과 형제가 되기를 체결하고 신실하게 약속했다면, 국제 외교에는 마땅히 공법(公法)이 있을 것이며, 합당한 조약이 있을 것입니다.

#3. 우리의 선비와 백성을 정돈하고, 우리의 갑옷과 무기를 다스려 동해로 나가 죄를 묻고 칼을 왜놈의 우두머리에게 시험한다면, 그들이 비록 부강하다고 스스로 말하기는 하지만, 여러 해 동안 수고롭고 허비한 뒤이기에 저절로 멸망하는데도 틈이 없을 것입니다. 더구나 역적 박영효 하나쯤이야 무엇이 어렵겠습니까. 만일 그렇게 하지 않는다면 **이 역적이 누차 실패한 울분 때문에 더욱 앙갚음하려는 마음을 가지게 될 것이니, 어느 해에 또다시 어떠한 모양의 화단(禍端)이 홀연 하루아침 사이에 일어날지 알 수 없을 것입니다. 전하께서 앞으로 어떻게 대응하겠습니까.**

남겨진 일본의 기록은 거듭 박영효를 지목하고 있다. 갑신정변 실패로 망명해 있다 돌아온 1894년을 전후한 행보, 그 뒤 나라 잃은 땅에서 일신의 영달을 누리다 간 그를 돌아보게 한다. 과거의 일은 과거의 일이라 묻어버리면 미래까지도 포기해야 한다.

제5부

일본의 오랜 꿈, 조선 침략

1
씨앗을 뿌린 자
2
뿌리를 뻗은 자

1장

씨앗을 뿌린 자

1
사토 노부히로, 제국을 꿈꾸다

2
요시다 쇼인, 조선 침략의 정신적 지주

청나라와 영국간의 아편전쟁(1839~1842)에서 청나라의 패배는 동아시아에 충격을 주었다. 중국을 중심으로 한 전근대 아시아의 중화세계질서는 서양열강의 동아시아 진출로 국제관계가 아시아 내부에서부터 흔들리기 시작했다. 도쿠가와 막부에서는 국방과 외교문제에 대한 논의가 뜨거워졌고 아편전쟁에 대한 조사 연구가 이루어졌다. 군사력을 강화하여 서양 열강에 대항하자는 주장이 생겨났고, 강력한 세력으로 등장하고 있던 사쓰마번(薩摩藩), 미토번(水戶藩) 등에 네덜란드 병학서 연구와 총포 제조를 적극 장려했다.

1854년 3월 미국의 일본특파대사 겸 중국·일본 파견함대 사령관인 페리와 체결한 미일화친조약, 불평등조약의 전형이 된 1858년 미일수호통상조약 체결 이후 영국, 네덜란드, 러시아, 프랑스와 통상조약을 맺으며 일본의 막번체제(幕藩体制)[2]가 근대국가로 전환하는 획기적인 계기를 맞았다.

서양 열강에게 굴복한 도쿠가와 막부의 저자세에 굴욕을 느낀 사쓰마번, 조슈번(長州藩), 히젠번(肥前藩) 등은 각기 군사적 경제적 실력을 강화하여 구미 열강에 대항할 생각을 품게 되었다. 강력한 세력을 갖추기 시작한 번(藩)들은 재정과 군사 개혁을 단행하고 인재등용과 서양식 군비 확충에 주력했다.

일본의 막부 말 '존왕양이운동(尊王攘夷運動)'[2] 대두와 막부를 무너뜨리고 왕실을 옹립하려는 '토막운동(討幕運動)'[3]의 주요 세력에게 강력한 영향을 미친 인물이 조슈번 출신의 요시다 쇼인(吉田松陰, 1830~1859)이다. 막부 말부터 양성되고 있던 황국 이데올로기에 의한 근거 없는 대조선 우월의식과 서양 열강에 당한 침략과 착취를 이웃나라를 침략해 보상받자는 주장이 메이지유신 이후 조선과의 국교교섭이 정체되자 무력으로 개국하자는 정한론의 사상적 배경이 되었다. 구미 열강과 개항하며 맺은 불평등조약으로 입은 손해를 주변국을 침략해서 회복해야 한다고 한 주장은 메이지 유신 이후 류큐왕국과 대만정벌, 조선 무력침략으로 실행에 옮겨졌다.

1. 사토 노부히로, 제국을 꿈꾸다

사토 노부히로(佐藤信淵, 1769~1850)는 에도(江戶) 시대 후기의 사상가로 병학, 국학, 유학, 신도, 농학 등 당대를 대표하는 학자였다. 농학부터 국가경영에 이르기까지 다양한 저술을 남겼다. 1823년 4월 11일로 기록된 『우내혼동비책』[4]은 일본 국가의 위대성을 피력하며 부국강병으로 아시아와 세계정복의 침략 구상을 구체적으로 서술하고 있다. 이 책은 살아 있을 때 크게 주목받지 못했으나 메이지유신 이후 출판이 이어졌다. 사토 노부히로의  『우내혼동비책』을 다시 엮어 『혼동비책』으로 출간한 야마다 히로유키(山田浩通)는 "이 책자는 일본인만 읽되 외국인에게 보여주지 말아야 한다."(1932년 1월)며 일본군이 진저우(錦州)에 들어간 날을 기념해 책을 찍어냈다. 서문에 "세상에 부국약병(富國弱兵)은 없다. 반드시 강병(强兵)해야 비로소 부국이 된다. 부국이 되어야 안민(安民)을 기할 수 있다."[5]라고 쓰고 있다.

사토는 나라를 부강하게 하고 병력을 강하게 하려면 외국을 침략해야 한다는 신념으로 일본이 세계 모든 나라의 근본이라는 편협한 민족적 우월감과 망상적 세계통일을 논하고 있다.[6] 서두에서 "스메라미쿠니[皇大御國, 일본]는 대지(大地) 최초로 만들어진 나라로서 세계만국의 근본이다. 그 근본을 잘 이루려면 전 세계를 모조리 군현으로 삼아야 하고, 만국의 군장을 모두 신하로 복종하게 해야 한다."고 책의 목적을 명확히 내세우고 있다. 이어서 일본은 지형적으로 세계를 통일할 수 있는 형세이므로 먼저 중국을 공략하는 방법에 대해 구체적으로 서술하고 있다.

다른 나라를 공략하는 방법으로 "약해서 취하기 쉬운 곳으로 시작하는 것이 도이다.", "실한 곳을 피해 허한 곳을 침략하고, 강한 곳은 피하고 약한 곳을 공략하면 반드시 대군을 사용하는데 이르지 않는다."고 강조했다. 적의 약점을

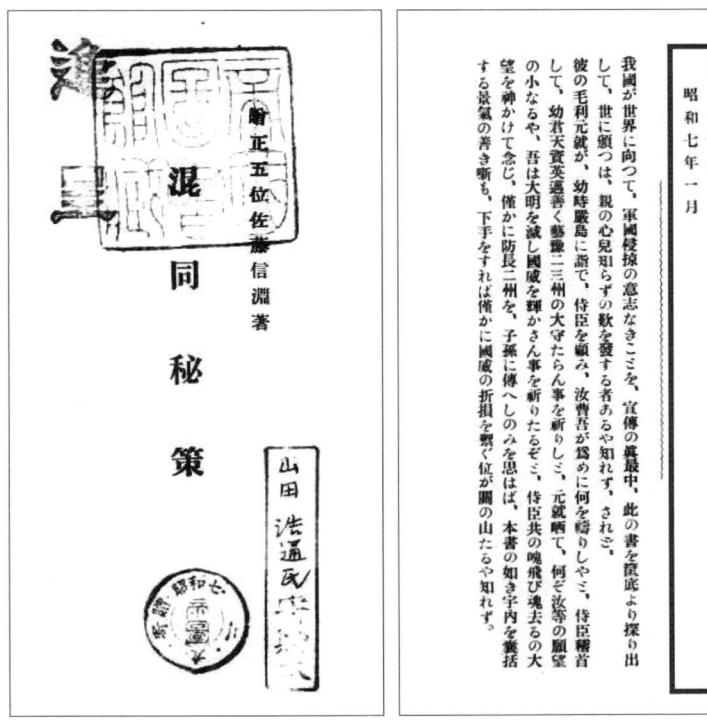

사토 노부히로와 그의 저서를 번역한 『혼동비책』 표지와 본문 일부

노려 분란을 일으키고 최소의 병력으로 공략해야 한다는 구절은 메이지정부가 이후 조선에서 사용한 전략과 일치한다. 청일전쟁 바로 전 약하고 취하기 쉬운 조선을 무력점령한 것 역시 사토 노부히로에게서 나왔다고 해도 틀린 말이 아니다. 그의 세계정복론은 막부 말기를 거쳐 메이지, 다이쇼, 쇼와시대로 계승되었다.

#1. 세계지리를 살펴보면 만국은 황국[일본]을 근본으로 한다. 황국은 진실로 만국의 근본이다. 더 자세히 논하면 황국에서 외국을 정벌하려면 그 기세가 순조롭고 쉬우나 다른 나라에서 황국을 침략하려면 거꾸로 어렵다. 황국에서는 쉽고 타국에서는 어렵다 하는 까닭은 세상의 모든 나라 가운데 가장 토지가 광대하고 물산이 풍요

로우며 병력이 왕성한 곳을 선택하라면 '지나(支那, 중국을 뜻함)'라 하겠다. '지나'는 황국과 아주 가까이 있으나 그들이 전국의 힘을 모아 우리를 공략해 점령한다 해도 황국을 해칠 만한 책략이 없다. 원나라의 오랑캐 쿠빌라이(忽必烈, 원의 세조)라는 포악 잔인한 자가 감히 대군을 앞세워 공략해 왔으나 황국은 전혀 해를 입지 않았고 그 나라는 막대한 손해를 입었다. 한 번은 올지언정 두 번 세 번은 행하기 어렵다. 황국에서 중국을 정벌하고자 마음먹고 준비하면 5, 7년 지나지 않아 그 나라를 반드시 무너뜨리고 와해시킬 수 있다.

#2. 황국에서 다른 나라를 열려면 반드시 먼저 중국 병탄부터 시작해야 한다. 이미 위에서 말한 것처럼 중국은 강대하므로 오직 황국만이 대적할 수 있다. 하물며 다른 오랑캐들이야? 이것은 황국이 천연(天然)으로 세계를 통일할 수 있는 형세이기 때문이다. 본서는 먼저 중국을 취해야 할 방책을 기술한다.

#3. 다른 나라를 점령해 다스리는 방법은 약해서 취하기 쉬운 곳부터 시작하는 것이 도이다. 지금 세계 만국 가운데 황국에서 공략하여 얻기 쉬운 땅으로 '지나국'의 만주보다 쉬운 곳이 없다. 만주 땅은 우리 일본의 산인(山陰), 호쿠리쿠(北陸), 오우(奧羽), 마쓰마에(松前) 땅과 바닷물을 사이에 두고 서로 마주보며 800여 리 떨어져 있다. 그 형세에서 먼저 쉽게 어지러워질 곳을 파악해야 한다. 혼란을 야기하려면 당연히 방비가 없는 곳부터 시작하고, 서쪽이 대비되어 있을 때는 동쪽을 어지럽히고, 동쪽이 대비되어 있을 때는 서쪽에서 소요를 일으키면 그들은 반드시 이리저리 오가며 구하려 할 것이다. 그들이 분주한 틈을 타 허하고 실함, 강하고 약함을 파악해야 한다. 그런 뒤에 실한 곳을 피해 허한 곳을 침략하고, 강한 곳을 피해 약한 곳을 공략하면 반드시 대군을 사용하는 데까지 이르지 않을 것이다. 한동안은 먼저 적은 병사로 소요를 일으켜야 한다.

#4. 만주를 취하게 되면 '지나(중국)' 전국의 쇠잔하고 미약함이 이로부터 시작된다.

타타르〔韃靼〕를 획득한 다음 조선과 '지나'를 잇따라 도모해야 한다. 자세한 사정을 논하면 만주 북쪽 경계에 흑룡강이라는 큰 강이 있다.……지나인이 크게 곤궁해져 마지막에는 만주를 지키지 못하고 흑룡강의 여러 부는 모조리 우리가 갖게 될 것이다. 여기서부터 점점 혼동강을 정벌하고 길림성을 공격해 함락시키고 오랑캐의 항복을 받으면 수도를 공략할 수 있을 것이다.

#5. 제5에는 **마쓰에부**(松江府, 시마네현), **제6에는 하기부**(萩府, 야마구치현 북부), 이 두 부는 수많은 군선에 화기(火器), 차통(車筒, 수레에 설치한 대포)을 적재하여 조선국의 동해에 이르러 함경, 강원, 경상 3도의 여러 주를 점령해 다스려야 한다. 제7에 하카다부(博多府, 규슈북부 후쿠오카)의 병사는 수많은 군선을 출범하여 조선국 남해에 이르러 충청도 여러 주를 습격해야 한다. **대략 조선은 마쓰에와 하기 부의 강병으로 공략**해야 한다.

#6. 오키(隱岐, 山陰지방, 시마네현에 속함)를 사이에 끼고 4, 50리 서북쪽 바다 가운데 마쓰시마(松島, 울릉도), 다케시마(竹島, 독도)가 있다. 다케시마는 주위 60여리, 기후는 약간 차갑지만 곡류를 생산하고 물고기, 새우가 많이 생산된다. 특히 전복은 매우 맛있다고 세상에 알려져 있다. 옛날에 일개 주인이 이 땅을 영유했으나 1592년 도요토미 히데요시 태합(太合)이 조선국을 정벌할 때 이나바노쿠니(因幡国, 山陰道에 속함. 현재 돗토리현 동부)의 다이묘 무사시노카미(龜井武藏守) 가메이 고레노리(龜井玆矩, 1557~1612)가 병사를 거느리고 먼저 이 섬에 건너가 바로 섬주인을 타살하고, 이 섬에서 조선국의 함경도로 공격해 들어갔다고 한다. 이후 이 섬을 돗토리 성주 이케다(池田)에게 맡겨두었으나 근래에 이르러 다른 나라이므로 빼앗겼다고 한다. 이에 따라 이나바노(因幡)에서 다케시마의 전복 헌상도 지금은 끊겼다고 한다. 그러므로 **마쓰에부에서 오랑캐를 개척하려면 먼저 이 섬부터 시작**해야 한다.

#7. 하기부(萩府)는 미마사카(美作), 히젠(備前), 빗츄(備中), 빈고(備後), 아키(安藝), 스오(周防), 나가토(長門), 쓰시마의 여러 주(對馬諸州), 쓰시마섬(對馬島)도 통할한다.……**하기성**

에 항상 모여서 전투와 무예를 익히고 이를 둘로 나누어 각 3만 명씩 격년 교대로 다케시마와 쓰시마에서 수전(水戰)을 조련하고, **이 병력으로 조선국을 도모하면 병탄하기 어렵지 않을 것**이다. 이 부는 마쓰시마부보다 조선을 경략하기에 군선(軍船)의 진퇴, 병량의 운송이 모두 자유롭고, 무비(武備)와 병량만 갖춘다면 예전에 들인 수고로움의 절반만 있으면 얻게 되는 공은 10배가 될 것이다.

#8. 마쓰에부의 병력 4만여 명, 하기부의 병력 6만여 명, 그 절반인 5만여 명의 정예병으로 조선국을 공략해야 한다. 하카다의 병력 5만여 명의 절반인 2, 3만의 정예병으로 조선국의 서남 여러 주를 공략하여 취한다.

#9. 군선, 병기를 많이 준비하여 조선국의 서남 여러 주를 취하고 이로써 '지나'를 정복하는 근본으로 삼는다. 때로 발해에서 이남, 등주(登州), 내주(萊州)를 경략하고 적이 만일 크게 대비할 때는 이리저리 변통하여 다른 곳을 침략하고 조금 풀어졌을 때는 바로 진격하여 여러 성을 공략해 취한다.

『우내혼동비책』을 근간으로 삼은 것처럼 조선을 공략하고 대륙 침략을 감행했다. "하기성에 모여 전투와 무예를 익히고 이 병력으로 조선국을 도모하면 병탄하기 어렵지 않을 것이다."는 대목은 메이지유신 이후 지금까지 정한론의 본원지가 야마구치현의 하기(萩)인 이유를 알 수 있다. 조선을 공략하는데 "시마네현과 야마구치현의 강병으로 공략"하고, "시마네현에서 조선을 개척하려면 먼저 독도부터 시작해야 한다."는 문장은 끝없이 이어지고 있는 한일 간의 독도문제가 떠오른다. 지금도 끝나지 않는 일본의 대륙정복의 꿈에서 '독도'는 일본에 가장 중요한 땅이어서다.

조선의 개항 이후부터 불거지기 시작한 일본의 불만은 임오군란과 갑신정변을 계기로 조선을 속국으로 삼자는 논의가 민중으로까지 확대되었다. 후쿠자와 유키치의 '탈아입구(脫亞入歐)', 서구열강이 식민 지배를 정당화하는데 이용했던 '문명과 야만'이 어우러져 조선정벌론은 더욱 확실하게 굳어지고 있었다.

일본의 해외 침략이 본격화되면서 생존 중 널리 알려지지 않았던 그의 다른 저작도 잇따라 출간되었다. 메이지시대 널리 읽히고 만주사변 뒤 출간된 『혼동비책』의 첫 장에 쓰인 "이 책자는 일본인이 읽어야 하는 것이지 외국인에게 보여주어야 할 것은 아닙니다."가 의미하는 것은 책의 내용이 그대로 말해주고 있다. 근본적으로 다른 나라를 침략하는 일본국민의 본성과 인간이 저질러서는 안 되는 일을 저질러 놓고 그저 들키지만 않으면 된다는 심리가 당시 시대의 흐름과 맞아떨어졌던 것이다.

2. 요시다 쇼인, 조선 침략의 정신적 지주

정한론의 뿌리라 할 수 있는 조슈번(현재, 야마가타현) 하기시(萩市) 출신으로 사설 교육기관인 '쇼카손주쿠(松下村塾)'의 병학 사범이자 교육자였던 요시다 쇼인(吉田松陰, 1830~1859)도 메이지시대 조선 침략에 많은 영향을 끼친 인물이다. 메이지유신의 정신적 지도자인 요시다 쇼인의 문하에는 구사카 겐즈이(久坂玄瑞)[7], 다카스기 신사쿠(高杉晉作)[8], 기도 다카요시(木戶孝允)[9], 시나가와 야지로(品川彌二朗)[10], 노무라 야스시(野村靖)[11], 이토 히로부미(伊藤博文)[12], 야마가타 아리토모(山県有朋)[13], 야마다 아키요시(山田顯義)[14] 등 많은 유명인사가 포진되어 있다.[15] 이 제자들 대부분이 요시다 쇼인의 정한사상을 계승했으며 메이지정부의 중추로서 국정을 담당했다.

요시다 쇼인의 대표 저작 「유수록」

요시다 쇼인이 1854년 옥중에서 쓴 대표 저작 『유수록』과 『유실문고』에는 그의 사상이 녹아들어 있다. 다음은 『유수록』의 저자 서문이다.

우리나라 조정의 변란은 예로부터 세 번 있었다. 고대에는 신하로 복종하지 않은 자가 있으면 국내외를 불문하고 동서로 정벌하여 반드시 강경하게 뿌리를 뽑았다. 그 기세는 매우 왕성했다. 그 뒤 오랑캐가 거친 기세로 침략해 왔으나 우리는 병력을 보내 이들을 모두 죽인 것이 고대만큼은 아니었으나, 그래도 여전히 왕성했다. 지금은 무릎을 꿇고 머리를 조아리며 그저 적이 하는 대로 맡겨두고 있다. 나라의 쇠망이 유사 이래 이러한 꼴을 당한 적이 없을 지경이다. 이를 태양에 비유하면 처음에는 찬란하고 붉게 빛나 만물이 이에 저항하지 못하는 것과 같다. 떠 있던 달이 저항하지만 이기지 못하고 스스로 이지러져 끝내 해에 먹혀 스스로 비출 수 없게 되는 것과 같다. 지금에 이른 변란은 태양이 달의 세력에 주눅 들어 태양이 가리어 스스로 비출 수 없게 된 형세다. 결국 세상에 항복하고 국가는 더욱더 쇠퇴할 것이다. 쇠퇴하는 것만으로 그치지 않고 어찌 멸망하지 않는다고 안심할 수 있겠는가. 세상 돌아가는 이치가 한 번 좋은 시절이 있으면 한 번은 어려운 시절을 피할 수 없듯이, 나라에는 반드시 한 번 성하면 한 번 쇠함이 있는 법이다. 쇠함이 극에 달하면 다시 왕성함으로 되돌아가고 난이 극심하면 다시 다스려지는 것이 만물의 이치다. 하물며 황국은 사방에 군림했고 황통이 영원히 천지사방으로 끝남이 없는 국체이므로 한 번은 쇠했다 하더라도 다시 왕성해지지 않을 리 있겠는가.[16]

군사학교를 세워 예로부터 내려오는 병술은 물론이고 네덜란드 학문을 널리 가르칠 것을 주장했다.

큰 성 아래 군사학교〔兵學校〕를 세워 여러 가지 도를 무사에게 가르치고, 학교 안에 조련장을 두어 총과 포, 보병과 기병 방법을 익히게 해야 한다. 방언과를 세워 네덜란드, 러시아, 미국, 영국 등 여러 나라의 서적을 강의해야 할 것이다. 총과 포, 보병과 기병은 본방(本邦)의 옛 법식은 그대로 이용해야 할 것이고, 네덜란드 제국의 법을 구해 아직 갖추어지지 않는 곳을 보충해야 한다.……네덜란드 학문이 지금 크게 세상에서 행해지고 있으나 러시아, 미국, 영국의 서적은 아직 자주 읽는 사람이 있다는 말을 듣지 못했다. 지금 제국의 선박이 잇따라 우리나라로 다가오고 있다. 우리나라 사람은 그 방언(그 나라의 언어)을 상세하게는 아니더라도 알아야 하지 않겠는가.[17]

요시다 쇼인의 "에조(蝦夷, 홋카이도) 땅을 개척해 제후로 봉하고, 류큐〔琉球〕도 타이르고 설득해 일본의 제후로 삼고, 조선을 독촉해 인질을 받아들이고 옛날의 왕성했던 때와 같이 공물을 바치게 해야 한다."는 주장처럼 메이지유신 이후 이웃나라 침략이 본격화되었다.

해가 뜨면 지고 달도 차면 기울며, 나라가 융성하면 쇠퇴하기 마련이다. 따라서 나라를 잘 유지하는 자는 지니고 있는 영토를 허무하게 잃지 않으며, 없는 영토를 늘리는데 있다. 지금 서둘러 군비를 정비하고, 군함과 대포를 거의 갖추게 되면 꼭 홋카이도의 땅을 개척해 제후로 봉하고, 틈을 노려 캄차카와 오오츠쿠를 빼앗고, 류큐도 타이르고 설득하여 내지(內地)의 제후로 삼아 출사해서 주군을 뵙게 해야 한다. 조선을 독촉해 인질을 받아들이고 옛날의 왕성했던 때와 같이 공물을 바치게 해야 한다. 북으로 만주의 땅을 할양하고 남으로 대만, 루손의 여러 섬을 우리 손에 넣고 점차 진취적인 기상을 보여야 한다. 그런 다음 주민을 어루만지고 국토를 기르며 변경을 방비해야 마침내 견고하게 나라를 잘 유지한다고 할 수 있다. 그렇지 않고 여러 국민이 모여 다투는 가운데 주저앉아 잘 행동하지 않으면 나라는 얼마 되지 않아 사라지게 된다.[18]

『유수록』을 보면 많은 지면이 『일본서기』로 채워져 있다. 그가 인용하고 있는 『일본서기』의 내용은 앞뒤 맥락 없이 조공 관련 부분을 따오는 방식을 취하고 있다. 고대부터 한반도가 일본의 조공국임을 강조하기 위함이다. 신라왕자 아메노히호코[天日槍]가 가져온 물건을 신물(神物)로 삼고, 백제에서 온 왕인을 태자의 스승으로 삼았다고 하면서, 말을 뒤집어 고대 일본이 해외에서 국위를 떨쳤다고 말한다.

스진천황[崇神天皇, BC97~BC30년 재위] 65년 임나국이 소나가시치[蘇那曷叱知]를 파견해 조공했다.[19]

뒤이어 나오는 "임나(任那)는 츠쿠시노쿠니[筑紫國][20]와 2천여리 떨어져 있고 북쪽바다를 사이로 계림의 서남에 있다."는 구절은 빠져 있다.

스이닌천황[垂仁天皇, BC29~AD70년 재위] 3년 신라왕자 아메노히호코[天日槍]가 내귀(內歸)했다.[21]

뒤이어 나오는 "가지고 온 물건은 하후도[羽太]의 옥 1개, 족고옥(足高玉) 1개, 우가가[鵜鹿鹿]의 적석옥(赤石玉) 1개, 이즈시[出石]의 소도(小刀) 1구(口), 이즈시의 방패 1지(枝), 일경(日鏡) 1면(面), 곰의 히모로기[神籬] 1구(具) 모두 일곱 가지였다. 그것을 단마국(但馬國)에 수장하고 항상 신물(神物)로 삼았다."는 구절은 빠져 있다.

진구황후[神功皇后, 201~269년 재위] 섭정5년 신라는 사신을 파견해 조공했다. 미시기치[微叱己知]가 도망쳐 돌아갔다. 가즈라기노소쓰비고[葛城襲津彦]를 보내 신라의 초라성(草羅城)을 공략하고 귀환했다. 이때 도리고[俘人, 포로]들은 지금의 구와바라[桑原]·사마[佐糜]·다카미야[高宮]·오시미[忍海] 네 읍 아야히토[漢人]의 시조다.[22]

이는 "신라의 사자인 모마리시치[毛麻利叱智]가 몰래 배와 뱃사람을 수배해 미시간기[微叱旱岐]를 싣고 신라로 도주했다."는 구절과 앞뒤 사정을 알 수 있는 내용은 건너뛰고 진구황후가 신라를 공격했다는 내용으로 이어지고 있다.

진구황후 47년 신라 백제 사신을 보내 조공했다. 신라가 백제의 공물을 빼앗아 바쳤다. 49년 아라다와게〔荒田別〕와 가가와게〔鹿我別〕를 장군으로 삼았다. 구데이 등과 함께 군세를 정비하여 바다를 건너 탁순국〔卓淳國〕으로 가 장차 신라를 치려 했다.[23]

이 구절은 "47년 4월 백제왕이 구데이〔久氐〕, 미쓰루〔彌州流〕, 마구고〔莫古〕를 파견해 조공했다. 그때 신라국의 미쓰기〔調〕 사신이 구데이 등과 함께 왔다. 황태후와 태자 호무다와게노미고도〔譽田別尊〕는 매우 기뻐하며 선왕이 바라던 나라의 사람이 지금 내조했다. 천황이 만나 보지 못함을 통탄한다. 모든 군신이 눈물을 흘렸다."는 내용으로 이어지고 있다.

오진천황〔應神天皇, 270~312년 재위〕 7년 고려, 백제, 임나, 신라인이 내조했다. 다케우치노스쿠네〔武內宿禰〕에게 명하여 여러 한인들을 거느리고 연못을 만들게 했다. 이 연못을 한인지(韓人地)라 했다. 14년 백제왕이 봉의공녀(縫衣工女)를 바쳤다. 15년 백제가 아직기(阿直伎)를 보내 말을 바쳤다. 이에 아직기를 사육하게 했다. 아직기는 능히 경전을 읽었다. 태자 우지노와기이라쓰고〔菟道稚郎子〕의 스승으로 삼았다. 아직기는 왕인을 추천했다. 16년 왕인이 내조했다. 논어 10권 천자문 1권을 바쳤다. 말을 바친 사신을 스승으로 삼고 경전의 가르침을 받고, 고대인의 이익을 추구함이 매우 빨랐다.[24]

요시다 쇼인은 백제의 사신으로 온 아직기가 말을 양육하고, 왕인이 논어 10권, 천자문 1권을 바치고 왕자의 스승이 되었는데, 이러한 일이 고대 일본인이 빠르게 이익을 추구한 것이라 서술하고 있다. 자세히 들여다보면 『유수록』에 인용된 『일본서기』의 내용이 얼마나 잘못된 기술인지 바로 알 수 있다. 편협되고 맥락이 뒤집힌 역사 표현으로 넘쳐나는 그의 사상이 메이지시대를 관통해 정한론의 바탕이 되었다. 조선, 한반도에 대한 갈망과 열망의 근원이 얼마나 오래되었으며, 메이지 유신 이후 일관되게 조선을 고대 진구(神功)황후가 삼한을 복속시켰던 그 모습으로 되돌려 일본에 복속시켜야 한다는 주장의 뿌리가 어디인지 말해준다. 『유실문고』에서는 러시아와 미국과의 통상을 중시해 그들과 신의를 잃지 않아야 함을 강조하는 한편 류큐왕국, 조선, 만주, 중국, 인도를 수중에 넣어 도요토미 히데요시가 못다 이룬 꿈을 이루어야 한다고 말하고 있다.

구사카 겐즈이(久坂玄瑞)와 주고받은 편지(1853년 7월18일)

무릇 영웅호걸은 그 뜻을 천하에 두고 만세(萬世)의 책략을 기르려면 반드시 먼저 그 뜻을 크게 세우고 꾀하는 바를 웅대하게 가져야 한다. 시세를 살피고 일이 되어 가는 가장 중요한 기틀을 살펴 전후 완급을 잘 고려해야 한다. 먼저 이를 안으로 정해 늘이고 줄임, 늦추고 당김을 행한 다음에 바깥으로 확대해야 한다. 지금 도쿠가와 막부는 러시아와 미국 두 나라와 화친통상을 맺고 있다. 이 통상을 우리나라에서 단절해서는 안 된다. 이들과 절교하면 우리 스스로 신의를 잃게 된다. 오늘의 계략으로 먼저 우리나라의 경계가 되는 구역에 주의하고, 조약을 엄격히 하여 두 나라를 견제하고, 그 틈을 타서 에조(홋카이도)를 개간하고, 류큐를 수중에 넣고, 조선을 취하고, 만주를 꺾고, 중국을 억누르고 인도해 다스림으로써 진취의 기세를 펼쳐야 한다. 한편으로는 물러나 지키는 기초를 단단히 하고, 진구황후가 아직 이루지 못했던 바를 이루고, 도요쿠니[豊國, 도요토미 히데요시]가 이루지 못했던 바를 이루어야 한다.[25]

메이지유신의 영웅 기도 다카요시(木戶孝允)도 정한론자다. 1867년 12월14일 일기에 "속히 천하의 방향을 하나로 정하고 사절을 조선에 파견하여 그들의 무례함[26]을 묻고, 그들이 만일 복종하지 않을 때는 죄를 물어 그 땅을 공격하여 신주(神州, 일본)의 위엄을 크게 신장시키기 바란다. 그러한 때 천하의 고루한 습관을 홀연히 바꾸어 멀리 해외로 목적을 정한다."[27]는 글은 조슈번의 스승 요시다 쇼인의 『유수록』에 나오는 말과 일치한다.

2장

뿌리를 뽑은 자

1
사다 하쿠보, 정한론

2
후쿠자와 유키치, 전쟁 선동

3
오카쿠라 텐신, 조선은 일본 땅

1. 사다 하쿠보, 정한론

기존의 동아시아 질서 속에서 조선은 중국과 중화제국체제 하의 조공국이며 일본의 도쿠가와 막부와는 쓰시마 소씨(對馬宗氏)를 매개로 교린관계를 유지해 오고 있었다. 조선과 일본의 외교관계를 중개하고 있던 쓰시마 소씨는 조선 국왕으로부터 세견미(歲遣米)와 '도서(圖書)'를 발급받아 외국신하로 대우받는 동시에 도쿠가와 막부로부터 영지 소유권을 인정받으며 신하로 복종하는 지위에 있었다. 조일국교 중개역할과 초량 왜관에 설치된 교역소를 통한 무역의 독점권을 갖고 있었다. 기존에 유지되어 오던 동아시아 삼국의 국제관계는 메이지유신을 경계로 바뀌기 시작했다.

메이지유신 초기 일본정부는 쓰시마 소씨의 조일외교 세습특권을 유지하며 쓰시마 소씨를 통해 일본의 왕정복고를 통지하고 국교 회복의 정상화를 꾀하려 했다. 그러나 조선정부는 소씨가 가져온 일본의 서계(국서 = 외교문서)에 새로운 도장을 사용하고 있는 점과 중화세계질서의 종주국인 청국황제에게만 사용해야 할 '황(皇)'과 '칙(勅)' 등의 글자가 포함되어 있는 점 등을 이유로 수취를 거절했다.[1]

조선 왕조와 메이지유신 뒤 일본과의 외교문제로 떠오른 서계문제는 1백여 년 전 조선후기 실학자 성호 이익(李瀷, 1681~1763)은 「일본충의(日本忠義)」에서 조선과 일본 간 외교에서 사용하던 용어문제에 대해 다음과 같은 우려를 남겼다.

왜국의 천황이 실권한 지 6, 7백년이 지나지 않았는데 이것은 그 나라 사람들이 바라는 바가 아니다. 차츰 충의로운 마음을 지닌 사람이 그들 사이에서 나오고 있다. 명분이 바르고 말이 순하니 훗날 한 번은 그 뜻을 펼 날이 올 것이다. 만일 그들이 에미시(蝦夷)인과 연대해 천황을 보좌하여 제후에게 호령한다면 반드시 대의(大義)를 펴지 못할 것이 없다. 66개 주(州)의 태수들 가운데 어찌 뜻에 호응하는 자가 없겠는가. 만일 이렇게 되면 저쪽은 황제이고 우리는 왕이니 장차 어떻게 대처하려는가. 죽은 아들 맹휴(孟休)가 일찍이 말하기를 "통신사가 갈 때 글과 폐백에 쓰는 문자는 우리나라 대신이 대등한 예[抗禮]로 행함이 옳은데, 국사를 도모하는 자가 조심성 없이 눈앞의 미봉책만 행하고, 관백(關白)이 왕이 아닌 줄을 알지 못해 이러한 지경에 이르렀으니 몹시 애석하다."고 했다.[2]

조선정부의 실권을 장악하고 있던 대원군 등은 전통적 양이정책을 고수하며 일본이 구미와 개국하고 화친을 펼치는 정책에 대한 반감, 황(皇)과 칙(勅)의 용어문제로 조선과 메이지 일본정부와의 외교관계는 얽혀 있었다. 그 뒤 일본은 지속적으로 조선정벌론을 거론했다. 1869년 10월29일(음9월25일) 외무성에서 태정관변관(太政官弁官)에게 상신서(上申書)를 제출했다. 당시 외무권소승(外務權少丞)인 미야모토 고이치(宮本小一)의 조선론이라는 의견서도 함께 첨부되어 있다. 그동안 쓰시마번의 소가(宗家)에게 위임해 왔던 외교업무를 서양 각국의 공사관처럼 정부에서 관리를 파견할 것을 제안하고 있다. 의견서 첫머리에 사절과 군함 파견을 언급하고 있다.

#1. 조선국과의 교제는 소가(宗家)의 사교(私交)에 맡기지 말고 정부에서 군함으로 사절을 파견하기 바란다. 준비가 갖춰질 때까지 관원 한두 명을 쓰시마에 파견하고 시기에 맞춰 조선으로 건너가 지금까지의 교제 실정을 조사하게 하라는 취지와 이에 대한 태정관의 결정을 바란다.[3]

#2. 요즈음 조선에 관해 논하는 자가 말하기를, "왕정복고 대호령을 천황폐하께서 내리셨으니 조선은 옛날과 같이 속국으로 삼아 번신(藩臣)의 예를 갖추게 해야 한다. 마땅히 천황의 사절을 신속하게 파견해 그 불경함을 문책하고 공물을 바치게 해야 한다."고 한다.[4]

#3. 그 이전 막부와 동등한 교제를 해온 바 지금 천조(天朝)와 교제할 때 막부는 장군

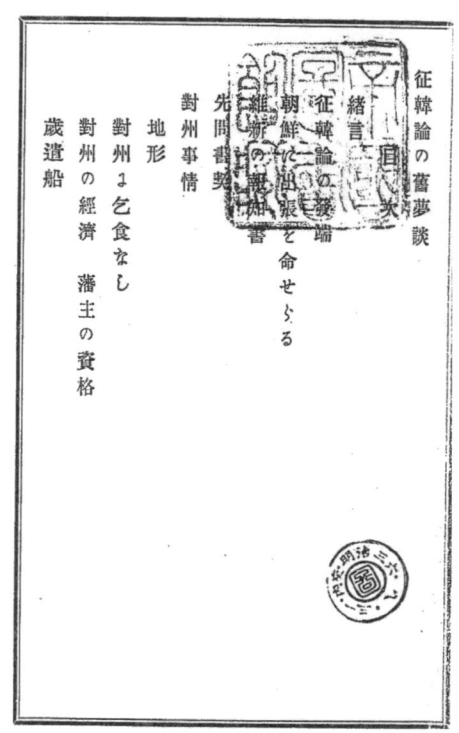

사다 하쿠보의 『정한론의 구몽담(征韓論の旧夢談)』(1903년)

이며 천황폐하의 신하다. 그렇다면 조정과 교제하려면 2, 3등급 내려야 한다.[5]

#4. 조선과 교제가 무익하다 해도 이대로 내버려 두어서는 러시아에 잠식당할 것이다. 이것은 일본에 크게 해가 된다. 그러므로 **조선을 돕는 것은 조선을 아껴서가 아니라 일본을 아껴서다.** 현재 일본의 병력, 돈, 곡식이 모두 모자라니 아직 조선을 병탄할 힘은 없다. 헛되이 손을 대서 중도에 소용없게 되면 천하의 웃음거리가 될 것이다.[6]

그 뒤 사절로 파견된 자가 사다 하쿠보(佐田白茅, 1833~1907)다. 그는 1863년 조슈(長州)의 존양론에 가담한 혐의로 규슈 구루메(久留米) 감옥에 5년 동안 갇혀 있다가 메이지유신 뒤 새 정부에 출사했다. 감옥에 갇혀 있을 때 함께 했던 동지 30여 명과 붓과 서적이 금지되어 있어 잡담하며 지냈다. 이미 그는 조선이 빠르게 변화할 것으로 보고 조선 연구에 몰두했다. 메이지유신 뒤 바로 교토의 군무관 판사시보로 출사했다. 1867년 정부에 조선에 대한 건책서를 제출했다. 그가 쓴 『정한론의 구몽담』의 한 부분이다.

> 조선은 오진(應神) 천황 이후 의무가 있는 나라다. 유신 세력에 편승하여 신속하게 관계를 맺는 것이 좋다. 소위 먼저 들어가면 남을 제압하고 나중에 들어가면 남에게 제압당한다는 격언처럼 오늘 낡은 구습에 얽매여 고치려 하지 않으면 미래에는 손길을 뻗칠 수 없다는 주장을 열심히 펼쳐 태정관의 변사관에게 제출했다. 그 이듬해 재가를 받아 도쿄에 군무관이 신설되고 교토의 군무관은 폐지되었다.[7]

도쿄의 군무관으로 올라간 이듬해 다시 비슷한 내용의 『정한건책서』를 제출한 것을 인정받아 10월 외무성에 출사했다. 이 무렵 조선과 일본은 메이지유신 뒤 쓰시마번을 매개로 새 정부 출범 통고와 국교교섭을 행하려 했으나 외교

사다 하쿠보의 『정한건책서』(1868년)

문서가 도쿠가와 막부와 주고받던 형식과 다르다는 이유로 서계수취를 거절당한 뒤로 국교가 교착상태에 빠져 있었다. 사다 하쿠보는 1869년 12월 메이지정부의 외교사절로 조선에 파견되었다. 당시 정황을 이렇게 전하고 있다.

> 외무성에 출사하고 10월에 이르러 태정관께서 굵은 붓으로 쓴 한 통의 사령장을 받게 되었다. "조선 출장을 명함." 이때 하쿠보의 기쁨을 알 것이다. 이 사령장을 접하자마자 사와 노부요시(澤宣嘉, 1836~1973) 외무대신은 사다 하쿠보를 불러 출장 이유를 상세히 설명해 주었다. 그 요지는 지난해 태정관이 대마번주를 중개인으로 조선국에 유신정부에 대해 보고하고 알리는 글을 보냈으나 그 회답을 재삼 독촉해도 답신을 받지 못했다. 이번에는 그에 대해 심문하고 회답을 재촉하는 것이 주요 임무였다. 외무성 출사라는 직책으로 조선의 사절로 가게 되었다. 도쿠가와 막부가 외교를 중지한 뒤 2백 년 동안 쓰시마인 외에 한 사람도 조선으로 건너가지 못했다. 이번에 처음으로 조선으로 건너가게 되어 쓰시마 번주와 여러 가지를 상의했다.[8]

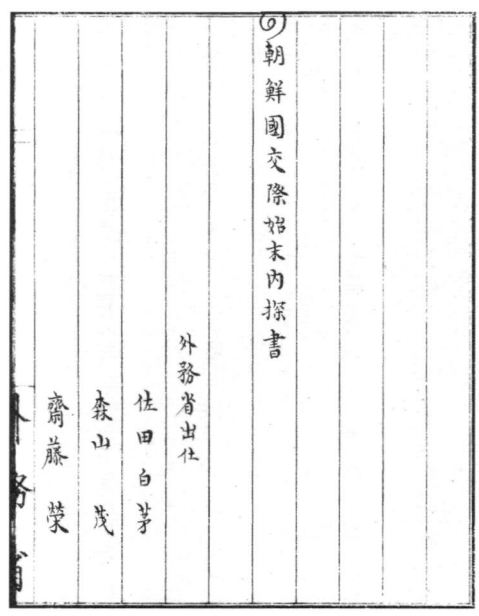

「조선국교제시말내탐서(朝鮮國交際始末內探書)」(1870년)

메이지정부는 사다 하쿠보와 모리야마 시게루를 파견해 교섭했으나 소득이 없었다. 이들은 1870년 1월 귀국했다. 조선에 파견되어 현지를 시찰한 결과 조선의 군사력이 형편없다는 결론을 얻은 사다 하쿠보는 조선의 서계수취 거부는 일본에 대한 모욕이라며 태정관에게 정한론을 제안하는 건책서를 1870년 3월 제출했다. 한 통의 건책서와 별지 부록으로 조선국정을 논한 「조선국교제시말내탐서」도 함께 제출했다. 조선의 국서수취 거부는 황국을 모욕하는 것이므로 군대를 보내 공격해야 한다는 것이 요지였다. 사토 노부히로의 조선공략론, 울릉도, 독도에 대한 언급이 서로 닮아 있다.

#1. 조선은 지키는 것은 알고 공격하는 것을 모른다. 나를 알고 상대를 모른다. 조선 사람은 침울하게 가라앉아 있고 교활하다. 고루하고 오만하다. 이를 깨닫고도 깨우치지 못한다. 이를 자극하나 격해지지 않는다. 그러므로 **단호히 병력으로서 임하지 않으면 어찌 우리가 바라는 바를 이룰 수 있겠는가.** 하물며 조선은 황국을 멸시하여 문자에 불손함이 있다며 황국에 치욕을 주었다. 군(君)을 욕보이면 신하는 죽임을 당한다. 실로 불구대천의 원수다. 반드시 이를 정벌해야 한다. 정벌하지 않으면 황제의 위엄이 서지 않으며 신하가 아니다. 신속히 황사(皇使) 1명, 대장 1명, 소장 3명을 선발하여 30대대를 인솔하게 해야 한다. 황사가 대의를 걸고 모욕한 까닭을 물어야 한다. 반드시 그곳에 군영을 두고 항복하여 사죄하지 않는다면 황사는 홀연히 떠나고, 즉각 대병력이 들어간다. 그중 10대대를 이끌고 강화부에서 바로 왕성을 공격한다. 대장이 이를 통솔한다. 그중 한 소장이 이끄는 6대대는 경상, 전라, 충청 3도로 진격한다. 그중 한 소장이 이끄는 4대대는 강원, 경기로 진격한다. 그중 한 소장이 이끄는 10대대는 압록강으로 거슬러 올라가 함경, 평안, 황해 3도로 진격한다. 멀고 가까운 곳을 살펴 서로 완급을 조절한다. 이렇게 하면 반드시 오순(五旬, 1순은 10일)이면 그 국왕을 포로로 삼을 수 있다. 만일 그렇지 않고 하릴없이 황사만 파견하면 백 번을 오간다 해도 오히려 하책(下策)일 뿐이다. 속결로 이를 정벌하는 것만 못하다.⁹

#2. 죽도(竹島), 송도(松島)가 조선에 부속된 경위

송도는 죽도에 인접한 섬으로 지금까지 송도에 대해 기재된 서류는 아무 것도 없습니다. 죽도에 대해서는 임진왜란 뒤 한동안 조선에서 거류를 위해 사람을 파견한 적이 있는 바, 지금은 이전처럼 사람은 없다고 합니다. 대나무나 대나무보다 굵은 갈대가 나고, 인삼 등이 자연에서 자생하며, 그 외에 어산물도 상당하다고 들었습니다. 위 내용은 조선 사정을 실지 정찰한 것으로 대략 서면과 같습니다. 먼저 귀국하기에 앞서 조서 서류와 도면을 함께 첨부해 올립니다.[10]

2. 후쿠자와 유키치, 전쟁 선동

일본 근대화과정의 총체적 스승으로 불리며 현재 일본 1만 엔 지폐의 초상 인물인 후쿠자와 유키치(福澤諭吉, 1835~1901)는 일본을 반개(半開), 조선은 미개(未開)라고 주장했다. 그는 철저한 침략론자였다. 메이지 초기부터 일관되게 국가의 침략전쟁을 선동하고 후원했다. 1878년 『통속국권론(通俗國權論)』에서 나라를 부강하게 하려면 외국을 침략할 필요가 있으며, 일본의 외국교제법은 최후에 전쟁에 호소하는 것으로 정하자고 했다. 대외적으로 국가의 잘못을 시인해서는 안 된다고 당국자에게 제언하고 있다.

#1. 일신의 처세의 도가 이와 같듯, 만국교제의 도 역시 이와 다르지 않다. 화친조약이니 만국공법이니 하는 것은 매우 아름답게 들리지만 외면의 명분일 뿐 실제 국가 간의 교제는 권위를 다투고 이익을 탐하는 것에 지나지 않는다. 세계 고금의 사실을 보라. 빈약하고 무지한 소국이 자주 조약과 공법에 의뢰하여 독립의 체면을 완전히 한 예가 없음을 모두 알고 있다. 소국뿐 아니라 대국과 대국과의 관계에서도 서로 정당하게 대립하면서도 그 틈을 엿보아야 함을 간과해서는 안 된다. 아직 발견되지 않은 병력의 강하고 약함을 살피고, 탐색하는 한 가지 외에 달리 의지할 방편이 없다. 백 권의 만국공법은 몇 문의 대포보다 못하고, 몇 책의 화친조약은 한 상자의 탄약보다 못하다. 대포·탄약은 있는 도리를 주장하는 대비가 아니라 없는 도리도 만들어내는 기계다.[11]

#2. 일본의 외국교제법은 마지막에 호소할 바를 전쟁으로 정한다. 전쟁하면 완고하고 굳세게 하여 쉽사리 병력을 물리지 않아야 한다.[12]

유쿠자와 유키치의 저서 「통속국권론」 표지

#3. 일국의 인심을 흥기하여 전체를 감동시킬 수 있는 방편은 외전(外戰)만한 것이 없다. 진구황후의 삼한정벌은 1700년 전의 옛날이었고, 도요토미 히데요시[豊太合]의 출사도 이미 300년이 지났으나 인민은 아직 이를 잊지 않고 있다. 오늘에 이르러 세상에서 정한(征韓)을 논하고 있는 것은 일본의 인민이 백, 천년의 옛날을 떠올리며 그 영욕을 잊지 않은 증거다.……특히 조선정벌론을 제창해 전국 인민도 이를 들으면 예컨대 정벌의 마음이 없는 자라도 조선과 일본을 잘 구별하고 이해하는 것은 바로 전쟁이 인심을 감동시켜 오랜 세월 지속시키는 힘이 강대하다는 것을 말해준다. 지금 서양제국과 대립하여 우리 인민의 보국심을 진작시킬 수 있는 수단은 이들과 교전을 벌이는 것보다 나은 일은 없다.¹³

#4. 조선 문제는 후쿠자와 유키치가 평생 동안 가장 심혈을 기울인 문제 중 하나였다. 그는 메이지 일본 조야(朝野)를 통틀어 조선 국내 정세에 가장 밝았으며 동시에 조선 문제 해결에서도 가장 과감하게 주장해 온 사람이었다. 즉 일본은 조선을 '중국 속국'이라 칭하며 속국시한 중국 세력을 배제하고 일본이 지도해야 한다, 이를 위해서는 중국과의 교전은 반드시 피하기 어렵다는 점을 각오하고 가장 강력하게 주장한 인물 중 한 사람이었다. 논의로써 세상을 움직였다. 선생은 조선의 지사를 보호하고 가르치고 책략을 지도하고 문하생을 조선국 정부의 고문으로 추천하고 조선 문자를 쉽게 배울 것을 창의해 실행하고 조선 유학생 교육을 감독하는 등 스스로 무대의 앞과 뒤를 오가며 주선했다. 그리하여 일본정부의 조선정책이 점차 흔들리고 특히 1884년의 사변이 있은 뒤 중국을 미워하며 아무 일을 하지 않는 보수에 비해 선생은 일관되게 강경하고 적극적으로 주장했다.¹⁴

#5. '국가 교제의 주의(主義)는 수신론과 다르다'(『時事新報』, 1885년 3월9일자, 후쿠자와 유키치 사설)
개인 간에는 도덕상의 의무를 허용하여 잘못을 개선하고 죄를 사죄하면 명예를 회복할 길도 있지만, 국가가 한 번 그 잘못을 세계에 드러내면 사실 여부에 관계없이 오명을 씻기가 매우 어렵다. 과오를 개선하면 그 잘못은 더욱 평판이 나빠지고, 후회하여 사죄하면 그 죄는 더욱 명백해지게 되는 것이다. 거기까지 이르지 않더라도 이쪽에서 조금 과실이 있어 우물쭈물하면 적대국의 자만심을 도와줄 뿐이며, 세계 각국에서 우리의 내막을 통찰하여 결국 무슨 일에서나 모두 이빨을 드러내게 될 것이다. **예로부터 지금에 이르기까지 국가와 국가간의 교제에서 무리를 범해 쉽사리 사죄한 자가 있다는 말을 듣지 못했다.**[15]

#6. '탈아론'(『時事新報』, 1885년 3월16일자, 후쿠자와 유키치 사설)

일본은 이웃나라의 개명을 기다려 함께 아시아를 일으킬 만한 여유가 없다. 오히려 그 관계에서 벗어나 서양의 문명국과 진퇴를 함께 해야 한다. 중국, 조선을 대하는 방법도 이웃나라이므로 특별히 배려할 필요가 없다. 서양인이 이들을 대하는 방식에 따라 처분하면 될 뿐이다. 악우(惡友)와 친하게 되면 함께 악명(惡名)을 면하기 어렵다. 나는 마음으로 아시아 동방의 악우를 사절한다.[16]

#7. '조선 동학당의 소동에 대하여'(『時事新報』, 1894년 5월30일자, 후쿠자와 유키치 사설)

중국은 원래 조선을 속국시하여 늘 그 보호를 게을리 하지 않았다. 이 경우 청원할 것까지도 없이 병력을 보내 진압에 힘을 쏟을 것이다. 만일 중국의 병력으로 조선의 내란을 진정시키고 그 정부의 자립을 돕게 되면 반도국의 전권은 더욱 그들 수중으로 들어가 조선독립의 결실을 거두는데 방해가 된다. 그 결과는 동양에서 우리 국권의 소장(消長)에도 명백히 영향을 미칠 것이다. 우리 일본사람은 미리 이에 착안하여 기회를 놓치지 않겠다는 각오가 중요하다. 만일 한 걸음 물러나거나 혼자 먼저 나서지는 않더라도 중국정부가 원병을 보낼 경우에는 일본도 그들과 같은 수의 병력을 파병해 반드시 대등한 지위를 차지해야 한다.[17]

#8. '일본병 쉽사리 철수해서는 안 된다'(『時事新報』, 1894년 6월19일자, 후쿠자와 유키치 사설)

일본병의 진퇴는 향후 어떻게 해야 하는가. 우리의 출병은 인민보호를 위함이니 달리 물러설 수 없다. 내란이 차츰 진정되기에 이르면 곧바로 철수하는 것은 지당한 순서이지만 우리들은 쉽게 철수하는 것을 바라지 않는다. 조선의 형세로 보건대 이번 소동이 다른 나라의 도움을 받아 일시적으로 진정되어도 재발될 위험이 있다. 전호에서 논한 것처럼 일본 국민이 이번 기회를 이용하여 조선인을 이끌고 인도해 그 나라에서 문명사업을 추진하는 방침을 정해야 한다. 전신 가설, 철도 부설을 시도하고 우편, 경찰, 재정, 병제 등 일반 조직을 개량하여 함께 문명개화의 일을 추진해 세계에 독립국의 체면을 온전히 하기 위한 대단히 큰 사업이다. 일본의 비용과 노력을 필요로 하는 아주 큰일이다.[18]

#9. '병력을 이용할 필요'(『時事新報』, 1894년 7월4일자, 후쿠자와 유키치 사설)

정치 개혁에 병력은 필요 없겠지만 문명류(文明流)의 개혁을 좋아하지 않는 것은 미개 국민에게 늘 있는 일이다. 적어도 병력의 무시무시함을 당해보지 않으면 낡은 관습에서 벗어나지 못하고 당장의 편안함만을 취하므로 본의는 아니지만 위엄을 보여 변통책으로 나가야 한다.[19]

#10. 중국, 조선 양국에 즉시 개전해야 한다'(『時事新報』, 1894년 7월24일자, 후쿠자와 유키치 사설)

어떠한 방해를 받더라도 일본은 개혁의 목적을 달성해야 한다. 일의 추세로 보아 어떤 불이익에 빠질지 알 수 없다. 오늘에 이르러 입씨름은 무익하다. 일각이라도 빨리 지체하지 말고 결연히 중국을 적으로 삼아 우리 쪽에서 전쟁을 시작해야 한다. 지금까지 일본이 평화방침을 취한 것은 중국이 우리에게 아직 직접적인 손해를 가하지 않았기 때문이지만 오늘은 그렇지 않다.……약소한 조선을 토벌해 딱하게도 오랫동안 그들이 물들어 있던 중국 숭배의 미몽을 타파하는데 탄환·화약보다 나은 것이 있을 수 없다.[20]

#11. '나에게 끼어들 바 없다'(『時事新報』, 1894년 7월27일자, 후쿠자와 유키치 사설)

일본의 조선출병에 대해 외국의 신문 등에는 종종 오해가 없지는 않다. 중국의 출병은 동학당 진압을 목적으로 병력 수는 2, 3천에 불과하고 그 상륙지점도 필요한 지역과 가까운 아산을 선택한 것처럼 목적 외에 다른 뜻이 없음이 명백하지만 일본의 병력 수는 몇 배로 많고 곧바로 경성으로 진입한 것은 도저히 이해할 수 없는 일이라 주장하는 자가 있다. 그러나 일본 병력 수가 많은 것은 즉 일본의 평화를 우선하여 일이 생기는 것을 좋아하지 않는다는 증거다.[21]

후쿠자와 유키치는 1884년 갑신정변 실패 뒤 청과 조선에 대한 강경론을 이어갔다. 농민군이 전주를 점령하자 조선이 청국에 군대 파병을 요청한 데 대해 5월30일 일본의 병력 파병을 요청했다. 「세계 문명의 풍조가 남의 손을 빌어 그 파동이 조선에 미치게 하는 것」(8월1일자), 「목적은 오로지 전쟁에서 승리만 있을 뿐. 승리를 쟁취해 국가의 빛나는 위엄을 세계에 비추게 하자」(8월3일자), 「곧바로 북경을 쳐야 한다. 이번 전쟁은 문명과 야만, 빛과 어둠의 전쟁」(8월5일자)이라는 사설을 쏟아내며 일본의 조선침략과 청일전쟁을 지지했다. 조선 무력 침략과 인적, 물적 약탈을 토대로 청일전쟁을 승리로 이끈 일본은 조선을 독립시켜 동양의 평화를 지키고 조선을 보호했다고 선전했다. 그는 이 전쟁을 문명과 야만의 전쟁이라 주장하고 부패한 조선을 노골적으로 멸시했다. 중국보다 많은 병력으로 조선을 침략한 것에 대해 여러 외국에는 일본이 평화를 지향한 것이라고 거짓으로 선전·왜곡했다. 이것이 지금도 여전히 일본의 1만 엔 지폐의 상징으로 후쿠자와 유키치를 내세우고 있는 문명을 가장한 야만의 나라 일본의 본 얼굴이다.

3. 오카쿠라 텐신, 조선은 일본 땅

근대 일본미술에 큰 영향을 미쳤고 당대를 대표하는 사상가 오카쿠라 텐신(岡倉天心, 1863~1913)[22]은 러일전쟁이 한창이던 1904년 미국에서 『일본의 각성』

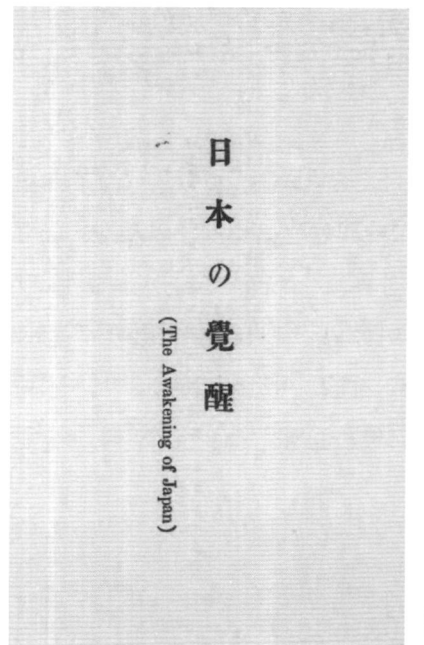

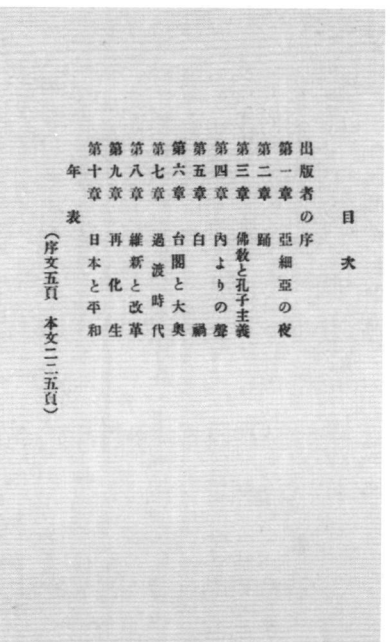

오카쿠라 텐신과 그의 저서 『일본의 각성(日本の覺醒)』 표지와 차례

을 펴냈다. 일본의 입장과 문화를 서양에 이해시키려고 영어로 쓴 책이다. 이 책 「제10장, 일본과 평화」에서 조선침략에 눈멀어 조선은 처음부터 일본의 영토였다는 생각에 입각해 "조선은 일본의 영유 아래 있어야 한다."고 주장했다. 당시 일본 지식인의 조선에 대한 인식을 엿볼 수 있다.[23]

#1. 13세기 몽골의 일본침략에서 중국의 선봉을 이끈 조선인에 대한 원한은 우리의 마음 속에서 불타올랐다. 우리의 유일한 보복 행위는 도요토미 히데요시의 유례없는 원정으로 이루어졌다. 도요토미는 16세기에 대대로 적대시했던 그들과 진검승부를 위해 조선으로 군대를 몰아갔다.

#2. 1868년 왕정복고 뒤 중국, 조선과 일본의 관계는 평화 불침략의 일본 전통적인 정책을 잘 보여주었다. 우리가 3백 년 동안의 잠에서 깨어났을 때는 국제간의 형세가 크게 변화해 있었다. 우리의 진정한 존립까지 위협하는 사건이 아시아에서 일어나고 있었다. 동양의 국민은 하나같이 외적의 공격에서 스스로를 방어하지 않으면 독립 유지를 바랄 수 없게 되었다. 자연의 장벽은 과학이 발달함에 따라 소용없어져 버렸다. 우리가 이전에 황해와 조선해협이 대륙 침략을 막는 장애물로 여겨왔으나, 빠른 군함과 장거리 대포가 소개된 뒤로는 대수롭지 않게 되었다.

#3. 누구건 우리의 적대국이 조선반도를 점령하게 되면 쉽게 일본으로 진격할 수 있다. 조선은 늘 날카로운 비수처럼 일본의 심장을 향해 뻗어 있어서다. 조선과 만주의 독립은 일본의 인종 보전을 위한 경제적인 이유로도 필요한 일이다. 일본의 늘어나는 인구는 경작할 땅이 부족하므로 합법적인 배출구를 잃어버린다면 굶주림만 기다리는 셈이기 때문이다. 오늘날 이곳으로 들어와 있는 러시아는 우리를 제외하고 그 누구도 막을 자가 없다. 이러한 정세에서 우리는 부득이 고대 일본의 영토인 조선을 우리의 합법적, 국민적 방어선 내에 있는 것으로 간주하지 않을 수 없다.

#4. 우리가 어쩔 수 없이 중국과 전쟁을 할 수밖에 없게 된 것은 1894년 조선반도의 독립이 중국에 위협받았던 때였다. 우리가 1904년 러시아와 전쟁을 한 것도 마찬가지로 조선의 독립을 위해서였다. 우리가 조선을 점령하고자 했으면 점령할 수 있었던 시기가 몇 번 있었으나 내부에서 강력한 반대 의견이 있었다. 우리의 바람은 평화였다. 왕정복고를 수립한 역사적 정신은 조선이 원래 일본의 영토였고, 도쿠가와 시대에는 막부에 공헌한 사실을 환기한 것임을 우리는 기억해야 한다.

#5. 지난 세기 70년 동안 이미 개전의 명분이 없었던 것은 아니다. 조선은 기괴한 망상을 갖고 고심하며 일본의 왕정복고 정치를 승인하지 않았고, 우리에게 여러 가지로 무례히 굴었기 때문이다. 1873년 내각의 분열〔정한론정변〕과 1879년 사쓰마의 탈당자들에 의해 야기된 폭동〔세이난 전쟁〕은 개전당과 평화당 사이의 논쟁에서 후자가 늘 승리한 결과였다. 그 당시 서양은 동양에서의 이해관계가 첨예하게 대립하고 있지 않았으므로 우리의 행동에 간섭하지 못했을 것이다. 개전당의 당원은 일본이 조선을 통제해 영원히 조선이 다른 어느 나라에 넘어가게 될 위험을 없애려면 두 번 다시 오지 않을 기회라고 주장했다. 그들에게 조선은 늘 공헌(貢獻)의 국민이었다. 우리는 그저 조선에 대한 기득권만 견고히 하면 된다. 만일 조선문제가 그때 결정되었더라면 아마 청일전쟁과 러일전쟁의 유혈은 피할 수 있었을지도 모른다. 천황의 주요 고문관들은 정부에서 발언권을 갖고 있는 많은 사람과 함께 개전당의 의견에 강력하게 반대했다. 그들은 이웃나라를 희생하여 자국 영토의 확대를 꾀하는 것보다 왕정복고에 더 높은 의미를 두었다. 그들에게 왕정복고는 정의, 인도, 자유주의, 일본인종 향상의 원리를 표상하고 있었다. 그 흐름은 의협심, 자기희생, 국민의 도의로까지 확대된 무사로서의 도리였다.

#6. 조선정부에 대한 실천적 지배는 1894년 중국으로부터 획득했다. 중국은 일본의 항의에도 불구하고 많은 군대를 조선으로 파병해 조선반도를 영구히 지배하려 했다. 이 전쟁사는 세상에 잘 알려져 있다. 평양은 제2의 자메이카가 되었고, 우리 군대

는 여순항을 포함해 남만주 전부를 정복했다. 1895년에 평화가 조인되었고, 그 조항에 따라 중국은 조선의 독립을 승인했으며 전쟁이 종언되었다. 일본 군대가 점령한 영토와 함께 대만을 일본에 할양했다. 이 조약에 따라 우리는 전쟁의 목적을 달성했다. 중국의 위험으로부터 조선을 방호해 주어 그 영토를 보전하고 보호하는 일이었다. 이리하여 황해의 임시 명령권과 함께 우리의 불안은 제거되었다.

일본에게 조선은 다른 어떤 나라에도 넘겨주어서는 안 되는 나라였다. 일본을 보호할 수 있는 방패막인 조선 영토의 보전이 일본의 살길이라 인식하고 있었으므로 조선의 보호국화로 불안이 제거되었다고 오카쿠라 텐신은 기록하고 있다. 청일전쟁과 러일전쟁에서 일본이 말한 '조선의 독립'은 '조선의 보호국화, 조선의 식민지배'임은 설명을 덧붙이지 않아도 알 수 있다. 한반도는 일본의 영토를 보전, 보호해 주고 그들의 불안을 제거해 주는 든든한 바깥 울타리였다.

평론가 가라타니 고진은 그의 책 『역사와 반복』에서 "역사에서 반복은 같은 사건이 되풀이 됨을 의미하지 않는다. 반복이 가능한 것은 사건(내용)이 아니라 그 형식(구조)에서다"[24]라고 했다. 무력침략과 식민지배에 반성을 보이지 않는 일본은 지금도 틈을 노리며 한반도를 엿보고 있다. 침략에 대한 인식이 바뀌지 않는 일본의 반성을 이끌어내려면 더욱 철저히 그들이 숨겨놓고 남모르게 즐긴 비틀린 역사기록을 찾아내 밝히는 일을 멈추어서는 안 될 것이다.

주

서론

1 조선출병이 결정된 1592년 고니시 유키나가(小西行長)와 가토 키요마사(加藤清正)가 서로 선봉이 되기를 희망했지만 도요토미 히데요시는 고니시 유키나가에게 검은색의 큰 말을 선물하며 선봉으로, 가토 키요마사를 두 번째로 삼았다.(『日本大百科全書』, 小学館 참조)
2 우내(宇内)란 전 세계, 혼동(混同)은 통일 즉 '세계통일의 비책'을 뜻함
3 妻木忠太編, 『木戸孝允日記』第1, 早川良吉, 1932년, 159쪽
4 徳富猪一郎編, 『公爵山県有朋伝』(中巻), 山県有朋公記念事業会, 1933년, 412~413쪽
5 이 보고서는 일본 방위성 방위연구소 전사부 도서관에 「명팔 맹춘 운양 조선회항기사(明八孟春 雲揚 朝鮮回航記事)」로 소장되어 있다.
6 有終会編, 『海軍逸話集』(第1輯), 有終会, 1930년, 13~14쪽
7 「JACAR(アジア歴史資料センター) Ref.C09122977900, 明治35年5月起 部長会議 第1号 秘(防衛省防衛研究所)」(참조:일본의 국공립문서관 아시아자료센터 인터넷 공개자료는 거기에서 권장하고 있는 참고자료 표기법에 따랐다. 이하 '앞의 자료관'으로 표기함)
8 술통과 안주를 놓은 상에서 적의 창끝을 꺾는다는 뜻으로, 공식적인 연회에서 담소하면서 유리하게 외교 활동을 벌임을 이르는 말(출전 : 『안자춘추』)
9 中塚明, 『歴史の偽造をただす』, 高文研, 1997년, 83~85쪽
10 塚本隆彦, 「旧陸軍における戦史編纂 – 軍事組織による戦史への取組みの課題と限界 – 」(『전사연구연보』제10호, 2007년3월)

제1부 1894년 6월, 조선 무력침략

1장— 염탐·첩보

1 상방궁(尙房宮) : 궁궐의 일상에 쓰는 물건을 보관하는 일을 맡아보는 곳
2 黃玹, 『梅泉野録』권2, 「갑오(1894) 고종31년」
3 쓰쿠바함(筑波艦) : 일본해군 군함. 목조 콜베트. 원래 영국해군소속 'HMS 말라카(HMSMalacca)'로 병부성이 구입. 해군병학교의 연습함, 원양연습 항해용, 측량임무를 행함. 청일전쟁 때 군함 이력이 40년 이상이었으므로 실전에 투입되지 않고 군함경비를 행함
4 구로오카 타테와키(黒岡帯刀, 1851~1927). 사쓰마번 최종계급 중장. 도쿄 해군조련소를 거쳐 영국, 프랑스 유학. 1897년 7월 해군소위 임관. 참모본부 해군부 제3국장, 해군참모본부 출사, 청일전쟁 때 쓰쿠마 함장
5 「JACAR(アジア歴史資料センター) Ref.C10125476700, 明治27年 公文雑輯 巻5 艦船下(防衛省防衛研究所)」(이하 '앞의 자료관, 『공문잡집』(권5)'라 함.), '27년2월22일 筑波艦利運に関する件'
6 앞의 자료관, 『공문잡집』(권5), '27년3월3일 筑波艦朝鮮国諜報(米庫及旧式軍営の部)の件'
7 앞의 자료관, 『공문잡집』(권5), '27년3월8일 筑波艦朝鮮国兵力概況の件'

8 앞의 자료관, 『공문잡집』(권5), '27年2月28日 筑波艦朝鮮国諜報(船舶の部)の件'
9 앞의 자료관, 『공문잡집』(권5), '27年3月19日 筑波艦漢江往復汽船に関する件'
10 앞의 자료관, 『공문잡집』(권5), '27年3月1日 筑波艦仁川京城間道路視察報告外の件'
11 앞의 자료관, 『공문잡집』(권5), '27年3月5日 筑波艦仁川より京城に至る海陸両路交通の件'
12 앞의 자료관, 『공문잡집』(권5), 앞 자료

2장— 참모본부, 혼성여단 편성

1 「JACAR(アジア歷史資料センタ-) Ref.C13110358300, 日清戦史講義摘要録 第1巻(防衛省防衛研究所)」(이하 '앞의 자료관, 『일청전사강의적요록』'이라 함), 23~26쪽
2 가지카와 료키치(梶川良吉, 1858~1909). 1878년 해군병학교 졸업. 1893년 요시노(吉野)함의 항해장이 되어 청일전쟁에 종군
3 앞의 자료관, 『일청전사강의적요록』, '出兵の動議と我'
4 앞의 자료관, 『일청전사강의적요록』, '混成旅団派韓に関する参謀本部の準備'
5 德富猪一郞, 앞의 책, 133~135쪽
6 앞의 자료관, 『일청전사강의적요록』, '開戦誘引時我中央当局の開戦準備／大本営の画策せる予定の廟算'
7 앞의 자료관, 『일청전사강의적요록』, '混成旅団派遣計画の討議'
8 나가오카 가이시(長岡外史, 1858~1933). 야마구치현(山口県). 육군중장. 혼성여단 오시마 요시마사 여단장의 참모
9 구라츠지 아키토시(倉辻明俊, 1854~1917). 저서로 『양병비결(養兵秘訣)』이 있음
10 앞의 자료관, 『공문잡집』(권5), '27年2月28日 筑波艦朝鮮国諜報(船舶の部)の件'
11 앞의 자료관, 明治27·8年 戦史材料, '征清海戦史巻 第 編 本省及軍令部設計 第15章 朦朧', 99~110쪽
12 이노우에 토시오(井上敏夫, 1857~1924). 이시카와현(石川県). 1886부터 1889년까지 해군병학교 항해술 배움. 청일전쟁 직전 몇 년간 청국공사관부무관으로 첩보활동에 종사, 전쟁이 시작되자 귀국, 순양함 이즈모(出雲)의 회항위원장이자 함장
13 『駐韓日本公使館記録』2권, 五. 機密本省及其他往來, 「속방 보호를 위해 조선국에 출병하는 취지를 통고한 건」(발신일 1894.6.6., 수신일 1894.6.7.)
14 앞의 자료, 「청국군 내한 등에 관한 보고」, 「귀임 후 조선정세 보고, 청병 무력구축 여부에 대한 회훈 요청」

3장— '특전사' 육전대, 무력 침략의 선봉

1 앞의 자료관, 「命令訓令 自明治27年6月 至明治28年6月」
2 이토 미요지(伊東巳代治, 1857~1934). 나가사키 출생. 1882년 이토 히로부미를 따라 유럽으로 향한 뒤부터 법제정비, 1885년 톈진조약 체결에 힘썼다. 헌법, 법전 기초 제정에 참여, 제1차 이토내각 수상비서관, 89년부터 추밀원 서기관장
3 渡邊幾治郎, 『陸奥宗光伝』, 偉人伝全集(第16巻), 改造社, 1934년, 317~319쪽
4 林董, 『後は昔の記』, 時事新報社, 1910년, 209~210쪽
5 元帥上原勇作伝記刊行会編, 앞의 책, 159쪽
6 쿠레진수부(呉鎮守府), 히로시마 쿠레시(呉市)에 있던 일본제국 해군 진수부. 1886년 4월22일 '해군조례'로 전국 5개 해군 구역을 규정, 각 구의 군항에 진수부를 둠. 쿠레진수부 개청식은 1890년 4월21일 메이지천황 임석 하에 거행됨
7 元帥上原勇作伝記刊行会編, 앞의 책, 155쪽
8 林董, 앞의 책, 211~213쪽
9 陸奥宗光, 『蹇蹇録』, 岩波書店, 1941년, 13~14쪽

10 アジア歴史資料センター・大英図書館共同インターネット特別展,「描かれた日清戦争～錦絵・年画と公文書～」
11 金沢嚴雄編,『日清交戦実記』, 東雲堂, 1894년. 27~28쪽
12 岡本柳之助,『岡本柳之助論策』, 田中三七, 1898년, 185쪽
13 駐韓日本公使館記録 2권, 五. 機密本省及其他往来 (18) 海軍大臣電報, 1894년 6월5일 발신, 발신자:軍艦大和艦長 海軍大佐 舟木錬太郎, 수신자 : 臨時代理公使 杉村
14 朴宗根,『淸日戰爭と朝鮮』, 青木書店, 1982년, 17~18쪽
15 杉村濬,『明治廿七八年在韓苦心録』, 杉村陽太郎, 1932년, 6~7쪽
16 앞의 자료, (19)神戸港에서 大鳥公使의 電案, (20)전함 대기상황 보고. 발신일 1894년 6월6일 밤8시
17 金沢嚴雄編, 앞의 책, 29쪽
18 加藤寛治大将伝記編纂会編,『加藤寛治大将伝』, 加藤寛治大将伝記編纂会, 1941년. 255~257쪽
19 기무라 코키치(木村浩吉, 1861~1926). 에도 출신. 최종계급 해군소장. 1885년 8월 해군소위 임관. 청일전쟁에서는 '마쓰시마(松島)' 수뢰장으로 출정, 황해해전에 참가. 그때 해전실기(海戦実記)를 상세하게 기록해 출판한 것이 호평을 받았고 지금도 귀중한 자료로 남겨져 있다. 木村浩吉,『黄海海戦二於ケル松嶋艦内ノ状況』, 内田芳兵衛, 1896년
20 木村浩吉,『海軍圖説』, 大日本圖書, 1898년, 97~98쪽
21 木村浩吉, 앞의 책, 97~98쪽. 山口喜代松,『日本海軍陸戦隊史』, 大新社, 1943년, 75~76쪽
22 이토 유코(伊東祐亨, 1843~1914), 사쓰마번. 이름은 '스케유키' 등으로 읽히기도 하나 '유코'가 바른 이름이다. 가이세이조(開成所, 1863년 설치된 에도막부 양학교육연구기관)에서 영국 학문을 에가와 타로자에몬(江川太郎左衛門) 밑에서 포병술을 배움. 사쓰마와 영국 전쟁에 종군한 뒤 가쓰 카이슈(勝海舟, 1823~1899, 에도 출신)가 설립한 해군조련소에서 사카모토 료마(坂本龍馬, 1836~1867, 도사번), 무쓰 무네미쓰 등과 함께 항해술을 배움. 1893년 상비함대장관에 취임. 청일전쟁에서는 연합함대사령장관으로 기함 '마쓰시마'로 황해해전 등을 지휘
23 육전대의 인원수는 당시 문서, 책, 연구서마다 조금씩 다르나『일본해군육전대사』를 기준으로 488명으로 보아야 한다. 당시에 쓰여진 기록을 살피다보면, 병력과 무기의 수, 탄약 등 군대 기밀사항은 숫자 입력에 각별히 주의를 기울여 ○○으로 처리 한 것도 있다.
24 山口喜代松, 앞의 책, 95~96쪽
25 加藤寛治大将伝記編纂会編述, 앞의 책, 257~259쪽. 穂波徳明, 앞의 책 (武勇日本, 上), 327쪽(육전대 편제 총지휘관, 대대장들), 金沢嚴雄編, 앞의 책, 30~33쪽
26 金沢嚴雄編, 앞의 책, 29~30쪽
27 이선득(李善得) : 르 장드르(Le Gendre, Charles William, 1830~1899). 미국 군인이며 외교관. 일본정부 외교고문을 역임. 1889년부터 구한국 외부고문. 한국명 이선득(李仙得, 李善得, 李聖得)
28 이용직(李容稙)을 말함
29 金沢嚴雄編, 앞의 책, 30~33쪽
30 『대국사미담』,『경성부사』등 일부 기록에서는 육전대의 인원을 433명 등으로 기록하고 있으나 육전대 인원은 488명이다.『경성부사』는 "이토 사령관은 바로 5함 연합의 해병 433명으로 육전대를 조직하고 마쓰시마(松島) 부장 해군소좌 무코야마 신키치(向山慎吉)를 대장으로 임명했다. 오후 1시 모두 일본인 가옥에 사영시켰다. 다음날 6월10일 오전 3시 전군(全軍)을 인천영사관 앞에 집합시켜 소총부대와 오토리 공사를 호위하게 하고 내리는 비를 무릅쓰고 오전 4시 인천을 출발해 육로로 경성에 들어갔다."고 기록하고 있다.(출처:京城府編, 앞의 책, 566쪽)
31 北垣恭次郎,『大國史美談』권7, 實業之日本社, 1943년, 87~88쪽
32 駐韓日本公使館記録 4巻 一, 露日関係一 (25)〔大鳥公使一行の京城向発 報告〕(1894년 6월10일)
33 伊藤博文編,『秘書類纂』朝鮮交渉資料(中巻), 秘書類纂刊行会, 1936년, 375쪽
34 鄭喬,『大韓季年史』卷二
35 朴殷植, 앞의 책, 제28장「日兵入城」
36 杉村濬, 앞의 책, 9~10쪽
37「JACAR(アジア歴史資料センター) Ref.C06021839700, 明治27年6月「完 27·8年戦役日記」(防衛省防衛研究所)」,「軍務局

より 新聞雑誌原稿検閲事項内訓の件'
38 新聞集成明治編年史編纂会編, 『新聞集成明治編年史』(第九卷), 林泉社, 1940년, 82쪽
39 新聞集成明治編年史編纂会編, 앞의 책, 87쪽

4장—혼성여단, 침략 준비 완료

1 츠치야 미쓰하루(土屋光春, 1848~1920). 청일전쟁에는 대본영 참모로 종군
2 무라다 아츠시(村田惇, 1854~1917). 육군 내 러시아 전문가로 알려진 인물. 1891년 포병소좌로 승진. 1893년 11월부터 1897년 10월까지 참모본부 부관으로 근무, 이 기간 동안 대본영 관리부장, 제2군부관(청일전쟁 출정)을 겸무. 1895년 3월 포병중좌로 진급
3 앞의 자료관, 『일청전사강의적요록』, '開戦誘引時我中央当局の開戦準備／大本営の設置と其時機'
4 中野八十八, 『感激の国史教育(近世さしゑ中心, 尋常 6学年)』, 啓文社書店, 1926년, 500쪽
5 徳富猪一郎, 앞의 책, 141쪽
6 徳富猪一郎, 앞의 책, 141쪽
7 데라우치 마사타케(寺内正毅, 1852~1919). 조슈 번 출신, 청일전쟁 때 병참 최고책임자인 대본영 운수통신장관
8 마쓰모토 카즈(松本和, 1860~1940). 도쿄 출신, 청일전쟁 때 운송통신 담당, 육군 부대수송과 물자 해상수송계획 입안하여 성공
9 徳富猪一郎, 앞의 책, 137쪽
10 徳富猪一郎, 앞의 책, 135~136쪽
11 穂波徳明, 앞의 책(武勇日本, 下), 169~170쪽
12 徳富猪一郎, 앞의 책, 137쪽
13 穂波徳明, 앞의 책(武勇日本, 下), 170~171쪽
14 穂波徳明, 앞의 책(武勇日本, 下), 176쪽
15 앞의 자료관, 『일청전사강의적요록』, '混成旅団派韓に関する参謀本部の準備'
16 徳富猪一郎, 앞의 책, 137쪽
17 「JACAR(アジア歴史資料センタ-) Ref.C06021838400, 明治27年6月 「完27, 8年戦役日記」(防衛省防衛研究所)」(이하 '앞의 자료관, 「完27, 8年戦役日記」'라 함) '参謀本部より 混成旅団編成手続書の件'
18 대본영(大本營)이란 전시 천황 직속 최고 통수기관. 1893년 5월19일 칙령 제52호 전시 대본영 조례에 의해 법제화되어 청일, 러일전쟁 때 설치되었다. 천황의 명령을 대본영 명령(대본영 육군부 명령 = 大陸命, 대본영 해군부 명령 = 大海令)으로 발령하는 최고사령부로서의 기능을 갖는다. 1937년에는 대본영령에 따라 사변에도 설치가 가능했고 태평양전쟁까지 존속했다. 1944년 최고 전쟁지도회의로 개칭됨
19 앞의 자료관, 「完27, 8年戦役日記」
20 「JACAR(アジア歴史資料センタ-) Ref.C13110302400, 命令訓令 自明治27年6月 至明治28年6月(防衛省防衛研究所)」'明治27年6月1日~7日[目錄(1)番号1~5]'
21 参謀本部編, 『明治二十七八年日清戦史』(第1巻), 東京印刷, 1904년, 106~107쪽
22 앞의 자료관, 「完27, 8年戦役日記」
23 앞의 자료관, 「完27, 8年戦役日記」
24 오시아게 모리조(押上森蔵, 1855~1927, 기후현(岐阜県)). 육군중장. 향토사연구가. 러일전쟁에서는 병기탄약 정비와 보충 임무 맡음. 저서 『飛騨国分寺現塔由来其他』가 있음
25 가토 야스히사(加藤泰久, 1855~1917, 도쿄 출신). 최종계급 육군소장
26 愛国社編輯局編, 『日清軍記』제1권, 愛国社, 1894년, 26쪽
27 富岳館編輯部編, 『征清壮絶日本軍人義勇伝』, 富岳館, 1894년, 7~8쪽
28 田中万逸編, 『死生の境』(後篇), 博文館, 1907년, 131~135쪽
29 앞의 자료관, 『일청전사강의적요록』
30 安井滄溟, 『陸海軍人物史論』, 博文館, 1916년, 118~119쪽

31 앞의 자료관,「完27, 8年戦役日記」, '軍務局より 弾薬背負箱第5師団送付の件'
32 이쥬인 고로(伊集院五郎, 1852~1921). 사쓰마, 영국 해군병학교, 해군대학교 병학 출신. 시모세 마사치카(下瀨雅允, 1860~1911, 일본 발명가)가 개발한 시모세 화약의 위력을 높이기 위해 이쥬인 신관(伊集院信管)을 개발
33 元帥上原勇作伝記刊行会編, 앞의 책, 1938년, 153쪽. 앞의 자료관,「混成旅団参謀報告 第1号(1) 6月 6~8日」(明治27年「秘密 日淸朝事件 第5師団混成旅団報告綴」)(이하, '앞의 자료관,「제5사단 혼성여단 보고철」이라 함)
34 앞의 자료관,「제5사단 혼성여단 보고철」, 제1호(6월 6~8일)
35 하기노 스에키치(萩野末吉, 1860~1940). 오가야마번. 1881년 12월 육군사관학교 졸업. 1885년 블라디보스토크 주재 무관으로 시베리아에서 몽고까지 정찰. 정보장교의 원조. 최종계급 육군중장
36 아오키 노부즈미(青木宣純, 1859~1924). 사도와라번(佐土原藩, 사쓰마의 지번). 중국 정보통 군인. 13년 동안 중국으로 파견됨. 참모본부 제2국 국원, 벨기에 유학 뒤 1894년 8월 제1군 참모로 발령
37 야마네 다이스케(山根武亮, 1853~1928) 조슈번. 1878년 12월 육군사관학교(구1기) 졸업, 참모본부 요원으로 청국 파견, 참모본부 제1국원 등을 거쳐 청일전쟁 때 제2군 병참참모장으로 출정
38 德富猪一郎, 앞의 책, 126~127쪽
39 앞의 자료관,「제5사단 혼성여단 보고철」, 제1호(6월 6~8일)
40 愛国社編輯局編, 앞의 책, 27쪽
41 中野八十八, 앞의 책, 501쪽

5장─혼성여단 선발대에 무너진 조선

1 帝国在郷軍人会本部編,『一戸将軍』, 帝国在郷軍人会本部, 1932년, 39쪽
2 帝国在郷軍人会本部編, 앞의 책, 발간사 서문
3「JACAR(アジア歴史資料センター) Ref.C06061756700, 明治27年自6月至9月「混成第9旅団 第5師団報告」(防衛省防衛研究所)」(이하 '앞의 자료관, 「혼성제9여단 제5사단 보고」라 함), '混成旅団参謀報告第1号'
4 駐韓日本公使館記録 1권, 八, 諸方機密信 二, 6月11일 '後續部隊 出兵保留の電文', 발신자:特命全權公使 大鳥圭介, 수신자: 二等領事 能勢辰五郎
5 杉村濬, 앞의 책, 10~11쪽
6 앞의 자료관,「제5사단 혼성여단 보고철」, '大鳥公使より旅団長へ協議書, 護衛兵上陸方に付協議' 6월11일
7 帝国在郷軍人会本部編, 앞의 책, 39~42쪽
8 帝国在郷軍人会本部編, 앞의 책, 42쪽
9 杉村濬, 앞의 책, 11~12쪽
10 元帥上原勇作伝記刊行会編,『元帥上原勇作伝』(상권), 元帥上原勇作伝記刊行会, 1938년, 161~164쪽.
11 가토 히로하루(加藤寬治, 1870~1939). 1891년 해군병학교 졸업, 청일, 러일전쟁 종군. 군령부 계통의 요직을 역임
12 加藤寬治大将伝記編纂会編, 앞의 책, 259~261쪽
13 穗波德明, 앞의 책(武勇日本, 下), 203쪽
14 愛国社編輯局編, 앞의 책, 27쪽
15 金沢巌雄編, 앞의 책, 40~41쪽
16 앞의 자료관,『일청전사강의적요록』, '大島旅団長を中心とせる大鳥公使及本営の三角運動'
17 앞의 자료관,「제5사단 혼성여단 보고철」, '報告, 6月16日午前9時於京城大隊本部'
18 앞의 자료관,「제5사단 혼성여단 보고철」, '混成旅団参謀報告第2号 6월13일'
19『日本外交文書』제27권 제2책(27-Ⅱ), '軍隊の京城進入ニ関シ問合ノ件', '朝鮮國ニ對シ強硬ナル措置ヲトルベキコトアル旨通告ノ件', 194~195쪽

6장─혼성여단, 거듭되는 침략

1 일본군 운송선 오우미마루(近江丸). 청일전쟁, 러일전쟁에서 육해군 군용선(운송선)으로 징용
2 山口喜代松, 앞의 책, 95~96쪽
3 당시 군함 요시노(吉野, 함장 가와하라 요이치(河原要一) 대좌)는 영국에 주문해서 만든 군함이다. 배수량 4,216톤의 최신식 순양함이다. 속력 23노트로 당시 일본 해군이 보유하고 있던 군함 가운데 제1의 정예함이었다.(출처: 加藤寬治大将伝記編纂会編, 앞의 책, 260쪽)
4 鄭喬, 앞의 책, 권2
5 金沢巌雄編, 앞의 책, 43쪽
6 金沢巌雄編, 앞의 책, 41~42쪽
7 近世名将言行録刊行会編, 『近世名将言行録』(第2巻), 吉川弘文館, 1935, 38쪽
8 앞의 자료관, 『일청전사강의적요록』, '混成旅団突然の上陸蹉跌と将士脾肉の嘆'
9 앞의 자료관, 『일청전사강의적요록』, 앞의 자료
10 黄玹, 앞의 책, 「갑오, 고종 31년 6월」
11 육군이 아니라 육전대
12 朴殷植, 『韓國痛史』, 제28장 「日兵入城」
13 参謀本部編, 『明治二十七八年日清戦史』(第1巻), 東京印刷, 1904년, 110~112쪽
14 元帥上原勇作伝記刊行会編, 앞의 책, 161쪽
15 「JACAR(アジア歴史資料センター) Ref.C13110302900, 命令訓令 自明治27年6月至明治28年6月」(이하 '앞의 자료관, 「메이지 27년6월~28년 6월의 명령훈령」'이라 함)
16 앞의 자료관, 『일청전사강의적요록』, '政府の決意を促せる川上中将の活躍'
17 재(才):재목의 부피를 나타내는 단위. 1재는 가로 세로 모두 한 치, 길이가 열 두자인 재목의 부피는 약 0.00334㎥에 해당함
18 穂波徳明, 앞의 책(武勇日本, 下), 198쪽
19 앞의 자료관, 『일청전사강의적요록』, '再ひ我軍部の強硬なる要求'
20 앞의 자료관, 「메이지 27년6월~28년 6월의 명령훈령」
21 金沢巌雄編, 앞의 책, 38~39쪽
22 도고 헤이하치로(東郷平八郎, 1848~1934) 사쓰마번. 청일전쟁이 일어나기 전 '나니와'함장으로 고승호 격침시킴
23 加藤寬治大将伝記編纂会編, 앞의 책, 261~262쪽
24 穂波徳明, 앞의 책 (武勇日本, 下), 205~206쪽
25 斎藤子爵記念会, 『子爵斎藤実伝』(第2巻), 斎藤子爵記念会, 1941년, 550~558쪽
26 앞의 자료관, 『일청전사강의적요록』, '混成旅団第二次輸送部隊の渡韓'
27 参謀本部編, 앞의 책, 113~117쪽
28 윤효정 지음, 박광희 역, 『대한제국아 망해라』, 다산호당, 2010년, 272쪽
29 앞의 자료관, 『일청전사강의적요록』, '再ひ我軍部の強硬なる要求'
30 徳富猪一郎, 앞의 책, 139쪽
31 徳富猪一郎, 앞의 책, 138쪽
32 駐韓日本公使館記録 2권, '五. 機密本省及其他往来', (28) 경성·일본 간 전신왕복이 두절될 경우에 대비하는 훈령, 6월21일 발신, 발신자 무쓰 무네미쓰, 수신자 특명전권공사 오토리 게이스케.
33 앞의 자료관, 「메이지 27년6월~28년 6월의 명령훈령」
34 지대(枝隊)는 본대에서 갈라져 나와 본대 지휘 아래 들어 있으나 독립 행동이 가능한 부대
35 徳富猪一郎, 앞의 책, 133쪽

제2부 1894년 7월, 조선을 장악하다

1장—일본, 무력으로 국정 장악

1 杉村濬, 앞의 책, 12~13쪽
2 앞의 자료관, 『일청전사강의적요록』, '第14項 韓国内政改革の爲め日清協同を提議せる我政府の緩慢なる態度と其動機'
3 陸奧宗光, 앞의 책, 17쪽
4 앞의 자료관, 『일청전사강의적요록』, '韓国内政改革の爲め日清協同を提議せる我政府の緩慢なる態度と其動機'
5 앞의 자료관, 『일청전사강의적요록』, 앞의 자료. 陸奧宗光, 앞의 책, 46~48쪽
6 杉村濬, 앞의 책, 14쪽
7 杉村濬, 앞의 책, 18쪽
8 駐韓日本公使館記錄 1권, '二. 全羅民擾報告 궁궐 내 소요의 건 2', (32) 探報書, 문서번호 : 경(京)제37호, 1894년6월20일 발신
9 앞의 자료 2권, 五. 機密本省及其他往來, (30) 「日·淸軍 충돌에 따른 훈령」, 문서번호:기밀송(送) 제25호, 외무대신 무쓰무네미쓰 발신, 오토리 게이스케 수신
10 杉村濬, 앞의 책, 19쪽
11 앞의 자료 1권, 九. 諸方機密公信往 一, (1)日·청군 충돌 가능성을 외국인에게 표명하여 찬동을 얻으려는 취의서
12 杉村濬, 앞의 책, 24쪽
13 杉村濬, 앞의 책, 24~25쪽
14 德富猪一郎, 앞의 책, 128~131쪽
15 陸奧宗光, 앞의 책, 47~49쪽
16 德富猪一郎, 앞의 책, 131쪽
17 I. B. 비숍 지음, 신복룡 역, 『조선과 그 이웃 나라들』, 집문당, 2000년, 174~177쪽
18 제노네 볼피첼리 지음, 유영분 역, 『구한말 러시아 외교관의 눈으로 본 청일전쟁』, 살림, 2009년, 86쪽
19 권재형(權在衡, 1854~1934)은 1903년 5월 권중현(權重顯)으로 개명. 을사오적의 한 명
20 朴殷植, 앞의 책, 제28장 「日兵入城」
21 윤효정 지음, 박광희 역, 『대한제국아 망해라』, 다산호당, 2010년, 274쪽
22 垣田純郎, 『日淸軍記』(正編), 民友社, 1894년, 29쪽

2장—조선왕궁 점령 계획

1 杉村濬, 앞의 책, 19~20쪽
2 앞의 자료관, 『일청전사강의적요록』, '出兵後に於ける我政戦両略の再離'
3 陸奧宗光, 앞의 책, 52~53쪽. 앞의 자료관, 『일청전사강의적요록』, '出兵後に於ける我政戦両略の再離'
4 陸奧宗光, 앞의 책, 53~54쪽. 杉村濬, 앞의 책, 25~28쪽
5 앞의 자료관, 『일청전사강의적요록』, '開戦直前に於て政府の不決心と軍部との拮逐'
6 『明治二十七八年日清戦史第二冊決定草案』, 第五編 第十一章 第三草案, 「第十一章 成歡会戦前ニ於ケル日本軍混成旅団ノ状況附其朝鮮王宮ニ対スル威嚇の運動」(이하 "메이지 27·8년 일청전사 제2책 결정초안", 「조선왕궁에 대한 위협적 운동」'이라 함)
7 岡本柳之助, 『岡本柳之助論策』, 田中三七, 1898년, 186쪽
8 杉村濬, 앞의 책, 29쪽
9 앞의 자료관, 『일청전사강의적요록』, '大島旅団長を中心とせる大鳥公使及大本営の三角運動', 106~108쪽
10 『일본외교문서』 제27권 제1책, 398호 문서, 「조선 내정개혁 권고가 거절될 때 일본의 힘으로 집행해야 할 수단에 대한 건」
11 陸奧宗光, 앞의 책, 108~110쪽
12 陸奧宗光, 앞의 책, 61~79쪽
13 陸奧宗光, 앞의 책, 54~55쪽

14 『메이지 27·8년 일청전사 제2책 결정초안』, 「조선왕궁에 대한 위협적 운동」
15 『일본외교문서』제27권 제1책, 419호 문서, 「조선국 정부의 회답이 불만족스러우므로 왕궁을 포위하는 조치를 취한 취지 보고에 대한 건」
16 杉村濬, 앞의 책, 44~47쪽
17 杉村濬, 앞의 책, 49~50쪽
18 杉村濬, 앞의 책, 50~51쪽
19 杉村濬, 앞의 책, 52쪽
20 杉村濬, 앞의 책, 53~54쪽
21 藤村德一編, 『居留民之昔物語』(第1編), 朝鮮二昔會事務所, 1927년, 52쪽
22 藤村德一編, 앞의 책, 53~56쪽
23 니시무라 텐슈(西村天囚, 1865~1924) 저널리스트. 본명 도키쓰네(時彦), 오사카 아사히 신문 주필, 청일전쟁 종군기자

3장—조선왕 생포작전

1 앞의 자료관, 『혼성제9여단 제5사단 보고』, '混成旅団秘報, 7月19日'
2 陸奧宗光, 앞의 책, 57~58쪽
3 도조 히데노리(東條英敎, 1855~1913) 모리오카번(盛岡藩). 태평양전쟁 A급 전범 도조 히데키의 친부. 육군대학교 제1기생, 수석졸업. 1891년부터 참모본부 제4부장으로 전사편찬
4 앞의 자료관, 「征淸用兵 隔壁聽談(防衛省防衛研究所)」, '軍事動作の發展及外交政略の狀態 其の2', 36~37쪽
5 『메이지 27·8년 일청전사 제2책 결정초안』, 「조선왕궁에 대한 위협적 운동」
6 앞의 자료관, 『일청전사강의적요록』, '旅団王宮の包囲と韓廷の屈從', 114쪽
7 雄山閣編, 『類聚伝記大日本史』(第十四卷), 雄山閣, 1935년, 223쪽
8 앞의 자료, 「조선왕궁에 대한 위협적 운동」
9 外務省編, 『日本外交文書』(한국편)5, 태동문화사, 1981년, 617쪽
10 앞의 자료관, 『혼성제9여단 제5사단 보고』, '混成旅団報告, 7月22日'
11 앞의 자료관, 『혼성제9여단 제5사단 보고』, '第16号混成旅団報告, 7月23日'
12 陸奧宗光, 앞의 책, 121쪽
13 杉村濬, 앞의 책, 55~56쪽
14 田中万逸編, 『死生の境』(後篇), 博文館, 1912년, 134쪽
15 黃玹, 앞의 책, 「갑오(1894) 고종31년」
16 최익현, 『면암선생문집』 부록권2, 「연보, 갑오년 선생 62세」
17 朴殷植, 『韓國痛史』, 제31장 「日兵犯闕」
18 앞의 책, 『一戶将軍』, 帝国在郷軍人会本部, 1932년, 43쪽. 朴宗根, 앞의 책, 65쪽.
19 앞의 자료관, 「메이지 27년6월~28년 6월의 명령훈령」
20 『손자병법』 「전편(戰篇)」, "용병을 잘하는 사람은 백성을 두 번 이상 병역에 동원하지 않으며, 식량은 여러 번 수송하게 하지 않는다. 경비는 나라에서 가져다 쓰지만 식량은 적으로부터 구한다. 그래서 군대의 식량이 풍족해질 수 있다. 나라가 전쟁 때문에 가난해지는 것은 먼 곳까지 물자를 수송하기 때문이다. 먼 곳까지 물자를 수송하면 백성이 가난해진다. 군영과 가까운 곳은 물건 값이 비싸진다. 물건 값이 비싸지면 곧 백성의 재물이 고갈되게 된다. 재물이 고갈되면 백성은 부역 부담에 다급해진다." 계속해서 「전편(戰篇)」(작전)에 "지혜 있는 장수는 적의 식량을 먹기에 힘쓴다. 적의 식량 1종을 먹는 것은 우리 식량 20종에 해당한다. 적의 콩깍지와 짚 1석을 말에게 먹이는 것은 우리 것 20석에 해당한다. 적을 죽이려면 노여움을 불러일으켜야 하며, 적의 이익을 탈취하면 상을 주어야 한다."
21 杉村濬, 앞의 책, 59~60쪽
22 陸奧宗光, 앞의 책, 110~111, 121~123쪽

23 『駐韓日本公使館記錄』3, 七. 和文電報往復控, (2) 〔東學黨 진압을 위한 釜山에서의 군대 파견 문의〕2
24 '앞의 주한일본공사관 기록〔東學黨征討를 위한 병력출동2〕
25 '앞의 주한일본공사관 기록〔東學黨征討를 위한 병력증강 요청〕
26 H.B. 헐버트 지음, 신복룡 역, 『대한제국멸망사』, 집문당, 2017년, 164쪽

제3부 조선 침략의 선봉에 선 두 인물

1장—동아시아 침략 구상 : 가와카미 소로쿠

1 '앞의 자료관', 「参謀沿革誌 第1号 明治4年7月~13年12月」
2 『戦時法令全書』, 一二三館, 1904년, 177쪽
3 '앞의 자료관', 「公文類聚·第九編·明治十八年·第六巻·兵制·兵制総·陸海軍官制·庁衙及兵営·兵器馬匹及艦船·徴兵(国立公文書館)」
4 '앞의 자료관', '参謀本部歴史草案21 明治31年11~12月'
5 야부키 슈우이치(矢吹秀一, 1849~1909). 1894년 9월 제1군 공부부장으로 발령, 청일전쟁 출정
6 구스노세 유키히코(楠瀬幸彦, 1858~1927). 도사번. 1880년 12월 육군사관학교(구3기) 졸업, 프랑스 유학, 육사교관, 근위포병연대중대장, 참모본부 제1국원, 참모본부 부관, 러시아 공사관부 역임. 1894년 11월 임시경성공사관부(조선정부 군부고문), 1895년 10월8일 발생한 조선왕비살륙 사건 연루, 동년 10월부터 이듬해 1월까지 투옥, 1896년 1월14일 제5사단 군법회의에서 무죄판결 석방. 대만총독부 참모, 서부도독부 참모장, 제12사단 참모장을 거쳐 1901년 6월26일 육군소장 진급
7 近世名将言行録刊行会編, 『近世名将言行録』(第3巻), 吉川弘文館, 1935년, 21쪽
8 德富猪一郎, 『陸軍大将川上操六』, 第一公論社, 1942년, 56~58쪽
9 아리스가와노미야 다루히토 친왕(有栖川宮熾仁親王, 1835~1895). 일본의 황족. 메이지유신 뒤 육군군인으로 메이지천황을 보필
10 元帥上原勇作伝刊行会編, 『元帥上原勇作傳』上卷, 元帥上原勇作伝記刊行会, 1938년, 103쪽
11 髙橋立吉, 『日本新英傑伝 : 列伝体明治史』, 東亜堂書房, 1912년, 389~393쪽
12 데라우치 마사타케(寺內正毅, 1852~1919). 조슈번, 청일전쟁 때 병참의 최고책임자인 운수통신장관 역임
13 다무라 이요조(田村怡與造, 1854~1903, 뒤에 육군중장). 1893년 4월, 중국과 일본은 한반도에서 이권 다툼이 차츰 긴박해지자 가와카미 소로쿠 참모차장과 함께 정세파악을 위해 조선을 경유 강남지방까지 순회. 대본영 설치 뒤 전략 담당, 동원령 책정, 작전 실무 담당. 1894년 청일전쟁 때 대본영 병참총감부 참모로 병참을 담당, 8월에는 전선에서 작전 지도를 행함
14 도조 히데노리(東條英教, 1855~1913). 뒤에 육군대장. 참모본부 제4부장(역사편찬) 등 역임. 도조 히데키의 아버지. 육군대학교 수석 졸업한 수재로 가와카미 소로쿠 휘하의 참모본부 제4부장으로 오직 전사편찬을 담당 (출처:安井滄溟, 『陸海軍人物史論』, 博文館, 1916. 116~117쪽)
15 야마네 다이스케(山根武亮, 1853~1928). 야마구치현 하기시. 공병(工兵)의 귀재로 알려짐. 청일전쟁 때 제2군병참참모장
16 시바 고로(柴五郎, 1859~1945). 후쿠시마 출생, 뒤에 육군대장, 1879년 포병소위 임관, 1884년 중위 진급 뒤 1888년까지 청나라 주재하며 조사활동
17 우쓰노미야 타로(宇都宮太郎, 1861~1922). 사가 출신, 뒤에 육군대장, 1894년 7월부터 청일전쟁에서 대본영육군참모로 정보수집, 분석 업무 담당
18 이케다 쇼우스케(池田正介, 1855~1914). 당시 중좌, 야마구치현(조슈) 출신, 러일전쟁 때 북관대첩비를 발견하여 한반도에서 일본으로 가지고 가 야스쿠니신사에 봉납한 인물
19 가미오 미쓰오미(神尾光臣, 1855~1927). 당시 소좌. 시나노쿠니(信濃國, 현재의 나가노) 출신. 1892년 4월28일부터 청국공사관부, 1894년 8월17일 귀국 동년 10월부터 제2군 정보주임참모로 청일전쟁 출정

20 마쓰카와 토시타네(松川敏胤, 1859~1928). 센다이(仙台)번 출신, 1904년 6월20일부터 임시편성 만주군 작전참모로 러일전쟁에 출정, 1917년 8월6일, 조선주차군사령관, 1918년 6월1일 조선군사령관
21 오하라 츠토(小原傳, 1862~1928). 에히메(愛媛) 출신, 러일전쟁 제12사단참모장 출정
22 츠네요시 타다미치(恒吉忠道). 에히메(愛媛) 출신, 육군대학교 3기 1885년 4월12일 입학
23 아카시 모토지로(明石元二郎, 1864~1919). 후쿠오카 출신, 러일전쟁 개전하자 중립군 스웨덴을 본거지로 활동
24 오오이 시게모토(大井成元, 大井菊太郎, 1863~1951). 야마구치현 출신, 1890년 2월 독일 유학, 프러시아 보병 제113연대 배속, 1893년 12월 보병 대위, 1895년 2월 귀국, 5월 대만총독부 참모
25 하기노 스에키치(萩野末吉, 1860~1940). 1885년 블라디보스토크 주재무관, 시베리아에서 몽고까지 정찰
26 元帥上原勇作伝記刊行会編, 앞의 책, 138~139쪽
27 德富猪一郎, 앞의 책, 7쪽
28 德富猪一郎, 앞의 책, 8쪽
29 京城府編, 『京城府史』(第一卷), 京城府, 1934년, 556쪽
30 藤村德一, 앞의 책, 37쪽
31 '앞의 자료관', 「外邦測量沿革史 草稿 昭和20年1月」, '附錄 明治27, 8年戰役に於ける裏面の活躍'
32 아라오 세이(荒尾精, 1859~1896). 일청(日清)무역연구소 설립자. 청일전쟁 때 「대청의견(対清意見)」과 「대청변망(対清弁妄)」을 저술해 청국에 대한 영토할양 요구에 반대
33 나카니시 마사키(中西正樹, 1858~1923). 메이지와 다이쇼 시대의 대륙낭인. 미노(美濃) 출신. 메이지 초 상경해 소학교 교사가 됨. 1884년 외무성 유학생으로 톈진 영사관, 베이징 공사관에서 수학. 그 뒤 중국 각지 탐사, 조사를 행함. 청일전쟁과 러일전쟁 때 이면에서 군에 협조한 인물
34 이부카 히코사부로(井深彦三郎, 1866~1916). 아이즈번(会津藩). 정치가, 대륙낭인. 메이지시대 육군의 군사탐정인 공작원 활동을 행함
35 오다기리 마스노스케(小田切滿壽之助, 1868~1934). 요네자와시 출신. 외무성 관료, 총영사. 1886년 외무성 출사 후 톈진(天津)에서 유학한 뒤 영사관 서기생, 공사관 서기생, 1896년 2등영사를 지낸 뒤 우편전신 서기, 이등우편국장, 항주(杭州) 우편국장, 상하이 총영사대리 등을 역임
36 기시다 긴코(岸田吟香, 1833~1905). 일본 신문기자, 실업가, 교육가. 눈약 「세이키스이(精錡水)」 판매하는 등· 제약업계의 입지전적인 인물
37 가네자키 사부로(鐘崎三郎, 1869~1894). 메이지시대 첩보 활동가. 후쿠오카현 출신. 청일전쟁 때 육군 통역관이 되어 제2군사령관 오야마 이와오의 부관으로 출정. 금주성(金州城) 정찰 중 체포되어 1894년 10월31일 처형됨
38 穗波德明, 앞의 책 (武勇日本, 上), 224~225쪽
39 穗波德明, 앞의 책, 226~227쪽
40 穗波德明, 앞의 책, 252~254쪽
41 今伏波, 『軍人おもかけ』, 百華書院, 1902년, 257~258쪽
42 參謀本部編, 앞의 책, 77~89쪽

2장—자나 깨나 조선 지배 : 오카모토 류노스케

1 岡本柳之助, 『岡本柳之助論策』, 田中三七, 1898년, 44~45쪽
2 田保橋潔, 『近代日鮮關係の硏究』(下巻), 朝鮮総督府中枢院, 1940년, 328~329쪽
3 岡本柳之助, 『岡本柳之助論策』, 앞의 책, 184쪽
4 岡本柳之助, 『岡本柳之助論策』, 앞의 책, 169~206쪽
5 츠다 이즈루(津田出, 1832~1905). 메이지정부에서 선구로 기슈번 개혁, 폐번치현과 징병제에 영향을 미침
6 가마타 에이키치(鎌田栄吉, 1857~1934). 기슈번 출신, 문무대신, 추밀원고문
7 다케바시 사건(竹橋事件, 1878년 8월23일) : 다케바시 부근에 주둔해 있던 대일본제국 육군의 근위병 부대가 일으킨 무장반란 사건

8 오토리 게이스케(大鳥圭介, 1833~1911). 효고현 출신 일본의 서양군사학 연구자. 1852년 네덜란드학과 서양의학 배운 뒤 1864년 에도로 나옴. 1893년 7월15일 조선공사로 임명되어 9월28일 부임했다가 잠시 귀국한 청국주차 겸 조선국 특별전권공사. 1894년 10월 일본으로 귀국한 뒤 11월 추밀원고문. 1900년 5월9일 다년간의 공로를 인정받아 남작이 됨
9 모토노 이치로(本野一郎, 1862~1918). 프랑스 리옹대학 법학박사, 1894년 당시 외무대신 무쓰 무네미쓰의 비서관. 1916~1918년 데라우치 내각 외무대신 역임
10 후쿠시마 야스마사(福島安正, 1852~1919). 나가노현 마쓰모토시 출신. 정보장군으로 참모본부 근무, 1892년 혼자 말을 타고 독일에서 시베리아 횡단하여 귀국, 참모차장, 관동도독, 남작
11 일본 참모본부는 '조선왕비살륙사건'이라 표현하고 있다. 출처: '앞의 자료관'「参謀本部歷史草案(18~19) 明治 28~29 10/29(宮崎史料)」, '参謀本部歷史草案18(資料) 明治28年 朝鮮王妃殺害事件に関し参謀本部にて関係せる顛末'
12 矢田行藏, 『紀州出身軍人の功績:滿蒙獨立秘史』, 興亞學社, 1936년, 13~32쪽, 鵜崎鷺城, 『当世策士伝』, 東亜堂書房, 1914년, 137~149쪽
13 山崎伝之助編, 『和歌山県人材録』(前編), 和歌山日日新聞社印刷部, 1920년, 56~57쪽
14 無何有鄉主人, 『今世人物評伝叢書』(第1編 山県有朋), 民友社, 1896년, 119~120쪽
15 가쓰라 타로(桂太郎, 1848~1913. 조슈번, 하기)는 1870~1873 독일 유학 뒤 1875~1878년, 1884~1885년 독일주재 일본대사관 무관 근무, 독일 정세에 밝은 인물로 야마가타가 가쓰라를 등용하여 일본군대의 독일화를 적극 추진. 러일전쟁 뒤 일본 총리대신 역임
16 岡本柳之助述, 平井駒次郎編, 『風雲回顧錄』, 武俠世界社, 1912년, 61~64쪽
17 岡本柳之助述, 平井駒次郎編, 앞의 책, 45~48쪽
18 矢田行藏, 앞의 책, 18~19쪽
19 나카이 킨죠(中井錦城, 1864~1924). 메이지, 다이쇼기 신문기자, 수필가. 본명 나카이 키타로(中井喜太郎), 야마구치현 출신. 22세 요미우리신문사 입사, 편집장, 주필. 조선으로 건너가 한성신보사장이 되어 러일전쟁 때 활약
20 中井錦城, 『無用の書』(丑の巻), 実業之日本社, 1923년, 119~120쪽
21 矢田行藏, 앞의 책, 19~22쪽
22 마쓰오 미요타로(松尾三代太郎, 1847~1912). 기슈번 출신 군인, 갑신정변에 관여, 기슈 제일의 검객으로 박영효의 검술사범. 1871년 무렵 기슈 육군에 들어가 육군기병과 장교로 진급, 기병대좌까지 승진. 전장에서 연이어 승진해 대위에 오르나 다케하시 사건에 연좌되어 파면됨. 처벌대상자 속에서 그의 이름은 확인할 수 없다[竹橋事件百周年記念出版編集委員會編『竹橋事件の兵士達』, 徳間書店, 1979년, 284쪽]. 퇴관 뒤 같은 번 출신인 오카모토와 함께 후쿠자와 유키치의 게이오기쥬쿠(慶應義塾) 문하에 들어갔다. 1880년 김옥균이 일본 방문하자 조선독립당 지원. 다카하시 마사노부(高橋正信), 오카모토 류노스케 등과 함께 조선으로 건너가 조선 군사조련을 담당
23 나카타 쿠마구스(南方熊楠, 1867~1941). 와가야마현 출신. 박물학, 민속학자

제4부 조선 침략의 구실

1장—신의 선물, 동학농민전쟁

1 『東學思想資料集』2, 「東學史」, 467~468쪽. (「東學史(草稿本)」, 『叢書』1, 456~457쪽)
2 朴殷植, 앞의 책, 제26장 「甲午東學之亂」
3 陸奧宗光, 앞의 책, 13~14쪽
4 朴殷植, 앞의 책, 제26장 「甲午東學之亂」
5 陸奧宗光, 앞의 책, 14쪽
6 田保橋潔, 앞의 책, 288~289쪽

7 I. B. 비숍 지음, 신복룡 역, 앞의 책, 174쪽
8. 위의 책, 174~175쪽
9 新聞集成明治編年史編纂会編, 앞의 책, 83쪽
10 민영준(閔泳駿, 1852~1935). 어렸을 때 이름 영준, 1901년 4월 영휘로 개명. 1887년 5월 도승지로서 주차 일본판리대신으로 임명되어 일본 파견, 그해 12월 공조참판, 1889년 11월 강화부 유수. 1894년 병조판서 친군경리사 겸함. 5월 위안스카이(원세개)에게 군대파병 요청, 6월 일본군과 손잡은 김홍집 내각 수립 뒤 실각, 1895년 7월 사면, 11월 궁내부 특진관
11 『일성록』, 고종30년 3월25일조
12 스기무라 후카시(杉村濬, 1848~1906), 모리오카번(盛岡藩, 현 아오모리현) 출신. 대만출병(1874) 참가 뒤 『요코하마매일신문(橫浜每日新聞)』 신문기자, 1880년 외무성어용괘(外務省御用掛)로 출사. 외무서기생으로 조선 부임, 부산 서기관, 경성공사관 근무를 거쳐 1886년 공사관 서기관. 청일개전(1894)에는 개화파 지원, 갑오개혁 실현에 깊게 관여. 조선 왕비살륙사건(1895)에 연루되어 잠시 직무 정지됨. 그 뒤 대만총독부사무관이 되었다가 1899년 외무성 통상국장으로 복직. 해외이민계획을 입안, 1904년 남미이민사업 촉진 위해 브라질 공사, 이민사업에 노력. 조선의 일본공사관의 현역으로 있을 때 일본의 대조선외교에 적극 관여, 무쓰 외교와 같은 선상에 있었던 인물. (출처: 朝日本歷史人物事典)「스기무라 후카시의 전라도, 충청도 민란에 대한 의견서」, 1894년 5월22일 기밀제63호 本제43보고서(1894년 5월27일 접수)」, 伊藤博文編, 『秘書類纂』中巻, 秘書類纂刊行会, 1935년, 329~331쪽
13 朴殷植, 앞의 책, 제26장 「甲午東學之亂」
14 穂波徳明, 『征清戰史』(武勇日本, 上), 大日本中学会戰史部, 1901년, 303~304쪽
15 I. B. 비숍 지음, 신복룡 역, 앞의 책, 176쪽

2장―김옥균과 박영효

1 북한 사회과학원 역사연구소 지음, 주진오 해제, 『김옥균』, 역사비평사, 1990년, 192~216쪽. 조재곤, 『그래서 나는 김옥균을 쏘았다』, 푸른역사, 2005년, 99~106쪽
2 『일본외교문서』(한국편) 제5책, 태동문화사, 1981년, 525쪽
3 新聞集成明治編年史編纂会編, 『新聞集成明治編年史』(第九卷), 林泉社, 1940년, 43쪽
4 이노우에 카쿠고로(井上角五郎, 1860~1938). 임오군란 뒤 조선정부의 고문, 조선 최초 근대신문 『한성순보』를 발간. 최초로 한문과 한글을 혼합문체로 실용화한 『한성주보』 창간. 갑신정변에 깊게 관여해 김옥균, 박영효와 긴밀한 관계를 맺은 인물
5 田保橋潔, 앞의 책, 204쪽
6 『駐韓日本公使館記錄』 2권, 五. 機密本省及其他往來」, '(7) 김옥균의 시체처분에 조선정부에 충고한 건(件)', 문서번호 기밀 제30호 본21, 발신일 1894년 4월10일
7 앞의 기록, '(8) 김옥균 암살사건에 관한 내왕 전신문 사본을 첨부하여 말씀드리는 건', 문서번호 寫제1 기밀 제10호信, 발신일 1894년 4월16일
8 新聞集成明治編年史編纂会編, 앞의 책, 46쪽
9 新聞集成明治編年史編纂会編, 앞의 책, 57쪽
10 국민신문(國民新聞)은 1893년 2월에 창간됨
11 新聞集成明治編年史編纂会編, 앞의 책, 62쪽
12 朴殷植, 『한국통사』, 제26장 「갑오동학지란」
13 田保橋潔, 앞의 책, 204~205쪽
14 다니 히사오(谷寿夫, 1882~1947) 최종계급 육군중장. 육사15기, 육군대학교24기(우등졸업). 사단참모장, 여단장, 사단장 역임. 제6사단 사단장으로 제2차 상하이사변, 남경공략전에 참가. 제2차 세계대전 뒤 남경군사법정에서 남경사건의 책임자로 재판을 받고 전쟁범죄(B급전범), 인도에 반하는 죄(C급전범)로 사형판결. 총살형에 처해짐. 『일청전사강의적요록』은 1919년 4월, 1924년 2월 육군대학교 교관으로 있을 당시 교재로 사용한

것으로 추정됨
15 앞의 자료관, 『일청전사강의적요록』, '志士たる金玉均の死と一私人として川上操六の活躍'
16 스즈키 텐간(鈴木天眼, 1867~1926). 메이지기 저널리스트, 중의원 의원. 『東洋日の出新聞』 창간자. 天眼은 호, 1893년 아키야마 테이스케(秋山定輔, 1868~1950)가 창간한 『니로쿠신포(二六新報)』의 주필. 그 뒤 텐유쿄(天佑俠)를 결성해 조선으로 건너감. 귀국 뒤 나가사키에서 『東洋日の出新聞』 창간
17 도야마 미쓰루(頭山滿, 1855~1944). 메이지시대부터 쇼와시대 전기에 걸쳐 활동한 아시아주의자의 거두. 겐요샤(玄洋社)의 총수
18 덴유쿄(天佑俠) : 1894년 갑오농민전쟁 때 동학당을 지원한다는 명목으로 부산외국인 거류지의 일본인들이 결성한 장사집단
19 비단깃발(錦旗) : 빨간 비단에 달, 해를 그린 천황기
20 鵜崎鷺城, 『当世策士伝』, 앞의 책, 58~60쪽
21 鵜崎熊吉, 『時代勢力の批判』, 政教社, 1914년, 9~11쪽
22 藤本尚則, 『巨人頭山滿翁』, 田口書店, 1932년, 338~340쪽
23 金沢巌雄編, 앞의 책, 5~6쪽
24 다케코시 요사부로(竹越與三郎, 1865~1950). 메이지, 다이쇼, 쇼와 시대에 걸쳐 언론계를 이끈 인물. 일간잡지 『世界之日本』 주필
25 모리무라구미(森村組). 세계 최대급 세라믹 기업 모리무라 그룹의 뿌리는 1876년 모리무라 이치자에몬(森村市左衛門)과 모리무라 토요(森村豊) 형제가 설립한 메이지초기 최초의 무역상사 모리무라구미(森村組). 그 직계가 모리무라상사. 메이지 시기 도자기와 잡화 대미 수출로 발전한 모리무라 그룹은 도자기 제조에 힘을 쏟아 1904년 1월 일본도기합명회사(뒤에 (주)일본도기, 현재 (주)노리타케 컴퍼니 리미테드)를 설립 (출처:http://www.morimura.co.jp/corporate/group.html)
26 竹越与三郎, 『三叉小品』, 立命館出版部, 1940년, 135~136쪽
27 黃玹, 앞의 책, 「갑오(1894) 고종31년」
28 藤本尚則, 앞의 책, 356쪽. 박헌효는 황현의 기록처럼 오토리 게이스케 공사가 6월5일 일본을 출발해 6월9일 경성 진입 때 함께 왔을 가능성이 매우 크다.
29 이이화, 『이이화의 인물한국사』, 주니어김영사, 2011년, 212쪽
30 杉村濬, 『明治廿七八年 在韓苦心錄』, 杉村陽太郎(출판), 1932년, 80~82쪽
31 『매천야록』은 김가진에 대해 "갑신년(1884) 민영준(閔泳駿)을 따라 일본에 부임했다. 돌아와서 과거에 급제해 마침내 요직을 역임했다. 건방지고 교활하기가 당대 간신의 무리 가운데 우두머리였다."고 기록하고 있다.(출처:황현,『매천야록』권1상, 「갑오 이전(1864~1887)」)
32 菊池謙讓, 近代朝鮮史(下卷), 大陸研究所, 1940년, 381~382쪽. 菊池謙讓, 『朝鮮王國』, 民友社, 1896년, 468~469쪽
33 杉村濬, 앞의 책, 147~148쪽
34 杉村濬, 앞의 책, 153~154쪽
35 杉村濬, 앞의 책, 160쪽
36 최익현, 『면암선생문집』, 제4권, '소(疏)'

제5부 일본의 오랜 꿈, 조선 침략

1장—씨앗을 뿌린 자

1 막번체제(幕藩体制) : 막부와 여러 번에 의해 지배되던 일본 근세의 정치체제
2 존왕양이운동(尊王攘夷運動) : 막부 말기에 전개된 반막부(反幕府) 운동. 19세기 들어 막번체제의 동요와 외압의 증대로 교토의 왕실을 옹립해 외세를 배척하자는 정치운동
3 토막운동(討幕運動) : 에도시대 말기 막부정권의 정통성을 부정하고 천황 아래에서 새로운 정권을 만들겠다는 정치운동

4 佐藤信淵, 『混同秘策』, 穴山篤太郞(인쇄), 1888년
5 小野武夫, 『佐藤信淵』, 三省堂, 1934년, 227~228쪽
6 佐藤信淵, 『混同秘策』, 山田浩通 발행, 1932년. 1쪽
7 구사카 겐즈이(久坂玄瑞, 1840~1864). 조슈번 존왕양이파의 중심인물
8 다카스기 신사쿠(高杉晋作, 1839~1867). 조슈번 존왕양이의 지사로 활약. 기병대(奇兵隊) 창설
9 기도 다카요시(木戶孝允, 1833~1877). 제2대 문부대신, 제2대 총리대신, 유신3걸 중 한 사람
10 시나가와 야지로(品川彌二朗, 1843~1900). 제6대 내무대신
11 노무라 야스시(野村靖, 1842~1909). 제6대 체신대신, 제11대 내각총리
12 이토 히로부미(伊藤博文, 1841~1909). 초대, 5, 7, 10대 내각총리대신
13 야마가타 아리토모(山県有朋, 1838~1922). 제3, 9대 내각총리대신, 제4대 사법대신, 초대2대 육군경
14 야마다 아키요시(山田顯義, 1844~1892). 초대 사법대신
15 後藤三郞, 『師道と弟子道』, 金港堂書籍, 1942년, 221~222쪽
16 吉田寅次郞編, 『幽囚錄』, 1891년, 1~2쪽. 安藤紀一, 『吉田松陰先生幽囚錄(訓註)』, 山口県教育会, 1936년, 1~2쪽
17 吉田寅次郞編, 앞의 책, 8~9쪽. 安藤紀一, 앞의 책, 27~29쪽
18 吉田寅次郞編, 앞의 책, 13쪽. 安藤紀一, 앞의 책, 39~40쪽
19 吉田寅次郞編, 앞의 책, 16쪽. 安藤紀一, 앞의 책, 49쪽
20 츠쿠시노쿠니는 후쿠오카현의 동부를 제외한 대부분의 지역에 해당
21 吉田寅次郞編, 앞의 책, 16쪽. 安藤紀一, 앞의 책, 49쪽
22 吉田寅次郞編, 앞의 책, 17쪽. 安藤紀一, 앞의 책, 52쪽
23 吉田寅次郞編, 앞의 책, 17쪽. 安藤紀一, 앞의 책, 52쪽
24 吉田寅次郞編, 앞의 책, 18쪽. 安藤紀一, 앞의 책, 54쪽
25 吉田庫三編, 『松陰先生遺著』(第1卷), 民友社, 1908년, 30~31쪽. 吉田松陰, 『吉田松陰』(大日本思想全集(第17卷, 吉田松陰), 大日本思想全集刊行会, 1932년, 113~114쪽
26 여기서 조선의 '무례함을 묻는다'함은, 조선에 의한 국서수취 거부가 아니라 예전부터 조일 관계 본연의 모습 즉 조선이 쓰시마 소씨를 통해 도쿠가와 장군과 교린관계를 맺고 천황에게 조공을 게을리 한 것 자체를 '무례'로 여겼던 것이다.(출처 : 波平恒男, 『近代東アジア史のなかの琉球倂合』, 岩波書店, 2015년, 184쪽)
27 妻木忠太編, 『木戶孝允日記』(第1), 早川良吉, 1932년. 159쪽

2장—뿌리를 뻗은 자

1 田保橋潔, 앞의 책 (상권), 136~166쪽
2 이익, 『성호전집』권17, 「書」, 日本忠義
3 外務省調査部編, 『大日本外交文書』(제2권 제2책), 日本国際協会, 1936년, 858쪽
4 外務省調査部編, 앞의 책, 858~859쪽
5 外務省調査部編, 앞의 책, 860쪽
6 外務省調査部編, 앞의 책, 862~863쪽
7 佐田白茅, 『征韓論の旧夢談』, 佐田白茅(인쇄), 1903년, 6~8쪽
8 佐田白茅, 앞의 책, 9~10쪽
9 '앞의 자료관', 「公文別錄·朝鮮事件·明治元年~明治四年·第一巻·明治元年~明治四年(国立公文書館)' 外務省出仕佐田白茅建策」
10 '앞의 자료관', 앞의 자료, '外務省出仕佐田白茅外二名朝鮮国交際始末内探書'
11 福沢諭吉, 『通俗国権論』, 福沢諭吉(인쇄), 1878년, 95~96쪽
12 福沢諭吉, 앞의 책, 101쪽
13 福沢諭吉, 앞의 책, 108~110쪽
14 小泉信三, 『支那事変と日清戦争』, 慶応出版社, 1937년, 40~42쪽

15 『福澤諭吉全集』(第10卷), 岩波書店, 1960년, 234~238쪽
16 北原スマス外編, 『資料 新聞社說にみる朝鮮5』, 高麗書林, 1995년, 204쪽
17 北原スマス外編, 앞의 책, 287~288쪽
18 北原スマス外編, 앞의 책, 295~296쪽
19 北原スマス外編, 앞의 책, 303쪽
20 北原スマス外編, 앞의 책, 320쪽
21 北原スマス外編, 앞의 책, 322쪽
22 오카쿠라 텐신(岡倉天心, 1863~1913). 일본의 사상가, 문인. 본명 오카쿠라 카쿠조(岡倉覚三)
23 岡倉天心, 福田久道譯, 『日本の覺醒』, 岡倉天心全集(제3권), 聖文閣, 1939년, 120~127쪽
24 가라타니 고진 지음, 조영일 역, 『역사와 반복』, 도서출판b, 2004년, 18쪽

그림출처

제1부 1894년 6월, 조선 무력침략

1장— 염탐·첩보

43쪽:『日本之朝鮮』, 有楽社, 1911년
48쪽: 林武一 撮影,『朝鮮国真景』, 林亀子, 1892년
52쪽: 防衛省防衛研究所,『明治27年 公文雑輯』(巻5, 艦船下),「27年3月5日 筑波艦仁川より京城に至る海陸両路交通の件」
52쪽: 林武一 撮影, 위의 책
53쪽: 林武一 撮影, 위의 책

2장— 참모본부, 혼성여단 편성

57쪽: アジア歴史資料センター, 参謀本部職員一覧表原稿 29/29 明治14~29年(防衛省防衛研究所)」, '27年'
60쪽:『銃後の大阪』(軍事援護通信,第1報 旭区版), 大阪市社会部軍事援護課, 1939년, 4쪽
62쪽: 時事新報社編,『日露戦争を語る』(陸軍の巻), 時事新報社, 1935년, 26쪽

3장— '특전사' 육전대, 무력 침략의 선봉

75쪽:『幕末, 明治, 大正回顧八十年史』(第1輯), 東洋文化協会編, 東洋文化協会, 1933년.『近世名士写真』(其1), 近世名士写真頒布会, 1935년
81쪽: アジア歴史資料センター, 大英図書館共同インターネット特別展,「描かれた日清戦争~錦絵・年画と公文書~」
85쪽: 木村浩吉,『海軍圖説』, 大日本圖書, 1898년

4장—혼성여단, 준비 완료

98쪽: 陸地測量部撮影,『日清戦争写真帖』(제5집), 1894년
99쪽: アジア歴史資料センター, 大英図書館共同インターネット特別展,「描かれた日清戦争~錦絵・年画と公文書~」
101쪽: 穂波徳明,『征清戦史』(武勇日本, 下), 大日本中学会戦史部, 1901년, 171~172쪽
107쪽: 앞의 자료관, 明治27年6月「完27·8年戦役日記」

5장—혼성여단 선발대에 무너진 조선

125쪽: 木村浩吉,『海軍圖説』, 大日本圖書, 1898년, 56쪽
136쪽: 陸地測量部 촬영,『日清戦争写真帖』, 小川一真出版部, 1894년
138쪽: アジア歴史資料センター,「秘密 日清朝事件 第5師団混成旅団報告綴」, '混成旅団参謀報告第2号 6月13日'

6장—혼성여단, 거듭되는 침략

141쪽: 陸地測量部 촬영, 앞의 책
144쪽: アジア歴史資料センター,「明治27年 公文雑輯 巻5 艦船下」
145쪽: 林武一 撮影, 앞의 책

146~148쪽 : 陸地測量部 촬영, 앞의 책
156쪽 : 陸地測量部 촬영, 앞의 책
160쪽 : 参謀本部編, 『明治二十七八年日清戦史』(第1巻), 東京印刷, 1904년, 115~117쪽

제2부 1894년 7월, 조선을 장악하다

1장—일본, 무력으로 국정 장악

174쪽 : アジア歴史資料センタ-, 大英図書館共同インタ-ネット特別展, 「描かれた日清戦争~錦絵·年画と公文書~」
179쪽 : 『日本之朝鮮』, 有楽社, 1911년

2장—조선왕궁 점령 계획

182쪽 : アジア歴史資料センタ-, 『日清戦史講義摘要録』(第1巻)
186쪽 : アジア歴史資料センタ-, 「混成第9旅団 第5師団 報告」
187쪽 : 조선총독부편, 『조선고적도보』 11권, 1934년
194쪽 : 후쿠시마현립도서관〈사토문고〉소장(전남도립도서관 '한일우정문고' 소장 복사본)
197쪽 : 林武一 撮影, 앞의 책
199쪽 : 『조선고적도보』 제10권, 1934년
201쪽 : 사진 박해진
202쪽 : 林武一 撮影, 앞의 책

3장—조선왕 생포작전

205쪽 : アジア歴史資料センタ-, 「秘密 日清朝事件 第5師団混成旅団 報告綴」, アジア歴史資料センタ-, 「征清用兵隔壁聴談」, アジア歴史資料センタ-, 「日清戦史講義摘要録 第1巻」, アジア歴史資料センタ-, 対韓政策関係雑纂／在韓苦心録松本記録」
207쪽 : アジア歴史資料センタ-, 明治27年自6月至9月「混成第9旅団 第5師団 報告」, '明治27年7月19日軍隊概見表'
215, 216쪽 : アジア歴史資料センタ-, 大英図書館共同インタ-ネット特別展, 「描かれた日清戦争~錦絵·年画と公文書~」
220~224쪽 : 조선총독부편, 『조선고적도보』 11권, 1934년
228쪽 : アジア歴史資料センタ-, 大英図書館共同インタ-ネット特別展, 「描かれた日清戦争~錦絵·年画と公文書~」
242쪽 : アジア歴史資料センタ-, 大英図書館共同インタ-ネット特別展, 「描かれた日清戦争~錦絵·年画と公文書~」
243쪽 : 陸地測量部 촬영, 앞의 책
244쪽 : 亀井玆明撮影, 『明治廿七八年戦役写真帖』(상권), 1897년
245쪽 : 陸地測量部 촬영, 앞의 책

제3부 조선 침략의 선봉에 선 두 인물

1장—동아시아 침략 구상 : 가와카미 소로쿠

251쪽 : 元帥上原勇作伝記刊行会編, 『元帥上原勇作伝』(上巻), 元帥上原勇作伝記刊行会, 1938년, 96쪽
264쪽 : 陸地測量部 촬영, 앞의 책

제4부 조선 침략의 구실

2장—김옥균과 박영효

299쪽 : 新聞集成明治編年史編纂会編, 『新聞集成明治編年史』(第九巻), 林泉社, 1940년, 46쪽
312쪽 : 林武一 撮影, 앞의 책

제5부 일본의 오랜 꿈, 조선 침략

1장—씨앗을 뿌린 자

319쪽 : 佐藤信淵, 『混同秘策』, 山田浩通 발행, 1932년. 小野武夫, 『佐藤信淵』, 三省堂, 1934년
323쪽 : 吉田松陰, 『幽囚錄』, 吉川半七 인쇄, 1894년. 요시다 쇼인 초상은 야마구치현 문서관 소장

참고문헌

1. 사료

(1) 한국

『東學思想資料集』2, 「東學史」
『일본외교문서』(한국편)제5책, 태동문화사, 1981년
H. B. 헐버트, 신복룡 역, 『대한제국멸망사』, 집문당, 2017년
I. B. 비숍, 신복룡 역, 『조선과 그 이웃나라들』, 집문당, 2000년
朴殷植, 『韓國痛史』
북한사회과학원역사연구소, 주진오 해제, 『김옥균』, 역사비평사, 1990년
윤효정, 박광희 역, 『대한제국아망해라』, 다산호당, 2010년
이이화, 『이이화의 인물한국사』, 주니어김영사, 2011년
이익, 『성호전집』권17, 「書」, 日本忠義
鄭喬, 『大韓季年史』 卷
제노네볼피첼리, 유영분 역, 『구한말 러시아 외교관의 눈으로 본 청일전쟁』, 살림, 2009년
조재곤, 『그래서 나는 김옥균을 쏘았다』, 푸른역사, 2005년
최익현, 『면암선생문집』, 제4권, '소(疏)'
최익현, 『면암선생문집』, 부록권2, 「연보, 갑오년선생62세」
黃玹, 『梅泉野錄』
가라타니 고진, 조영일 역, 『역사와 반복』, 도서출판b, 2004년

(2) 일본

『近世名士写真』(其1), 近世名士写真頒布会, 1935년
『幕末, 明治, 大正回顧八十年史』(第1輯), 東洋文化協会編, 東洋文化協会, 1933년
『日本之朝鮮』, 有楽社, 1911년
『戦時法令全書』, 一二三館, 1904년
『銃後の大阪』(軍事援護通信. 第1報旭区版), 大阪市社会部軍事援護課, 1939년
加藤寛治大将伝記編纂会編, 『加藤寛治大将伝』, 加藤寛治大将伝記編纂会, 1941년
岡本柳之助述, 平井駒次郎編, 『風雲回顧錄』, 武侠世界社, 1912년
岡本柳之助, 『岡本柳之助論策』, 田中三七, 1898년
岡倉天心, 福田久道譯, 『日本の覚醒』, 岡倉天心全集(제3권), 聖文閣, 1939년
京城府編, 『京城府史』(第一卷), 京城府, 1934년
高橋立吉, 『日本新英傑伝:列伝体明治史』, 東亜堂書房, 1912년
亀井玆明撮影, 『明治廿七八年戦役写真帖』(상권), 1897년
菊池謙譲, 『朝鮮王国』, 民友社, 1896년
菊池謙譲, 近代朝鮮史(下巻), 大陸研究所, 1940년
近世名将言行録刊行会編, 『近世名将言行録』(第2卷), 吉川弘文館, 1935년
今伏波, 『軍人おもかけ』, 百華書院, 1902년

吉田庫三編, 『松陰先生遺』(第1巻), 民友社, 1908년
吉田松陰, 『吉田松陰』(大日本思想全集(第17巻, 吉田松陰), 大日本思想全集刊行会, 1932년
吉田松陰, 『幽囚録』, 吉川半七인쇄, 1894년
吉田寅次郎編, 『幽囚録』, 1891년
金沢巌雄編, 『日清交戦実記』, 東雲堂, 1894년
德富猪一郎, 『陸軍大将川上操六』, 第一公論社, 1942년
德富猪一郎編, 『公爵山県有朋伝』(中巻), 山県有朋公記念事業会, 1933년
渡邊幾治郎, 『陸奥宗光伝』, 偉人伝全集(第16巻), 改造社, 1934년
藤本尙則, 『巨人頭山滿翁』, 田口書店, 1932년
藤村德一, 『居留民之昔物語』, 朝鮮二昔會事務所, 1927년
陸奥宗光, 『蹇蹇録』, 岩波書店, 1941년
陸地測量部撮影, 『日清戦争写真帖』, 小川一真出版部, 1894년
陸地測量部撮影, 『日清戦争写真帖』(제5집), 1894년
陸地測量部撮影, 『日清戦争写真帖』, 小川一真出版部[ほか], 1894년
林董, 『後は昔の記』, 時事新報社, 1910년
林武一撮影, 『朝鮮国真景』, 林亀子, 1892년
木村浩吉, 『海軍圖說』, 大日本圖書, 1898년
木村浩吉, 『黄海海戦二於ケル松嶋艦内ノ状況』, 内田芳兵衛, 1896년
無何有郷主人, 『今世人物評伝叢書』(第1編山県有朋), 民友社, 1896년
朴宗根, 『清日戦争と朝鮮』, 青木書店, 1982년
福沢諭吉, 『通俗国権論』, 福沢諭吉(인쇄), 1878년
福澤諭吉全集(第10巻), 岩波書店, 1960년
富岳館編輯部編, 『征清壮絶日本軍人義勇伝』, 富岳館, 1894년
北原スマス外編集, 『資料新聞社說にみる朝鮮5』, 高麗書林, 1995년
北垣恭次郎, 『大國史美談』권7, 實業之日本社, 1943년
山口喜代松, 『日本海軍陸戦隊史』, 大新社, 1943년
山崎伝之助編, 『和歌山県人材録』(前編), 和歌山日日新聞社印刷部, 1920년
杉村濬, 『明治廿七八年在韓苦心錄』, 杉村陽太郎(출판), 1932년
小野武夫, 『佐藤信淵』, 三省堂, 1934년
小泉信三, 『支那事変と日清戦争』, 慶応出版社, 1937년
穂波德明, 『征清戦史』(武勇日本, 上), 大日本中学会戦史部, 1901년
穂波德明, 『征清戦史』(武勇日本, 下), 大日本中学会戦史部, 1901년
時事新報社編, 『日露戦争を語る』(陸軍の巻), 時事新報社, 1935년
矢田行蔵, 『紀州出身軍人の功績:満蒙独立秘史』, 興亜学社, 1936년
新聞集成明治編年史編纂会編, 『新聞集成明治編年史』(第九巻), 林泉社, 1940년
安藤紀一, 『吉田松陰先生幽囚録(訓註)』, 山口県教育会, 1936년
安井滄溟, 『陸海軍人物史論』, 博文館, 1916년
愛国社編輯局編, 『日清軍記』제1권, 愛国社, 1894년
外務省調査部編, 『大日本外交文書』(제2권 제2책), 日本国際協会, 1936년
外務省編纂, 『日本外交文書』(한국편)5, 태동문화사, 1981년
雄山閣編, 『類聚伝記大日本史』(第十四巻), 雄山閣, 1935년
元帥上原勇作伝記刊行会編, 『元帥上原勇作傳』上巻, 元帥上原勇作伝記刊行会, 1938년
垣田純郎刊, 『日清軍記』(正編), 民友社, 1894년
有終会編, 『海軍逸話集』(第1輯), 有終会, 1930년
伊藤博文編, 『秘書類纂』朝鮮交渉資料(中巻), 秘書類纂刊行会, 1936년
伊藤博文編, 『秘書類纂』中巻, 秘書類纂刊行会, 1935년

斎藤子爵記念会, 『子爵斎藤実伝』(第2巻), 斎藤子爵記念会, 1941년
田保橋潔, 『近代日鮮関係の研究』(下巻), 朝鮮総督府中枢院, 1940년
田保橋潔, 『近代日朝関係の研究』(上巻), 朝鮮総督府中枢院, 1940년
田中万逸編, 『死生の境』(後篇), 博文館, 1907년
帝国在郷軍人会本部編, 『一尸将軍』, 帝国在郷軍人会本部, 1932년
鵜崎鷺城, 『当世策士伝』, 東亜堂書房, 1914년
鵜崎熊吉, 『時代勢力の批判』, 政教社, 1914년
조선총독부편, 『조선고적도보』제10권, 1934년
조선총독부편, 『조선고적도보』제11권, 1934년
佐藤信淵, 『混同秘策』, 山田浩通발행, 1932년
佐藤信淵, 『混同秘策』, 穴山篤太郎(인쇄), 1888년
佐田白茅, 『征韓論の旧夢談』, 佐田白茅(인쇄), 1903년
竹橋事件百周年記念出版編集委員会編, 『竹橋事件の兵士達』, 徳間書店, 1979년
竹越与三郎, 『三又小品』, 立命館出版部, 1940년
中野八十八, 『感激の国史教育(近世さしゑ中心, 尋常6学年)』, 啓文社書店, 1926년
中井錦城, 『無用の書』(丑の巻), 実業之日本社, 1923년
中塚明, 『歴史の偽造をただす』, 高文研, 1997년
参謀本部編, 『明治二十七八年日清戦史』(第1巻), 東京印刷, 1904년
妻木忠太編, 『木戸孝允日記』第1, 早川良吉, 1932년
波平恒男, 『近代東アジア史のなかの琉球併合』, 岩波書店, 2015년
後藤三郎, 『師道と弟子道』, 金港堂書籍, 1942년

(3) 한국사 데이터베이스 자료

駐韓日本公使館記録(1권), '二. 全羅民擾 報告 궁궐 내 소요의 건2', (32) 探報書, 문서번호 : 경(京)제37호, 1894년6월20일 발신

앞의 자료(1권), 八. 諸方機密信二, 6월11일 '後續部隊出兵保留의電文', 발신자 : 特命全權公使大鳥圭介, 수신자 : 二等領事能勢辰五郎

앞의 자료(1권), 九. 諸方機密公信往一, (1) 日・청군 충돌 가능성을 외국인에게 표명하여 찬동을 얻으려는 취의서]

앞의 자료(2권), 五. 機密本省및其他往來, (30) 「日・清軍 충돌에 따른 훈령」, 문서번호 : 기밀송(送)제25호, 외무대신 무쓰 무네미쓰 발신, 오토리 게이스케 수신

駐韓日本公使館記録(2권), '五. 機密本省및其他往来', (28) 경성・일본 간 전신 왕복이 두절될 경우에 대비하는 훈령, 6월21일 발신, 발신자 무쓰 무네미쓰, 수신자 특명전권공사 오토리 게이스케

앞의 자료(2권), 五. 機密本省및其他往來, 「속방보호를 위해 조선국에 출병하는 취지를 통고한 건」

앞의 자료(2권), 「청국군 내한 등에 관한 보고」, 「귀임 후 조선 정세보고, 청병 무력 구축 여부에 대한 회훈 요청」

앞의 자료(2권), 五. 機密本省및其他往來 (18) 海軍大臣電報, 1894년 6월5일 발신, 발신자 : 軍艦大和艦長海軍大佐舟木錬太郎, 수신자 : 臨時代理公使杉村

앞의 자료(2권), (19) 神戸港에서 大鳥公使의 電案, (20) 전함대기 상황 보고. 발신일 1894년 6월6일 밤8시

앞의 자료(2권), 五. 機密本省및其他往來, '(7) 김옥균의 시체처분에 조선 정부에 충고한 건(件)', 문서번호 기밀 제30호 本21, 발신일 1894년 4월10일

앞의 자료(2권), '(8) 김옥균 암살사건에 관한 내왕전신문 사본을 첨부하여 말씀드리는 건', 문서번호 寫제1 기밀 제10호信, 발신일 1894년 4월16일

『駐韓日本公使館記録』(3권), 七. 和文電報往復控, (2) 〔東學黨 진압을 위한 釜山에서의 군대 파견 문의〕2

앞의 자료(3권), 〔東學黨 征討를 위한 병력출동2〕

앞의 자료(3권), 〔東學黨 征討를 위한 병력증강 요청〕

『駐韓日本公使館記録』(4권), 一. 露日関係―(25)〔大鳥公使一行の京城向発報告〕(1894년 6월 10일)

『日本外交文書』제27권 제2책(27-Ⅱ),'軍隊の京城進入ニ関シ問合ノ件','朝鮮國二對シ 強硬ナル措置ヲトルベキコトアル旨通告ノ件'

『일본외교문서』제27권 제1책, 398호 문서,「조선 내정개혁 권고가 거절될 때 일본의 힘으로 집행해야 할 수단에 대한 건」

『일본외교문서』제27권 제1책, 419호 문서,「조선국 정부의 회답이 불만족스러우므로 왕궁을 포위하는 조치를 취한 취지보고에 대한 건」

(4) 일본 국공립자료관 자료

「JACAR(アジア歴史資料センタ-),明治35年5月起部長会議第1号秘(防衛省防衛研究所)」,'参謀本部歴史草案21明治31年11~12月」

一,「公文類聚·第九編·明治十八年·第六卷·兵制·兵制總·陸海軍官制/庁衙及兵営·兵器馬 匹及艦船·徴兵(国立公文書館)」

一,「公文別録·朝鮮事件·明治元年~明治四年·第一巻·明治元年~明治四年(国立公文書館)」,'外務省出仕佐田白茅建策'

一,「命令訓令自明治27年6月至明治28年6月」

一,「秘密日清朝事件第5師団混成旅団報告綴」

一,「秘密日清朝事件第5師団混成旅団報告綴」,'混成旅団参謀報告第2号6月13日'

一,「完27,8年戦役日記」,'軍務局より弾薬背負箱第5師団送付の件'

一,「外邦測量沿革史草稿昭和20年1月」,'附録 明治27,8年戦役に於ける 裏面の活躍'

一,「征清用兵 隔壁聴談(防衛省防衛研究所)」,'軍事動作の発展及外交政略の状態 其の2'

一,「秘密日清朝事件第5師団混成旅団報告綴」,'大鳥公使より旅団長へ協議書,護衛兵上 陸方に付協議'6月11日

一,「秘密日清朝事件第5師団混成旅団報告綴」,'報告,6月16日午前9時於京城 大隊本部'

一,「秘密日清朝事件第5師団混成旅団報告綴」,'混成旅団参謀報告第2号6月13日'

一,「混成旅団参謀報告第1号(1)6月6~8日」(明治27年「秘密日清朝事件 第5師団混成旅団報 告綴」)

一,「参謀本部歴史草案(18~19)明治28~2910/29(宮崎史料)」,'参謀本部歴史草案18 (資料)明治28年朝鮮王妃殺戮事件に関し参謀本部にて関係せる顛末'

一,「参謀沿革誌第1号明治4年7月~13年12月」

一,「混成第9旅団第5師団報告」,'第16号混成旅団報告,7月23日'

一,「混成第9旅団第5師団報告」,'混成旅団報告,7月22日'

一,「混成第9旅団第5師団報告」,'混成旅団秘報,7月19日'

一,「日清戦史講義摘要録」(第1巻),'開戦直前に於て政府の不決心と軍部との格逐'

一,「日清戦史講義摘要録」(第1巻),'大島旅団長を中心とせる大鳥公使及大本営の 三角運動'

一,「日清戦史講義摘要録」(第1巻),'旅団王宮の包囲と韓廷の屈従'

一,「日清戦史講義摘要録」(第1巻),'再ひ我軍部の強硬なる要求'

一,「日清戦史講義摘要録」(第1巻),'政府の決意を促せる川上中将の活躍'

一,「日清戦史講義摘要録」(第1巻),'第14項韓国内政改革の為め日清協同を提議せる 我政府の緩慢なる態度と其動機'

一,「日清戦史講義摘要録」(第1巻),'志士たる金玉均の死と一私人として川上操六の 活躍'

一,「日清戦史講義摘要録」(第1巻),'出兵後に於ける我政戦両略の再離'

一,「日清戦史講義摘要録」(第1巻),'韓国内政改革の為め日清協同を提議せる我政府の 緩慢なる態度と其動機'

一,「日清戦史講義摘要録」(第1巻),'混成旅団突然の上陸蹉跌と将士牌肉の嘆'

一,「日清戦史講義摘要録」(第1巻),'混成旅団第二次輪送部隊の渡韓'

一,大英図書館共同インタ-ネット特別展,「描かれた日清戦争~錦絵·年画と公文書~」

一,「対対韓政策関係雑纂/在韓苦心録松本記録」

一,「命令訓令自明治27年6月至明治28年6月(防衛省防衛研究所)」'明治27年6月1日~7日〔目録(1)番号1~5〕'

一,「命令訓令自明治27年6月至明治28年6月」

· 399

一,「対治27·8年戦史材料」,'征清海戦史巻第編本省及軍令部設計第15章牒報'
一,「対治27年公文雑輯巻5艦船下(防衛省防衛研究所)」
一,「明治27年6月「完27·8年戦役日記」(防衛省防衛研究所)」,'軍務局より新聞雑誌原 稿検閲事項内訓の件'
一,「明治27年6月「完27,8年戦役日記」(防衛省防衛研究所)」,'参謀本部より混成旅 団編成手続書の件'
一,「明治27年自6月至9月混成第9旅団第5師団報告」,'明治27年7月19日軍隊概見表'
一,「明治27年自6月至9月混成第9旅団第5師団報告」(防衛省防衛研究所)」,'混成旅団 参謀報告第1号'
一,「明治28年公文類聚第十九編明治二十八年·第二十三巻·軍事一·陸軍一」,'陸軍戦 利品整理規程ヲ定ム'
一, 앞의 자료, '外務省出仕佐田白茅外二名朝鮮国交際始末内探書'
一,「参謀本部職員一覧表原稿29/29明治14〜29年(防衛省防衛研究所)」,'27年'
一,「明治27年公文雑輯」(巻5, 艦船下),「27年3月5日筑波艦仁川より京城に至る海陸両 路交通の件」
『明治二十七八年日清戦史第二冊決定草案』, 第五編第十一章第三草案,「第十一章成歓会戦前二 於ケル日本軍混成旅団ノ状況附 其朝鮮王宮ニ対スル威嚇的運動」

(5) 논저

塚本隆彦,「旧陸軍における戦史編纂 - 軍事組織による戦史への取組みの課題と限界 - 」(『전사 연구연보』 제10호, 2007년3월)

찾아보기

『가토 히로하루 대장전(加藤寬治大将伝)』 85
『감격의 국사교육』 125
『거류민의 옛날 이야기(居留民之昔物語)』 283
『거인 도야마 미쓰루 옹(巨人頭山滿翁)』 337
『건건록』 30-32, 34, 80, 180, 181, 188, 194, 195, 203, 205, 221, 224, 256, 268, 316
『경성부사』 283, 327, 380
『공작 야마가타 아리토모전(公爵山県有朋傳)』 19
『구한말 러시아 외교관의 눈으로 본 청일전쟁』 190, 384, 396
『국민신문(國民新聞)』 329
『군인 모습(軍人おもかげ)』 292
『근대 일선관계 연구』 316
『근대조선사』 343
『김옥균 사건 연설회』 329
『다음은 옛 기록(後は昔の記)』 76
『당세책사전』 335
『대국사미담(大國史美談)』 91
『대한계년사』 94, 148
『대한제국멸망사』 24, 272, 386, 396
『대한제국아 망해라』 190, 383, 384
『동양정책』 33, 298, 301, 302, 308, 311
『동학농민혁명사일지』 315
『매천야록』 339, 390
『메이지 연간 조선연구문헌지』 33
『메이지 이십칠팔년 일청전사』 22, 113, 154, 167, 169, 292, 294, 296
『메이지 이십칠팔년 일청전사 제2책 결정초안』 30, 205
『메이지 이십칠팔년 재한고심록』 30, 83, 132, 136, 177, 182, 186, 194, 195, 199, 210, 221, 256, 264, 342, 344
『면암선생문집』 259, 344, 385, 390, 396
『명령훈령, 1894년 6월~1895년 6월』 26
『무용의 서(無用の書)』 311
「백산대회 격문」 315
「보고 6월16일 오전 9시 경성 대대본부에서」 141, 143
『비서유찬(秘書類纂)』 93
『사생의 경계』 118, 125, 256

「소전」 298, 300, 306
「시대세력의 비판」 335
「쓰쿠바함의 조선국 첩보 보고서」 24
「역사와 반복」 377, 392, 396
『오자(呉子)』 278
「오카모토 류노스케 논책(岡本柳之助 論策)」 33
「오카모토 류노스케 소전」 33
「우내혼동비책」 18, 35, 350, 354
『원수 우에하라 유사쿠전』 77, 136, 156
『유수록』 355-357, 359, 360
『유실문고』 356, 360
『유취전기 대일본사(類聚傳記大日本史)』 228
『육군대장 가와카미 소로쿠』 120, 171
『육해군인물사론』 119
『이십칠팔년 전역일기』 109, 113, 125
『이치노헤 장군(一戸将軍)』 28
「인천·경성 간 도로시찰 보고」 25
『일본서기』 357, 359
『일본의 각성』 36, 373
『일본충의(日本忠義)』 362
『일본해군육전대사(日本海軍陸戦隊史)』 87
『일청교전실기』 82, 84, 89, 90, 139, 148
『일청군기(日淸軍記)』 118
『일청전사강의적요록(日淸戦史講義摘要録)』 25, 28-31, 58, 62, 100, 107, 108, 119, 124, 125, 150, 157, 159, 166, 171, 178, 181, 194, 195, 200, 221, 222, 227, 228, 332, 379, 381-385, 389, 390
『일청전사강의적요록(日淸戦史講義摘要録)』 22, 56
『일청전사 결정초안』 229, 230, 237
『일청전쟁 사진첩(日淸戦争写真帖)』 29
『자작 사이토 마코토전』 166
『전시법령전서(戦時法令全書)』 275
『정청용병 격벽청담(征淸用兵 隔壁聽談)』 226
『정청전사(征淸戦史)』 34
『정청해전사(征淸海戦史)』 67
『정한론의 구몽담』 365
『조선과 그 이웃 나라들』 189, 317, 384
「조선국교제시말내탐서(朝鮮国交際始末内探書)」 366
『조선왕국』 343

『지지신포(時事新報)』 318, 326
『참모본부 역사초안』 276
『참모연혁지』 275
「청일군 충돌에 따른 훈령」 184
「청일전쟁에서 배후의 활약」 284, 288
「청일전쟁에서 우리 제국의 개전 준비 실정(實情)」 25, 27
『통속국권론(通俗國權論)』 368
『풍운회고록』 307
『한국통사』 190, 259, 315, 316, 331, 389
『해군도설(海軍圖說)』 85
『해군일화집(海軍逸話集)』 20
「호위병 상륙에 대한 혐의」 133
『혼성여단 보고』 198, 251
『혼성제9여단 제5사단 보고』 31, 130, 211, 221, 229, 252, 382, 385

ㄱ

가나이 시게타로(金井茂太郎) 89
가나자와 이와오(金沢巌雄) 89, 139, 338
가네자키 사부로(鐘崎三郎) 285
가네코 아키라(兼子昱) 89
가미오 미쓰오미(神尾光臣) 113, 281
가시와라 마스요시(柏原益功) 121
가와나미 타마키(河南環) 233
가와무라 다케토모(河村武又) 237
가와무라 스미요시(川村純義) 22
가와치 노부히코(河内信彦) 243
가와카미 소로쿠(川上操六) 10, 12, 22, 26, 28, 32, 56, 57, 59, 60, 61, 75-78, 100, 101, 103, 109, 112, 119-121, 125, 161, 171, 173, 184, 273-276, 278-283, 333, 335-337, 386, 394
가와카미 에이노스케(川上栄之輔) 250
가와하라 요이치(河原要一) 383
가와하라 케사타로(川原袈裟太郎) 89
가지카와 료키치(梶川良吉) 56
가츠라기(葛城) 148, 291
가토 마스오(加藤増雄) 80
가토 야스히사(加藤泰久) 118
가토 히로하루(加藤寛治) 138
갑신정변 34, 75, 77, 190, 298, 325, 328, 329, 346, 354, 373, 388, 389
강화도조약 17, 33, 298, 307, 309
개선식 264
거문도 139, 266

건춘문 230, 231, 241-245, 260
겐요사(玄洋社) 325
겐잔마루(元山丸) 107
겐카이마루(玄海丸) 45, 107
경리청(經理廳) 244
고구레 토타로(小暮涛太郎) 173
고노 히로나카(河野廣中) 283
고니시 유키나가(小西行長) 378
고다마 겐타로(兒玉源太郎) 121
고무라 쥬타로(小村壽太郎) 78
고베마루(神戶丸) 107
고베항(神戶港) 84, 326
고사카 모리사부로(小坂森三郎) 173
고이케 마사후미(小池正文) 278
고이케 에츠타로(小池越太郎) 89
고쥰사(交詢社) 332
고쿠보 키시치(小久保喜七) 329
고토 쇼지로(後藤象二郎) 170
곤도 렌페이(近藤廉平) 103
공덕 168, 169, 224, 305, 343
광화문 39, 218, 219, 230, 231, 237, 238, 241, 243-245, 247, 251, 252, 254, 255, 260
교통선(交通船) 171
구가 가츠난(陸羯南) 342
구니토모 시게아키(国友重章) 342
구라츠지 아키토시(倉逃明俊) 66
구로다 기요타카(黒田清隆) 307, 309
구로사와 겐지로(黒澤源三郎) 281
구로오카 타테와키(黒岡帯刀) 39
구마모토마루(熊本丸) 163, 167
구사카 겐즈이(久坂玄瑞) 355, 360
구스노세 유키히코(楠瀬幸彦) 278
구스모토 다케토시(楠本武俊) 105
구와키 타카모토(森木崇台) 233
구지리(九芝里) 48
구현산(九峴山) 48, 131
군부고문관 303, 307
권봉희(權鳳熙) 339
권영진(權瀅鎭) 190
권재형(權在衡) 190
기노무라 마사노리(木野村政德) 285
기도 고마지로(城戶駒次郎) 46
기도 다카요시(木戶孝允) 18
기무라 이스케(木村伊助) 236
기무라 코키치(木村浩吉) 85
기소마루(木曾丸) 104
기슈번(紀州藩) 307

기시 긴코(岩吟香) 285
기타가와 기치사부로(北川吉三郎) 215
기타바타케 도류(北畠動龍) 286
기함(旗艦) 87
김가진(金嘉鎭) 190, 212, 342
김사철(金思轍) 92
김씨우인회(金氏友人會) 327
김옥균(金玉均) 34-56, 74, 299, 301, 302, 312, 313, 324-332, 334-339, 342, 388, 389, 395, 396, 398
김응원(金應元) 218
김익승(金益昇) 190
김학우(金鶴羽) 190
김홍집(金弘集) 33, 192, 258, 389

ㄴ

나가노 야소하치(中野八十八) 125
나가니시 마사키(中西正樹) 284
나가오 곤다이라(長尾權平) 61
나가오카 가이시(長岡外史) 26, 118, 122, 131
나가타 히사시(永田龜) 237
나니와(浪速) 166, 290, 296
나와 마타하치로(名和又八郎) 88
나카가와 토지로(中川藤次郎) 88
나카무타 구라노스케(中牟田倉之助) 40, 67, 100, 121
나카이 킨죠(中井錦城) 311
나카 히데아키(仲東白) 236
남대문 42, 48-51, 61, 90, 93, 136, 142, 230, 231, 233, 236, 238, 239, 242, 244, 250
남소문 233, 238, 239
네고로 스케하루(根來祐春) 89
노량진 48, 169, 224, 225, 268
노마 분타로(乃萬文太郎) 233
노무라 야스시(野村靖) 355
노세 타츠고로(能勢辰五郎) 13, 46, 132, 183
누노메 란조(布目瀾造) 89
니시다 지로쿠(西田治六) 103
니시지마 스케요시(西島助義) 155, 233
닌헤이 센순(仁平宣旬) 59

ㄷ

다고노우라마루(田子浦丸) 163
다나베 미츠마사(田邊光正) 243
다나베 하치타로(田辺鉢太郎) 247

다나카 덴타(田中傳太) 61
다나카 만이츠(田中万逸) 118
다나카 야스키치(田中安吉) 89
다나카 요시노신(田中吉之進) 60
다나카 요시사부로(田中芳三郎) 89
다니 히사오(谷壽夫) 23, 25, 27, 56, 58, 62, 107, 332, 389, 403
다무라 이요조(田村怡与造) 100, 119
다보하시 키요시(田保橋潔) 316
다츠타(龍田) 291
다카기 도타로(高木東太郎) 46
다카미 사토루(田上覺) 236
다카사고마루(高砂丸) 163
다카스기 신사쿠(高杉晋作) 355
다카오(高雄) 84, 130, 291
다카치호(高千穗) 290
다카하시 고레노리(高橋維則) 281
다케다 히데노부(武田秀山) 236, 339
다케바시 사건(竹橋事件) 301
다케우치 세이사쿠(竹內正策) 118, 154
대만출병 17, 19, 389
대본영 12, 14, 15, 21, 26, 28, 29, 56, 60, 64, 66, 70, 78, 87, 95, 99-101, 109, 111, 112, 122, 124, 125, 137, 143, 144, 150-152, 157-159, 161, 167, 171-173, 181, 196, 198, 205, 206, 208, 223, 226-229, 252, 261, 271, 275, 276, 284, 322, 381, 386
대원군 12, 15, 26, 33, 54, 67-70, 119, 177, 191, 208, 211, 213-216, 218, 219, 223, 229, 238, 239, 241, 248, 250, 253, 255-258, 299, 302, 305, 307, 340, 342-344, 363
데라우치 마사타케(寺内正毅) 103
덴유쿄(天佑俠) 333, 337, 390
도서(圖書) 362
도야마 미츠루(頭山滿) 325
도오토우미마루(遠江丸) 105, 127
도요베 신사쿠(豊邊新作) 237
도조 히데노리(東條英敎) 281
도쿄진대 279, 298, 301, 305-307
도쿠가와 막부 17, 18, 349, 360, 362, 366
도쿠토미 이치로(德富猪一郎) 22
도키야마 오카조(時山襲造) 243
동대문 42, 49, 142, 233, 238, 239, 252, 268
동소문 236, 238, 239
동학농민전쟁 8, 13, 33-35, 74, 204, 313, 314, 318, 338, 388
동학당 8, 34, 56, 57, 65, 67-69, 74, 80, 95, 96,

403

160, 186, 201, 215, 271, 283, 293, 300, 302, 314-318, 320, 333, 337, 338, 371, 373, 390
둔지리 168, 169, 224, 236, 238, 239

ㄹ

류큐[琉球]왕국 17

ㅁ

마나베 아키라(眞鍋斌) 121
마쓰나가 유쥬(松永雄樹) 121
마쓰모토 나오키치(松本直吉) 106
마쓰모토 미오키(松本箕居) 236
마쓰모토 카즈(松本和) 103
마쓰시마(松島) 28, 84, 87, 88, 290, 380
마쓰오 미요타로(松尾三代太郎) 301, 312
마쓰우라 테이조(松浦鼎三) 60
마쓰카와 토시타네(松川敏胤) 281
마야(摩耶) 291
마쥬다오(馬租島) 87, 91
마쓰우라 테이조(松浦鼎三) 281
마치다 사네요시(町田實義) 233
마토노 한스케(的野半介) 337
마포 42, 48-50, 52, 93, 94, 136, 154
마포삼계(浦麻三界) 52
마포안두(麻浦岸頭) 52
막번체제(幕藩体制) 349, 390
만리창 14, 29, 48, 50, 141, 154, 155, 164, 168, 169
면천(沔川) 108
모리 마사타카(森祗敬) 237
모리카와 토라오(森川虎雄) 106
모지(門司) 112, 123, 130, 162
모토노 이치로(本野一郎) 80, 303
목멱산 88, 90
무라다 아츠시(村田惇) 100
무라이 나가히로(村井長寬) 278
무라키 오스미(村木推美) 66
무로다 요시후미(室田義文) 56
무사시(武藏) 166, 296
무쓰레지마(六連島) 166
무쓰 무네미쓰(陸奧宗光) 71
무자시(武藏) 291
무코야마 신키치(向山愼吉) 28, 88

무토 하쿠토모(武藤百智) 285
문명과 야만 355, 373
미나카타 쿠마구스(南方熊楠) 312
미야모토 고이치(宮本小一) 363
미야지 사다토키(宮地貞辰) 106
미야카와 고로(宮川五朗) 341
미야카와 효이치(宮川兵市) 89
미우라 고로(三浦梧樓) 33, 278, 279, 304, 307, 312, 317, 345
미쿠리야 켄지로(御厨健次郎) 283
미토번(水戸藩) 349
미하시 키치지로(三橋吉次郎) 89
민상호(閔商鎬) 90, 259
민영소(閔泳韶) 40
민영순(閔泳純) 243
민영주(閔泳柱) 39
민영준(閔泳駿) 320, 390

ㅂ

바바 마사오(馬場正雄) 14, 172
바바 타츠이(馬場辰威) 286
박영효(朴泳孝) 11, 34, 35, 312, 313, 324, 338-340, 342-346, 388-390, 395
박은식(朴殷植) 152, 190, 259, 315, 316, 331
발해만 63
보신(戊辰)전쟁 308
부산 14, 21, 30, 56, 58-61, 65, 74, 84, 88, 91, 105, 108, 109, 139, 152, 158-161, 167, 170-173, 174, 183, 184, 186, 224, 225, 236, 271, 316, 318, 342, 389, 390
부산 수비대 236
블라디보스토크 56, 60, 382, 387
비밀전사(秘密戰史) 25
비호(飛虎) 89

ㅅ

사가미마루(相模丸) 107
사나다 곤타로(眞田權太郎) 106
사다 하쿠보(佐田白茅) 19, 35, 364
사설 공사 33, 298, 299
사세보(佐世保) 290
사쓰마번(薩摩藩) 349
사이쿄마루(西京丸) 107, 290
사이토 리키사부로(齋藤力三郎) 121

사이토 마코토(齋藤實) 131
사이토 신이치로(斎藤新一郎) 327, 332
사카타마루(酒田丸) 105, 161, 163, 404
사쿠라이 요시유키(桜井義之) 33
사토 노부히로(佐藤信淵) 18, 350
사토 잇케이(佐藤一景) 144
사토 히코토(佐藤彦一) 246
산둥(山東) 108
삿사 도모후사(佐佐友房) 283
새석점(塞石店) 48
서대문 231, 233, 237-239, 242, 246, 247, 250, 251
서빙고 168, 169, 224, 225, 238, 239
서소문 236, 238, 239, 250
석암리(石岩里) 48
선박조사서 26, 65, 66
선발대 12, 13, 23, 28, 29, 37, 53, 63, 66, 72, 78, 80, 83, 88, 95, 98, 104, 111, 113, 122, 124-130, 132-139, 142-144, 147, 148, 154, 155, 158, 161, 169, 170, 178, 180, 200, 237, 260, 321, 322, 382, 393
선양(盛京) 108
선전조칙(宣戰詔勅) 321
선후책에 대한 의견 177
섭사성(聶士成) 124, 293
성환전투 15, 263, 268, 322
세견미(歲遣米) 362
세노구치 가쿠시로(瀨ノ口覺四朗) 106
센다이마루(仙臺丸) 105, 163
쇼카손주쿠(松下村塾) 355
스기무라 후카시(杉村濬) 300, 317, 389
스기오카 나오지로(杉岡直次郎) 236
스미노에마루(住ノ江丸) 105, 127, 163
스에요시 야스마(末吉保馬) 285
스즈키 미쓰요시(鈴木充美) 329
스즈키 시게모토(鈴木重元) 213, 214
스즈키 준켄(鈴木順見) 213
시가 시게타카(志賀重昻) 329
시나가와마루(品川丸) 107
시나가와 야지로(品川彌二朗) 355
시마카이(島海) 291
시모에다 칸이치로(下枝觀一郎) 236
시바 시로(柴四良) 342
시즈마 히로스케(靜間浩輔) 236
신거문 230, 231, 242, 244, 246, 250
신기선(申箕善) 339
쓰시마 소씨(對馬宗氏) 362
쓰카모토 다카히코(塚本隆彦) 25

쓰쿠바함(筑波艦) 39, 378

ㅇ

아라오 세이(荒尾精) 284, 287
아라이 닛사이(新居日薩) 301
아리모리 모토키치(有森元吉) 106
아리스가와노미야 다루히토 친왕(有栖川宮熾仁親王) 280
아마기(天城) 291
아산전투 15, 219, 234, 269
아시자와 마사카즈(廬澤正勝) 113
아오키 노부즈미(靑木宣純) 66, 120, 166
아카기(赤城) 87, 291
아카시 모토지로(明石元二郎) 281
아키즈키 에이타로(秋月榮太郎) 60
아키츠시마(秋津洲) 290
아타고(愛宕) 291
아편전쟁 349
아현 153, 168, 169, 224, 225, 229, 231, 236, 237-240, 253
아현산 231, 237, 238, 240
안경수(安駉壽) 190
안면도 208
안종수(安宗洙) 339
안효제(安孝濟) 339
야마가타 아리토모(山県有朋) 308, 355
야마가타 아키요시(山田顯義) 306
야마구치 케이조(山口圭藏) 236
야마구치 키요마츠(山口喜代松) 87
야마네 다케스케(山根武亮) 100, 131
야마다 료엔(山田良圓) 152
야마다 세이지(山田淸治) 61
야마모토 테이신(山本廷身) 281
야마시로마루(山城丸) 105, 107, 127, 290
야마토(大和) 87, 291
야부키 슈우이치(矢吹秀一) 278
야스하라 아키지(安原飽次) 66
야시마 카오루(八洲亨) 121
야에야마(八重山) 14, 166, 291
양무(揚武) 89
양산촌(良山村) 48
양화진 42, 48, 49, 93, 98, 136, 155, 169, 170, 224, 328, 329, 330, 331
에구치 츄사쿠(江口忠作) 61
에치고마루(越後丸) 105, 163
여규형(呂圭亨) 339

영등포 48-50, 52, 90, 93, 169
영추문 230, 231, 241-244, 246, 247, 250, 251, 253-255, 260
오가사와라 마츠카케(小笠原松熊) 237
오가사하라제도(小笠原諸島) 325
오가와 마타지(小川又次) 119
오가와 킨키치(小川錦吉) 105
오구로 히에도(小黑秀夫) 89
오노 마키타(小野萬龜太) 236
오다기리 마스노스케(小田切滿壽之助) 285
오류동 42, 48, 49, 136, 141, 169, 170, 225, 238, 239
오미 사다카카(大生定孝) 119
오비나타 오사무(大日方紀) 173
오시마 요시마사(大島義昌) 109, 118, 138, 148, 150, 151, 154, 157, 162, 170, 190, 194, 221, 223, 229, 263, 379
오시마(大島) 147, 291
오시마 켄이치(大島健一) 22
오시무라 츠네시게(押村庸茂) 89
오시아게 모리조(押上森藏) 118
오오미 사다타카(大生定孝) 56, 121
오우미마루(近江丸) 104, 105, 107, 120, 290, 383
오이 겐타로(大井憲太郎) 302, 326, 329
오이소(大磯) 80
오이시 마시미(大石正己) 317
오이시 아키라(大石明) 61
오쥬 코토(應需耕濤) 82
오치아이 카네토모(落合兼知) 154
오카모토 류노스케(岡本柳之助) 10, 32, 33, 82, 199, 213, 217, 253, 273, 284-286, 288, 297, 298-303, 305-307, 310-312, 326, 327, 332, 342, 387, 388, 401
오카쿠라 텐신(岡倉天心) 36, 373, 392
오코시 나리노리(大越成德) 326, 332
오쿠다 테이키치(奧田貞吉) 89
오토리 게이스케(大鳥圭介) 9, 10, 12-14, 23, 26, 28, 30, 31, 39, 49, 50, 53, 73, 74, 79-83, 85, 87, 92, 94, 96, 101, 111, 124, 136, 144, 153, 172, 183, 184, 186, 193, 196, 201, 203, 229, 257, 258, 260, 271, 302, 305, 317, 321, 322, 328, 336, 339, 342, 383, 384, 388, 390, 398
오하라 분페이(小原文平) 236
오하라 츠토(小原傳) 281
옹화문 230, 231, 242, 245, 246, 250, 251, 253, 254, 258

와카노우라마루(和歌浦丸) 105, 127, 158, 163
와카바야시 킨(若林欽) 89
와타나베 우사쿠(渡邊卯作) 243
와타나베 타카지로(渡邊鷹次郎) 67
와타나베 테츠타로(渡辺鉄太郎) 56, 59, 129
왕봉조(汪鳳藻) 70, 325
왜성대 169, 238, 239
요시노(吉野) 85, 139, 290, 379
요시다 마스지로(吉田增次郎) 89
요시미 아키라(吉見輝) 14, 173
요시츠구 나오지로(吉次直次郎) 106
요코스카 진수부(橫須賀鎭守府) 39
요코스카항(橫須賀港) 82, 83
용산 13-15, 42, 43, 46, 49, 50, 89, 91-93, 141, 143, 154, 155, 164, 167-170, 201, 206, 208, 224, 233, 236-239, 253, 257, 268
우쓰노미야 타로(宇都宮太郎) 281
우에하라 오야(上原穗彌) 106
우에하라 유사쿠(上原勇作) 66, 120, 131
우에하라 지로(上原治良) 247
우지나항(宇品港) 104
운양호사건 19
원산 56, 65, 108, 152, 158, 159, 161, 174
원세개 40, 57, 67, 68, 79, 80, 83, 88, 94-97, 108, 138, 178, 181, 187, 191, 192, 200, 201, 217, 225, 228, 283, 303, 305, 316, 328, 389
월미도 85, 90, 154, 166, 169
위해위(威海衛) 108, 174
유경분(劉慶汾) 325
유기환(兪箕煥) 192
유길준(兪吉濬) 190
유아사 다케지로(湯淺竹次郎) 89
육상궁 238, 246
육전대 12, 13, 23, 26, 28, 37, 48-51, 53, 71-73, 79, 80, 82, 83, 85-92, 94-96, 98, 101, 124, 135-139, 147, 158, 302, 321, 322, 379, 380, 383, 393
육전대원 28, 48, 50, 85, 89, 91
윤효정(尹孝定) 170, 190, 383, 384, 396
을미사변 16, 300, 305, 306
의빈부(儀賓府) 243, 246
이경방(李經芳) 325
이노우에 가오루(井上馨) 317
이노우에 다모쓰(井上保) 28
이노우에 지로(井上仁郎) 103
이노우에 카쿠고로(井上角五郎) 326

이노우에 토시오(井上敏夫) 26, 67
이도재(李道宰) 339
이마사와 카즈타로(今澤和太郞) 66
이마이 타케시(今井建) 233
이부카 히코사부로(井深彦三郞) 284, 295
이사벨라 버드 비숍(Isabella Bird Bishop) 189, 317, 322
이선덕(李善德) 90
이시이 타다토시(石井忠利) 59, 282
이와나가 쇼우이치(岩永省一) 103
이와쿠라 도모미(岩倉具視) 18
이와키(磐城) 291
이윤용(李允用) 190
이일식(李逸植) 326
이쥬인 고로(伊集院五郞) 120, 148
이즈쿠시마(嚴島) 290
이지치 코스케(伊地知幸介) 34, 56, 119
이치가와(市川) 90
이치노헤 효에(一戶兵衛) 109, 124, 131, 233
이케다 이와조(坂本嚴三) 60
이쿠타비 나오사쿠(幾度直作) 61
이타쿠라 나카바(板倉中) 329
이토 마가키(伊東滿嘉記) 89
이토 미요지(伊東已代治) 75
이토 유코(伊東祐亨) 26, 87
이토 진타로(伊藤仁太郞) 82
이토 히로부미(伊藤博文) 57, 75, 77, 145, 148, 184, 189, 292, 300, 333, 336, 355, 379, 391
이홍장(李鴻章) 67, 69, 70, 181, 183, 200, 201, 204, 259, 295, 304, 325
인천경성간 도로시찰보고(仁川京城間道路視察報告) 46
인천항 12-14, 25, 28, 29, 39, 40, 45, 46, 49, 52, 53, 65, 80, 84, 85, 87-93, 96-98, 109, 124, 127, 130, 136-140, 147-149, 154, 159, 162, 163, 167, 168, 189, 197, 258, 321, 322
일러전사편찬강령 22
일본우선회사(日本郵船會社) 12, 28, 103-108, 154, 158, 163
임진진(臨津鎭) 237

ㅈ

장수(江蘇) 108
장위영 44, 230, 231, 237, 238, 247-250, 254, 319
저장(浙江) 108
전주화약 13, 72, 98
정병하(鄭秉夏) 40

정보장교 32, 280, 282, 284, 292, 305, 382
정한건백서(征韓建白書) 19
정한론정변 19, 376
제1차 수송 13, 66, 113, 147, 157, 158, 163, 165, 167
제2차 수송 14, 30, 159, 163, 165, 166, 168, 170, 187
제5사단 12-14, 28, 66, 78, 99, 101, 103, 107-109, 111-114, 116-119, 125, 152, 158-161, 168, 172, 173, 190, 279, 382, 386
제11연대 13, 29, 113, 115-117, 124, 127, 131, 139, 146, 147, 154, 155, 158, 168-170, 198, 224, 229, 233, 237, 239, 246, 247, 250, 252, 253
제21연대 13-15, 29, 104, 113, 115-117, 146, 158, 160, 162, 163, 167-170, 224, 225, 229, 231, 233, 236, 237, 240, 242, 246, 247, 249-251, 253, 254
제노네 볼피첼리(Zenone Volpicelli) 190
제물포 40, 48, 51, 52, 71, 72, 85, 89, 130, 144, 169, 189, 225, 238, 239
제물포조약 71, 72, 225
제원(濟遠) 89, 296
조병직(趙秉稷) 136, 245
조선국 첩보 24, 26, 43, 45, 46, 53
조선왕궁에 대한 위협적 운동 15, 207, 233, 241, 242, 384, 385
조선 왕비살륙 312, 389
조슈번(長州藩) 349
조희연(趙羲淵) 190, 215
조희일(趙熙一) 339
존왕양이운동(尊王攘夷運動) 349, 390
종루 233, 236, 238, 239, 247-249
즈리(直隸) 108
지리도지(地理圖誌) 275
진고개 339
진 리키노신(神力之進) 242
진수부(鎭守府) 289
진저우(金州) 59, 64
집경당 242, 245

ㅊ

참모본부 12, 14, 16, 21-26, 28, 30, 32, 34, 37, 52, 54-56, 58-61, 64-66, 74, 75, 82, 94, 100, 101, 103-105, 107-109, 118-122, 125, 128, 145, 155, 159, 161, 162, 165, 172,

173, 178, 181, 184, 188, 220, 226, 261, 266, 275-277, 279-285, 292, 294, 321, 332, 378, 379, 381, 382, 385, 386, 388, 393
창의문 238, 240, 241
청일전쟁 8, 16, 17, 21-23, 25-27, 35, 58-60, 70, 83, 104, 107, 118, 128, 137, 190, 215, 219, 226, 234, 275, 279-282, 284, 285, 288, 289, 292, 311, 315, 320, 321, 332, 334, 336, 337, 351, 373, 376-387, 396
최고통수기관 101, 275
춘생문 230, 231, 244
츠가와 야스테루(津川謙光) 59, 281
츠다 이즈루(津田出) 300
츠치야 미쓰하루(土屋光春) 100
츠치야 키노스케(土屋喜之助) 173
츠쿠다 노부오(佃信夫) 341
치요다(千代田) 84, 87, 290
치쿠고마루(筑後丸) 104
치쿠시(筑紫) 87, 291

ㅋ

카이몬(海門) 291
콘고(金剛) 290
쿠레진수부(吳鎭守府) 12, 78, 105, 123, 379
쿠마모토마루(熊本丸) 105, 127
쿠사노 후쿠진(草野復人) 88

ㅌ

타니 마사시로(谷雅四郎) 88
타이구(太沽) 59, 124, 293
탈아입구(脫亞入歐) 354
텐료(天龍) 148
톈진(天津) 259, 295, 302, 387
톈진조약 72, 96, 108, 177, 379
토막운동(討幕運動) 349, 390

ㅍ

평양병 258, 260
평원(平遠) 89
퐁텐블로(Fontainebleau)시 277
풍도 15, 67, 135, 208, 223

ㅎ

하기노 스에키치(萩野末吉) 281
하기시(萩市) 279, 355
하라다 히로시(原田啓) 121
하시다테(橋立) 290
하시모토 마사요(橋本昌世) 236
하야시 야스히로(林康太) 245
하야시 타다스(林董) 76, 92
하야시 타로(林太郎) 281
하코다테 고료카쿠(函館五稜閣) 82
하타 도라노스케(秦虎之助) 61
하토리 히사시(服部尙) 237
한강 왕복기선에 관한 건 46
한일잠정합동조관 21, 23
한커우(漢口) 60
함화당 230, 242, 244, 245
호가 오키마사(保賀致正) 66
호사카 히코타로(保坂彦太朗) 106
호쇼(鳳翔) 291
혼성여단 12-15, 23, 25, 26, 28-30, 34, 37, 49, 53, 54, 56-58, 60, 61, 64-66, 72, 74-77, 80, 83, 87, 88, 95, 98-101, 103, 104, 106-108, 109, 110, 113-118, 120, 122-128, 130, 131, 133, 136-138, 140-144, 146-149, 152, 154-174, 178, 180, 184, 188, 190, 194, 196-199, 205, 206, 209, 210, 221, 223, 225, 226, 228-231, 233, 237, 238, 241, 251-253, 260-263, 272, 279, 288, 292, 320-322, 339, 340, 379, 381, 382, 393
혼성여단 병력 배치도 169
혼성여단 병참부 108, 164, 168
혼성여단 병참부 편성 절차서 108
혼성여단 선발대 12, 13, 28, 29, 37, 53, 83, 88, 95, 98, 126, 128, 133, 138, 142, 147, 322, 382, 393
혼성여단 출병 57, 124, 171
혼성여단 편성 절차서 108-110, 113
홋카이도 302, 325, 357, 360
화성대 15, 233
효고마루(兵庫丸) 105, 163
후소(扶桑) 290
후지모토 사다키치(藤本定吉) 89
후지이 토모키치(藤井友吉) 144
후쿠다 나카이치(福田半一) 236
후쿠시마 야스마사(福島安正) 66, 119, 120, 131, 305

후쿠하라 신조(福原信藏) 100
히라야마 도지로(平山藤次郎) 80, 85, 131
히라오카 코타로(平岡浩太郎) 333
히라이 시치사부로(平井七三郎) 89
히라이와 미치토모(平岩道知) 285
히라츠카 타모츠(平塚保) 89
히라타 토미마루(平田時丸) 154
히로타 센키치(廣田善吉) 61
히에이(比叡) 290
히젠번(肥前藩) 349